Man erspare es mir, mein Juristenherz auszuschütten

Rechtshistorische Reihe

Band 369

Peter Lang
Frankfurt am Main · Berlin · Bern · Bruxelles · New York · Oxford · Wien

Thorsten Miederhoff

Man erspare es mir, mein Juristenherz auszuschütten

Dr. iur. Kurt Tucholsky (1890–1935)

Sein juristischer Werdegang
und seine Auseinandersetzung
mit der Weimarer Strafrechtsreformdebatte
am Beispiel der Rechtsprechung
durch Laienrichter

Peter Lang
Internationaler Verlag der Wissenschaften

Bibliografische Information der Deutschen Nationalbibliothek
Die Deutsche Nationalbibliothek verzeichnet diese Publikation in der Deutschen Nationalbibliografie; detaillierte bibliografische Daten sind im Internet über <http://www.d-nb.de> abrufbar.

Zugl.: Münster (Westfalen), Univ., Diss., 2007

Diese Arbeit wurde von
Herrn Prof. Dr. Christian Hattenhauer
zur Aufnahme in diese Reihe empfohlen.

Umschlagabbildung:
Justitia – Sinnbild der Gerechtigkeit.
Dieser Bildausschnitt wurde einem Buch
aus dem 17. Jahrhundert entnommen.

D 6
ISSN 0344-290X
ISBN 978-3-631-57581-9

www.peterlang.de

Kurt Tucholsky, 1927

Vorwort

Die Arbeit wurde Ende 2006 abgeschlossen. Sie hat im Sommersemester 2007 der Rechtswissenschaftlichen Fakultät der Westfälischen Wilhelms-Universität Münster als Dissertation vorgelegen. Für die Drucklegung wurde sie leicht überarbeitet.

Mein besonderer Dank gilt Herrn Prof. Dr. Christian Hattenhauer für die hervorragende Betreuung der Dissertation und die Aufnahme in die „Rechtshistorischen Reihe". Herrn Prof. Dr. Klaus-Peter Schroeder (Heidelberg) danke ich für die zügige Erstellung des Zweitgutachtens.

Mein Dank gilt den Mitarbeitern des Deutschen Literaturarchivs in Marbach sowie den Mitarbeitern der Universitätsarchive der Humboldt-Universität Berlin und der Friedrich-Schiller-Universität Jena, ferner allen Bibliotheken und Archiven, die mich bei der Quellensuche unterstützt haben. Gedankt sei Frau Antje Bonitz für die freundliche Hilfe durch die Kurt Tucholsky-Forschungsstelle an der Carl von Ossietzky Universität Oldenburg.

Schließlich möchte ich all denjenigen danken, die mich während der Anfertigung der Dissertation begleitet und in vielfältiger Weise unterstützt haben. Besonders genannt seien Dr. Tobias Eickmann, Kathrin Lauchstädt, Dr. Eva Beermann, Dr. Katrin Janke und Dr. Ralf Heimann. Mein besonderer Dank gilt meinen Eltern und meiner Frau Nina. Ihnen ist diese Arbeit gewidmet.

Sundern, im Oktober 2007

Thorsten Miederhoff

Inhaltsverzeichnis

Abkürzungsverzeichnis 13

A. Einleitung 17

I. Ausgangslage 17

II. Quellen und Literatur 18

1. Allgemeines 18
2. Quellen von rechtswissenschaftlichem Interesse 20
3. Tucholsky in der rechtswissenschaftlichen Literatur 20

III. Ziel und Aufbau der Untersuchung 23

B. Vom Studenten zum Doktor der Rechte – Der juristische Werdegang Tucholskys 25

I. Eine Kurzbiographie zur Einführung 25

II. „Im übrigen bin ich ein Student" – Rechtsstudium in Berlin und Genf (1909-1912) 31

1. Einschreibung an der Friedrich-Wilhelms-Universität 31
   a) Zur Studienwahl Tucholskys 32
   b) Ein Ort „ernster Arbeit" 37
   c) Erwerb des „Akademischen Bürgerrechts" 42
   d) Die ersten Vorlesungen 44
2. „Ich, zum Beispiel, kenne Genf" – Ein Auslandssemester 47
3. Zurück in Berlin 53
   a) Der junge Schriftsteller – ein oberflächlicher Student? 54
   b) Berufswunsch: Strafverteidiger 59

c) Besuche bei Gericht und im Kriminalmuseum 67

d) Professoren und Studenten 73

e) Neben dem Studium: „Knaben in den Wissenschaften unterweisen“ 81

4. „Und dann kommt das Referendarexamen“ 82

a) „Die üble Stellung des deutschen Verteidigers vor Gericht“ 86

b) „Die jämmerliche Kleinheit dieser Pseudowissenschaft“ – Auseinandersetzung mit den Schriften des Freirechtlers Ernst Fuchs 92

c) „Illegitime Amme der Rechtsbeflissenen“ – Beim Repetitor 102

d) Anmeldung zum Examen und Rücktritt von der Prüfung 112

e) Gründe für den Rücktritt vom Examen 116

III. „‚Haben Sie nicht in Jena studiert?'“ – Promotion an der Salana (1913-1915) 121

1. Promotion bei einem Freirechtler? 123

2. „Eklige, leere Zeit“ 128

IV. „Ich darf mich leider nicht mehr zu den Kreisen der Kakademiker zählen“ – Aberkennung der juristischen Doktorwürde nach der Ausbürgerung 1933? 135

V. Zusammenfassung: „... ein junger Student. Nichts weiter“ 145

C. Schriftsteller und Journalist mit „Juristenherz“ – Tucholskys Auseinandersetzung mit der Laienbeteiligung am Strafprozess 149

I. Einführung 149

II. „‚Volksjustiz' (...), die keine ist: der Arbeiter fehlt fast immer.“ 153

1. Die Laienbeteiligung in der Strafrechtspflege der Weimarer Republik 153
2. Der Streit um die Laienbeteiligung – Zur Vorgeschichte 155
3. Die Entwicklung bis 1924 158
a) Das Schwurgericht als Volksgericht 158
b) „Die Schwurgerichte urteilen noch schlechter" 161
c) „Wohin geraten wir? Wo treiben wir hin?" 167
d) Die Schwurgerichtsverhandlung im „Fall Harden" 172
e) „Die hehre Gerechtigkeit sieht nach diesem Prozeß etwas ramponiert aus" 178
f) „Diese Geschworenengerichte sind gar keine Volksgerichte" 181
g) „Sie beantworten die Fragen fast ohne Kenntnis der rechtlichen Folgen" 189
h) Der „Entwurf Heinze" – Anfang vom Ende des Schwurgerichts 194
4. Die „Lex Emminger" vom 4. Januar 1924 197
a) Die „Lex Emminger" zwischen Zustimmung und Kritik 201
b) „Wenn man das drei Jahre lang nicht genossen hat" 204
c) „Mit Zuchthäuslern auf eine Stufe gestellt" 206
d) „Was heute im Beratungszimmer vor sich geht, weiß kein Mensch." 210
e) Das alte Schwurgericht als „Gnadeninstanz" 217
f) Rechtsprechung contra legem und die Freirechtsbewegung 226
g) Forderungen nach Laienrichterschulungen 230
h) „Merkblatt für Geschworene" 234

III. Zusammenfassung: Zustimmung und Kritik – Tucholskys Position zur Laienbeteiligung am Strafprozess 239

Anhang ... 243

I. Übersicht der juristischen Vorlesungen Tucholskys ... 245

II. Dokumente zum juristischen Werdegang Tucholskys ... 247

III. Fundstellen-Synopse: Tucholsky-Texte mit Rechts- und Justizbezug ... 267

Literaturverzeichnis ... 283

Bildnachweis ... 301

Abkürzungsverzeichnis

a.a.O.	am angegebenen Ort
a.E.	am Ende
a.F.	alte Fassung
AB	Ausgewählte Briefe
abg.	abgegangen
Abs.	Absatz
Abt.	Abteilung
Anm.	Anmerkung
Art.	Artikel
Aufl.	Auflage
AZ	Abgangszeugnis
BA	Briefe, Auswahl
Bd.	Band
BGB	Bürgerliches Gesetzbuch
BGBl.	Bundesgesetzblatt
BHG	Berliner Handelsgesellschaft
Bl.	Blatt
BRAK	Bundesrechtsanwaltskammer
BVerfGE	Entscheidungen des Bundesverfassungsgerichts
BVP	Bayerische Volkspartei
bzw.	beziehungsweise
cand. jur.	candidatus juris
d.	des
d.h.	das heißt
d.i.	das ist
DDP	Deutsche Demokratische Partei
ders.	derselbe
Diss.	Dissertation
DJZ	Deutsche Juristenzeitung
DLA	Deutsches Literaturarchiv (Marbach)
DM	Deutsche Mark
DNVP	Deutschnationale Volkspartei
Dok.	Dokument
Dr.	Doktor
DRiZ	Deutsche Richterzeitung

DT	Deutsches Tempo
DVP	Deutsche Volkspartei
e.V.	eingetragener Verein
Einf.	Einführung
f., ff.	folgende
Fn.	Fußnote
FS	Festschrift
FWU	Friedrich-Wilhelms-Universität (Berlin)
GA	Gesamtausgabe
geb.	geborene
GFaG	Gesetz über die Führung akademischer Grade
GG	Grundgesetz
GVG	Gerichtsverfassungsgesetz
GW	Gesammelte Werke
Hg.	Herausgeber
hrsgg.	herausgegeben
HUB	Humboldt-Universität Berlin
i.e.S.	im engeren Sinn
i.V.m.	in Verbindung mit
insbes.	insbesondere
Jahrg.	Jahrgang
jur./iur.	juris/iuris
JuS	Juristische Schulung
JW	Juristische Wochenschrift
Komm.	Kommentar
Königl.	Königlich
KPD	Kommunistische Partei Deutschlands
KT	Kurt Tucholsky
LG	Landgericht
m.w.N.	mit weiteren Nachweisen
m.zahlr.w.N.	mit zahlreichen weiteren Nachweisen
MDR	Monatsschrift für Deutsches Recht
muz	Münsters Universitäts-Zeitung
n.F.	neue Fassung
NJW	Neue Juristische Wochenschrift
Nr.	Nummer
NSDAP	Nationalsozialistische Deutsche Arbeiterpartei

oec. publ.	oeconomiae publicae
phil.	philosophiae
PR	Pädagogische Rundschau
PrGesetzSamml.	Preußische Gesetzessammlung
PrJMBl.	Preußisches Justizministerialblatt
Prof.	Professor
RepSchG	Republikschutzgesetz
RGBl.	Reichsgesetzblatt
RGSt	Entscheidungen des Reichsgerichts in Strafsachen
RHD	Rote Hilfe Deutschland
RStGB	Reichsstrafgesetzbuch
RStPO	Reichsstrafprozessordnung
RwW	Republik wider Willen
S.	Seite, Satz
s.o.	siehe oben
Schl.	Schluss
Schriftstell.	Schriftsteller
SoSe	Sommersemester
Sp.	Spalte
SPD	Sozialdemokratische Partei Deutschlands
StGB	Strafgesetzbuch
StPO	Strafprozessordnung
TH	Technische Hochschule
u.	und
u.a.	unter anderem/und andere
u.U.	unter Umständen
UA	Universitätsarchiv
Univ.	Universität
USPD	Unabhängige Sozialdemokratische Partei Deutschlands
usw.	und so weiter
v.	von
VerwArch	Verwaltungsarchiv
vgl.	vergleiche
VO	Verordnung
WM	Wertpapier-Mitteilungen
WRV	Weimarer Reichsverfassung

WS	Wintersemester
z.B.	zum Beispiel
ZfGO	Zeitschrift für die Geschichte des Oberrheins
Ziff.	Ziffer
zit.	zitiert
ZRP	Zeitschrift für Rechtspolitik
ZStW	Zeitschrift für die gesamte Strafrechtswissenschaft
zugl.	zugleich

A. Einleitung

I. Ausgangslage

„Soldaten sind Mörder"[1] - mit diesem Satz beschäftigt Kurt Tucholsky die Juristen bis heute[2]. Dass der Schriftsteller und Journalist, der sich kritisch mit Recht und Justiz befasste, einer der ihren war, wissen längst nicht alle Juristen. Dass er sogar von seinem „Juristenherzen"[3] sprach, dürfte nahezu unbekannt sein. Entsprechend gering nimmt sich bisher das Interesse der Juristen an Leben und Werk eines Mannes aus, der die Justizkritik zu seinem „Spezialgebiet" (Kuhn[4]) gemacht hatte und von dem Kurt Hiller meinte, allein dieser Teil seines Schaffens reiche aus, „ihn unsterblich zu machen"[5]. Auch wenn das Interesse in den letzten Jahren gewachsen ist, ist das Thema „ein absolutes Desiderat der Forschung"[6]: „Nicht einmal Tucholskys Jurastudium ist genau erforscht"[7].

Diese Feststellung mag überraschen. Sie erklärt sich jedoch aus dem Umstand, dass es durchweg Nichtjuristen waren, die sich des Themas „Tucholsky" annahmen. Was Hermann Weber zufolge für die meisten Dichterjuristen gilt, trifft auch für Tucholsky zu: in literaturwissenschaftlichen Darstellungen wird die Rolle des Juristen meist vernachlässigt[8].

---

[1] „Der bewachte Kriegsschauplatz", *Tucholsky*, GW, Bd. 9, S. 253.

[2] Siehe nur BVerfGE 93, 266 ff. Ein Überblick findet sich bei: *Hepp/Otto* (Hg.), „Soldaten sind Mörder".

[3] *Tucholsky*, GW, Bd. 2, S. 223, 225.

[4] Vertrauenskrise, S. 178.

[5] Brief an Mary Gerold-Tucholsky, zitiert nach: *King*, KT als politischer Publizist, S. 163. *Häberle*, Das Grundgesetz der Literaten, S. 46 nennt Tucholsky gar den „Klassiker" der Justiz- und Juristenkritik.

[6] *Hepp*, Vorwort zu „Sieh da: Justitia!", S. 7; siehe auch *Wambach*, Grenzgänger, S. 7; ähnlich *Schneller*, NJW 1998, 1375, 1376: es handele sich um ein „weitgehend unbeackertes Feld"; *Weck*, Wider den „Dreimännerskat der Justitia", in: KT und die Justiz, S. 137, 139 diagnostiziert ein Desinteresse des rechtswissenschaftlichen Schrifttums. *Ackermann*, in: Sieben Beiträge, S. 5, stellte schon Anfang der 80er Jahre ein „Defizit in der Tucholsky-Forschung [fest], das in der Diskrepanz zwischen wissenschaftlicher Auseinandersetzung mit Tucholsky und der Breitenwirkung seines Werkes sichtbar wird".

[7] *Hepp*, a.a.O., S. 7: „Zusammen mit Tucholskys verschiedenen Aussagen dazu wäre dies sicherlich ein interessantes Thema, dessen sich vielleicht bald ein Jurist annehmen wird".

[8] *Weber*, Dichter als Juristen, Vorwort.

Hinzu kommt, dass Tucholsky weder einen klassischen juristischen Beruf ausübte, noch sonst als Jurist in Erscheinung trat. Anders als etwa Franz Kafka[9] verfasste Tucholsky – abgesehen von seiner Dissertation – keine juristischen Fachtexte. Schon vor seiner Dissertation hatte er das Berufsziel „Jurist“ aufgegeben und war vom Ersten Examen zurückgetreten. Von daher fehlte es ihm wohl am „nötigen Stallgeruch“[10], um als Jurist wahrgenommen zu werden. Zur „Zunft“, jedenfalls im engeren Sinn, gehörte er nicht[11]. Seine scharfe und unerbittliche Justizkritik dürfte ebenfalls dazu beigetragen haben, die Fachkollegen auf Distanz zu halten. Die vorliegende Untersuchung möchte zur Überwindung des Desinteresses[12] der Juristen an Leben und Werk dieses Grenzgängers[13] zwischen Recht und Literatur beitragen.

II. Quellen und Literatur

1. Allgemeines

Der von Mary Gerold-Tucholsky im „Kurt-Tucholsky-Archiv“ zusammengetragene Nachlass des Schriftstellers wird heute im Deutschen Literaturarchiv in Marbach aufbewahrt[14]. Teile der Archivalien befinden sich in Kopie in der Tucholsky-Forschungsstelle der Universität Oldenburg. Leben und Schaffen Tucholskys sind durch zahlreiche Biographien[15], darunter die Werke Helga Bemmanns und Michael Hepps[16], gut erschlossen.

---

[9] Zu Kafkas juristischen Publikationen siehe: *Wambach*, Dichterjuristen, S. 108 ff. u. 145 ff.

[10] *Rottka*, in: KT und die Justiz, S. 121, 123.

[11] Vgl. *Wrobel*, ZRP 1985, 313.

[12] Vgl. *Wrobel*, in: KT und die Justiz, S. 9: „Kurt Tucholskys Erbschaft spielt keine Rolle im Rechtswesen unserer Zeit. (...) Unter Juristen kommt der Jurist Kurt Tucholsky nun einmal nicht vor“.

[13] Vgl. *Wambach*, Grenzgänger, S. 7.

[14] Zu Archiv und Nachlass vgl. *Raddatz*, RwW, Editorische Notiz, S. 5 ff.; *Goder-Stark* (Hg.), Das Kurt-Tucholsky-Archiv, Marbach 1978.

[15] *Prescher*, Kurt Tucholsky, Berlin 1959; *Schulz*, Kurt Tucholsky, Rowohlts Monographien, Hamburg 1959; *Kleinschmidt*, Kurt Tucholsky, Sein Leben in Bildern, Leipzig 1961; *Raddatz*, Tucholsky, Eine Bildbiographie, München 1961; *Zwerenz*,

Der überwiegende Teil der anfangs verstreut erschienenen Texte ist seit längerem erfasst und gut zugänglich. Neben mehreren Bibliographien[17] liegen bereits seit den 50er Jahren des 20. Jahrhunderts Auswahl- und Sammelbände vor. 1960 erschienen erstmals die von Mary Gerold-Tucholsky und Fritz J. Raddatz herausgegebenen „*Gesammelten Werke*"[18]. Anders als der Titel vermuten lässt, enthält die Edition nicht das gesamte Werk Tucholskys. Nach dem Willen der Herausgeber sollten die in die Ausgabe aufgenommenen Texte lediglich „würdig das Schaffen Kurt Tucholskys repräsentieren"[19]. Aus dem Gesamtwerk von ca. 3.200[20] Arbeiten wurden 1.800 Texte ausgewählt. Die Ergänzungsbände „*Deutsches Tempo*" (1985)[21] und „*Republik wider Willen*" (1989)[22] enthalten zusammen nochmals etwa 360 Arbeiten. Das gesamte Werk einschließlich aller bislang unberücksichtigten Texte und Briefe wird in absehbarer Zeit in einer neuen Ausgabe vorliegen. Unter der Federführung der Tucholsky-Forschungsstelle der Universität Oldenburg erscheint seit 1996 eine auf 22 Bände angelegte kommentierte „*Gesamtausgabe*"[23].

Kurt Tucholsky, Biographie eines guten Deutschen, München 1979; *v. Soldenhoff* (Hg.), Kurt Tucholsky 1890-1935, Ein Lebensbild, Weinheim/Basel 1994; Schulz, Wer war Kurt Tucholsky?, Stuttgart 1996; *Hepp*, Kurt Tucholsky, Rowohlts Monographien, Reinbek 1998.

16 *Bemmann*, Kurt Tucholsky, Ein Lebensbild, Berlin 1990; *Hepp*, Kurt Tucholsky, Biographische Annäherungen, Reinbek 1993.

17 So etwa *Bonitz/Wirtz*, Kurt Tucholsky, Ein Verzeichnis seiner Schriften, Marbach 1991.

18 *Kurt Tucholsky*, Gesammelte Werke, Bd. 1-3, Reinbek 1960-1961. Die leicht erweiterte und hier durchweg zitierte Taschenbuchausgabe erschien 1975 in 10 Bänden.

19 Einleitung der Herausgeber, GW, Bd. 1, S. 7.

20 Die in der Einleitung der „Gesammelten Werke" genannte Anzahl von 2.500 Texten ist unzutreffend, vgl. GA, Bd. 1, Editorische Einleitung, S. 424.

21 *Kurt Tucholsky*, Deutsches Tempo, hrsgg. v. *Mary Gerold-Tucholsky* u. *Fritz J. Raddatz*, Reinbek 1985.

22 *Kurt Tucholsky*, Republik wider Willen, hrsgg. v. *Fritz J. Raddatz*, Reinbek 1989.

23 *Kurt Tucholsky*, Gesamtausgabe. Texte und Briefe, hrsgg. v. *Antje Bonitz* u.a., Reinbeck 1996 ff.

2. Quellen von rechtswissenschaftlichem Interesse

Mit der Gesamtausgabe werden erstmals sämtliche Arbeiten Tucholskys mit Rechts- und Justizbezug zugänglich sein. Neben den Gesammelten Werken bietet der von Richard v. Soldenhoff herausgegebene Sammelband „*Justitia schwooft!*“[24] bislang die umfangreichste Zusammenstellung solcher Texte. Das Sammelbändchen „*Politische Justiz*“[25] von Martin Swarzenski enthält demgegenüber nur eine Auswahl bekannterer Arbeiten. Anders stellt sich die Quellenlage zum juristischen Werdegang Tucholskys dar. Zwar befinden sich im Archiv der Humboldt-Universität zu Berlin sowie im Archiv der Universität Genf Unterlagen, die den Studienverlauf Tucholskys dokumentieren. Das Promotionsverfahren lässt sich anhand der im Universitätsarchiv Jena vorhandenen Bestände nachvollziehen. Andere Dokumente sind hingegen nicht mehr auffindbar[26]. Hinzu kommt, dass sich Tucholsky wenig zu seiner Studienzeit geäußert hat. Tagebuchaufzeichnungen aus dieser Zeit liegen nicht vor.

3. Tucholsky in der rechtswissenschaftlichen Literatur

Da Tucholsky nicht als Jurist i.e.S. in Erscheinung trat, ist weder in Michael Stolleis' Juristenlexikon[27] noch in dem von Helmut Heinrichs u.a. herausgegebenen Buch „*Deutsche Juristen jüdischer Herkunft*“[28] ein Beitrag über ihn zu finden. Selbst in Publikationen über deutschsprachige Dichterjuristen, zu den Tucholsky bisweilen gezählt wird[29], wird man nicht

[24] *Kurt Tucholsky*, Justitia schwooft!, Schriften zum deutschen Justizalltag, hrsgg. von *Richard v. Soldenhoff*, 3. Aufl., Frankfurt a.M. 1990.
[25] *Kurt Tucholsky*, Politische Justiz, Reinbeck 1970.
[26] So u.a. einige bei Tucholsky verbliebene Studiendokumente sowie sämtliche Examensunterlagen aus den Prüfungsakten des Berliner Kammergerichts. Das im Universitätsarchiv der Humboldt-Universität aufbewahrte Abgangszeugnis Tucholskys vom 10.8.1912 ist seit einiger Zeit nicht mehr auffindbar und wurde allem Anschein nach entwendet. Da die Unterlagen der Universitäts-Quästur im Krieg vernichtet wurden, lässt sich der entsprechende Teil der Studienzeit Tucholskys anhand der Originaldokumente nicht mehr nachvollziehen. Kopien befinden sich u.a. in der Tucholsky-Forschungsstelle der Universität Oldenburg.
[27] *Stolleis*, Juristen, Ein biographisches Lexikon, München 2001.
[28] *Heinrichs u.a.* (Hg.), Deutsche Juristen jüdischer Herkunft, München 1993.
[29] *Kilian*, DRiZ 1985, 18, 20 erwähnt Tucholsky in einer Aufzählung von Dichter- und Schriftstellerjuristen; *Kirchhof* nennt Tucholsky in einer Reihe mit Goethe,

ohne weiteres fündig[30]. Soweit man in der juristischen Literatur überhaupt Beiträge zu Tucholsky findet, handelt es sich zumeist um Aufsätze, die die juristische Ausbildung und/oder die Rechts- und Justizkritik Tucholskys überblicksartig darstellen[31].

Erstmals skizzierte Fritz Baumgärtel 1977 den Lebensweg des Juristen Tucholsky[32]. Einige Jahre später beschäftigte sich Uwe Wesel in einem seiner *„Zehn Beiträge zur Entmythologisierung des Rechts"* mit dem Justizkritiker Tucholsky[33]. Hans Wrobel würdigte Tucholsky zu dessen 50. Todestag 1985 in der Zeitschrift für Rechtspolitik[34] und löste eine heftige und über weite Strecken persönlich gefärbte Debatte über dessen Justizkritik aus[35]. So entgegnete Friedrich Karl Fromme, Wrobel habe die Schärfe der Justizkritik Tucholskys verharmlost[36]. Dieser habe durch seine „hitzigen

Kleist und anderen „Künstlerjuristen", in: Deutsche Juristen jüdischer Herkunft, S. 788. Auch *Pieroth* zählt Tucholsky zu den Dichterjuristen, vgl. *Nussbaum*, muz – Münsters Universitäts-Zeitung, Ausgabe 04/90; anders *Wrobel*, ZRP 1985, 313, der die Bezeichnung für unpassend hält.

[30] Vgl. *Wrobel*, ZRP 1985, 313, Fn. 2: „*Wohlhaupter*, Dichterjuristen, 1953 schweigt". Allerdings ist eine Erwähnung bei Wohlhaupter auch nicht zu erwarten. Das dreibändige Werk wurde 1953 von *H.G. Seifert* posthum herausgegeben. Es beinhaltet Abhandlungen, die der 1946 verstorbene Wohlhaupter seit Ende der 20er Jahre verfasst hatte. In den von *Hermann Weber* herausgegebenen NJW-Aufsatzsammlungen „Dichter als Juristen" (Berlin 2004) und „Juristen als Dichter" (Baden-Baden, 2002) finden sich ebenfalls keine Beiträge über Tucholsky. Ein – aus juristischer Sicht allerdings wenig ergiebiges – Kurzportrait Tucholskys zeichnet Barbara Sternthal in ihrem Buch „Juristen als Schriftsteller" (Wien, 2006).

[31] Abgesehen davon findet man zu Tucholsky allerdings häufiger kurze Hinweise, teils auch nur im Fußnotenapparat, so etwa *Rüping*, Strafrechtsgeschichte, S. 91 f.; vgl. die Zusammenstellung bei *Weck*, Wider den „Dreimännerskat der Justitia", in: KT und die Justiz, S. 137, 185, Fn. 8; Eine Glosse mit dem Titel „Dr. jur. Kurt Tucholsky geht zur Bank", erschien unlängst im BRAK-Magazin, 01/2007, 14.

[32] *Baumgärtel*, MDR 1977, 552 ff.

[33] *Wesel*, Aufklärungen über Recht, S. 101 ff.

[34] *Wrobel*, ZRP 1985, 313 ff.

[35] Alle Beiträge der Debatte sind nachgedruckt in einem Tagungsbegleitheft der Kurt-Tucholsky-Gesellschaft: *Hepp, Michael* (Hg.), „Sieh da: Justitia!", Berlin 1997.

[36] ZRP 1986, 60 ff.; die Reaktion *Wrobels* findet sich in: ZRP 1986, 182 f.

Forderungen" zum Untergang der Weimarer Republik beigetragen[37]. Mehrere Leser der ZRP beteiligten sich an der Auseinandersetzung[38].

1990 widmeten sich Gängel und Schaumburg in der „*Neuen Justiz*" der Ausbildung Tucholskys und seiner späteren Justizkritik[39]. Der Kritik Tucholskys am „Harden-Prozess" ging Bernhard Weck 1993 in der NJW nach[40]. Ebenfalls mit ausgewählten Aspekten der Justizkritik Tucholskys beschäftigte sich Dieter Lang in seiner 1995 erschienenen Untersuchung „*Staat, Recht und Justiz im Kommentar der Zeitschrift Die Weltbühne*"[41].

1997 veranstaltete die Kurt Tucholsky-Gesellschaft eine Tagung zum Thema „*Kurt Tucholsky und die Justiz*"[42]. Die Tagungsbeiträge wurden in einer gleichnamigen Dokumentation zusammengefasst[43]. Mit Tucholskys Studium und Promotion befasste sich im Jahr 2000 Lovis M. Wambach[44]. Eine „*biographische Annäherung*" an den Juristen und Schriftsteller Tucholsky „*unter Berücksichtigung seiner Bindung zu Kabarett, Revue und Chanson*" veröffentlichte jüngst Anja Schiemann[45].

Der schon 1993 erschienene Aufsatz Bernhard Wecks mit dem Titel „*Wider den ‚Dreimännerskat der Justitia*'"[46] ist neben der 2002 erschienenen

[37] „Zu dem schmalen Teil, das dem Intellektuellen zugemessen ist", ZRP 1986, 183, 184; ähnlich *Sendler*, ZRP 1994, 343, 345. Die Gegenposition vertritt etwa *Kuhn*, Vertrauenskrise, S. 181.
[38] Siehe nur ZRP 1986, 80 und 158.
[39] Neue Justiz 1990, 19 ff.
[40] NJW 1993, 1436 ff.
[41] Allerdings bezieht sich *Lang* in seinen Ausführungen vor allem auf die unter dem Pseudonym „Hugo Grotius" veröffentlichte Artikelserie „Die Justiz", die nach neueren Erkenntnissen nicht von Tucholsky, sondern von dem Weltbühne-Mitarbeiter Ferdinand Nübell stammt; ausführlich: *Bonitz/Otto*, Tucholsky-Blätter 1996, Nr. 16, 25 ff. m.w.N.
[42] Dazu: *Helfritsch*, Berlinische Monatsschrift, 12/1997, 91 ff.; *Schneller*, NJW 1998, 1375 f.
[43] *Hepp* (Hg.), Kurt Tucholsky und die Justiz, Oldenburg 1998.
[44] Grenzgänger, S. 55 ff. Näheres zur Promotion mittlerweile auch in: GA, Komm. Nr. 94, S. 750 ff. (Kommentar zur Doktorarbeit Tucholskys von *Bernhard Weck*). Siehe auch *Heydrich*, „Die Weltbühne" vom 16.12.1980, 1643 ff.
[45] In: *Hermann Weber* (Hg.), Literatur, Recht und Justiz, Tagung im Nordkolleg Rendsburg vom 16. bis 18. September 2005, Berlin 2007, S. 89 ff.
[46] In: *Kilian* (Hg.), Dichter, Denker und der Staat. Essays zu einer Beziehung ganz eigener Art, Tübingen 1993, S. 157 ff. sowie in einer um den biographischen Teil gekürzten Version in: KT und die Justiz, S. 137 ff.

Dissertation Hammerschmidts[47] der bisher umfangreichste Beitrag zur Rechts- und Justizkritik Tucholskys.

III. Ziel und Aufbau der Untersuchung

Wie eingangs gesagt, möchte die Untersuchung das Interesse der Juristen an Leben und Werk des Juristen Tucholsky wecken. Steht im ersten Teil der juristische Werdegang des Schriftstellerjuristen im Mittelpunkt, so behandelt der zweite Teil ausgewählte Aspekte seiner Rechts- und Justizpublizistik.

Die bislang erschienenen Beiträge konnten, teils bedingt durch ihren Aufsatzcharakter, den juristischen Werdegang Tucholskys nur überblicksartig bzw. ausschnittweise erfassen. Auch die Biographien behandeln den Aspekt nicht schwerpunktmäßig. Zwar sind die wesentlichen Daten seines Studiums bekannt, eine vertiefte, zusammenhängende Darstellung fehlt jedoch noch. Zahlreiche Einzelfragen sind weiterhin ungeklärt: Nahm Tucholsky an Franz v. Liszts berühmtem Kriminalistischen Seminar teil? Was waren die Gründe für die Abkehr vom Berufsziel „Jurist"? War Tucholsky ein oberflächlicher Student? Warum brach er sein Staatsexamen ab? Was waren die Hintergründe seines Wechsels an die Universität Jena? Wurde ihm tatsächlich 1933 der Doktortitel aberkannt? Insoweit will die Untersuchung die vorhandenen Erkenntnisse zusammentragen und – darauf aufbauend – den juristischen Werdegang Tucholskys geschlossener und umfassender als bisher nachzeichnen.

In einem zweiten Schritt soll am Beispiel der Laienbeteiligung am Strafprozess ein bislang wenig beachteter Teil der Rechts- und Justizpublizistik Tucholskys untersucht werden: Die Auseinandersetzung des Schriftstellers und Journalisten mit Aspekten der Weimarer Strafrechts(reform)debatte. An der Diskussion, die in den 20er Jahren einsetzte und über den Kreis der Fachgelehrten hinausreichte, beteiligte sich Tucholsky wiederholt mit Beiträgen. Manche der von ihm behandelten Fragen sind bis heute aktuell oder waren es bis vor wenigen Jahren. So

---

[47] Literarische Justizkritik in der Weimarer Republik, Der Beitrag der Schriftsteller in der Auseinandersetzung mit der Justizwirklichkeit unter besonderer Berücksichtigung des Werkes von Kurt Tucholsky, Göttingen 2002.

äußerte er sich u.a. zu Fragen des Strafvollzugs[48], der Sicherungsverwahrung[49] und der Abtreibung[50]. Fast alle Beiträge zu Reformfragen des Strafrechts lassen die juristische Vorbildung Tucholskys erkennen. Stärker als andere Texte sind sie durch die Bezugnahme auf gesetzliche Regelungen und die Auseinandersetzung mit juristischen Argumentationen gekennzeichnet. Weck hat zutreffend festgestellt, dass die von Tucholsky behandelten strafrechtlichen Themen durchweg eigener gründlicher Untersuchung und Darstellung wert sind[51].

Die vorliegende Untersuchung stellt Tucholskys Position am Beispiel der Laienbeteiligung dar – einer Frage, die im Rahmen der Diskussion über Prozessrecht und Gerichtsverfassung einen breiten Raum einnahm. An der mit großer Heftigkeit geführten Debatte nahm Tucholsky als fachkundiger Journalist und Schriftsteller teil und verfasste mehrere Artikel und Gedichte. Aufschlussreich sind diese Beiträge nicht zuletzt deshalb, weil sie neben Grundzügen seines strafrechtlichen Denkens seine bis in die Studienzeit zurückreichende Beschäftigung mit der Freirechtsschule erkennen lassen.

---

[48] Vgl. nur „8 Uhr abends – Licht aus!“, *Tucholsky*, GW, Bd. 7, S. 269 ff.; „Wir Zuchthäusler“, Bd. 9, S. 220 ff. Vgl. auch *Hammerschmidt*, Literarische Justizkritik, S. 127 ff.

[49] Vgl. „Ein Schädling der Kriminalistik“, *Tucholsky*, GW, Bd. 6, S. 180 ff., insbes. 187 f.

[50] Vgl. etwa „Auf dem Nachttisch“, *Tucholsky*, GW, Bd. 6, S. 124, 127 f.; „Die Leibesfrucht spricht“, Bd. 9, S. 331.

[51] *Weck*, Strafrecht, in: KT und die Justiz, S. 57, 63.

B. Vom Studenten zum Doktor der Rechte – Der juristische Werdegang Tucholskys

I. Eine Kurzbiographie zur Einführung[52]

Kurt Tucholsky wurde am 9. Januar 1890 in Berlin als Sohn jüdischer Eltern geboren und wuchs in einer bürgerlich-wohlhabenden Familie auf. Sein Vater Alex war in leitender Stellung bei der „Berliner Handelsgesellschaft“ (BHG) beschäftigt, einer der damals größten deutschen Banken. 1893 zog die Familie nach Stettin, wo Alex Tucholsky Prokurist bei einer Tochtergesellschaft der BHG wurde.

In Stettin, wo die Geschwister Fritz und Ellen zur Welt kamen, wurde Kurt Tucholsky 1896 eingeschult. Über seine Kinderjahre ist wenig bekannt. Sein Vater, den er sehr mochte, verstarb 1905. Doris Tucholsky, die 1943 im Konzentrationslager Theresienstadt umkam, war von nun an allein für die Kinder verantwortlich. Das Verhältnis zur Mutter, einer strengen Frau, war nach übereinstimmender Aussage aller drei Kinder äußerst schwierig.

Als die Familie 1899 nach Berlin zurückkehrte, wechselte Tucholsky auf das Französische Gymnasium. Von der Schule war er wenig angetan. Im Rückblick beklagte er den „schlechten Unterricht“, bezeichnete ihn als in großen Teilen „sinnlose Quälerei“ und bedauerte die „verlorenen Jahre“[53]. Seine schulischen Leistungen waren durchwachsen. Auf dem Königlichen Wilhelms-Gymnasium, das er seit 1903 besuchte, entging er einmal nur knapp der Nichtversetzung. 1907 erreichte er im Fach Deutsch nicht das Klassenziel, anderen Darstellungen zufolge wurde er wegen „vorlauter Bemerkungen“ relegiert[54]. Tucholsky verließ daraufhin auch das Wilhelms-Gymnasium. Auf die Reifeprüfung ließ er sich von einem Privatlehrer vorbereiten. Am 21. September 1909 legte er am Königlichen Luisen-Gymnasium das Abitur als Auswärtiger ab.

---

[52] Die wesentlichen biographischen Daten Tucholskys sind bekannt und an zahlreichen Stellen veröffentlicht. Teilweise sind sie auch der eigenhändigen Vita von 1934 zu entnehmen (*Tucholsky*, DT, S. 838 ff.). Ein umfangreicher chronologischer Überblick findet sich bei *Hepp*, Annäherungen, S. 542 ff. Im Folgenden wird daher auf Einzelbelege weitgehend verzichtet.

[53] *Tucholsky*, RwW, S. 386, 387 u. GW, Bd. 4, S. 51, 52 f.

[54] Vgl. *Wernicke*, in: Tucholskys Berlin, S. 59, 73 f.

Im Oktober 1909 schrieb er sich an der Rechtswissenschaftlichen Fakultät der Berliner Friedrich-Wilhelms-Universität als Student ein. In die folgenden Jahre bis 1915 fallen ein Studienaufenthalt in Genf, der Wechsel an die Universität Jena und die dortige Promotion zum Doktor der Rechte. Gleichzeitig konnte Tucholsky erste schriftstellerische Erfolge verzeichnen.

Nach Erscheinen seiner Erzählung „*Rheinsberg. Ein Bilderbuch für Verliebte*“[55] lernte Tucholsky Anfang 1913 Siegfried Jacobsohn kennen, den Begründer und Herausgeber der Wochenzeitschrift „*Die Schaubühne*“. Noch im selben Monat erschien ein Beitrag; wenig später lieferte Tucholsky regelmäßig Gedichte, Theater- und Buchkritiken. Jacobsohn wurde zu einer Zentralgestalt im Leben des jungen Schriftstellers, zum „Lehrmeister“[56], zum „Vater“ seiner Arbeit[57]. Etwa in der gleichen Zeit entwickelte sich auch ein engerer Kontakt zu Dr. Hans Erich Blaich, Mediziner und Mitarbeiter des „*Simplicissimus*“. Auch er wurde für Tucholsky vorübergehend zu einem wichtigen Ansprechpartner. Neben „*Schaubühne*“ und „*Vorwärts*“ schrieb Tucholsky für die „*Frankfurter Zeitung*“, das „*Prager Tagblatt*“, „*Pan*“ und andere Zeitungen und Zeitschriften. Gleichzeitig arbeitete er an seinem zweiten Buch mit dem Titel „*Der Zeitsparer*“[58].

Nach Abschluss seiner Promotion im Frühjahr 1915 leistete Tucholsky Militärdienst in einem Armierungsbataillon. In Alt-Autz (Kurland), wohin er im Herbst 1916 versetzt worden war, gründete er die Feldzeitung „*Der Flieger*“. Daneben schickte er Beiträge an die „*Schaubühne*“. Während des Kriegs lernte Tucholsky seine spätere zweite Frau kennen, die neun Jahre jüngere Mary Gerold aus Riga.

Nach Kriegsende, die „*Schaubühne*“ war mittlerweile in „*Weltbühne*“ umbenannt worden, kehrte Tucholsky nach Berlin zurück und wurde Chefredakteur des „*Ulk*“. Zu „Peter Panter“, „Theobald Tiger“ und „Ignaz Wrobel“, den schon seit 1913 benutzten Pseudonymen, trat „Kaspar Hauser“. Die beiden folgenden Jahre markieren die schaffensreichste Periode Tucholskys. 1919 erschien u.a. die Gedichtsammlung „*Fromme Gesänge*“. Im gleichen Jahr begann die Arbeit für mehrere Büh-

---

55 Abgedruckt u.a. in: *Tucholsky*, GW, Bd. 1, S. 50 ff.
56 *Tucholsky*, GW, Bd. 7, S. 13 u. Bd. 8, S. 155.
57 *Tucholsky*, Bd. 5, S. 434, 435.
58 Abgedruckt u.a. in: *Tucholsky*, GW, Bd. 1, S. 145 ff.

nen, darunter Max Reinhardts Kabarett „*Schall und Rauch*“, für das Tucholsky Texte und Chansons verfasste. Daneben engagierte er sich in der Friedensbewegung und setzte seine Tätigkeit für die „*Weltbühne*“ und andere Zeitungen und Zeitschriften fort. Anfang 1920 trennte er sich von seiner Freundin Mary Gerold und heiratete nur knapp drei Monate später seine Studienfreundin, die Ärztin Dr. Else Weil.

Zusehends stellte sich bei Tucholsky eine resignative Stimmung ein, unter der auch die schriftstellerische Tätigkeit litt. Die geistigen und gesellschaftlichen Veränderungen nach dem Krieg gingen in seinen Augen zu langsam voran und wurden durch reaktionäre Kräfte gebremst. Seine Depression und die wachsende Inflation veranlassten Tucholsky im Herbst 1922 dazu, sich bei verschiedenen Unternehmen zu bewerben. Ab Frühjahr 1923 arbeitete er im Bankhaus Bett, Simon & Co. zunächst als Volontär, später als persönlicher Sekretär von Hugo Simon. Die gedrückte Stimmung, verbunden mit Selbstmordgedanken, hielt das Jahr über an. Seine schon seit längerem kriselnde Ehe mit Else Weil scheiterte – nicht zuletzt wegen der ungebrochenen Zuneigung zu Mary Gerold, zu der er schon bald nach der Eheschließung wieder Kontakt aufgenommen hatte. Auf die Trennung folgte Anfang 1924 die Scheidung.

Nachdem er die Anstellung bei Bett, Simon & Co. aufgegeben hatte, widmete sich Tucholsky wieder intensiver dem Schreiben. Im April 1924 verließ er Berlin, um in Paris als Auslandskorrespondent für die „*Weltbühne*“ und die „*Vossische Zeitung*“ zu arbeiten. Noch im gleichen Jahr heiratete er Mary Gerold. Nach einer gemeinsamen Reise in die Pyrenäen im August 1925 arbeitete Tucholsky am „*Pyrenäenbuch*“[59].

1926 wurde er Mitglied im Vorstand der „Gruppe revolutionärer Pazifisten“ und der „Deutschen Liga für Menschenrechte“. Ein weiteres Jahr später erfolgte seine Wahl in den Vorstand der KPD-nahen „Roten Hilfe Deutschland“ (RHD)[60]. Nachdem Siegfried Jacobsohn im Dezember 1926 unerwartet verstorben war, übernahm Tucholsky bis Mai 1927 die Leitung der „*Weltbühne*“.

In den folgenden Monaten unternahm Tucholsky zahlreiche Reisen. Er litt zunehmend unter Erkältungen und starken Nasenbeschwerden. Im

---

[59] Abgedruckt u.a. in: *Tucholsky*, GW, Bd. 5, S. 7 ff.

[60] Einen Überblick über Kurt Tucholskys Engagement für politische Organisationen gibt *Links*, in: KT und die Justiz, S. 79 ff. Vgl. zum Ganzen auch: *King*, KT als politischer Publizist.

Sommer 1928 verbrachte er einen mehrwöchigen Kuraufenthalt in Dresden. Erstmals erstellte er Sammelbände mit eigenen Arbeiten, darunter das umstrittene Buch „*Deutschland, Deutschland über alles*“[61]. Daneben veranstaltete er Lesungen aus seinen Werken. Ende 1928 trennte er sich von seiner Frau Mary. Mehr und mehr stellte sich bei ihm ein depressives Grundgefühl ein.

Im Januar 1930 verließ Tucholsky Deutschland und zog ins schwedische Hindås in der Nähe von Göteborg, wo er die Villa „Nedsjölund“ angemietet hatte. Schon im Jahr zuvor war er mehrere Monate in Schweden gewesen und hatte dort u.a. an „*Schloss Gripsholm*“[62] gearbeitet. Mit dem Sammelband „*Lerne lachen ohne zu weinen*“ veröffentlichte Tucholsky im Oktober 1931 sein letztes Buch, bevor er das Schreiben 1932 endgültig einstellte[63]. Zum Prozess um seinen Satz „Soldaten sind Mörder“, der Mitte des Jahres in Deutschland stattfand, erschien Tucholsky nicht mehr[64].

Ab Oktober 1932 verbrachte Tucholsky fast ein ganzes Jahr in Zürich bei seiner Freundin, der Ärztin Dr. Hedwig Müller. Während dieser Zeit ergingen in Deutschland die ersten nationalsozialistischen Bücherverbote. Im Mai 1933 kam es zu Bücherverbrennungen, von denen auch Tucholskys Werke betroffen waren. Um seine Ehefrau Mary vor Verfolgung zu schützen, ließ er sich im August scheiden. Wenige Tage später wurde er als einer der ersten Deutschen ausgebürgert. Tucholsky zog wieder nach Hindås. Im Frühjahr 1934 erhielt er einen befristeten Ausländerpass. Ende des Jahres schrieb er an Walter Hasenclever: „Die Welt, für die wir gearbeitet haben und der wir angehören, existiert nicht mehr“[65]. Seine gesundheitliche und finanzielle Situation verschlechterte sich zusehends.

Am 21. Dezember 1935 wurde Tucholsky bewusstlos aufgefunden und ins Krankenhaus nach Göteborg gebracht. Hier verstarb er noch am

---

[61] Im Dezember 1927 erschien „Mit 5 PS“, ein Jahr später „Das Lächeln der Mona Lisa“ und im August 1929 „Deutschland, Deutschland über alles“.

[62] Abgedruckt u.a. in: *Tucholsky*, GW, Bd. 9, S. 7 ff.

[63] In Briefen an Walter Hasenclever schrieb Tucholsky, er sei ein „aufgehörter Dichter“ (*Tucholsky*, BA, S. 290, 294); man könne nicht schreiben, „wo man nur noch verachtet“ (BA, S. 299, 301).

[64] Der Prozess, der mit einem Freispruch endete, richtete sich gegen Carl v. Ossietzky als verantwortlichen „Weltbühne“-Redakteur, vgl. zum Ganzen: *Hepp/Otto*, Soldaten sind Mörder, S. 13 ff.

[65] *Tucholsky*, BA, S. 414.

gleichen Tag. Im Obduktionsbericht vermerkte der Arzt „Intoxicatio? (veronal?)“[66]. Ob Tucholsky, wie häufig zu lesen ist, Selbstmord beging oder die tödliche Schlafmitteldosis versehentlich einnahm, ist nicht mehr zu klären[67]. Im Juli des folgenden Jahres wurde seine Urne auf dem Friedhof in Mariefred in der Nähe von Schloss Gripsholm beigesetzt.

---

[66] Abschrift des Obduktionsgutachtens, *v. Soldenhoff* (Hg.), Ein Lebensbild, S. 281.
[67] Ausführlich: *Hepp*, Annäherungen, S. 367 ff.

„Als ich Tucholsky kennenlernte,
hatte weder der Schriftsteller überhaupt und
noch weniger der politische Schriftsteller existiert.
Nur der Jurastudent Kurt Tucholsky.“
(Heinz Ullstein)

II. „Im übrigen bin ich ein Student“[68] – Rechtsstudium in Berlin und Genf (1909-1912)

Obwohl Tucholsky nach eigenem Bekunden „wie ein Neger“ für sein Abitur gearbeitet hatte[69], blieb ihm kaum Zeit zur Erholung. Während die regulären Abiturienten des Luisen-Gymnasiums ihre Prüfung am 6. September absolviert hatten, fanden die Prüfungen für die 18 „Extraneer“ erst am 20. und 21. September statt[70]. Schon am 7. Oktober 1909, gut zwei Wochen nachdem er sein Zeugnis erhalten hatte, schrieb sich der 19-jährige an der Königlichen Friedrich-Wilhelms-Universität zu Berlin ein[71].

1. Einschreibung an der Friedrich-Wilhelms-Universität

Das Hauptgebäude der 1810 gegründeten Hochschule, heute noch Sitz der Humboldt-Universität, lag am Boulevard „Unter den Linden“. Fichte, Schleiermacher und Hegel zählten zu den ersten Professoren der Universität, deren Konzept Wilhelm v. Humboldt Anfang des 19. Jahrhunderts entwickelt hatte[72]. Kerngedanke war die am humboldtschen Ideal orientierte Einheit von Forschung und Lehre und eine an humanistischen Grundsätzen orientierte umfassende Bildung der Studenten. Durch das neue Konzept wurde die Berliner Hochschule schnell zum Vorbild und Maßstab für andere Universitäten[73]. Hatten sich im Gründungsjahr 256

---

[68] *Tucholsky*, BA, S. 9, 10.
[69] *Tucholsky*, GW, Bd. 7, S. 164, 165.
[70] Jahresbericht des Königl. Luisen-Gymnasiums 1909/10, S. 14.
[71] HUB, UA, Rektor und Senat, Matrikel, Nr. 5743/99, 7.10.1909. Benannt war die Universität nach ihrem Gründer König Friedrich Wilhelm III. von Preußen.
[72] *Balk*, Die Friedrich-Wilhelms-Universität zu Berlin, S. 57 f.
[73] Vgl. *Boockmann*, Wissen und Widerstand, S. 193 f.

Studenten immatrikuliert[74], erreichte ihre Zahl wenig später das erste Tausend. Nach einem kurzen Rückgang der Einschreibungen Mitte des 19. Jahrhunderts wurde die Friedrich-Wilhelms-Universität vor München, Freiburg und Leipzig zur größten deutschen Hochschule. Über 15 % der deutschen Studenten zog es nach Berlin[75]. Allein zum Wintersemester 1909/10 immatrikulierten sich über 4.000 Studenten[76], darunter viele Hörer aus dem europäischen und außereuropäischen Ausland[77]. Entsprechend selbstbewusst klang das Festgedicht zur Jahrhundertfeier im Jahr 1910:

> „Also stehst Du heut vor Deutschlands Gauen,
> Jüngste, größte der gelehrten Frauen.
> (...)
> Dort auf reiner Forschung freier Spur
> Nahen schon die Besten, Dich zu ehren,
> Jene kühnen Deuter der Natur,
> Meister im Erkennen und im Lehren."[78]

a) Zur Studienwahl Tucholskys

Schon als Schüler hatte Tucholsky im „*Ulk*", der satirischen Wochenbeilage des „*Berliner Tageblatts*", deren Chefredakteur er später wurde, zwei kleinere Arbeiten veröffentlicht[79]. Dass er sich angesichts seiner Neigung zur Schriftstellerei nicht wie sein Bruder an der TH immatrikulieren wollte, mag einleuchten. Warum er sich gerade für das Studium der Rechte entschied, ist weniger klar. Möglicherweise empfand er ähnlich wie Kafka, der vor seiner Berufwahl meinte, ihm werde jedes Studienfach

---

[74] *Fabian*, in: Wissenschaft in Berlin, S. 96, 120.

[75] *Lenz*, Geschichte der FWU, 2. Bd., 2. Hälfte, S. 358 f. Einschließlich der nicht immatrikulierten Zuhörer waren ab 1901 zum Wintersemester regelmäßig mehr als 13.000 Studierende registriert, vgl. a.a.O., 3. Bd., S. 498.

[76] Vgl. Chronik der FWU, 1909, S. 26 ff. Beim überwiegenden Teil der Neuimmatrikulierten handelte es sich allerdings um Universitätswechsler, vgl. die Übersicht in: *Lenz*, a.a.O., 3. Bd., S. 523.

[77] Zum Wintersemester 1909/10 waren Studenten aus über 20 Ländern eingeschrieben, vgl. Chronik der FWU, 1909, S. 31 ff.

[78] *Liebmann* (Hg.), Festgabe zur Jahrhundertfeier, S. 1.

[79] „Märchen" und „Vorsätze" (1907), *Tucholsky*, GW, Bd. 1, S. 39.

genauso gleichgültig sein wie die Lehrgegenstände am Gymnasium: „Also war Jus das Selbstverständliche“[80]. Es gibt allerdings auch Hinweise darauf, dass Tucholsky sich früh für das Strafrecht interessierte: Schon während seiner Vorbereitung auf das Abitur hatte er ein Buch des Berliner Rechtsanwalts Fritz Friedmann erworben, in dem dieser sich kritisch mit dem deutschen Strafverfahren und der Stellung des Strafverteidigers befasste[81].

Die Erfahrungen der Schulzeit dürften jedenfalls dazu beigetragen haben, dass Tucholsky sich gegen ein Germanistikstudium entschied. Schon am Französischen Gymnasium hatte er erkannt, „daß es nicht genügt, seine Muttersprache zu lieben – nein, man muß sie auch so schreiben, wie sich greise Schulamtskandidaten den deutschen Stil vorstellen“[82]. Noch kurz vor Studienbeginn attestierte ihm der Deutschlehrer, dass seine schriftliche Abiturarbeit zum Thema „Wodurch erweckt Wallenstein trotz seines Verrates unser Mitgefühl?“[83] – „nur knapp“ den Anforderungen der Reifeprüfung genüge[84].

Seine Entscheidung gegen die Germanistik bereute Tucholsky nicht. Als er gegen Ende seines Jurastudiums einige Literaturvorlesungen belegte, war er enttäuscht[85]. Die Vorlesungen über „Deutsche Literatur“ seien „verfilzt“[86]:

> „wer diese Philologen nicht anhörte, ihr Ersaufen in Tatsachen, ihr dünkelhaftes Urteil über Künstler, die sie nie begriffen, – der mag glauben, daß aus dem Besuch der Vorlesungen über den deutschen Roman bis zur Gegenwart oder über Politik irgend etwas herausspringt. (...) Für ihre Konstruktionen zwischen Leben und künstlerischem Schaffen müßte man sie einbalsamieren.“[87]

---

80 *Kafka*, Brief an den Vater, S. 46.

81 Hau ist kein verstockter Mörder!, Kritische Studie, Berlin 1907; vgl. *Meyer*, „Entlaufene Bürger“, S. 388.

82 „Der Mann mit den zwei Einjährigen“, *Tucholsky*, GW, Bd. 7, S. 164, 165.

83 Abiturienten-Arbeiten zu Michaelis, Jahresbericht des Königl. Luisen-Gymnasiums 1909/10, S. 9.

84 Zeugnis der Reife, abgedruckt bei *v. Soldenhoff* (Hg.), Ein Lebensbild, S. 27.

85 Ähnlich ging es Franz Kafka. In seinem „Brief an den Vater“ schrieb er: „vierzehntägiges Chemiestudium, halbjähriges Deutschstudium verstärkten nur (...) [die] Grundüberzeugung“ [dass Jura das passende Studienfach sei], a.a.O., S. 46.

86 „Die Literatur im Kastanienwäldchen“, *Tucholsky*, DT, S. 30, 31.

87 *Tucholsky*, DT, S. 30, 31.

Kurt Tucholsky, etwa ein Jahr vor Studienbeginn

Noch zwölf Jahre später klagte er, Schule und Universität hätten sich ausgedacht, dass Klassiker auf jede Zeit anzuwenden seien:

> „Und so kommen denn diese schrecklichen Neubearbeitungen, Ausdeutungen, Inszenierungen, Zitate und ähnlicher Unfug zustande. Der tote Meister liegt in steinernen Särgen (und rotiert schlimmstenfalls ein bißchen) – die da oben auf der Erde teilen ihrer Umwelt inzwischen mit, was der tote Trottel eigentlich gemeint hat."[88]

Tucholsky entschied sich für ein beliebtes Studienfach. Rechtswissenschaft war der meist gewählte Studiengang[89] – knapp ein Viertel der Abiturienten wollte das Fach studieren[90]. Vor allem in gutbürgerlichen Kreisen war ein Jurastudium, nicht zuletzt wegen der Berufsaussichten, die mit einem guten Examen verbunden waren, „en vogue"[91]. Von daher liegt die Vermutung nahe, der Bankierssohn Tucholsky habe sich auch aus „profanen" Motiven für das Studium der Rechte entschieden. Wahrscheinlich, so Baumgärtel, sei das bürgerliche Element in Tucholskys Persönlichkeit „so stark ausgeprägt [gewesen], daß er, was Ausbildung und Studium betraf, genauso dachte und handelte wie die Mehrzahl seiner Zeitgenossen"[92]. In diese Richtung deutet auch eine spätere Äußerung Tucholskys in der „*Weltbühne*": „Richter sein ist noch gar nichts. Richter sein ist genau so schwerwiegend wie der Entschluß, Jura zu studieren, und jeder weiß, wie der zustandekommt"[93].

Tucholskys Onkel Max, ein jüngerer Bruder seiner Mutter Doris (geb. Tucholski), mag die Entscheidung beeinflusst haben. Max Tucholski (1865-1927) war Rechtsanwalt und Notar und wurde später zum Justizrat ernannt – eine Auszeichnung, die der Kaiser an verdiente Honoratioren nach langer beruflicher Tätigkeit verlieh[94]. Gemeinsam mit Dr. Felix Wolff betrieb er die Kanzlei Tucholski & Wolff in der Berliner Kaiser

---

88 „Corneille auf der Schreibmaschine", *Tucholsky*, DT, S. 356, 357.
89 *Ruppel*, Berufswahl, S. 9.
90 *Ruppel*, a.a.O., S. 13; 1821 gaben sogar 40 % aller preußischen Abiturienten an, Jura studieren zu wollen, *Kolbeck*, Juristenschwemmen, S. 37.
91 *Baumgärtel*, MDR 1977, 552.
92 *Baumgärtel*, a.a.O., 552.
93 „Der Richter", *Tucholsky*, GW, Bd. 8, S. 180.
94 Die Ratstitel wurden vom Monarchen verliehen und „bekundeten tadellose Berufsausübung der angesehenen Vertreter des Faches", *H. Hattenhauer*, Deutsche Nationalsymbole, S. 188.

Wilhem-Straße. Als Rechtsanwalt war Max Tucholski bei allen drei Berliner Landgerichten zugelassen und trat auch als Strafverteidiger auf[95]. Nach dem Tod von Alex Tucholsky wurde er Vormund seines Neffen Kurt. Möglicherweise legte Max Tucholski ihm das Jurastudium nahe. Jedenfalls hatte Kurt Tucholsky in der Person seines Onkels nicht nur das Bild eines erfolgreichen Juristen, sondern auch ein Beispiel für Vereinbarkeit von Kunst und Jurisprudenz vor Augen: Neben seiner beruflichen Karriere hatte Max Tucholski seine künstlerischen Interessen verfolgt und u.a. Musikstücke komponiert und veröffentlicht[96].

Eine solche Verbindung zwischen Kunst und Jurisprudenz war keineswegs selten. Seit dem 18. Jahrhundert waren überdurchschnittlich viele deutschsprachige Autoren studierte Juristen[97]. Neben Goethe hatten u.a. Heinrich Heine, Joseph v. Eichendorff und Theodor Storm Rechtswissenschaft studiert. Es musste keineswegs dem Selbstverständnis eines jungen Schriftstellers widersprechen, sich bei literarischer Begabung für ein Jurastudium zu entscheiden. Dass die Juristerei sich zeitweise gut als „Brotstudium" eignete, erklärt den Zusammenhang zwischen Recht und Literatur ohnehin unzureichend. Auch die tägliche Beschäftigung mit Sprache und Phantasie[98], mit Recht und Gerechtigkeit dürfte zu der Anziehungskraft beitragen, die das Studium der Jurisprudenz auf Schriftsteller ausübt[99]. Tatsächlich scheint Tucholsky zeitweilig eine Verbindung zwischen juristischem Brotberuf und Schriftstellerei vorgeschwebt zu haben. Heinz Ullstein, der ihn kurz nach dem Abitur kennen lernte,

---

95 Vgl. auch GA, Bd. 3, Komm. Nr. 20, S. 558, 559.

96 *Bemmann*, Lebensbild, S. 52. Auch Tucholskys Tante Berta, eine Schwester seines Vaters, schrieb vereinzelt Beiträge für die „Vossische Zeitung", *Hepp*, Annäherungen, S. 58.

97 Vgl. *Kilian*, DRiZ 1985, 18 ff. m.w.N. Zu den Dichterjuristen zählen u.a. Matthias Claudius, E.T.A. Hoffmann, Novalis, Heinrich v. Kleist, Friedrich Hebbel, Nikolaus Lenau, Clemens v. Brentano, Franz Grillparzer, Theodor Storm, Hugo v. Hofmannsthal, Carl Zuckmayer, Karl Kraus und Franz Kafka, zu den französischen Dichterjuristen Gustave Flaubert, Jules Verne und Honoré de Balzac.

98 Zum Verhältnis von Sprache und Recht: *Großfeld*, in: Annäherungen an das Thema „Recht und Literatur", S. 38 ff. m.w.N. Zur Phantasie im Recht siehe nur: *v. Jhering*, Scherz und Ernst in der Jurisprudenz, S. 274 ff.

99 *Wambach*, Dichterjuristen, S. 9 ff. Umgekehrt finden sich juristische Themen zuhauf in Literatur und Kunst. *Kastner*, NJW 2003, 609, spricht von der „Vielfalt der Berührungspunkte, ja eines engen Beziehungsgeflechtes zwischen der Literatur und dem Recht, zwischen Literaten und Juristen".

schrieb in seinen Lebenserinnerungen, Tucholsky habe Jura studieren, in Wirklichkeit aber Schriftsteller werden wollen[100]. Tucholsky war im Übrigen nicht der erste Jurist mit schriftstellerischer Begabung an der Berliner Universität: Heinrich Heine hatte hier ab 1821 Rechtswissenschaft studiert[101]. Knapp zwei Jahrzehnte später waren Jakob und Wilhelm Grimm – allerdings als Professoren der Philosophie – nach Berlin gekommen[102]. Theodor Mommsen, der seit 1861 an der Friedrich-Wilhelms-Universität Alte Geschichte lehrte, hatte 1902 den Nobelpreis für Literatur erhalten.

Auch wenn Tucholsky die Juristerei nicht als Berufung empfand – eine reine Verlegenheitslösung war das Jurastudium nicht. Dafür spricht nicht zuletzt der noch 1911 geäußerte Wunsch, Strafverteidiger werden zu wollen[103]. Verlegenheit hinsichtlich der beruflichen Zukunft stellte sich erst gegen Ende des Studiums ein. Während seiner Vorbereitung auf das Erste Examen schrieb Tucholsky im Februar 1913 an den „*Simplicissimus*"-Mitarbeiter Hans Erich Blaich, er sei „Student mit einiger stilistischer Begabung, der vorläufig noch nicht weiß, was er werden soll."[104]

b) Ein Ort „ernster Arbeit"

Mit Tucholsky nahmen zum Wintersemester 1909/10 über 1.300 junge Menschen ihr Studium an der renommierten Juristischen Fakultät auf[105], die wie die Universität kurz vor dem 100. Jahrestag ihrer Gründung stand. Mit Savigny hatte Humboldt gleich zu Beginn einen der angesehensten deutschen Juristen an die neue Universität berufen[106]. Nachfolger Savignys war Georg Friedrich Puchta. Rudolf v. Jhering wurde in Berlin zum Doktor der Rechte promoviert und habilitierte sich hier[107]. Als Tucholsky studierte, gehörten Otto v. Gierke, Josef Kohler, Franz v. Liszt, Gerhard Anschütz und Emil Seckel zu den Berliner Professoren.

---

[100] *Ullstein*, Spielplatz meines Lebens, S. 56.
[101] *Söhn*, NJW 1998, 1358.
[102] *Pieroth*, Jura 1990, 111.
[103] Tucholsky äußerte diesen Wunsch im September 1911 Franz Kafka gegenüber, *Kafka*, Tagebücher, S. 46, Eintrag unter dem 30. IX 1911.
[104] Brief Tucholskys vom 23.2.1913, *Tucholsky*, BA, S. 9, 10.
[105] Chronik der FWU, 1909, S. 33.
[106] *Liebmann* (Hg.), Festgabe zur Jahrhundertfeier, S. 6.
[107] *Liebmann* (Hg.), a.a.O. S. 33.

Anders als in der philosophischen Fakultät, deren Studenten etwa zu gleichen Teilen aus verschiedenen sozialen Schichten stammten, kamen die meisten angehenden Juristen aus gut situierten Elternhäusern. Gemeinsam mit dem Bankierssohn Tucholsky begannen vor allem Akademiker- und Kaufmannskinder ein Rechtsstudium[108]; auch der Adel war stark vertreten[109]. Die Durchlässigkeit des preußischen Juristenstands für die unteren sozialen Schichten war äußerst gering: Nur ein Fünftel der Jurastudenten stammte aus einfacheren Beamten- oder Handwerkerfamilien[110].

Die Berliner Universität hatte seit jeher den Ruf, ein Ort „ernster Arbeit" zu sein[111]. Schon 1824 hatte der junge Ludwig Feuerbach in einem Brief an seinen Vater, den berühmten Strafjuristen Paul Johann Anselm Ritter v. Feuerbach, geklagt: „Wahre Kneipen sind andere Universitäten gegen das hiesige Arbeitshaus".[112] Das universitäre Leben war durch die zahlreichen studentischen Korporationen geprägt. Zum Wintersemester 1909/10 gab es über 70 Akademische Verbindungen. Das Spektrum reichte von Corps über Burschen- und Landsmannschaften bis hin zu Turner- und Sängerschaften[113]. Auch fünf jüdische Studentenvereinigungen waren an der Hochschule vertreten[114].

Die „für den Königlichen Dienst" vereideten Professoren wurden häufig zu Titularexzellenzen ernannt und schmückten sich mit dem Titel „Geheimer Rat"[115]. Allein die im Jahr 1909 verliehenen Titel und Orden füllen in der Universitätschronik knapp fünf Seiten[116]. Otto v. Gierke

---

[108] Vgl. *Lenz*, a.a.O., 3. Bd., S. 522.
[109] Vgl. *Girnus*, in: Wissenschaft in Berlin, S. 174, 288.
[110] Vgl. *Lenz*, a.a.O., 3. Bd., S. 522; siehe auch *Bemmann*, Lebensbild, S. 59.
[111] *Balk*, Die Friedrich-Wilhelms-Universität zu Berlin, S. 61; *Lenz*, a.a.O., 2. Bd., 2. Hälfte, S. 361 a.E.
[112] Brief vom 6. Juli 1824, zitiert nach: *Lenz*, a.a.O., 2. Bd., 2. Hälfte, S. 361, Fn. 1.
[113] Vgl. Deutscher Universitätskalender, WS 1909/10, S. 27 ff. In einem Beitrag für die „Vossische Zeitung" wünschte Tucholsky sich 1929, er könne noch einmal Student sein: „Aber wenn ich freilich daran denke, unter wie vielen ‚Ringen' und Original-Deutschen Studentenschaften ich dann zu wählen hätte, dann möchte ich es lieber nicht sein.", *Tucholsky*, GW, Bd. 7, S. 37, 39.
[114] Deutscher Universitätskalender, WS 1909/10, S. 32 f.
[115] Die wirklichen Exzellenzen besaßen ein leitendes Staats- oder Hofamt. Da die Zahl solcher Ämter begrenzt, die Titel aber begehrt waren, wurde die Anrede auch als bloßes Prädikat verliehen, *H. Hattenhauer*, Deutsche Nationalsymbole, S. 187 f.
[116] Chronik der FWU, 1909, S. 13 ff.

wurde im Jahr der Einschreibung Tucholskys der „Rote Adlerorden II. Klasse mit Eichenlaub" verliehen, im folgenden Jahr wurde er in den erblichen Adelsstand erhoben[117]. Tucholsky konnte mit dem preußischen Titelwesen wenig anfangen. Gut fünf Jahre nach seiner eigenen Promotion schrieb er in der „*Weltbühne*":

> „Die Titelsucht ist heute in Deutschland genau so groß und so gefährlich, wie sie es im Mittelalter gewesen ist. Der Titel erstickt jeden Widerspruch und erspart dem Titelträger jede Tüchtigkeit. (...) man traut sich nicht, dem Deutschen sein geliebtes Palladium zu entreißen und einen jeden so anzureden, wie er nun mal heißt. Namen können eine Ehrung sein – Titel nie. Universitätsprofessor ist ein Beruf, keine Anrede. Sanitätsrat ist nur eine Anrede und kein Beruf. Korvettenkapitän sei keines von beiden".[118]

Jährlich feierte die Universität in „hergebrachter Weise den Geburtstag ihres königlichen Stifters"[119]. Im Januar wurde der Geburtstag Wilhelms II. begangen. An wichtigen Universitätsveranstaltungen nahm der Kaiser persönlich teil. Kurz nach Tucholskys Einschreibung im Oktober hielten die amerikanischen Gastprofessoren Moore und Wheeler ihre Antrittsvorlesungen in Gegenwart „Ihrer Kaiserlichen und Königlichen Majestäten"[120]. Als Wheeler 1912 anregte, Kaiser Wilhelm II. den Friedensnobelpreis zu verleihen[121], spottete Tucholsky im „*Vorwärts*":

> „Unter allseitigem, dreimaligem Hurra
> sagte ein Professor zu Kalifornia,
> man solle den Friedens-Nobelpreis dem deutschen Kaiser geben,
> denn trotz seiner großen Armee lasse er alle Leute leben.
>
> Er hätte so unzählig viele Menschen zum Schießen –
> aber nichtsdestotrotz täte er kein Blut vergießen ...
> Und überhaupt sei er ein Friedenslicht:
> er könnte wohl, aber er tut es nicht. (...)"[122]

---

117 Chronik der FWU, 1909, S. 14, 1910, S. 13.
118 „Titel", *Tucholsky*, GW, Bd. 2, S. 341 f.
119 Vgl. Chronik der FWU, 1909, S. 281.
120 Chronik der FWU, 1909, S. 282.
121 GA, Bd. 1, Komm. Nr. 63, S. 497 f.
122 „Logik", *Tucholsky*, GA, Bd. 1, Nr. 63, S. 84 f.

Trotz der starken Verflechtung von (Obrigkeits-)Staat und Universität war die preußische Hochschulpolitik „moderat-liberal“[123]. Die universitäre Autonomie sicherte den Professoren eine gewisse Eigenständigkeit und ließ damit auch Raum für kritische Stimmen[124]. Zudem gab es gerade in der Personalpolitik eine verhältnismäßig große Offenheit und Liberalität[125]. Hepps Behauptung, die Haltung der meisten Professoren sei staatserhaltend bis reaktionär gewesen, trifft – zumindest in dieser Allgemeinheit – ebenso wenig zu wie die pauschale Feststellung, jüdische oder sozialdemokratisch gesinnte Lehrer seien nicht geduldet worden, notfalls habe man solche „Elemente“ mit dem „kaiserlichen Disziplinargesetz von 1898“ aus der Universität entfernen können[126].

1871 waren reichsweit alle „noch bestehenden, aus der Verschiedenheit des religiösen Bekenntnisses hergeleiteten Beschränkungen der bürgerlichen und staatsbürgerlichen Rechte (...) aufgehoben“ worden[127]. Wegen der verbreiteten Vorbehalte war es für Juden schwierig, aber nicht völlig ausgeschlossen, eine Professur zu erlangen[128]. Hatte es vor der Judenemanzipation nur vereinzelt jüdische Studenten und Universitätsdozenten gegeben, stieg ihre Zahl im 19. Jahrhundert an[129]. Berücksichtigt man Extraordinarien und Privatdozenten, ist – trotz aller Widerstände und Anfeindungen – bis Anfang des 20. Jahrhunderts ein kontinuierlicher Anstieg des Anteils jüdischer Hochschullehrer zu verzeichnen.

Praktisch unmöglich war demgegenüber ein sozialdemokratisches Engagement. Auf Betreiben des Kaisers, der wegen der SPD-Mitgliedschaft des Berliner Physik-Dozenten Arons auf dessen Entlassung gedrängt hatte[130], verabschiedete das preußische Abgeordnetenhaus im Jahr 1898 das „*Gesetz, betreffend die Disziplinarverhältnisse der Privatdozenten*“[131].

---

[123] *Nipperdey*, in: Preußen, S. 65, 81.
[124] Vgl. *Nipperdey*, a.a.O., 65, 79 ff.
[125] *Nipperdey*, a.a.O., S. 65, 81.
[126] *Hepp*, Annäherungen, S. 49 f.
[127] Die schon im Norddeutschen Bund geltende Regelung (BGBl. 1869, S. 292) wurde durch Gesetz vom 16. April 1871 zum Reichsgesetz (RGBl. 1871, S. 63).
[128] Vor allem bis etwa 1890 bestanden Aufstiegschancen bis hin zum Ordinariat, *vom Bruch*, in: Schriften der Johannes Sassenbach Gesellschaft, Heft 2, S. 3, 9.
[129] Vgl. *Boockmann*, Wissen und Widerstand, S. 217 f.
[130] *vom Bruch*, a.a.O., S. 3, 10 f.
[131] Gesetz, betreffend die Disziplinarverhältnisse der Privatdozenten an den Landesuniversitäten, der Akademie zu Münster und dem Lyceum Hosianum zu Braunsberg vom 17. Juni 1898.

Unter Berufung auf das neue Gesetz wurde Arons am 20. Januar 1900 die Venia legendi entzogen[132]. Dieser Eingriff von „außen" war jedoch nicht unumstritten. Gegen die Entlassung Arons gab es massive Proteste von Seiten der Professoren- und Studentenschaft. Nicht zuletzt deshalb dauerte das Verfahren mehrere Jahre. Die Philosophische Fakultät sprach Arons im Disziplinarverfahren in erster Instanz frei und lobte ihn als einen „nach dem Zeugnis der Fachmänner ausgezeichneten Gelehrten"[133]. 1915 ersuchte sie die Wiedererteilung der Venia legendi für Arons[134].

Mit Widerstand im universitären Bereich hatten auch Frauen und Katholiken zu kämpfen[135]. So sah etwa Theodor Mommsen, der sich mit Nachdruck gegen den aufkeimenden Antisemitismus gewandt hatte, durch die Berufung von Katholiken die deutsche Wissenschaft gefährdet[136]. In Preußen waren selbst in katholischen Gebieten 85 % der Lehrstühle mit Protestanten besetzt[137]. In Straßburg, wo die Bevölkerung zu 80 % katholisch war, waren von 48 ordentlichen Professoren immerhin vier jüdischen Glaubens, aber nur zwei katholisch[138]. Nachdem die Abiturprüfung für Schülerinnen geöffnet worden war, konnten Frauen ab 1908 einen Studienplatz an der Berliner Universität erhalten[139]. Dennoch blieb vor allem die Rechtswissenschaftliche Fakultät eine Domäne der Männer: Von den im Wintersemester 1909/10 neu immatrikulierten 300 Studentinnen wollten nur sieben ein Rechtstudium beginnen[140]. Die Habilitation von Frauen wurde erst um 1920 zugelassen[141]. Eine der wenigen Frauen, die damals in Berlin ein Studium aufnahmen, war Else Weil,

---

132 *Vogt*, in: Wissenschaft in Berlin, S. 306, 350.
133 *Schwarz*, in: Schriften der Johannes Sassenbach Gesellschaft, Heft 2, S. 14, 21; *Vogt*, in: Wissenschaft in Berlin, S. 306, 349 f.
134 *Schwarz*, a.a.O., S. 14, 25.
135 *Boockmann*, a.a.O., S. 218 ff., 221 ff.
136 *Boockmann*, a.a.O., S. 220.
137 *Boockmann*, a.a.O., S. 219.
138 *Boockmann*, a.a.O., S. 220.
139 Erlass vom 18. August 1908, in: Chronik der FWU, 1908, S. 271 f.
140 Chronik der FWU, 1909, S. 33. In ganz Deutschland gab es 1913/14 lediglich 50 Jurastudentinnen. Vor dem Ersten Weltkrieg konnten Frauen nur in Bayern die Erste Staatsprüfung ablegen, *Rüping*, Strafrechtsgeschichte, S. 89 a.E.
141 *Boockmann*, a.a.O., S. 223.

die spätere erste Frau Tucholskys. Ab 1910 studierte sie an der Philosophischen Fakultät, später an der Medizinischen Fakultät[142].

c) Erwerb des „Akademischen Bürgerrechts"

Tucholskys Einschreibung erfolgte an einem „ruhigen Herbsttag"[143]. An der Universität dürfte es unruhig zugegangen sein: Über 4.000 Erstsemester und Studienortwechsler wollten in Berlin ein Studium aufnehmen bzw. fortsetzen. Die Art des Schulabgangszeugnisses bestimmte, welche Fachrichtungen man belegen konnte[144]. Für ein naturwissenschaftliches oder mathematisches Studium konnten sich auch preußische Schulabgänger immatrikulieren, die das Reifezeugnis eines Realgymnasiums erworben hatten. Für das Studium der Rechte galt diese Ausnahme ursprünglich nicht. Erst 1902 wurde es für Absolventen von Realgymnasien und preußischen Oberrealschulen geöffnet. Nach wie vor galt aber das humanistische Gymnasium als die „geeignetste Anstalt zur Vorbildung für den juristischen Beruf"[145].

Die Zulassung zum Studium erforderte einen Nachweis über die „sittliche Führung"[146] durch Vorlage eines polizeilichen Führungsattests. Da Tucholsky gerade sein Abitur abgelegt hatte, genügte das Reifezeugnis; nach einer ministeriellen Instruktion vom 1. Oktober 1879 galt der Nachweis auch durch das Abgangszeugnis einer Schule als erbracht[147]. Jeder Studienanfänger musste die Immatrikulationsgebühren von 18 Mark entrichten und der Universität seinen Wohnsitz mitteilen. Tucholsky lebte zu dieser Zeit noch bei seiner Mutter. Nach ihrer Rückkehr aus Stettin hatte die Familie mehrere Jahre in einer Dienstwohnung der BHG gelebt. Nach dem Tod des Vaters musste Doris Tucholsky mit den Kin-

---

142 *Hepp*, Annäherungen, S. 65.
143 *Bemmann*, Lebensbild, S. 59.
144 Vgl. § 2 f. Vorschriften für die Studierenden, S. 6.
145 Beschluss des Justiz-Ministers und des Ministers der geistlichen, Unterrichts- und Medizinal-Angelegenheiten vom 1. Februar 1902, in: Chronik der FWU, 1901, S. 227 f.
146 § 1 Vorschriften für die Studierenden, S. 5 f.
147 Instruktion des Ministers der geistlichen, Unterrichts- und Medizinal-Angelegenheiten, in: Bestimmungen der FWU, S. 685.

dern dort ausziehen. Für einige Zeit wohnte die Familie in der Motz-, später in der Helmstedter Straße[148].

Nach einem Pfarrerssohn, der an der Philosophischen Fakultät studieren wollte, trug sich Tucholsky in die Berliner Universitätsmatrikel ein[149] und erhielt Aufnahmeurkunde, Erkennungskarte und ein Anmeldebuch für Vorlesungen[150]. Mit der Einschreibung hatte er das „akademische Bürgerrecht“ erworben und unterlag der „akademischen Disciplin“. Bei wiederholtem „Unfleiß“ musste er mit der Zwangsexmatrikulation rechnen[151]. Als strafwürdig galten leichtsinniges Schuldenmachen, unerlaubtes Spielen und Wetten sowie ein unsittlicher Lebenswandel[152]. Verstöße gegen „Ordnung, Sitte und Ehrenhaftigkeit“ konnten mit Geldstrafe oder Karzerhaft bestraft werden. Studenten, gegen die ein Disziplinarverfahren eröffnet worden war, durften die Stadt nur mit besonderer Erlaubnis des Universitätsrichters verlassen[153]. Vor allem für die angehenden Juristen war es wichtig, nicht negativ aufzufallen: Die spätere Ernennung zum Rechtsreferendar war u.a. von ihrem „sittlichen Verhalten“ auf der Universität abhängig. Die Präsidenten der Oberlandesgerichte waren angewiesen, „die Kollegien mit untauglichen Subjekten nicht (zu) belästigen“[154]. Was sein sittliches Verhalten betraf, hätte Tucholsky allerdings ohne weiteres Referendar werden können: sein Universitätsabgangszeugnis von 1912 enthält keine einschlägigen Vermerke[155].

---

[148] *Hepp*, Annäherungen, S. 46.

[149] HUB, UA, Rektor und Senat, Matrikel, Nr. 5743/99, 7.10.1909. Die Matrikelnummern wurden nicht fortlaufend vergeben. Als Tucholsky sich nach seiner Rückkehr aus Genf immatrikulierte, erhielt er die Matrikelnummer 1292/101.

[150] Vgl. § 7 Vorschriften für die Studierenden, S. 7.

[151] § 13 Vorschriften für die Studierenden, S. 10 f. Aufgrund dieser Regelung wurden im Sommersemester 1909 immerhin 251 Studierende aus den Universitätsmatrikeln gestrichen, Chronik der FWU, 1909, S. 26.

[152] §§ 22 ff. Vorschriften für die Studierenden, S. 13 ff.

[153] § 32 Abs. 2 Vorschriften für die Studierenden, S. 16. Durch ministeriellen Erlass vom 19. Oktober 1903 wurde angeordnet, dass in das Abgangszeugnis neben den Disziplinarstrafen auch die von Gerichten verhängten Strafen einzutragen waren, in: Chronik der FWU, 1903, S. 240.

[154] Anm. 4 zu § 14 Abs. 3 des Regulativs vom 1. Mai 1883, betreffend die juristischen Prüfungen usw. (im Folgenden: Prüfungs-Regulativ), in: Vorschriften über die Ausbildung, S. 23, 43.

[155] Abgangszeugnis vom 10.8.1912, s.o. Fn. 26.

d) Die ersten Vorlesungen

§ 2 GVG bestimmte knapp: „Die Fähigkeit zum Richteramte wird durch die Ablegung zweier Prüfungen erlangt. Der ersten Prüfung muß ein dreijähriges Studium der Rechtswissenschaft auf einer Universität vorangehen.“[156] Da es keine Richtlinien über die Reihenfolge der zu besuchenden Vorlesungen gab, hatte man an den preußischen Universitäten Studienpläne entwickelt, die an die Studienanfänger verteilt wurden[157]. Auch die Berliner Juristische Fakultät hatte 1883 einen solchen Leitfaden veröffentlicht[158]. Er enthielt Vorschläge für die einzelnen Semester und empfahl den „Herren Studirenden“ neben den eigentlichen Rechtsvorlesungen u.a. auch Vorlesungen in Volkswirtschaft, Geschichte und Philosophie. Für den Bereich des Zivilrechts waren die Vorschläge allerdings veraltet. Inzwischen standen die Vorlesungen zum Römischen Recht nicht mehr im Mittelpunkt des Studiums. Mit Blick auf das Inkrafttreten des Bürgerlichen Gesetzbuchs am 1. Januar 1900 hatten die in Eisenach versammelten deutschen Hochschullehrer 1896 beschlossen, dass künftig das BGB den Hauptgegenstand der privatrechtlichen Vorlesungen bilden sollte[159]. Alle Studenten, die ihr Studium nach dem 1. April 1898 aufgenommen hatten, mussten 16-20 Stunden deutsches bürgerliches Recht hören.

Mehr als 90 Lehrveranstaltungen verzeichnete das Vorlesungsverzeichnis für das Wintersemester 1909/10; von der „Einführung in die Rechtswissenschaft“ über die „Erklärung rechtshistorischer Papyrusurkunden“ bis hin zu den „kolonialen Problemen der Gegenwart“[160]. Die Veranstaltungen waren mit Abkürzungen versehen: *ö* für „öffentlich“, *p* oder *pp* für „privatim“ bzw. „privatissime“, *pg* für „privatissime et gratis“. Für jede Vorlesung musste man sich auf der Universitätskasse, der so genannten Quästur, und beim Dozenten anmelden[161]. Das galt nicht nur für die spezielleren, im kleineren Kreis abgehaltenen Privatvorlesungen, von

156 GVG 1877 (RGBl. 1877, S. 41).
157 *Ebert*, Staatsexamina, S. 104.
158 Studienplan der Juristischen Fakultät, in: Bestimmungen der FWU, S. 354 f.
159 Zur „Eisenacher Konferenz“: *Ebert*, a.a.O., S. 101 ff.
160 Vorlesungsverzeichnis WS 1909/10, in: Deutscher Universitätskalender, WS 1909/10, S. 2 ff.
161 Vgl. Besondere Bestimmungen über die Meldung zu den Vorlesungen usw., I, Nr. 1, 2, in: Vorschriften für die Studierenden, S. 20 f.

denen man mindestens eine belegen musste, um nicht exmatrikuliert oder wegen Unfleißes bestraft zu werden[162]. Auch an den wenigen öffentlichen Lehrveranstaltungen durfte man nicht ohne vorherige Anmeldung teilnehmen[163].

Tucholsky besuchte in seinem ersten Semester vier rechtswissenschaftliche Privatvorlesungen. Nach den Vorgaben der „Eisenacher Konferenz", das Studium mit den deutsch- und römischrechtlichen Wurzeln des BGB zu beginnen[164], hörte er bei Emil Seckel „System des römischen Privatrechts". Hinzu kamen „Deutsche Rechtsgeschichte" bei Heinrich Brunner und „Geschichte des römischen Rechts" bei Theodor Kipp[165]. Den von Kübler angebotenen „Kurs zur sprachlichen Einführung in die Quellen des römischen Rechts" brauchte er nicht zu belegen, da er auf dem Abiturzeugnis im Lateinischen ein „genügend" vorzuweisen hatte. Neben den rechtsgeschichtlichen Vorlesungen belegte er bei Seckel die „Einführung in die Rechtswissenschaft". Bei Gerichtsmediziner Fritz Strassmann[166], der regelmäßig Vorlesungen an der Rechtswissenschaftlichen Fakultät hielt, hörte er „Gerichtliche Medizin für Juristen". Entsprechend der Fakultätsempfehlung, auch volkswirtschaftliche Vorlesungen zu besuchen, belegte er eine „Einführung in die Nationalökonomie"[167].

Für die Mehrzahl der Veranstaltungen mussten die Studenten „Vorlesungshonorare" entrichten. Im Durchschnitt kostete eine Vorlesung im Wintersemester 1909/10 fünf Mark pro Semesterwochenstunde. Hinzu kamen die allgemeinen Studiengebühren: Das Auditoriengeld und der Beitrag zum Studentenfonds beliefen sich zusammen auf 5,50 Mark. Für die akademische Krankenkasse, die den Studierenden freie Behandlung

---

[162] § 13 Vorschriften für die Studierenden, S. 10.

[163] Die öffentlichen Vorlesungen waren meist allgemeiner gehalten. In den Privatvorlesungen wurde der Stoff vertieft behandelt, *Vogt*, in: Wissenschaft in Berlin, S. 304, 346; vgl. auch *Hepp*, Annäherungen, S. 50.

[164] Vgl. *Ebert*, a.a.O., S. 102.

[165] Abgangszeugnis vom 14.3.1910, HUB, UA, Rektor und Senat, Tucholsky, AZ 14.-15.3.1910.

[166] Strassmann war Leiter des Gerichtsmedizinischen Instituts der Universität und arbeitete u.a. mit dem Strafrechtler Franz v. Liszt zusammen. Gemeinsam waren beide Erste Vorsitzende der „Forensisch-medizinischen Vereinigung in Berlin", *Leonhardt/Schurich*, Die Kriminalistik an der Berliner Universität, S. 9 ff.

[167] Alle Angaben: Abgangszeugnis vom 14.3.1910, a.a.O.

und Pflege gewährte, war ein Beitrag von zwei Mark zu entrichten[168]. Legt man das durchschnittliche Vorlesungshonorar zugrunde, musste Tucholsky für das erste Semester etwa 80 Mark Studiengebühren bezahlen[169]. Dieser Betrag, der ungefähr dem damaligen Schulgeld entsprach, konnte für Studenten aus ärmeren Elternhäusern eine kaum zu tragende Belastung sein[170]. Sie mussten versuchen, ihren Unterhalt durch private Nachhilfestunden aufzubessern und notfalls um Stundung der Honorare bitten[171]. Die meist besser situierten Jurastudenten waren von solchen Problemen weniger betroffen; an den anderen Fakultäten waren arme Studenten hingegen keine Seltenheit. Gegen Ende seines Jurastudiums schrieb Tucholsky im „*Vorwärts*“:

> „Die Studenten ... ihr neues Semester beginnt jetzt (...). Hier in Berlin z.B. eine Majorität von akademischem Proletariat (Philologen, Theologen), das zu einem Preis Privatstunden verzapft, den ein Maurer seinem Bauherrn vor die Füße werfen würde.“[172]

Dass es Tucholsky als Halbwaise nicht ähnlich ging, hatte er der Vorsorge des Vaters zu verdanken. Von seinem guten Gehalt bei der BHG hatte Alex Tucholsky Rücklagen gebildet. Bei seinem Tod im Jahr 1905 beliefen sie sich auf etwa 400.000 Mark[173], was – gemessen an der damaligen Kaufkraft – heute etwa dem Zehnfachen dieses Betrags entsprechen würde[174].

Nach der Anmeldung begann der normale Semesterbetrieb mit einem Vorlesungspensum von etwa 14 Wochenstunden. Bis Mitte März des

---

[168] Deutscher Universitätskalender, WS 1909/10, S. 1.

[169] Da die Archivbestände der Universitäts-Quästur im Krieg vernichtet wurden, lässt sich der genaue Betrag nicht mehr ermitteln. Die von *Hepp*, a.a.O., S. 50, genannten 100 bis 180 Mark dürften zu hoch gegriffen sein. Deutlich teuerer als ein Jura- war ein Medizinstudium, vgl. *Vogt*, in: Wissenschaft in Berlin, S. 304, 347.

[170] Dies entsprach ca. 10 % des Jahreseinkommens einer Abeiterfamilie, *Roedig*, in: Deutsche Geschichte, Bd. 10, S. 89, 106; vgl. auch *Hepp*, a.a.O., S. 50.

[171] Eine Stundung setzte u.a. voraus, dass der betreffende Student der Stundung „bedürftig und würdig“ war und „den Nachweis tadelloser sittlicher Führung und andauernden Fleißes“ erbringen konnte, Honorarstundungsordnung, in: Vorschriften für die Studierenden, S. 26 ff.

[172] „Burschen heraus!“, *Tucholsky*, GA, Bd. 1, Nr. 68, S. 89, 90.

[173] *Hepp*, Kurt Tucholsky, Rowohlts Monographien, S. 12.

[174] Die Kaufkraft der Mark war damals rund zehnmal größer als zum Zeitpunkt der Euro-Einführung, *Sprenger*, Das Geld der Deutschen, S. 195.

folgenden Jahres besuchte Tucholsky Vorlesungen und gewöhnte sich an das Universitätsleben. Wie ihm die ersten Lehrveranstaltungen gefielen, ist nicht bekannt. Immerhin zwei seiner Professoren, Kipp und Seckel, standen im Ruf gute Dozenten zu sein. Der Jurist „Hugo Grotius" [d.i. Ferdinand Nübell], der ebenfalls in Berlin Jura studiert hatte, erinnerte sich später in einem „*Weltbühne*"-Beitrag,

> „daß manche Professoren infolge Überalterung oder aus natürlicher Begabung zum Auswachsen langweilig ‚vortragen', sodaß sich der Gast mit Grausen wendet. Aber das können auch ‚Praktiker', zum Beispiel der selige Dickel, der (...) ein höchst langweiliger Dozent war, im Gegensatz zu reinen Theoretikern wie etwa Kipp, Seckel oder gar Liszt"[175].

2. „Ich, zum Beispiel, kenne Genf"[176] – Ein Auslandssemester

Abgesehen von den Kinderjahren in Stettin hatte Tucholsky seine Jugend in Berlin verbracht. Zum Sommersemester entschloss er sich, ein Halbjahr an einer anderen Universität zu studieren. Es kamen nicht nur deutsche Universitäten in Betracht. Einige Hochschulen des benachbarten Auslandes boten Vorlesungen zum deutschen Recht an[177]; auch die römischrechtlichen Veranstaltungen konnte man hier besuchen. Die Wahl fiel auf Genf. Am 3. März 1910 meldete sich Tucholsky bei der Universitäts-Registratur zur Ausfertigung des Abgangszeugnisses an[178].

In den folgenden Tagen musste er sich bei seinen Professoren persönlich abmelden. Außerdem hatte er eine Bescheinigung der Universitäts-Bibliothek und der Königlichen Bibliothek beizubringen, dass er keine entliehenen Bücher mehr besaß[179]. Ob Tucholsky schon während seines ersten Semesters regelmäßig Bücher entlieh, ist unbekannt. Während der

---

[175] „Die Weltbühne" vom 31.3.1921, 357. Während man früher davon ausging, Tucholsky selbst verberge sich hinter dem Pseudonym, wird es heute dem Juristen und Weltbühne-Mitarbeiter Nübell zugeordnet, s.o. Fn. 41.
[176] *Tucholsky*, GW, Bd. 1, S. 221.
[177] So etwa die Universitäten Innsbruck, Prag, Basel, Bern, Lausanne und Genf.
[178] Anmeldeschein zum Abgangszeugnis, HUB, UA, Rektor und Senat, Tucholsky, AZ 14.-15.3.1910. Für die Ausfertigung des Abgangszeugnisses wurde eine Gebühr von 12,50 Mark verlangt.
[179] Vgl. Besondere Bestimmungen über die Meldung zu den Vorlesungen usw., III, Nr. 4, in: Vorschriften für die Studierenden, S. 24 f.

folgenden Jahre besuchte er die Bibliotheken jedoch öfter. Erhaltene Leihscheine belegen, dass sich Tucholsky sowohl juristische als auch nichtjuristische Literatur auslieh[180]. Gern erinnerte er sich später an die Zeit, als er „noch die Weisheit der Welt in aufgeplatzten Mappen aus der Berliner Staatsbibliothek nach Hause trug"[181]. Noch 1929 spottete er – offenbar in Erinnerung an seine eigenen Studienjahre – über die Berliner Staatsbibliothek mit ihrem „pompösen Eingang", wo im Hauptgebäude von mehreren Türen nur zwei kleine „fast widerwillig geöffnet" seien[182]:

> „Niemals die mittlere, – die ist wahrscheinlich für den Studenten reserviert, der ein gangbares Buch erbat und es am selben Tage bekam ... Daher ist diese Tür geschlossen."[183]

Das Abmeldeverfahren zog sich offenbar länger hin als erwartet. Schon am 3. März hatte Tucholsky die Bescheinigung der Universitäts-Bibliothek in der Dorotheenstraße besorgt. Da der Nachweis jedoch nur drei Tage lang gültig war, musste er die Bescheinigung zwei Wochen später noch einmal abstempeln lassen[184]. Nachdem alle Papiere vorlagen, erhielt Tucholsky am 14. März 1910, einen Tag vor Beginn der Osterferien, sein Abgangszeugnis. Darin bescheinigten „Rektor und Senat der Königlichen Friedrich-Wilhelms-Universität", dass „Herr Kurt Tucholsky (...) am 7. Oktober 1909 bei uns immatrikuliert worden ist, sich bis zum Schl d. WS 1909/10 als Studierender hier aufgehalten und sich der Rechte beflissen hat. (...) Hinsichtlich seines Verhaltens auf der hiesigen Universität ist Nachteiliges nicht zu bemerken"[185]. Hinter seiner Matrikel-Nummer 5743/99 wurde knapp vermerkt: „rite abg. 14.3.10."[186]

Ungewöhnlich war ein solcher Hochschulwechsel nicht. Vor allem die angehenden Juristen studierten häufig an mehreren Universitäten. Entsprechend gering war die durchschnittliche Aufenthaltsdauer an der Ber-

---

[180] Konvolut Leihscheine, Königliche Bibliothek zu Berlin, DLA Marbach.
[181] „Der Darmstädter Armleuchter", *Tucholsky*, GW, Bd. 6, S. 144.
[182] „Die zweite Tür", *Tucholsky*, DT, S. 736, 738.
[183] *Tucholsky*, DT, S. 736, 738.
[184] Die Bescheinigung der Königlichen Universitätsbibliothek trägt Datumsstempel vom 3. und 14. März; auch die der Königlichen Bibliothek ist mit zwei Stempelaufdrucken versehen, HUB, UA, Rektor und Senat, Tucholsky, AZ 14.-15.3.1910.
[185] HUB, UA, Rektor und Senat, Tucholsky, AZ 14.-15.3.1910.
[186] HUB, UA, Rektor und Senat, Matrikel, Nr. 5743/99, 7.10.1909.

liner Fakultät: Sie betrug gerade drei Semester[187]. Zum Sommersemester setzte in Berlin eine regelrechte „Juristenflucht“ ein:

> „Im Sommer sind die Juristen von jeher (...) sehr viel weniger in Berlin zu finden (...) es sind die Monate, da jene als die meist besser Situierten die „Sommeruniversitäten“ am Neckar- und am Isarstrand, und neuerdings besonders das schöne Freiburg im Breisgau aufsuchen“[188].

Um die Vorzüge des Studentenlebens auszukosten, bot sich ein frühzeitiger Wechsel an: Schon damals begann die eigentliche „Paukerei“ bei den Juristen gegen Ende des Studiums. Die ersten Semester wurden nicht sonderlich ernst genommen, weil man, „angegriffen von den Strapazen des Abiturientenexamens die akademische Freiheit in vollen Zügen genießen“ wollte (v. Jhering[189]).

Hepp nimmt an, Tucholsky habe Berlin auch deshalb verlassen, weil er der „wilhelminischen Pracht- und Machtentfaltung“ während des anstehenden 100-jährigen Universitätsjubiläums habe entfliehen wollen[190]. Das Jubiläum, zu dem zahlreiche Gäste aus dem In- und Ausland anreisten, wurde im Rahmen einer dreitägigen Feier begangen[191]. Neben den obligatorischen Ansprachen fand u.a. ein Fackelzug und eine Aufführung von „Figaros Hochzeit“ unter der Leitung von Richard Strauß statt. Die Juristische Fakultät verlieh Kaiser Wilhelm II. die Ehrendoktorwürde[192]. Die Vermutung, Tucholsky sei wegen des Jubiläums nach Genf „geflohen“, überzeugt jedoch nicht. Die Festtage fanden vom 10. bis 12. Oktober statt. Zu diesem Zeitpunkt war sowohl in Genf als auch in Berlin das Sommersemester längst beendet. Mit den schon länger laufenden Vorbereitungen in den Festausschüssen hatten die Studenten ohnehin nichts zu tun. Erst nach Ferienbeginn wurde ein „gewaltiges Scheuerfest“ veranstaltet und die Fassade der Universität mit „Tannenreisgebinden und vergoldeten Rosetten“[193] geschmückt.

---

187 Um die Jahrhundertwende betrug die durchschnittliche Aufenthaltsdauer sogar nur zwei Semester, *Lenz*, Geschichte der FWU, 3. Bd., S. 515.
188 *Lenz*, a.a.O., 2. Bd., 2. Hälfte, S. 363, Fn. 1.
189 Scherz und Ernst in der Jurisprudenz, S. 77, Fn. 1.
190 *Hepp*, Annäherungen, S. 50.
191 Ausführlich: *Schmidt*, Jahrhundertfeier.
192 *Schmidt*, a.a.O., S. 121.
193 *Schmidt*, a.a.O., S. 6.

Um den Feierlichkeiten zu entgehen, hätte Tucholsky nicht die Universität wechseln müssen, zumal die Studenten von den Festakten nahezu ausgeschlossen blieben. Selbst Interessierte fanden „nur sehr spärlich Einlaß“[194]. So waren es wohl schlicht Lust und Interesse, die ihn für ein Semester an einer „Sommeruniversität“ studieren ließen. Er gönnte sich, wie Klaus-Peter Schulz schreibt, „einen Tapetenwechsel“[195]. Gleichzeitig konnte er sich dem Einfluss seiner strengen Mutter entziehen. Sollte der Jubiläumstrubel für Tucholsky mit ein Grund für den Wechsel nach Genf gewesen sein, so war der Zeitpunkt passend gewählt: Die Festlichkeiten zum 350-jährigen Bestehen der Genfer Hochschule hatten schon im Vorjahr stattgefunden.

Während in Berlin die Osterferien erst am 16. April 1910 endeten, begann das Semester in Genf schon am 8. April[196]. Die gut 1.000 Kilometer in die Schweiz legte Tucholsky mit dem Zug zurück[197]. Ob Tucholsky sich vor Ort nach einer Studentenbude erkundigte oder auf eine Zeitungsanzeige stieß, ist nicht bekannt. Freie Wohnungen wurden im „*Journal*“ und in der „*Tribune*“ inseriert. Auswärtige Studenten konnten sich auch beim „Comité für Patronage fremder Studierender“ nach Wohnmöglichkeiten erkundigen. Tucholsky fand zunächst eine Unterkunft in der Nähe der Universität in der Rue de Carouge. Wenig später zog er dort aus und wohnte von da an unter der Anschrift „Florissant Nr. 5“, wo noch einige andere deutsche Gaststudenten untergebracht waren[198].

Mit seiner Entscheidung für Genf hatte Tucholsky eine exklusive Wahl getroffen. Ein einfaches Zimmer kostete ab 15 Schweizer Franken pro Monat. Für das Essen kamen mindestens noch einmal 50 Franken hinzu. Wollte man komfortabler wohnen, stiegen die Kosten leicht auf ein Mehrfaches[199]. Samt Studiengebühren konnte der monatliche Unterhalt

---

[194] *Schmidt*, a.a.O., S. 5.
[195] *Schulz*, Wer war Tucholsky?, S. 27.
[196] Deutscher Universitätskalender, SoSe 1910, S. 430.
[197] *Bemmann*, Lebensbild, S. 61.
[198] Université de Genève, Faculté de droit, Feuille de contrôle; Université de Genève, Liste des autorités, professeurs, étudiants et auditeurs, semestre d'été 1910 (Avril-Juillet), S. 47.
[199] Vgl. Deutscher Universitätskalender, SoSe 1910, S. 429.

über 200 Schweizer Franken – etwa 160 Mark – betragen[200], was etwa dem Monatseinkommen eines einfachen deutschen Beamten entsprach[201]. Längst nicht jeder Student konnte sich einen Aufenthalt in der Schweiz leisten. Zudem erforderte das Studium Französischkenntnisse. Tucholsky, der sich um die Finanzierung nicht sorgen musste, beherrschte die französische Sprache „fast wie ein Franzose“[202]. Bis zum Abitur hatte er Französischunterricht genossen und gut vier Jahre lang das Französische Gymnasium besucht[203]. Warum Tucholsky nach Genf und nicht etwa nach Lausanne ging, ist nicht bekannt. Vielleicht hatte ihn das Genfer Universitätsjubiläum auf die Stadt aufmerksam gemacht. Möglicherweise hatte er auch Studenten kennen gelernt, die in Genf gewesen waren. Am 7. Oktober 1909 waren unmittelbar nach Tucholsky zwei junge Männer in Berlin immatrikuliert worden, die zuvor an der dortigen Universität studiert hatten[204].

Mit gut 300 Studenten war die Genfer Juristische Fakultät deutlich kleiner als die Berliner Fakultät. Nur gut 15 % der angehenden Juristen waren Schweizer, die übrigen kamen aus dem europäischen Ausland, einige auch aus Südamerika oder Afrika. Mehr als ein Drittel der Gaststudenten stammte aus Deutschland[205]. Die meisten von ihnen waren klassische „Sommerstudenten“, die nur ein Semester in Genf verbringen wollten. Wegen des großen Anteils deutscher Studenten boten mehrere Dozenten Veranstaltungen zum deutschen Recht an, die eigens als „conformes aux ordonnances allemandes“ ausgewiesen waren[206]. Bei Professor Meumann hörte Tucholsky Allgemeiner Teil des BGB sowie Sachenrecht „en allemand“, bei Professor de Claparède Schuldrecht[207]. Professor Baumgarten, Gastprofessor aus Tübingen, bot eine Vorlesung zum Straf-

---

200 Die Immatrikulationsgebühren betrugen 20 Franken, die Gebühren für die Unfallversicherung und die Lesehalle zusammen sieben Franken. Das Vorlesungshonorar belief sich auf fünf Franken pro Wochenstunde, Deutscher Universitätskalender, SoSe 1910, S. 429.

201 Vgl. *Trapp*, Handbuch der Münzkunde, S. 248.

202 *Löschburg*, Berliner Heimat 2/1960, 78, 79.

203 *Hepp*, Annäherungen, S. 49.

204 HUB, UA, Rektor und Senat, Matrikel, Nr. 5743/99, 7.10.1909.

205 Université de Genève, Liste des autorités, professeurs, étudiants et auditeurs, semestre d'été 1910 (Avril-Juillet), S. 47.

206 Université de Genève, Programme des cours du semestre d'été 1910, S. 31 ff., S. 36.

207 Université de Genève, Faculté de droit, Studienbogen Kurt Tucholskys.

recht an, die Tucholsky allerdings nicht besuchte. Sogar eine Veranstaltung zum „muselmännischen Familienrecht" konnte man in Genf belegen. Den Professoren dürfte es allerdings kaum anders gegangen sein als ihren Kollegen an den deutschen „Sommeruniversitäten", wo oft genug die Annehmlichkeiten für die Kommilitonen zu groß waren, um „sie dauernd an die Vorträge ihrer Lehrer zu fesseln"[208].

Schon in Berlin hatte Professor Strassmann Tucholskys Interesse an der Rechtsmedizin geweckt. Wie schon im ersten Semester, belegte er einen Kurs über „Médecine légal". Noch Jahre später erinnerte er sich an die polnische Studentin, die ihn „vor dem Seziersaal, wo sie ein Kolleg hören sollte, fragte: ‚Est-ce qu'il y a des morts dedans?' (und sie war ganz grün vor Angst)"[209]. Neben seinem Pflichtprogramm besuchte Tucholsky auch nichtjuristische Kurse. Am Seminar für Neufranzösisch belegte er drei Veranstaltungen, darunter einen zweistündigen Kurs über „französischen Vortrag und Aussprache"[210].

Das Vorlesungspensum von insgesamt 17 Wochenstunden ließ ausreichend Zeit für Aktivitäten neben dem Studium. Genf, das „schweizerische Paris", war geistiger Mittelpunkt der französischen Schweiz[211]. Weil früher oft Flüchtlinge Schutz in der Stadt gefunden hatten, lebten die verschiedensten Nationalitäten in Genf. Entsprechend vielfältig war das kulturelle Angebot. Es gab zahlreiche Cafés und Restaurants; abends fanden Sommerkonzerte statt. Im Genfer See, den man mit Dampfbooten befahren konnte, befand sich schon damals die große Fontäne, der Jet d'eau. Die Erinnerungen an seine Zeit in Genf klangen bei Tucholsky noch lange nach. Vier Jahre nach seinem Auslandsemester schrieb er in einer Rezension für die „*Schaubühne*":

> „Das Semester, das ich dort verlebte, wird immer schöner, je weiter es fortrückt (...) die Treppen, die wir an warmen Sommernachmittagen herunterschlenderten, die großen Freitreppen an der Universität; der See; das wunderschön teure Essen im Hotel; die alte Stadt, hügelig, mit kleinen Gassen; und immer wieder die Rhônebrücke!"[212]

---

208 *Lenz*, Geschichte der FWU, 2. Bd., 2. Hälfte, S. 361.
209 „Blaise, der Gymnasiast", *Tucholsky*, GW, Bd. 1, S. 221, 222.
210 Unterlagen der Universität Genf, a.a.O.
211 *Baumgärtel*, MDR 1977, 552, resümiert knapp: „ein sehr vergnügliches Semester verbrachte er in Genf".
212 *Tucholsky*, GW, Bd. 1, S. 221, 222.

Am 15. Juli 1910 endete der Vorlesungsbetrieb an der Universität. Tucholsky meldete sich ab und trat wenig später die Heimreise nach Berlin an. Dort wohnte er vorerst wieder bei seiner Mutter. Ein gutes Jahr später bezog Tucholsky seine erste eigene Wohnung in der Berliner Nachodstraße.

3. Zurück in Berlin

Am 25. Oktober 1910 schrieb Tucholsky sich wieder in die Matrikel der Berliner Universität ein[213]. Zwar hatte das Wintersemester schon vor einigen Tagen begonnen, die Lehrveranstaltungen fingen aber nur selten in der ersten Semesterwoche an[214]. Die juristischen Vorlesungen fanden inzwischen in der „Kommode" statt, die bis zum Vorjahr die Königliche Bibliothek beherbergt hatte. Der Name war dem Gebäude am Opernplatz (heute Bebelplatz) wegen seiner Form schon bald nach seiner Fertigstellung im Jahr 1780 beigelegt worden. Die „Kommode" war für die Königliche Bibliothek zu klein geworden – nicht zuletzt wegen des wachsenden Bedarfs an wissenschaftlicher Literatur für die Universität. So verlagerte man den Bücherbestand im Jahr 1909 in die neu errichtete Staatsbibliothek Unter den Linden. Nach einem umfangreichen Umbau erfolgte zur Jubiläumsfeier 1910 die Übergabe des Gebäudes an die Friedrich-Wilhelms-Universität. Vor allem die Rechtswissenschaftliche Fakultät nutzte künftig die alte Bibliothek, die nun mit mehreren Hörsälen und einer großen Aula ausgestattet war. In den folgenden zwei Jahren ging Tucholsky regelmäßig über den Opernplatz zur „Kommode", um Vorlesungen zu hören. Nur zwei Jahrzehnte später sollte es hier zu den nationalsozialistischen Bücherverbrennungen kommen. Erich Kästner beobachtete 1933, wie seine eigenen und Tucholskys Bücher „auf dem großen Platz neben der Staatsoper, von einem gewissen Herrn Goebbels mit düster feierlichem Pomp verbrannt" wurden:

---

[213] HUB, UA, Rektor und Senat, Matrikel, Nr. 1292/101, 25.10.1910.
[214] Die Herbstferien dauerten vom 15. August bis zum 15. Oktober. Einschreiben konnte man sich noch bis zum 5. November, Deutscher Universitätskalender, WS 1909/10, S. 1.

„Ich stand vor der Universität, eingekeilt zwischen Studenten in SA-Uniform, den Blüten der Nation, sah unsere Bücher in die zuckenden Flammen fliegen und hörte die schmalzigen Tiraden des kleinen abgefeimten Lügners“[215].

a) Der junge Schriftsteller – ein oberflächlicher Student?

Im Wintersemester belegte Tucholsky fünf juristische Vorlesungen – außer einer strafrechtlichen ausschließlich Veranstaltungen zum Privatrecht. Neben Handelsrecht hörte er Familien- und Erbrecht und nahm an Übungen im Bürgerlichen Recht teil. Wie schon im ersten Semester entschloss er sich zum Besuch einer Wirtschaftsvorlesung und belegte „Allgemeine und theoretische Nationalökonomie“ bei Professor Wagner[216]. Bald begann Tucholsky regelmäßig Beiträge im SPD-Parteiblatt „*Vorwärts*“ zu veröffentlichen. Sein viertes Semester hatte gerade angefangen, als im April 1911 der Artikel „*Kunst und Zensur*“[217] erschien. Schon seinen dritten Beitrag, ein Gedicht, widmete er sieben Wochen später der „*Preußische[n] Justiz*“:

„Unsere Justiz steht jetzt auf dem ersten
Platz in der Welt: es ist erreicht!
Die kompliziertesten und die schwersten
Rechtsfälle lösen wir spielend leicht!

(...)

Wir haben in Heften, Broschüren und Bänden
Entscheidungen unseres Reichsgerichts –

---

[215] *Kästner*, Bei Durchsicht meiner Bücher, Vorwort, S. 9. Tucholsky, der inzwischen emigriert war, verfolgte die Vorgänge in der Presse. Im Mai 1933 schrieb er an Walter Hasenclever: „Unsere Bücher sind also verbrannt. (...) In Frankfurt haben sie unsere Bücher auf einem *Ochsenkarren* zum Richtplatz geschleift. Wie ein Trachtenverein von Oberlehrern“, Brief vom 17.5.1933, *Tucholsky*, BA, S. 305, 307. Bei den Verbrennungen wurden so genannte „Feuersprüche“ verlesen. Zu Tucholskys Werken hieß es: „Gegen Frechheit und Anmaßung, für Achtung und Ehrfurcht vor dem unsterblichen deutschen Volksgeist. Verschlinge, Flamme, auch die Schriften der Tucholsky und Ossietzky“.

[216] Abgangszeugnis vom 10.8.1912, s.o. Fn. 26.

[217] *Tucholsky*, GA, Bd. 1, Nr. 3, S. 8 f.

ich will nicht behaupten, daß wir sie verständen,
doch klingen sie hübsch, und da macht das nichts.

Wir haben weißbärtige Professoren,
von denen der eine den anderen auszischt.
Wir haben unzählige Kommentatoren –
na also! ... wie? ... was? ... Ist das immer noch nischt?

Wir haben mannigfaltige Strafen,
voll schneidiger Schärfe, nach altem Brauch,
Gesetze, Vorschriften, Paragraphen ---
– Richter?! –
Ja! Richter haben wir auch ..."[218]

Bis zu seiner Exmatrikulation im Sommer 1912 veröffentlichte Tucholsky 49 weitere Beiträge. Die meisten Artikel erschienen im „*Vorwärts*", einige im „*Prager Tagblatt*" und im „*Pan*".

Der Umfang der schriftstellerischen Aktivität Tucholskys nährt das verbreitete Vorurteil, der Student sei „durch seine schriftstellerische Aktivität überfordert"[219] gewesen. Der junge Schriftsteller habe die Juristerei nicht ernst genommen und allenfalls oberflächlich studiert. So meint etwa Zwerenz, Tucholsky habe sein Jurastudium „auf die leichte Schulter" genommen[220]. Heydrich bescheinigt dem „fleißige[n] Publizist[en]" wohl „kein übermäßig begeisterter Studiosus gewesen zu sein"[221]. Stoltenberg schließlich schreibt:

„‚Tucholsky', mäkelte sein Biograph Klaus-Peter Schulz[222], ‚der niemals ein sehr beflissener Schüler war, ist freilich ebensowenig zu einem fleißigen Studenten

---

218 *Tucholsky*, GA, Bd. 1, Nr. 5, S. 11.
219 *Baumgärtel*, MDR 1977, 552.
220 *Zwerenz*, Biographie, S. 25; ähnlich *Hepp*, Annäherungen, S. 53.
221 *Heydrich*, „Die Weltbühne" vom 16.12.1980, 1643, 1645; ähnlich *Wambach*: „Ein besonders fleißiger Student scheint er allerdings nicht gewesen zu sein", Grenzgänger, S. 55.
222 In: Tucholsky, Rowohlts Monographien, S. 26.

geworden.' Stimmt. Tucholsky ist kein ernsthafter Jurastudent. Er haut auf die Pauke, hat tausend verrückte Ideen und viele Amouren"[223].

Ohnehin scheint das vermeintlich trockene und allzu bürgerliche Studium der Rechte schlecht zum gängigen Tucholsky-Bild zu passen. Es spricht für sich, wenn Bemmann ohne Begründung annimmt, dass unter den von Tucholsky besuchten Vorlesungen jene „über ‚Die Lage der arbeitenden Klassen' die einzige gewesen sein [dürfte], die über den Horizont der Paragraphen hinaus Anstöße zum selbständigen Denken und Weiterdenken gab"[224]. Heydrich meint gar, die Zurückweisung der ersten Fassung seiner Dissertation habe Tucholsky

> „eigentlich zur Ehre [gereicht]; denn er war zunächst außerstande, den juristischen Jargon überzeugend zu gebrauchen. (...) Ein hübscher Gegensatz: der Sprachspieler Tucholsky als Tolpatsch im Paragraphendickicht."[225]

Tatsächlich lässt sich die These vom desinteressierten und oberflächlichen Jurastudenten nicht belegen. Äußerungen über nebenbei belegte Germanistikvorlesungen lassen nicht den Schluss zu, er habe sich an der philosophischen Fakultät wohler gefühlt. Tucholsky absolvierte ein reguläres Rechtsstudium[226]. Noch etliche Jahre später erinnerte er sich an seine „Examensbüffelei"[227] und an die „Tiftelfragen", mit denen die Examenskandidaten geplagt wurden[228]. Seine Dissertation zum Hypothekenrecht wäre ohne rechtsdogmatische und -methodische Kenntnisse nicht zu bewältigen gewesen. Hinzu kommt ein Umstand, auf den bereits Weck aufmerksam gemacht hat: Tucholskys justizkritische Publikationen

---

223 *Stoltenberg*, Der Studentenulk, S. 5. Einzig *Raddatz* ist der Auffassung, Tucholsky habe „das Jurastudium als Denkübung akzeptiert und in gewisser Weise ernst" genommen, Tucholsky, Eine Bildbiographie, S. 16.

224 *Bemmann*, Lebensbild, S. 59, 61 ff.

225 *Heydrich*, „Die Weltbühne" vom 16.12.1980, 1643, 1645. Manch eine Äußerung verrät – in Abwandlung einer Feststellung *Lindners* – „deutlich weniger über Tucholsky als über ihre Autoren", in: Sieben Beiträge, S. 36.

226 Sonst hätte ihm im Übrigen auch die Nichtzulassung zum Examen gedroht, vgl. § 5 Abs. 3, 4 Prüfungs-Regulativ, in: Vorschriften über die Ausbildung, S. 23, 33 f.

227 „Ich möchte Student sein", *Tucholsky*, GW, Bd. 7, S. 37.

228 Brief an Walter Hasenclever vom 20.4.1932, *Tucholsky*, BA, S. 299, 301. Es ist nicht sicher, ob Tucholsky auf seine Examensvorbereitung in Berlin oder auf das Doktorexamen anspielt.

lassen erkennen, dass der Schriftsteller auf der Universität „eine gründliche juristische Sachkenntnis und Begriffssicherheit erworben hatte"[229]. Selbst Zwerenz, der dem Studenten unterstellt, er habe sein Studium auf die leichte Schulter genommen, schreibt wenige Zeilen später, Tucholsky habe sich in seinem Studium „die Grundlagen jener Rechtskenntnisse [erarbeitet], die ihn später zum brillanten Justiz- und Gerichtskritiker werden ließen und in die Lage versetzten, über Verbrechen und Strafzumessung wie Strafvollzug fachmännisch zu urteilen."[230] In einem Feldpost-Brief an seine damalige Freundin Mary Gerold blickte Tucholsky 1918 zurück:

> „Und das mit der Literatur an der See – ein alter Traum. Ich hätte mit dem Geld, das mir mein Vater hinterlassen hat, das machen können, aber ganz knapp und dürftig, und dann hätte ich nicht studiert, hätte kein Examen gemacht[231], wäre nichts geworden und hätte da in einem Häuschen an der See geklebt. Das bißchen, was ich weiß, habe ich in meinen Studienjahren zusammengesammelt. Mich reut es nicht."[232]

Ohnehin zweifelhaft ist die Annahme, die „richtigen Juristen" hätten mit mehr Hingabe studiert als der angehende Schriftsteller. 1920 beklagte die Berliner Rechtswissenschaftliche Fakultät in einem Bericht an das zuständige Ministerium, „daß das Universitätsstudium der Juristen in gewissem Sinne immer noch gering geachtet und als eigentlich überflüssig angesehen [wird]"[233]. Es waren gerade die Studenten der Rechte, die im Sommer Berlin verließen, um die Annehmlichkeiten der Universitäten am „Neckar- und am Isarstrand"[234] zu genießen. Viele angehende Juristen „verbummelten" ihr Studium – nicht zuletzt wegen der Ansprüche, die

---

229 *Weck*, Wider den „Dreimännerskat der Justitia", in: KT und die Justiz, S. 137, 158; *ders.*, Strafecht, a.a.O., S. 57, 65: „Seine Texte lassen zumeist eine fundierte Begriffssicherheit und die Beherrschung der prozeduralen Spielregeln erkennen".

230 *Zwerenz*, a.a.O., S. 26. Auch *Baumgärtel*, MDR 1977, 552, 553, räumt ein, dass bei Tucholskys Gerichtsreportagen die „Feder des Fachmannes" deutlich zu spüren sei.

231 Da Tucholsky vom Referendarexamen zurücktrat, ist offenbar das Doktorexamen gemeint.

232 Brief vom 4. September 1918, *Tucholsky*, UuL, S. 154 f.

233 Abgedruckt in: DJZ 1920, Sp. 473.

234 *Lenz*, Geschichte der FWU, 2. Bd., 2. Hälfte, S. 363, Fn. 1.

manche Studentenverbindungen an ihre Mitglieder stellten[235]. Die Examenskenntnisse erwarb man sich „kurz vor Schluss" beim Repetitor[236]. Tucholsky dürfte aus eigenen Erfahrungen berichtet haben, als er vier Jahre nach seiner Promotion schrieb:

> „Der Student von heute ist ein geistiger Kommis, der nicht studiert, sondern zum Examen paukt. Ein paar Idealisten sind darunter, die an der Universität denken lernen wollen, die sich voll Freude mit abstrakten Dingen beschäftigen – der größte Teil schiebt sich gelangweilt und langweilig durch die Semester, paukt und bezahlt seine vorgeschriebenen Kollegs und macht dann das Examen, das die Tür zum Brotstudium öffnet."[237]

Ursache dieser Misere war vor allem das preußische System der Juristenausbildung. Bis weit ins 19. Jahrhundert hinein hatten die universitäre Ausbildung und das Erste Examen immer mehr an Bedeutung verloren[238]. 1876 bezeichnete der Reichstagsabgeordnete Eduard Lasker es als ein „Kunststück"[239], das Erste Examen nicht zu bestehen. Zwar hatten sich die Zustände Anfang des 20. Jahrhunderts – auch wegen der Einführung des Bürgerlichen Gesetzbuchs – deutlich gebessert[240]; in den Grundzügen richtete sich jedoch die preußische Juristenausbildung bis 1934 nach den Vorschriften von 1869[241]. Auch wenn sich Tucholsky ab Mitte seines Studiums verstärkt der Schriftstellerei zuwandte, wird sich sein Studieneifer kaum von dem der meisten Kommilitonen unterschieden haben. Durch seine schriftstellerische Aktivität überfordert dürfte er jedenfalls nicht gewesen sein, zumal er das Berufsziel „Schriftsteller",

---

[235] Vgl. *Enneccerus*, DJZ 1911, Sp. 44, 49.

[236] Zitelmann, der akademische Lehrer von Tucholskys Doktorvater Heinrich Lehmann, stellte 1909 fest: „Die meisten fahren dann auch mit dem Nichtbesuch der Vorlesungen fort und beteiligen sich dafür an den vielbesprochenen, von Nichtangehörigen der Universität abgehaltenen Vorbereitungskursen – schönrednerisch ‚Repetitorien' genannt, obwohl nichts da ist, was wiederholt werden könnte.", DJZ 1909, Sp. 505.

[237] „Preußische Studenten", *Tucholsky*, GW, Bd. 2, S. 87, 89.

[238] Die Aneignung der materiellen Rechtskenntnisse hatte sich zunehmend in den Vorbereitungsdienst verschoben, *Martin*, Juristische Repetitorien, S. 139. Auch nach der Justizausbildungsreform von 1869 änderte sich dies nicht grundlegend, *Jescheck*, Die juristische Ausbildung, S. 49.

[239] Zitiert nach: *Jescheck*, a.a.O., S. 47 (Fn. 15).

[240] *Jescheck*, a.a.O., S. 66; *Lueg*, Juristischer Privatunterricht, S. 57.

[241] *Jescheck*, a.a.O., S. 23.

jedenfalls im Sinne eines Hauptberufs, zu dieser Zeit noch nicht ernsthaft in Betracht zog[242]. „Tucholsky war ein junger Student. Nichts weiter." (Heinz Ullstein[243]).

b) Berufswunsch: Strafverteidiger

Gegen die landläufige These vom oberflächlichen Studenten spricht auch Tucholskys Interesse am Strafrecht[244]. Noch zu Beginn seines vorletzten Studienhalbjahrs(!) äußerte er Franz Kafka gegenüber die Absicht Strafverteidiger zu werden. Kurz vor Wintersemesterbeginn 1911/12 war Tucholsky, der inzwischen neun Beiträge im „*Vorwärts*" veröffentlicht hatte, mit seinem Freund, dem Illustrator Kurt Szafranski, nach Prag gefahren, um den Schriftsteller Max Brod zu besuchen. In der drittgrößten Stadt der Habsburger Monarchie lebten damals etwa 32.000 Deutsche[245]. Seit 1882 gab es eine eigene deutsche Universität[246]. Hier hatte Brod studiert und sein Studium 1907 mit der Promotion zum Doktor beider Rechte abgeschlossen[247]. Jahre später erinnerte Tucholsky sich an die Begegnung:

> „Als ich noch ein ganz kleiner Junge war, Tanzstunden nahm und glaubte, daß Richter Leute seien, die Recht sprächen, da besuchte ich zusammen mit einem dicken Freunde den Max Brod in Prag. Brod war freundlich und nett, zeigte uns seine schöne Stadt (...) – es waren leuchtende Tage"[248].

Brod machte die Gäste aus Berlin mit seinem Freund Franz Kafka bekannt. Beide kannten sich seit ihrer Zeit an der deutschen Karl-Ferdi-

---

242 Vgl. auch *Hepp*, Annäherungen, S. 88.
243 *Ullstein*, Spielplatz meines Lebens, S. 57.
244 Dazu auch: *Weck*, Strafrecht, in: KT und die Justiz, S. 57 ff., insbes. S. 65 ff.
245 *Salfellner*, Franz Kafka und Prag, S. 11.
246 *Salfellner*, a.a.O., S. 57.
247 *Wambach*, Dichterjuristen, S. 288 ff.
248 „Wo bist du –?", *Tucholsky*, GW, Bd. 4, S. 564. Auch Brod behielt das Treffen in lebhafter Erinnerung – nicht zuletzt wegen des mitgebrachten Geschenks: Die Besucher überreichten ein selbst gebasteltes Papiermodell eines tschechischen Dorfes, vgl. *Brod*, Streitbares Leben, S. 75 ff.

nand-Universität[249]. Ein Jahr früher als Brod hatte Kafka das Studium mit der Promotion abgeschlossen. Nach der praktischen Ausbildung bei einem Anwalt und bei Gericht arbeitete er seit 1908 als Aushilfsbeamter bei der Arbeiter-Unfall-Versicherungsgesellschaft für das Königreich Böhmen in Prag[250]. Tucholsky mochte den „langen, magern, braunen Menschen" auf Anhieb[251]. Im Laufe des Besuchs kamen beide auch auf Tucholskys berufliche Zukunft zu sprechen. Unter dem 30. September 1911 notierte Kafka in seinem Tagebuch über Tucholsky:

> „ein ganz einheitlicher Mensch von 21 Jahren. Vom gemäßigten und starken Schwingen des Spazierstocks, das die Schulter jugendlich hebt, angefangen bis zum überlegten Vergnügen und Mißachten seiner eigenen schriftstellerischen Arbeiten. Will Verteidiger werden, sieht nur wenige Hindernisse – gleichzeitig mit der Möglichkeit ihrer Beseitigung: seine helle Stimme, die nach dem männlichen Klang der ersten durchredeten halben Stunde angeblich mädchenhaft wird – Zweifel an der eigenen Fähigkeit zur Pose, (...) endlich Angst vor einer Verwandlung ins Weltschmerzlerische (...) allerdings spürt er vorläufig gar nichts davon. Er wird bald heiraten" [252]

Bemerkenswert ist, dass *Raddatz* diese Tagebuchaufzeichnung ohne den Hinweis auf Tucholskys Berufswunsch zitiert, um wenige Seiten später zu schreiben: „Der juristische Beruf interessiert ihn nicht einen Augenblick"[253]. *Weck* stellt demgegenüber zutreffend fest, dass sich Tucholsky – zumindest zeitweilig – nachhaltig mit dem Beruf des Strafverteidigers identifizierte[254].

Tucholskys Interesse am Strafrecht dürfte maßgeblich durch den berühmten Strafrechtslehrer Franz v. Liszt (1851-1919) beeinflusst worden sein[255]. Der Vetter des gleichnamigen Komponisten und Pianisten war

---

[249] *Salfellner*, a.a.O., S. 61 ff. Brod hatte Kafka u.a. während des Promotionsverfahrens unterstützt, *Wambach*, Dichterjuristen, S. 317.

[250] *Salfellner*, a.a.O., S. 91 ff. u. 103 ff. Zu Kafkas Juristenlaufbahn: *Höcherl*, NJW 1995, 829 ff.

[251] *Tucholsky*, BA, S. 137. Nach Kafkas Tod schrieb Tucholsky in einem Brief: „Franz Kafka (...) ist einer der Allergrößten. (...) Ich habe ihn noch gekannt", *Tucholsky*, BA, S. 242, 245.

[252] *Kafka*, Tagebücher, S. 46.

[253] *Raddatz*, Tucholsky – ein Pseudonym, S. 9 f. u. 16.

[254] *Weck*, Strafrecht, in: KT und die Justiz, S. 57, 65.

[255] Vgl. *Gängel/Schaumburg*, Neue Justiz 1990, 19; siehe auch: *Weck*, Strafrecht, in: KT und die Justiz, S. 57, 66 ff.

1899 von Halle nach Berlin gekommen. Zuvor hatte er in Graz, Gießen und Marburg gelehrt und sich einen herausragenden Ruf als Strafrechtsdogmatiker und Kriminalpolitiker erworben[256]. In Marburg hatte v. Liszt 1882 seine berühmte Antrittsvorlesung „*Der Zweckgedanke im Strafrecht*"[257] gehalten und sein vom Positivismus geprägtes Konzept, das so genannte „*Marburger Programm*", entwickelt[258]. Die Ursachen der Kriminalität und die Wirkung der Strafe sollten mit empirischen Methoden erfasst werden. Kriminalpolitik betrachtete v. Liszt als Teil der Sozialpolitik[259].

Einem seiner Kerngedanken zufolge kann die richtige, d.h. die gerechte Strafe nur die notwendige Strafe sein: „Gerechtigkeit im Strafrecht ist die Einhaltung des durch den Zweckgedanken erforderten Strafmaßes."[260] Damit übertrug v. Liszt die Gedanken v. Jherings über den „Zweck im Recht" auf das Strafrecht[261]. Mit der Betonung des Zweckgedankens wandte er sich gegen metaphysische Ansätze zur Begründung des staatlichen Strafanspruchs. Die Strafe diene nicht der zweckfreien Vergeltung[262], sondern der Veränderung des Täters und der sozialen Verhältnisse. Sie solle Zweckhandlung, nicht bloße Triebhandlung sein[263]. Ihre Wirksamkeit müsse sich an der Kriminalstatistik ablesen lassen. Entsprechend verlangte v. Liszt u.a. eine Reform des Strafvollzugs und setzte sich für die Abschaffung der resozialisierungsfeindlichen kurzen Freiheitsstrafe ein. Obwohl es schon vorher spezialpräventive Ansätze gegeben hatte, war es das Konzept Franz v. Liszts, das „als Denkmodell internationale Wirkung gehabt und eine tiefgreifende Umgestaltung des

256 Zur Biographie: *Stolleis*, Juristen, S. 391 f.
257 Abgedruckt in: ZStW 1883, 1 ff.
258 Ausführlich: *Köhler*, Einf. in: *v. Liszt*, Der Zweckgedanke im Strafrecht (1882/83), S. V ff.
259 Vgl. *Jescheck/Weigend*, Strafrecht AT, S. 73.
260 *v. Liszt*, ZStW 1883, 31.
261 Vgl. *v. Liszt*, a.a.O., 16 f. u. 22.
262 So aber die insbesondere auf Kant und Hegel zurückgehenden „absoluten" Straftheorien; Näheres bei *Jescheck/Weigend*, a.a.O., S. 70 f.
263 Vgl. *v. Liszt*, ZStW 1883, 7 ff., insbes. 22. Zweck der Strafe sei es, den nicht besserungsbedürftigen Gelegenheitsverbrecher von weiteren Straftaten abzuhalten, den besserungsfähigen Zustandsverbrecher durch Erziehung im Strafvollzug zu resozialisieren und den unverbesserlichen Gewohnheitsverbrecher durch Inhaftierung dauerhaft unschädlich zu machen, vgl. *v. Liszt*, a.a.O., 36 ff.

Sanktionensystems des deutschen Strafrechts herbeigeführt hat"[264]. Der modernen (soziologischen) Strafrechtsschule um Franz v. Liszt stand die klassische Schule mit ihren Hauptvertretern Binding und v. Birkmeyer entgegen. Die Auseinandersetzung zwischen den Schulen ging in die Strafrechtsgeschichte ein[265].

Wohl keiner seiner Rechtslehrer beeindruckte und beeinflusste Tucholsky stärker als Franz v. Liszt. Die erhaltenen Studienunterlagen belegen, dass er nach seiner Rückkehr aus Genf bis zur Exmatrikulation mindestens eine Vorlesung pro Semester bei v. Liszt hörte[266]. Bei keinem anderen Professor belegte er mehr Lehrveranstaltungen. Noch Jahre später berichtete er voller Respekt von den Übungen des berühmten Strafrechtlers. 1926 schrieb er in der „*Weltbühne*":

> „Wenn aber ein Jurist schreibt: ‚Der Angeschuldigte hat zweifellos das Bewußtsein gehabt, daß seine Darstellung und seine Ausdrücke als beschimpfend und Ärgernis erregend aufgefaßt werden könnten' – dann ist doch zu sagen, daß dieses Assessorexamen etwas dünn ausgesehen haben muß. ‚Meine Herren', pflegte der selige Liszt in seinen Seminarübungen zu sagen, ‚schreiben Sie nie: zweifellos. Zweifellos sagt der Jurist immer dann, wenn er nicht mehr weiter weiß.'"[267]

Als fast 40-Jähriger erinnerte sich Tucholsky an einen Anfängerfehler, der ihm im Seminar von Franz v. Liszt ein „mangelhaft" eingebracht hatte:

> „Ich besinne mich noch auf den Tadel, den ich einmal im Seminar von Franz von Liszt bekommen habe, als ich in einer strafrechtlichen Arbeit eine Analogie konstruieren wollte. Die langen Federstriche am Rande riefen mich laut zur Ordnung: im Strafrecht gäbe es keine Analogien[268], sondern nur ausdrücklich angeordnete und vom Gesetzgeber bestimmte Strafen, und wenn der Tatbestand nicht unter einen solchen Paragraphen zu subsummieren sei, so sei eben freizusprechen. Mangelhaft. Mit Recht: mangelhaft."[269]

---

264 *Jescheck/Weigend*, a.a.O., S. 73. Zu Grenzen und Problemen des spezialpräventiven Ansatzes: *Roxin*, Strafrecht AT, Band I, S. 47 ff.; speziell zu v. Liszt: *Köhler*, Einf. in: *v. Liszt*, Der Zweckgedanke im Strafrecht (1882/83), S. XI ff.

265 Zum Schulenstreit: *Roxin*, a.a.O., Band I, S. 73 ff.

266 Abgangszeugnis vom 10.8.1912, s.o. Fn. 26.

267 „Der liebe Gott in Kassel", *Tucholsky*, GW, Bd. 4, S. 540, 541.

268 Das Analogieverbot war in § 2 Abs. 1 RStGB normiert (Gesetzlichkeitsprinzip).

269 „Das A-B-C des Angeklagten", *Tucholsky*, GW, Bd. 7, S. 20, 23.

Franz v. Liszt

Auf welche Lehrveranstaltung sich Tucholsky in diesem Zusammenhang bezieht, ist unklar. Weck meint, es handle sich um v. Liszts „Kriminalistisches Seminar", an dem Tucholsky teilgenommen habe[270]. Diese Annahme begegnet jedoch Bedenken. Zum einen ist sie anhand der Studienunterlagen nicht zu belegen[271], zum anderen handelte es sich bei dem Kriminalistischen Seminar Franz v. Liszts um ein reines Fachseminar. Am 1. April 1888 in Marburg gegründet, sollte es neben der wissenschaftlichen Vertiefung vor allem der Ausbildung künftiger Hochschullehrer dienen[272]. Der v. Liszt-Schüler Eberhard Schmidt erinnerte sich an das Seminar:

> „1888 schuf er [v. Liszt] mit seinem ‚Kriminalistischen Seminar', das in seinem eigenen Hause seine reiche Bibliothek dem engeren Schülerkreise zur Verfügung stellte, den Mittelpunkt für eine Lehr- und Lerngemeinschaft, in der niemand auf des Meisters Worte zu schwören hatte, sondern jeder sich in geistiger Freiheit selbständig entwickeln durfte, in der nicht ein von *Liszt* gefundenes Dogma die Geister band, sondern ‚das Suchen nach der Wahrheit mehr als die Wahrheit selber' (*Radbruch*) die Schüler mit dem Lehrer vereinigte."[273]

Neben Schmidt und Radbruch studierten u.a. auch Kantorowicz, Kohlrausch und Litten am Kriminalistischen Seminar[274]. Mit den Berufungen v. Liszts an die Universitäten Halle (1889) und Berlin (1899) wechselte auch das Seminar seinen Standort. Das Seminar war hauptsächlich für diejenigen gedacht, die „die akademischen Jahre hinter sich" hatten[275]. Studenten konnten die Veranstaltungen nur als außerordentliche Teilnehmer besuchen[276]. Das Seminar war räumlich von der Fakultät ge-

---

[270] *Weck*, Strafrecht, in: KT und die Justiz, S. 57, 66.
[271] Vgl. auch *Gängel/Schaumburg*, Neue Justiz 1990, 19, 19.
[272] *v. Liszt*, Das kriminalistische Seminar, in: Geschichte der FWU, 3. Bd., S. 28, 29. Die Bezeichnung „Strafrechtliches Seminar" hatte v. Liszt bewusst vermieden. Das Seminar sollte alle Zweige der Strafrechtswissenschaft umfassen und durch kriminalbiologische, kriminalsoziologische, geschichtliche und rechtsvergleichende Untersuchungen einer „gesunden Kriminalpolitik" dienen.
[273] *Schmidt*, Einführung, S. 359.
[274] *v. Liszt*, Das kriminalistische Seminar, a.a.O., 3. Bd., S. 28, 32.
[275] *v. Liszt*, Das kriminalistische Seminar, a.a.O., 3. Bd., S. 28, 30.
[276] Anders als bei *Gängel/Schaumburg*, Neue Justiz, 1990, 19, 19 zu lesen ist, konnten Studenten auch schon vor der Umwandlung in ein Institut im Jahr 1913 an den Veranstaltungen teilnehmen. Die am 27. September 1913 ministeriell bestätigte Instituts-Satzung regelte lediglich ausdrücklich die Zulassungsbedingungen. Da-

trennt: Während sich die anderen juristischen Einrichtungen durchweg in den zentralen Universitätsgebäuden befanden, war das Kriminalistische Seminar samt seiner 20.000 Bände umfassenden Bibliothek[277] in einer angemieteten Privatwohnung in Charlottenburg untergebracht. Zu Tucholskys Studienzeiten nahmen pro Semester zumeist 20 bis 30 junge Wissenschaftler an den Übungen des Seminars teil[278]. In den regelmäßig stattfindenden Plenarsitzungen mussten sie in einem „abgerundeten Vortrag" über die Ergebnisse ihrer Arbeit berichten. Neben deutschen besuchten ausländische Juristen, vornehmlich aus Italien und Spanien, die Veranstaltungen[279]. Hinzu kam eine etwa gleich hohe Zahl ausgewählter Studenten als außerordentliche Teilnehmer. Nur rund ein Prozent der Berliner Rechtsstudenten hatte die Möglichkeit, die Seminarveranstaltungen zu besuchen[280].

In Anbetracht dieser Umstände dürfte es unwahrscheinlich sein, dass Tucholsky an v. Liszts Kriminalistischem Seminar teilnahm. Da sich die Veranstaltungen auf hohem Niveau bewegten, ist vielmehr anzunehmen, dass er die getadelte Analogie – ein typischer Anfängerfehler – in einer gewöhnlichen Strafrechtsübung konstruierte. Nichtsdestotrotz ist der Einfluss Franz v. Liszts auf Tucholskys strafrechtliches Denken unübersehbar[281]. Schon im Januar 1912 äußerte er sich im „*Vorwärts*" kritisch zur – damals noch praktizierten – Todesstrafe und dem dahinter stehenden Vergeltungsgedanken[282]. Deutlichere Anklänge finden sich in einer 1914 erschienenen Rezension des Sammelbandes „*Prozesse*" von Maximilian Harden. Das Buch enthielt Beiträge über Gerichtsskandale, die in der

---

nach konnten Studenten außerordentliches Mitglied werden, sofern nach persönlicher Vorstellung bei einem der Direktoren die Aufnahme bestätigt wurde. Nach der Emeritierung v. Liszts leitete James Goldschmidt das Institut. Zum Ganzen: *Leonhardt/Schurich*, Die Kriminalistik an der Berliner Universität, S. 6 ff.

277 Mehr als die Hälfte der Bücher standen im Privateigentum v. Liszts, *v. Liszt*, Das kriminalistische Seminar, a.a.O., 3. Bd., S. 28, 30. Pro Semester wurden im Schnitt etwa 150 Teilnehmerkarten für die Bibliothek ausgestellt. Unter den Nutzern waren auch viele auswärtige Dozenten, Chronik der FWU, 1909, S. 77; 1910, S. 94.

278 Chronik der FWU, 1909, S. 76; 1910, S. 93.

279 *v. Liszt*, Das kriminalistische Seminar, a.a.O., 3. Bd., S. 28, 30 u. 33.

280 Vgl. die Statistik der Universität, in: *Lenz*, Geschichte der FWU, 3. Bd., S. 498.

281 Vgl. *Weck*, Strafrecht, in: KT und die Justiz, S. 57, 67.

282 „Hinrichtung", *Tucholsky*, GW, Bd. 1, S. 45: „Nun denke man sich, eine Tür öffnet sich und sie zerren einen Menschen heraus, der soll sterben und will nicht. (Sein Opfer wollte es auch nicht – also wozu die Scheußlichkeit wiederholen? –)".

Zeitschrift „*Die Zukunft*" erschienen waren. Tucholsky fand das Buch „unanständig, weil es ohne Scham aus einer bitterernsten Sache, wie es eine Gerichtsverhandlung ist, nur das Theatralische, heraushol t"[283]. Damit hülle man die Verbrechen, hülle man alles Kriminalistische

> „in den düsteren Schleier ein, aus dem wir es glücklich seit einigen Jahrzehnten herauszureißen uns bemühen. (...) Diese Psychologie, die der letzte Amtsrichter in Klein Piepen-Eichen sich Gottseidank abgewöhnt hat, weil ihn schon der Professor im Seminar lehrte, er habe keine Sittenzeugnisse zu erteilen, sondern zu richten, – diese Psychologie spricht hier über Schuld und Sühne ..."[284].

In späteren Texten ist die Nähe zur modernen Strafrechtsschule noch deutlicher:

> „Herr Landgerichtsdirektor Schultze soll mir nicht mitteilen, wie ich zu werten bin. Er soll das Gesellschaftsschädliche meines Tuns erhellen, meine Tat so klar legen, wie möglich ist, und soll dann nach dem Gesetz eine Strafe verhängen, die die Gesellschaft schützt."[285]

Trotz ihrer Fortschrittlichkeit ist die Orientierung am Zweckgedanken, wie sie v. Liszt forderte, nicht unproblematisch. Mit Recht wird heute darauf hingewiesen, dass die „unvermittelte Identifizierung gesellschaftlicher Zweckrationalität mit dem Recht" die schwache Seite des Ansatzes darstellt[286]: „Es fehlt an der Straflegitimation, welche die Härte der Reaktion auch gegenüber dem Täter ebenso begründen wie begrenzen muß."[287] Greifbar wird das Problem in einem Text Tucholskys aus dem Jahr 1919. Unter der Überschrift „*Justitia*" forderte Tucholsky eine stärkere Tendenz in der Rechtsprechung und verlangte – zum Schutz der Gesellschaft – eine konsequentere Ahndung gesellschaftsschädlicher Handlungen: „Wir verlangen vom deutschen Richter dies, er bemesse die Strafen bei Delikten, die ihm dazu geeignet erscheinen, nicht so sehr nach dem Grundsatz der Vergeltung, sondern er verhänge sie, *um das*

---

[283] „Hardens Prozesse", *Tucholsky*, GW, Bd. 1, S. 158.
[284] *Tucholsky*, GW, Bd. 1, S. 158, 159. Es ist gut denkbar, dass Tucholsky hier auf v. Liszt anspielt, vgl. *Weck*, Strafrecht, in: KT und die Justiz, S. 57, 66.
[285] „Der sympathische Mörder", *Tucholsky*, GW, Bd. 6, S. 143, 144.
[286] *Köhler*, Einf. in: *v. Liszt*, Der Zweckgedanke im Strafrecht (1882/83) , S. XIII.
[287] *Köhler*, a.a.O.

deutsche Volk zu erziehen"[288]. Die damit aufgeworfene Frage nach einem Kriterium für die Begrenzung der Strafe erkannte er zwar, hielt sie jedoch für zweitrangig:

> „Sagt nicht, der Mensch dürfe nicht zum Mittel herabgewürdigt werden. Es ist wichtiger, daß einer büßt, damit Tausende die Gesellschaft verschonen."[289]

Die Auseinandersetzung mit den politischen Prozessen der 20er Jahre und seine Beschäftigung mit dem Strafvollzug ließen Tucholsky wenig später an seiner Position zweifeln. Vehement wandte er sich schließlich 1928 gegen die Einführung einer Sicherungsverwahrung für gefährliche „Gewohnheitsverbrecher" und bezeichnete sie als „viel, viel gefährlicher als sie zu sein scheint"[290]:

> „Danach können also Bettler und herumlungernde Arbeitslose zu lebenslänglicher ‚Sicherungsverwahrung' verdonnert werden. Keine Gewähr gibt es, daß diese in einem ‚Arbeitshaus' zu verbüßende Strafe nicht unter viel grausameren Bedingungen abgemacht wird als im Gefängnis – die öffentliche Kontrolle dieser ‚Erziehungsanstalten' ist sehr gering (...). Viel schlimmer, viel gefährlicher aber ist der politische Mißbrauch, der mit dieser Strafe getrieben werden wird. (...) Es ist für jeden Reichsgerichtsrat eine Spielerei, aus einem konsequenten Politiker einen ‚Gewohnheitsverbrecher' zu machen und damit einen, den man – hei! – lebenslänglich einsperren kann."[291]

c) Besuche bei Gericht und im Kriminalmuseum

Anfang der 20er Jahre verfasste Tucholsky mehrere Berichte über Strafverfahren, an denen er als Journalist teilgenommen hatte. Bekannt wurden vor allem die beiden Reportagen über den Prozess gegen die Attentäter Maximilian Hardens[292]. Der Theaterkritiker und Publizist war auf offener Straße niedergeschlagen und lebensgefährlich verletzt worden.

---

288 *Tucholsky*, RwW, S. 87, 89, Hervorhebung im Original.
289 *Tucholsky*, RwW, S. 87, 89.
290 „Die Sicherungsverwahrung", *Tucholsky*, GW, Bd. 6, S. 326, 327.
291 *Tucholsky*, GW, Bd. 6, S. 326, 328.
292 „Die Zwölf auf der Bank", *Tucholsky*, DT, S. 324 und „Prozeß Harden", *Tucholsky*, GW, Bd. 3, S. 296. Näheres bei: *Weck*, NJW 1993, 1436 ff. sowie *Hammerschmidt*, Literarische Justizkritik, S. 90 f.

Die Täter stammten aus völkisch-nationalistischen Kreisen. Tucholsky beschrieb die Atmosphäre im Gerichtssaal als die eines „freundlichen Fünf-Uhr-Tees“[293] – ganz im Gegensatz zu „jenen unzähligen anonymen Prozessen (...), in denen keine Presse zugegen ist, um die sich kein Mensch kümmert, in deren Verhandlungssälen sich nur ein paar Kriminalstudenten anwärmen“[294].

Einige Jahre zuvor hatte er selbst zu den beschriebenen „Kriminalstudenten“ gezählt. Vielleicht stammte die Anregung dazu von Franz v. Liszt. Der Strafrechtslehrer bemühte sich darum, die angehenden Juristen mit der Wirklichkeit des Strafrechts und Strafvollzugs vertraut zu machen. Schon in Marburg hatte er eine kriminalistische Sammlung begründen wollen, die u.a. Modelle von Strafanstalten und Gefängniszellen enthalten und dem Unterricht in der „Gefängniswissenschaft“ dienen sollte[295]. In Berlin bot das Kriminalistische Seminar regelmäßig Veranstaltungen an, die in die strafrechtliche Praxis einführen sollten. Vor allem die Besichtigungen der Strafanstalt Moabit, des Kriminalmuseums am Alexanderplatz und ähnlicher Einrichtungen stießen auf reges Interesse[296]. Auch Tucholsky nahm als Student an einer Führung durch das Kriminalmuseum teil[297]. In einem Beitrag für das „*Prager Tagblatt*“ schrieb er wenig später, er habe im Museum eine

> „alte, losgeschraubte Türklinke [gesehen], die ein Mörder nach der Tat mit blutigen Händen niedergedrückt hatte; er öffnete die Tür, floh – man hat ihn nie fassen können. Und wir sahen damals alle neugierig auf die sorgfältig auf Pappe gebundene Klinke – sie wirkte wie eine amputierte Hand – und während wir hier standen, lief der Mörder herum, existierte, schlug vielleicht gerade ein Frauenzimmer.“[298]

---

[293] „Man hatte mit ihnen [den Angeklagten] geplaudert; und nett geplaudert. Keine Vorhaltungen, keine Bedrängungen, kein böses Wort – nichts. (...) Von Mord wurde weniger gesprochen.“, *Tucholsky*, GW, Bd. 3, S. 296, 299.

[294] *Tucholsky*, GW, Bd. 3, S. 296, 301.

[295] *v. Liszt*, Das kriminalistische Seminar, in: Geschichte der FWU, 3. Bd., S. 28, 31. Der Plan kam allerdings nicht zur Ausführung.

[296] So wurden etwa im WS 1910/11 u.a. die Strafanstalt Moabit, das städtische Obdach sowie der Erkennungsdienst und das Kriminalmuseum im Polizeipräsidium „unter sachkundiger Führung“ besucht, Chronik der FWU, 1910, S. 94.

[297] Ob es sich um eine Veranstaltung des Seminars handelte, ist nicht sicher.

[298] „Der ungeschriebene Roman“, *Tucholsky*, GA, Bd. 1, Nr. 30, S. 41, 43.

Zwei Jahre darauf erinnerte er sich in einem „*Schaubühne*"-Artikel an die ausgestellten Fotografien, die offenbar wegen Verstoßes gegen § 184 RStGB (Verbreiten unzüchtiger Werke) eingezogen worden waren:

> „[Im] Kriminalmuseum des berliner Polizeipräsidiums verweilten wir nur einen Augenblick vor den alten Bildern von 1880, wo die Damen noch die Kleidung unserer Großtanten trugen, Puffärmel und biedere Kapotthütchen. Der Rest der Bilder kontrastierte dann einigermaßen."[299]

Am Nachhaltigsten beeindruckte ihn eine Vorführung zensierter Kinofilme. Die gezeigten Ausschnitte stammten aus der Zensurstelle des Berliner Polizeipräsidiums, dem bis 1918 die preußische Filmkontrolle oblag[300]. Noch im „*Pyrenäenbuch*" (1927) erinnerte sich Tucholsky „lebhaft an die verbotenen Filme, (...) die für alle Geschmäcker etwas boten: Injektionen in das Weiße des Auges (Großaufnahme), Fliegerabsturz und Szenen aus dem Harem, die den Zuschauer dem nächsten Landbriefträger in die Arme zu treiben geeignet waren."[301] Von den drastischen Szenen abgestoßen, sprach sich der Student im „*Vorwärts*" nachdrücklich für die Filmzensur aus. Wer einmal gesehen habe, „wie auf den Films derartige strafbare Handlungen gezeigt werden", der müsse – ob er wolle oder nicht – eine preußische Verwaltungsbehörde loben. „Ohne sie würden wir Scheußlichkeiten zu sehen bekommen, wie sie nur die gemeinste Spekulation auf die Sensation erfinden kann".[302] Ähnlich äußerte er sich wenig später in der „*Schaubühne*":

> „O du gesegnetes Allgemeines Landrecht für die Preußischen Staaten! O du sein gesegneter § 10 II 17 (...). (...). Die [Vorschrift] ist aus Gummi und umfaßt wie eine Zelle die Gehirne unterer und oberer Subalterner. Versammlungsverbote, Polizeischikanen gegen alte Zeitungsfrauen, Theaterzensur –: § 10 II 17. Aber einmal müssen wir ihn segnen und lobpreisen, den Kautschukparagra-

---

[299] „Erotika", *Tucholsky*, DT, S. 90, 91.
[300] Für die Filmkontrolle waren anfangs die Polizeibehörden der Länder zuständig. Durch den „Aufruf des Rates der Volksbeauftragten" vom 12. November 1918 wurde die Zensur vorübergehend aufgehoben. Das Lichtspielgesetz vom 12. Mai 1920 übertrug die Zensurkompetenz schließlich dem Reich.
[301] *Tucholsky*, GW, Bd. 5, S. 7, 53.
[302] „Kinomüdigkeit", *Tucholsky*, GA, Bd. 1, Nr. 121, S. 205.

phen, auf daß er lange lebe auf Erden. Denn siehe, ER zeugte die Filmzensur."[303]

Tucholsky besichtigte nicht nur das Kriminalmuseum, er nahm auch an Gerichtsverhandlungen im „Königlichen Criminalgericht" Moabit teil. Die Justizbauten, die er später als „moabiter Justizfabrik"[304] bezeichnete, befinden sich noch heute neben dem Kleinen Tiergarten unweit seines Geburtshauses in der Lübecker Straße[305]. Kindheitserinnerungen an den Stadtbezirk dürfte Tucholsky allerdings nicht gehabt haben; als die Familie wegzog, war er noch keine zwei Jahre alt. Im Übrigen hatte sich Moabit stark verändert: Bereits ab Mitte des 19. Jahrhunderts waren die Einwohnerzahlen in dem ehemaligen Hugenottenviertel gestiegen. Zwischen 1880 und 1900 war die Bevölkerung sprunghaft um mehrere zehntausend Menschen gewachsen. Entsprechend schlecht waren inzwischen die Wohn- und Lebensverhältnisse vieler Arbeiterfamilien.

Das so genannte „alte" Kriminalgericht Moabit hatte man 1877-1882 zusammen mit dem Untersuchungsgefängnis errichtet. Wegen Platzmangels war seit 1903 in unmittelbarer Nähe das neue Kriminalgericht gebaut und 1906 eingeweiht worden[306]. In einem Buch über die Berliner Gerichte hieß es bereits kurz nach der Jahrhundertwende, das Gerichtsgebäude habe den Stadtteilnamen umgeprägt und zum geflügelten Wort gemacht:

> „‚Moabit' ist heute für alle Welt der kollektive Begriff für eine ganze Anzahl mit der deutschen Strafjustiz in Verbindung stehender Dinge. ‚Moabiter Justiz', ‚Moabiter Richter' (...) sagt man".[307]

---

303 „Verbotene Filme", *Tucholsky*, GW, Bd. 1, S. 115.

304 „Wiedersehen mit der Justiz", *Tucholsky*, GW, Bd. 5, S. 193. Schon einige Jahre zuvor hatte Tucholsky vom „Fabrikbetrieb in den großen Städten" gesprochen, „wo die Schornsteine der Justiz tagaus, tagein rauchen", „Justitia", *Tucholsky*, RwW, S. 87, 88.

305 In „Von Kreuzberg nach Pergamon und andere Spaziergänge in Berlin" schreibt der Jurist und Schriftsteller *Dieter Huhn*, das Gefängnis müsse der Lübecker Straße „schon immer etwas Steiles gegeben haben. Steil? Wie hochragende Häuser, die an Friedhöfe reichen. Dabei reicht die Lübecker Straße gar nicht an die Justizbauten heran. Man spürt sie nur im Hintergrund.", a.a.O., S. 22.

306 *Klemmer/Wassermann/Wessel*, Deutsche Gerichtsgebäude, S. 89 f. Das alte Kriminalgericht wurde im Zweiten Weltkrieg beschädigt und 1953 abgerissen.

307 *Hoeniger*, Berliner Gerichte, S. 9.

Einer der ersten Prozesse nach Einweihung des neuen Kriminalgerichts war das Verfahren gegen Wilhelm Voigt, den „Hauptmann" von Köpenick. Als im Juni 1912 fälschlich gemeldet wurde, Voigt sei verstorben[308], spottete Tucholsky in einem „*Nachruf und Aufruf*":

> „wo sind die anderen Gewerbe? Warum gibt es noch (...) keinen Polizeipräsidenten von Berlin, der eigentlich Friseur ist –? (...) Warum werden bei uns die ‚maßgebenden Stellen' nicht mehr gehänselt?"[309]

Von seinen Prozesseindrücken berichtete Tucholsky erstmals Ende seines fünften Semesters im „*Vorwärts*". Anlass war ein Strafverfahren gegen den Grafen Wolff-Metternich wegen Falschspiels[310]. Der Verteidiger des Grafen, der bekannte Berliner Rechtsanwalt Dr. Johannes Werthauer, hatte im Prozess festgestellt, „daß Schutzleute die Tür des Gerichtsgebäudes zur Straße besetzt hielten und niemanden zur öffentlichen Verhandlung heraufließen"[311]. Im Ton eines erfahrenen Gerichtsreporters kommentierte Tucholsky den Vorgang:

> „Der Vorsitzende fand das unerhört. Ich nicht. Ich habe von jeher von einem Sitzungssaal den Eindruck der ‚guten Stube' gehabt: hier geht es ja noch (verhältnismäßig) anständig zu – aber draußen! – "[312]

Während er später vor allem die Richter und ihre Verhandlungsführung angriff, kritisierte er anfangs hauptsächlich die einfachen preußischen Justizbediensteten. Ihnen warf er unhöfliches Gehabe und selbstherrliches Verhalten vor. Der preußische Subalternbeamte sei, so beklagte Tucholsky wiederholt, „in vielen Fällen unsachlich, grob und größenwahnsinnig. Er fühlt sich vor dem Dienstmädchen und duckt sich vor der Offiziersuniform."[313] Von den Richtern erwartete er ein energischeres Einschreiten gegen derartige Missstände. Der „preußische Subalternbeamte" wisse jedoch, dass ihm nichts geschehe. Er selbst habe erlebt, dass in einem Strafprozess der Vorsitzende zum Schutzmann gesagt habe:

---

308 GA, Bd. 1, Komm. Nr. 44, S. 482.
309 *Tucholsky*, RwW, S. 33 f.
310 GA, Bd. 1, Komm. Nr. 25, S. 465.
311 „Polizei und Gericht", *Tucholsky*, GA, Bd. 1, Nr. 25, S. 36 u. Komm., S. 465 f.
312 *Tucholsky*, GA, Bd. 1, Nr. 25, S. 36, 37.
313 „Taschenpolizei", *Tucholsky*, RwW, S. 188, 193.

„„Sie haben den Angeklagten vorgeführt – Sie können nun den Saal verlassen."" Der Schutzmann sei „dick und wurstig" sitzen geblieben. Der Richter habe geschwiegen[314]:

> „In dem Fall in Moabit [Prozess gegen Wolff-Metternich[315]] ist eine von 1000 Ungesetzlichkeiten [der Ausschluss der Öffentlichkeit] zufällig zu Ohren des Richters gekommen. Die Herren pflegen sonst derartige Klage mit der Konstatierung abzuweisen, das sei nicht ihr Ressort. Unsere Richter verurteilen, ordnen an, sprechen frei. Sie könnten viel mehr. Sie könnten die Widerlichkeiten der Untersuchungshaft mildern (...) hier wie bei der Polizei mäßig gebildetes Material, Feldwebel, Subalterne, die wissen, daß das Zuchthaus hinter ihnen steht – daher der Mut! – Aber der Richter läßt sich und den Opfern schon manches gefallen, er weiß, *die* Leute kann er gebrauchen."[316]

Unter der Überschrift „*Der Gerichtsdiener*" setzte sich Tucholsky 1913 erneut mit dem Verhalten der Justizbediensteten auseinander. Wie Verteidiger Werthauer im „Wolff-Metternich"-Prozess beklagte er die Missachtung des in § 170 GVG normierten Öffentlichkeitsgrundsatzes[317].

> „Die Verhandlungen vor den Strafgerichten sind in Deutschland öffentlich. So? Da gehen Sie einmal nach Moabit und versuchen Sie die Probe aufs Exempel. Da sitzt vor jeder Tür ein bissiger Höllenhund und belfert. Und im Gerichtssaale wirft er Sie zwar nicht heraus, aber er gibt doch deutlich zu erkennen, daß eigentlich er hier Recht spricht... (...) Er soll lieber aufpassen, daß nicht so oft das Schild: ‚Zuschauerraum ist überfüllt!' an den Türen klebt, auch wenns leer ist, statt sich Übergriffe zu erlauben, die man nicht nur wörtlich beantworten sollte."[318]

Seit der Zeit seiner ersten Gerichtsbesuche blieb „Moabit" für Tucholsky ein Thema. Im Zuge der politischen Prozesse Anfang der 20er Jahre wurde der Name des Stadtteils für ihn zum Synonym einer ungerechten Strafjustiz. 1922 schrieb er in dem Artikel „*Prozeß Harden*", er habe Har-

---

314 *Tucholsky*, GA, Bd. 1, Nr. 25, S. 36, 37.
315 Vgl. GA, Bd. 1, Komm. Nr. 25, S. 465 a.E.
316 *Tucholsky*, GA, Bd. 1, Nr. 25, S. 36, 37.
317 GVG 1877, RGBl., 41 ff.; heute § 169 S. 1 GVG. Dass der Öffentlichkeitsgrundsatz in Moabit „durch das Verhalten der Justizwachtmeister längst zur Farce geworden" sei, beklagte Tucholsky noch Jahre später, GW, Bd. 3, S. 31, 32.
318 *Tucholsky*, GW, Bd. 1, S. 122.

den vor der Verhandlung geraten nicht hinzugehen, weil er „Moabit“ kenne[319]. Dabei bezog er sich nicht nur auf seine Eindrücke als Zuhörer: Wegen kritischer Artikel über die Reichswehr waren Anfang der 20er Jahre mehrere Strafverfahren gegen Tucholsky eingeleitet worden. Im November 1921 hatte er erstmals selbst in Moabit vor Gericht gestanden[320]. Verteidiger in einem der Verfahren war jener Rechtsanwalt Werthauer, den Tucholsky schon als Student im „Wolff-Metternich“-Prozess erlebt hatte[321]. 1933 wurde Werthauer, der auch für die „*Weltbühne*“ schrieb und in der Weimarer Republik zu den bekanntesten Berliner Strafverteidigern zählte, gemeinsam mit Tucholsky ausgebürgert[322].

d) Professoren und Studenten

Hepp zufolge, der die Haltung der meisten Hochschullehrer als „staatserhaltend bis reaktionär“[323] kennzeichnet, waren Tucholskys Professoren „meist von kaisertreuer Gesinnung und durch allerlei öffentliche Ämter stark in das System eingebunden“. Ausnahmen seien etwa v. Liszt und der „eher liberale“ Anschütz gewesen[324]. In Tucholskys Aufzeichnungen finden diese Charakterisierungen wenig Anhalt. Abgesehen von den zitierten Passagen über v. Liszt tauchen nur kurze Anspielungen auf die Berliner Professoren auf. In dem Text „*Das Paradigma*“ von 1914 erwähnt Tucholsky etwa beiläufig ein „Bild des Rechtsgelehrten Kohler“, der

---

[319] *Tucholsky*, GW, Bd. 4, S. 296, 304.

[320] *Tucholsky*, GW, Bd. 3, S. 79: „Am vergangenen Donnerstag stand ich in Moabit da, wo die Geistigen dieses Landes so häufig und die politischen Mörder so selten stehen: auf der Anklagebank. Ein Artikel ‚Offiziere‘ (...) war dem fleißigen Pressereferenten des Reichswehrministeriums in die Hände gefallen, der hatte ihn dem Justizreferenten gegeben, und nachdem sie beide die kleine Arbeit kreuz und quer angestrichen hatten, stellte in Abwesenheit Geßlers irgendein Soldat den üblichen Strafantrag“. Der Prozess endete mit einem Freispruch. Zu den gegen Tucholsky eingeleiteten Verfahren vgl. *Hepp*, KT und die Justiz, S. 31 ff.

[321] Vgl. *Tucholsky*, BA, S. 99. Es handelte sich um das Verfahren wegen des „Weltbühne“-Gedichts „Unser Militär“, *Tucholsky*, GW, Bd. 2, S. 106 f.

[322] Werthauer machte sich auch als Strafrechtskritiker einen Namen. Im Rahmen der Strafrechtsreformdebatte verfasste er einen eigenen Reformentwurf zum RStGB, in dem er sich u.a. auf Gedanken des Freirechtlers Ernst Fuchs stützte. In der „Weltbühne“ veröffentlichte Werthauer 1926 einen Beitrag zum § 175 RStGB.

[323] *Hepp*, Annäherungen, S. 49.

[324] *Hepp*, a.a.O., S. 52.

„aufgerichtet und würdig in einem Rahmen stand, Professor, Dichter und Musiker, der er war...“[325]. An anderer Stelle findet sich eine Bezugnahme auf Otto v. Gierkes Genossenschaftstheorie:

> „Was der Jurist Otto Gierke einst die reale Verbandspersönlichkeit benannte, diese Erscheinung, daß ein Verein nicht die Summe seiner Mitglieder ist, sondern mehr, sondern etwas andres, über ihnen Schwebendes: das ist hier in nuce aufgemalt und dargetan“[326].

Einige Jahre später erinnerte sich Tucholsky in einem „*Welt am Montag*“-Beitrag an einen namentlich nicht genannten Professor für Staatsrecht, möglicherweise den Berliner Extraordinarius Conrad Bornhak[327]. Bei ihm hatte Tucholsky u.a. „Grundzüge der Politik und der allgemeinen Staatslehre“ gehört[328].

> „Ihr müßtet nur einmal die Vorlesungen eines preußischen Professors über Staatsrecht mitangehört haben, um zu hören, was es alles auf der Welt gibt. ‚Der Staat ist mächtig, allmächtig, heilig, verehrenswert, Ziel und Zweck der Erdumdrehung – der Staat ist überhaupt alles.‘ Und vor allem: er trägt vor niemand eine Verantwortung!“[329]

Hepp vermutet hinter dieser Äußerung harte Kritik an einem besonders konservativen Staatsrechtslehrer[330]. Die Beschreibung des Staates als „allmächtig“ entsprach jedoch weitgehend dem damaligen Staatsverständnis[331]. Berücksichtigt man den Zusammenhang, ist die Äußerung

---

325 *Tucholsky*, GW, Bd. 1, S. 148.
326 „Der Untertan“, *Tucholsky*, GW, Bd. 2, S. 63, 66.
327 *Hepp*, a.a.O., S. 51.
328 Abgangszeugnis vom 10.8.1912, s.o. Fn. 26.
329 „Die Tabelle“, *Tucholsky*, GW, Bd. 3, S. 137, 138.
330 *Hepp*, a.a.O., S. 51.
331 So schrieb etwa der von Hepp als „eher liberal“ bezeichnete Professor *Anschütz* kurz vor der Jahrhundertwende: „Der Staat ist – rechtlich – allmächtig. Was manche Verfassungsurkunden vom Monarchen sagen, das gilt in Wahrheit vom Staate: er kann nicht Unrecht thun. (...) Vom ethischen Standpunkt aus betrachtet, wird man die Staatsgewalt gewiß nicht für omnipotent erklären (...). Rechtsschranken aber, – Schranken, die ihr eine rechtlich übergeordnete Gewalt zieht, – kennt die Staatsgewalt nicht.–“, VerwArch 1897, 1, 14.

vor allem als Kritik der preußischen Juristenausbildung zu verstehen. Rückschlüsse auf die Person Bornhaks dürfte sie kaum zulassen[332].

Mit Wilhelm Kahl, der seit 1895 in Berlin lehrte, befasste sich Tucholsky erst nach Kriegsende intensiver. Kahl zählte gemeinsam mit Binding und v. Birkmeyer zu den Vertretern der klassischen Strafrechtsschule. 1919 im Alter von fast 70 Jahren Mitglied der Weimarer Nationalversammlung geworden, war er von 1920 bis 1932 DVP-Reichstagsabgeordneter. Als 1919 ein Buch über die Abgeordneten der Nationalversammlung erschien, in dem neben den Personalien auch das „Lebensziel" der Politiker angegeben war, spottete Tucholsky:

> „am aufrichtigsten ist Kahl. Unter einem mäßig gekämmten Vollbart ist zu lesen: ‚Den alten Geist im neuen Reich!' Nein, Herr Professor! Den neuen Geist im neuen Reich!–"[333]

Seit 1927 war Kahl Vorsitzender des Strafrechtsausschusses des Reichstags. Als Kriminalpolitiker setzte er sich für eine Reform des Strafrechts ein[334]. Tucholsky stand Kahls kriminalpolitischem Wirken kritisch gegenüber und bezeichnete ihn als „Steinzeitmenschen"[335]. Die Kompromiss-Bemühungen dieses „unermüdlichen Kämpfers für die Strafrechtsreform" (Roxin)[336] blieben ihm suspekt:

> „Der alte Kahl war vor dem Krieg das Urbild juristischer Reaktion, wird aber heute von den Sozialdemokraten recht geachtet und geehrt, denn alte Leute verstehen sich untereinander gut, und weil jene nach rechts gerückt sind, glauben sie, er sei nach links gegangen, ein beachtliches Beispiel Einsteinscher Relativitätstheorie."[337]

---

332 *Fritz Friedmann*, dessen justizkritische Studie „Hau ist kein verstockter Mörder" Tucholsky lobend erwähnte, schrieb über Bornhak, dieser sei ein „vornehmer, stiller Gelehrter", a.a.O., Vorwort, S. 3.

333 „421 Gesichter", *Tucholsky*, GA, Bd. 3, Nr. 40, S. 95, 96.

334 Nachdem 1909 ein von Praktikern erarbeiteter „Vorentwurf zu einem Deutschen Strafgesetzbuch" erschienen war, verfasste Kahl gemeinsam mit v. Liszt einen Gegenentwurf. Ohne Erfolg setzte Kahl sich bis zu seinem Tod für eine Gesamtreform des Strafrechts ein. Noch 1932 scheiterte ein unter seiner Führung erarbeiteter Kompromiss-Entwurf wegen der Reichstagsauflösungen.

335 „Nr. 1", *Tucholsky*, GW, Bd. 7, S. 179, 181.

336 *Roxin*, Strafrecht AT, Band I, S. 76.

337 „Die Sicherungsverwahrung", *Tucholsky*, GW, Bd. 6, S. 326, 327.

Am häufigsten befasste sich Tucholsky mit Professor Brunner, dem er mehrere Artikel und Gedichte widmete[338]. Dabei handelt es sich nicht um den Berliner Ordinarius, bei dem er Rechtsgeschichte gehört hatte, sondern um den ehemaligen Gymnasialprofessor Dr. phil. Karl Brunner. Nach seiner Beurlaubung vom Schuldienst war Brunner 1911 zunächst als Literatursachverständiger in das Berliner Polizeipräsidium gewechselt, wenig später wurde er Filmzensor und arbeitete schließlich als Regierungsrat im preußischen Ministerium für Volkswohlfahrt. Tucholsky schätzte Brunners Zensurtätigkeit zunächst und widmete ihm den „*Schaubühne*"-Beitrag „*Verbotene Filme*", in dem er sich positiv zur preußischen Filmkontrolle äußerte[339]. Wegen Brunners rigider Haltung gegenüber erotischer Literatur wurde er Anfang der 20er Jahre zum scharfen Kritiker des Zensors, bezeichnete ihn u.a. als „Hosenschnüffler"[340] und „ahnungslosen, (...) ungebildeten, (...) völlig unfähigen Sachverständigen"[341].

Über seine Kommilitonen und das studentische Leben äußerte sich Tucholsky nur selten. Eher beiläufig erinnerte er sich in der Rezension „*Wat Grotmudder vertellt*"[342] an einen Berliner Juristen, den er von der Universität her kannte und während des Krieges wieder getroffen hatte. Der Kommilitone hatte während des Diensturlaubs sein Examen bestanden und sollte daraufhin sofort den Amtseid ablegen:

> „Der neugebackene geängstigte Referendar tats und überschritt seinen Urlaub um zwei Tage. Sein Kompanieführer verlieh ihm drei Tage Mittelarrest und ließ (...) [ihn] stundenlang an den Baum binden."[343]

Eingehender befasste sich Tucholsky lediglich mit den Verbindungsstudenten. Ein Großteil der Kommilitonen war in Corps, Burschen- oder

[338] U.a. „Brunner", *Tucholsky*, GW, Bd. 3, S. 83, und „Brunner im Amt", GW, Bd. 3, S. 281.
[339] *Tucholsky*, GW, Bd. 1, S. 115.
[340] *Tucholsky*, GW, Bd. 2, S. 450.
[341] *Tucholsky*, GW, Bd. 3, S. 281, 282.
[342] *Tucholsky*, GW, Bd. 3, S. 270.
[343] *Tucholsky*, GW, Bd. 3, S. 270, 274.

Landsmannschaften zusammengeschlossen[344]. Die Verbindungsstudenten bildeten zwar nicht die Mehrheit unter der Berliner Studentenschaft[345], allerdings paradierten „auf den Fotografien in der berliner Aula, bei Empfängen des Kaisers, die breiten Banner der Minorität"[346]. Die Erfahrungen, die Tucholsky während seiner Studienzeit mit den studentischen Korporationen machte, prägten sich ihm tief ein. Viele der schlechten Eigenschaften, die er später bei den deutschen Richtern ausmachte, führte er auf die Verbindungserziehung zurück:

> „Und der da soll im Jahre 1940 Arbeiter richten dürfen? Ein solches Biergehirn, in dem auch nicht ein Gedanke über den sauren Muff seiner Kneipe reicht, entscheidet über Leben und Tod? Über Jahre von Gefängnis und Zuchthaus? (...) Das ist der Boden, auf dem die Blüten des deutschen Richterstandes gedeihen, welche Blumenlese! Man wundert sich bei Gerichtsverhandlungen und bei der Lektüre von Urteilsbegründungen oft, woher nur diese abgestandenen Vorurteile, die unhonorige Art der Verhandlungsführung, die überholten Anschauungen einer kleinbürgerlichen Beamtenschaft stammen mögen. Hier, auf den Universitäten, ist der Boden, in dem eine Wurzel dieser Produkte steckt. Niemand reißt sie aus. Denn diese setzen sich durch. Die herrschen. Die kommen dran."[347]

Seine ablehnende Haltung gegenüber dem Verbindungswesen machte Tucholsky erstmals 1913 in einem Beitrag für den „*Vorwärts*" deutlich. Er griff die nicht-korporierten so genannten „Freistudenten"[348] wegen ihrer opportunistischen Haltung an. Anlass waren Vorfälle an der TH Dresden, wo es „zwischen den studentischen Korporationen und den Nichtinkorporierten einen Krach gegeben" hatte[349] Ein Verbindungsstudent

---

344 Zum Sommersemester 1914 gab es im Deutschen Reich 891 Korporationen, *Gladen*, Gaudeamus igitur, S. 38. Ungefähr ein Drittel, mancherorts aber auch mehr als die Hälfte der Studierenden war in Verbindungen organisiert.

345 Unzutreffend insoweit *Hepp*, Annäherungen, S. 50.

346 *Tucholsky*, DT, S. 52.

347 „Briefe an einen Fuchsmajor", *Tucholsky*, GW, Bd. 6, S. 35, 42.

348 In einem Flugblatt von 1899 hieß es zu den Zielen der freistudentischen Bewegung: „Wir wollen der Majorität der Kommilitonen, die keiner Korporation angehören, die Stellung im studentischen Leben (...) erwerben, die ihnen ihrem Wert und ihrer Zahl nach gebührt, die ihnen aber bisher nicht zuteil wurde. (...) Wir bekämpfen die in weiten Kreisen, nicht nur in studentischen, verbreiteten Anschauungen, als ob der Korporationsstudent etwas höheres sei als der Finke", zitiert nach: *Schulze/Ssymank*, Das deutsche Studententum, S. 375.

349 „Der Nachwuchs", *Tucholsky*, DT, S. 52.

„hatte einen Norweger beleidigt und statt einer Duellforderung ein paar hinter die Ohren bekommen."[350] Der Norweger wurde wegen seines Verhaltens vom Universitätsstudium ausgeschlossen. Ein Student dürfe einem anderen Studenten keinen Schlag mit der Hand zufügen, lautete die Begründung[351]. Tucholsky kommentierte sarkastisch: „Er hätte die Faust nehmen sollen."[352] In einem anderen Fall hatte ein Verbindungsstudent die „Freistudenten" denunziert, „weil sie ein sozialdemokratisch aufreizendes Plakat ausgehängt hätten"[353]. Das Plakat wurde daraufhin konfisziert. Tucholsky warf den „Freistudenten" vor, sie seien feige und unterlägen mit Recht:

> „Sie sind in der Überzahl: aber diese wahrhaft Deutschen ziehen es vor, mannhaft zu versichern, daß ihnen nichts, aber auch nichts die freudige Mitarbeit am Bismarckkommers oder am Geburtstag des Kaisers verderben werde. Niemals haben sie den Burschen den Kram vor die Füße geworfen! Politik? Aber nein! Tendenz? Gott bewahre, Herr Universitätsrichter!"[354]

Den Gründungsidealen der Burschenschaften, die sich an den Befreiungskriegen beteiligt und zeitweilig zu den aktivsten Vertretern der national-liberalen Bewegung gezählt hatten[355], stand Tucholsky allerdings positiv gegenüber. Diese Studentenschaft sei, so schrieb er 1920 in der „*Freien Welt*", „unter den besten Vorkämpfern für ein einiges Reich" gewesen. Viele unter ihnen hätten durch das Tragen der verbotenen Farben Schwarz-Rot-Gold Kopf und Kragen riskiert. Dass diese Studentenschaft „ebenso anständig gesinnt wie politisch aktiv gerichtet" gewesen sei, gehe aus der „unversöhnlichen Feindschaft Metternichs gegen sie hervor, der sich nach der Ermordung Kotzebues durch den Studenten Sand und nach dem Wartburgfest im Jahre 1817 in Verfolgungen der Studenten gar nicht genug tun konnte."[356]

---

[350] *Tucholsky*, DT, S. 52.
[351] Vgl. *Tucholsky*, DT, S. 52.
[352] *Tucholsky*, DT, S. 52.
[353] *Tucholsky*, DT, S. 52.
[354] *Tucholsky*, DT, S. 52.
[355] *Firnkes*, in: Deutsche Geschichte, Bd. 9, S. 18, 35 ff.
[356] „O alte Burschenherrlichkeit!", *Tucholsky*, DT, S. 199, 201. Zu den Hintergründen vgl. *Boockmann*, Wissen und Widerstand, S. 200.

Ab Mitte des 19. Jahrhunderts war es allerdings zu einem Wandel gekommen. Die Korporationen hatten sich etabliert und identifizierten sich zunehmend mit der monarchischen Staatsform. Viele Verbindungen waren konservativ und nationalistisch ausgerichtet, die Corps, die sich vor allem aus der Oberschicht rekrutierten, ausgesprochen elitär. Das Corps der Bonner Borussia, dem Wilhelm II. angehörte, bestand fast nur aus Adligen[357]. In seinem Beitrag für die „*Freie Welt*" spottete Tucholsky:

> „Das war die Blüte der Nation und bildet sich noch heute ein, sie zu sein. Hier, bei den Bonner Borussen, hat der Kaiser seine Söhne ‚studieren' lassen – aus diesen Kreisen gingen diejenigen hervor, die euch verwalten und regieren wollen."[358]

Seit 1870 wuchs der Antisemitismus unter den Korporationen. Um die Jahrhundertwende nahmen die meisten Verbindungen Juden nicht mehr auf[359]. Das Mensurfechten bekam eine immer größere Bedeutung, bei Ehrverletzungen fanden Duelle statt[360]. Zwar stand die Mensur unter staatlicher und kirchlicher Strafdrohung[361]. Dennoch hatte das auch in den Universitätsvorschriften vorgesehene[362] Verbot kaum Wirkung. Als Folge des Mensurfechtens trugen viele Kommilitonen einen Schmiss. Tucholsky schrieb später von den „zerhackten Fressen" der Juristen[363], meinte aber, dass man bei aller grundsätzlichen Abneigung gegen diesen Betrieb die wenigen guten Seiten, die er habe, nicht vergessen dürfe.

---

[357] *Kater*, Studentenschaft, S. 26.
[358] *Tucholsky*, DT, S. 199, 202.
[359] Vgl. *Gladen*, Gaudeamus igitur, S. 36. Parallel zu dieser Entwicklung entstanden rein jüdische Studentenverbände.
[360] Zur Bestimmungsmensur: *Gladen*, a.a.O., S. 28. Von den im SoSe 1914 im Deutschen Reich bestehenden 891 Korporationen hatten immerhin 565 den Grundsatz der „unbedingten Satisfaktion", wonach bei Ehrverletzungen Duelle durchgeführt wurden, *Gladen*, a.a.O., S. 26 f. u. 38.
[361] Die Vereinigten Strafsenate des Reichsgerichts hatten 1883 festgestellt, dass die studentische Schlägermensur dem Zweikampf mit tödlichen Waffen gleichsteht (RGSt 8, 87 ff.; vgl. auch 60, 257 ff.). Auch die Katholische Kirche erklärte mehrfach, dass nicht bloß das Duell, sondern schon die an den deutschen Universitäten üblichen „Bestimmungsmensuren" der kirchlichen Strafe der Exkommunikation unterliegen.
[362] § 26 Nr. 9 Vorschriften für die Studierenden, S. 15 untersagte bereits die Herausforderung zum Zweikampf.
[363] Siehe nur: *Tucholsky*, GW, Bd. 6, S. 35, 37 u. 358, 359; Bd. 7, S. 295.

> „Die Bestimmungsmensur stählt bei vielen unbedingt den Willen; sie versagen in schwierigen Situationen, bei denen es auf einen harten Kopf ankommt, in Erinnerung an die ‚Säbelkisten' vielleicht weniger, als sie es sonst täten. Die Korpserziehung stärkt die Selbstbeherrschung; die Leute haben fast alle ihre Nerven und ihre Gefühle fest in der Hand."[364]

Gleichzeitig war er der Auffassung, dass diesen wenigen guten Seiten eine „Fülle von schlechten und geradezu katastrophalen Wirkungen der Burschenschaftserziehung" gegenüber stehe. In den Verbindungsstudenten werde meist ein „geradezu lächerlich anmutender Standesdünkel großgezogen." Es sei kein Wunder, „wenn ein großer Teil unserer Verwaltungsbeamten, Staatsanwälte, Ärzte und Richter" sich einbilde, „‚zur Herrlichkeit geboren' zu sein", man habe es „ihnen doch in jenen Jahren, in denen die Seele am weichsten ist, ununterbrochen gepredigt."

> „Der lächerliche Formelkram der Verbindungserziehung überträgt sich aufs Leben; diese ehemaligen Studenten sind später schwer imstande, das Wesen der Dinge zu sehen, weil sie viel zuviel mit den Formen zu tun haben. (...) Was uns andern das Leben erst wertvoll und lebenswert macht: die Wissenschaft oder irgendeine Kunst oder die Liebe zur sozialen Arbeit – davon war oder ist in diesen Kreisen wenig zu merken."[365]

Ähnlich beschrieb Heinrich Mann 1919 das Verbindungswesen in seinem Roman „*Der Untertan*", dessen Hauptfigur Diederich Heßling „untergegangen war in der Korporation, die für ihn dachte und wollte."[366] Tucholsky bezeichnete den „*Untertan*" als „Bibel des Wilhelminischen Zeitalters"[367] und „Herbarium des deutschen Mannes"[368]. Er schätzte das

[364] *Tucholsky*, DT, S. 199, 201 f. Noch 1928 schrieb Tucholsky in der Rezension der „Briefe an einen Fuchsmajor, von einem alten Herrn": „Daß das Heft die Mensur verteidigt und damit das Duell, braucht nicht gesagt zu werden. Nun halte ich das zwar für wenig schön, jedoch kann ich mir kluge, gebildete und anständige Männer denken, die in der Billigung dieser Einrichtung aufgezogen sind", *Tucholsky*, GW, Bd. 6, S. 35, 36.
[365] *Tucholsky*, DT, S. 199, 202.
[366] *Mann*, Der Untertan, S. 32.
[367] „Militaria, ‚Unser Militär'", *Tucholsky*, GW, Bd. 2, S. 23, 24.
[368] „Dieses Buch Heinrich Manns, heute, gottseidank, in aller Hände, ist das Herbarium des deutschen Mannes. Hier ist er ganz: in seiner Sucht, zu befehlen und zu gehorchen, in seiner Roheit und in seiner Religiosität, in seiner Erfolganbeterei und in seiner namenlosen Zivilfeigheit.", „Der Untertan", *Tucholsky*, GW, Bd. 2, S. 63 f.

Buch nicht zuletzt deshalb, weil es „so sauber präpariert die studentische Erziehung der jungen Generation aufzeigt“[369].

e) Neben dem Studium: „Knaben in den Wissenschaften unterweisen“[370]

Nach seiner Rückkehr aus Genf studierte Tucholsky weitere vier Semester an der Berliner Rechtswissenschaftlichen Fakultät. Abgesehen vom Sommersemester 1911 mit neun Vorlesungen, belegte er in jedem Semester sechs Veranstaltungen[371]. Da das Vorlesungspensum nicht allzu umfangreich war, blieb ihm genügend Zeit für Aktivitäten außerhalb der Universität. Ende 1911 engagierte er sich im SPD-Wahlkampf für die Reichstagswahlen im Januar 1912. Nach den Wahlen berichtete er Max Brod, er habe ein bisschen mitgearbeitet, „und wieder die fabelhafte Organisation unserer Socialdemokraten bewundert – Arbeiter, kleine Leute sind zu einer Disciplin (ohne Machtmittel) erzogen, die ihresgleichen sucht.“[372]

Gegen Ende seines Studiums begann Tucholsky außerdem als Nachhilfelehrer zu arbeiten. Um die Aufbesserung des Taschengelds ging es dabei nicht: Inzwischen volljährig, konnte er über den Anteil am väterlichen Erbe von knapp 70.000 Mark verfügen[373]. In der Nachhilfeschule des „wunderherrlichen Einpaukers“[374] Dr. Willi Kraßmöller, bei dem er sich selbst aufs Abitur hatte vorbereiten lassen, unterrichtete Tucholsky nun seinerseits Nachhilfeschüler. Einer der Schüler, der sich bei Kraßmöller auf den Schulabschluss vorbereiten ließ, war der aus der bekannten Verlegerfamilie stammende Heinz Ullstein. In seiner 1961 erschienenen Autobiographie erinnerte sich Ullstein daran, dass Kraßmöller an einigen Tagen den Unterricht unterbrach, um im Nebenzimmer einen jungen Mann zu empfangen, der dank seiner Hilfe das Abitur gemacht hatte. Als er Tucholsky kennengelernt habe, habe „weder der Schriftstel-

---

369 „Briefe an einen Fuchsmajor“, *Tucholsky*, GW, Bd. 6, S. 35.
370 *Tucholsky*, BA, S. 15, 16, Brief an Hans Erich Blaich vom 9.10.1913.
371 Abgangszeugnis vom 10.8.1912, s.o. Fn. 26.
372 Brief vom 15.1.1912, zitiert nach: GA, Bd. 1, Komm. Nr. 14, S. 457.
373 *Hepp*, Kurt Tucholsky, Rowohlts Monographien, S. 22.
374 *Tucholsky*, GW, Bd. 7, S. 164, 165.

ler überhaupt und noch weniger der politische Schriftsteller existiert. Nur der Jurastudent Kurt Tucholsky."

> „Eines Tages trat er in das Zimmer, in dem ich meine Schularbeiten machte. ‚Das habe ich auch lang genug machen müssen', sagte er, während er mir die Hand reichte. Dabei lächelte er, halb ironisch, halb bedauernd, ein bißchen hochmütig, skeptisch und ein wenig abweisend. (...) [Er] war (...) ein junger Mann, der dasselbe hinter sich hatte wie ich: Nachhilfeunterricht. Er gab auch selbst Nachhilfeunterricht. (...) Er war zurückhaltend und fast verschlossen. (...) Er hatte ungewöhnlich gute Manieren. Der junge Tucholsky war ein vollendeter Gentleman. Ungewollt. Ohne Pose."[375]

4. „Und dann kommt das Referendarexamen"[376]

Mit Ablauf des Sommersemesters 1912 hatte Tucholsky die erforderlichen drei Jahre Studium absolviert, um sich zum Ersten Examen anzumelden. Am 18. Juli 1912 beantragte er das für die Examensmeldung erforderliche[377] Universitäts-Abgangszeugnis[378]. Auf der Urkunde bestätigte man ihm abermals, dass hinsichtlich seines Verhaltens auf der Universität nichts Nachteiliges zu bemerken sei[379]. Am 10. August verließ Tucholsky die Juristische Fakultät[380] und begann mit der Examensvorbereitung. Besonders ernst scheint er die Prüfungsvorbereitung anfangs nicht genommen zu haben: Er machte zunächst Urlaub[381] und nahm sich Zeit zum Schreiben: Von Anfang August bis Ende September erschienen 17 Artikel und Gedichte – fast so viele wie seit Beginn des Sommerse-

---

[375] *Ullstein*, Spielplatz meines Lebens, S. 56 ff. Ähnlich charakterisierte später der Schriftsteller und Journalist Josef Halperin (1891-1975) Tucholsky. Dieser sei „sehr gepflegt und diszipliniert [gewesen]. Er wirkte als ein Mann von Welt. Er hätte als Botschafter ausgezeichnete Figur gemacht. Er repräsentierte nämlich, was er hatte: Geist", zitiert nach: *Hepp*, Kurt Tucholsky, Rowohlts Monographien, S. 176.

[376] *Tucholsky*, GW, Bd. 3, S. 137, 139.

[377] § 4 Abs. 2 Nr. 3 Prüfungs-Regulativ, in: Vorschriften über die Ausbildung, S. 23, 26.

[378] Anmeldeschein zum Abgangszeugnis, HUB, UA, Rektor und Senat, Tucholsky, AZ 10.8.1912.

[379] Abgangszeugnis vom 10.8.1912, s.o. Fn. 26.

[380] HUB, UA, Rektor und Senat, Matrikel, Nr. 1292/101, 25.10.1910. Hinter der Matrikelnummer findet sich der Vermerk „rite abg. 10.8.12.".

[381] Tucholsky fuhr nach Warnemünde, *Hepp*, Annäherungen, S. 66 Fn. 55 u. S. 544.

mesters im April. Auch am „*Rheinsberg*"-Manuskript, das kurz vor der Drucklegung stand, dürfte Tucholsky noch gearbeitet haben[382]. Nachdem das „*Bilderbuch für Verliebte*" im November erschienen war, betrieb er bis Ende Dezember gemeinsam mit Kurt Szafranski eine „Bücherbar" auf dem Berliner Kurfürstendamm. Seine Tätigkeit in Dr. Kraßmöllers Nachhilfeschule setzte der Examenskandidat ebenfalls fort.

Gleichzeitig stellten sich immer stärkere Zweifel an seinem ursprünglichen Berufswunsch ein. Hatte er Ende 1911 Verteidiger werden wollen, so wusste er ein gutes Jahr später nicht mehr, was er werden sollte[383]. Über die genauen Hintergründe dieser Entwicklung ist wenig bekannt. Aus der Luft gegriffen ist allerdings Raddatz' Unterstellung, der juristische Beruf habe Tucholsky „nicht einen Augenblick"[384] interessiert. Unzutreffend ist auch Hepps Behauptung, Tucholsky habe schon früh Kritik am Universitätsbetrieb und am Jurastudium geübt[385]. Tatsächlich finden sich entsprechende Bemerkungen erst in Texten, die Tucholsky nach seiner Abmeldung von der Universität verfasste. Im Übrigen äußerte sich Tucholsky differenzierter zu seinen Studienjahren, als es manche biographische Schilderung vermuten lässt. Während er im Blick auf die Schule die „verlorenen Jahre" beklagte[386], finden sich keine vergleichbaren Äußerungen über seine Universitätszeit[387]. Als 35-jähriger meinte er, der „Unfähigkeit der Professoren, zu lehren", habe „oft ihr wissenschaftlicher Wert" gegenübergestanden[388]. Vier Jahre später wünschte er sich, er könne noch einmal Student sein:

> „Mit welchem Resultat könnte man studieren, wenn man nicht es mehr müßte! Wenn man es will! Wenn die Lehre durch weitgeöffnete Flügeltüren einzieht, anstatt durch widerwillig eingeklemmte Türchen, wie so oft in der Jugend!"[389]

---

[382] Vgl. *Hepp*, a.a.O., S. 66 Fn. 55.
[383] Brief Tucholskys an Hans Erich Blaich vom 23.2.1913, *Tucholsky*, BA, S. 9, 10.
[384] *Raddatz*, Tucholsky – Ein Pseudonym, S. 16.
[385] *Hepp*, a.a.O., S. 53.
[386] *Tucholsky*, GW, Bd. 4, S. 51, 53.
[387] Vgl. auch *Zwerenz*, Biographie, S. 25: „Über die Studienjahre hat sich Tucholsky später nicht ganz so kritisch geäußert wie über seine Schulzeit, höchstens selbstkritisch".
[388] „Ein Kind aus meiner Klasse", *Tucholsky*, GW, Bd. 4, S. 51, 53.
[389] „Ich möchte Student sein", *Tucholsky*, GW, Bd. 7, S. 37, 38.

Über die Gründe, die schließlich zur Abkehr vom ursprünglichen Berufswunsch führten, äußerte sich Tucholsky nicht. Auf den ersten Blick mag nahe liegen, seine beruflichen Bedenken mit seinen schriftstellerischen Erfolgen in Zusammenhang zu bringen. So meint etwa Wambach, vielleicht habe Tucholsky von einer juristischen Laufbahn nichts mehr wissen wollen, „weil er schon ein berühmter Schriftsteller geworden war.“[390]

Im November 1912 – kurz nachdem Tucholsky die Universität verlassen hatte – war in der *Orplid*-Reihe des Axel Juncker Verlages „*Rheinsberg. Ein Bilderbuch für Verliebte*“ erschienen. Binnen weniger Wochen wurden etliche hundert Exemplare verkauft; allein die erste Ausgabe wurde in 11 Auflagen gedruckt. Wenige Wochen später lernte Tucholsky den „*Schaubühne*“-Herausgeber Siegfried Jacobsohn kennen. Obwohl er die Zeitschrift schon länger kannte und schätzte, hatte ihm lange der Mut gefehlt, „auch nur einen Beitrag einzureichen“[391]. Erst zu Beginn seines Examensjahres überwand er sich und sandte Jacobsohn einen Artikel – mit Erfolg: Der Herausgeber lud ihn zu einem Treffen ein und noch im Januar 1913 erschien ein erster Beitrag in der „*Schaubühne*“. Der Einfluss Jacobsohns auf den jungen Schriftsteller dürfte kaum zu überschätzen sein. Er bestätigte den zu Selbstzweifeln neigenden Tucholsky, regte ihn zu Beiträgen an und förderte ihn auch sonst in jeder Hinsicht[392]. Tucholsky schrieb später, Jacobsohn habe ihn seit jener ersten Begegnung „nie mehr losgelassen“[393].

Trotz alledem darf man Tucholskys erste schriftstellerische Erfolge für die Frage der Berufswahl nicht überbewerten. So sehr er die Schriftstellerei als Berufung entdeckt hatte, als Beruf kam sie schon wegen der geringen Verdienstmöglichkeiten vorerst nicht in Frage[394]. Im Februar 1913 schrieb er an Hermann Hesse, er wisse genau, dass „*Rheinsberg*“ eine gemachte Sache sei, „die man wohl so schreibt, wenn man verliebt ist.

---

[390] *Wambach*, Grenzgänger, S. 58.

[391] „Fünfundzwanzig Jahre“, *Tucholsky*, GW, Bd. 8, S. 200, 203.

[392] „Er ermunterte mich zu kleinen Versen, von denen ich ihm eine Probe gezeigt hatte; er ‚kommandierte die Poesie‘; ich durfte mit ihm manchen Artikel, der dann anonym erschienen ist, zusammenschreiben: welch ein Lehrmeister!“, *Tucholsky*, GW, Bd. 8, S. 200, 204.

[393] *Tucholsky*, GW, Bd. 8, S. 200, 204.

[394] Vgl. *Hepp*, Annäherungen, S. 88.

Nein, es wird nicht mein Beruf sein, Bücher zu schreiben"[395]. Zwar hatte Tucholsky von seinem Vater einen beträchtlichen Geldbetrag geerbt. Um aber auf Dauer abgesichert zu sein und später womöglich eine Familie gründen zu können, brauchte er einen „ordentlichen" Brotberuf[396]. Noch 1918 schrieb er in einem Feldpostbrief an seine Freundin Mary Gerold:

> „Wenn nicht alles so ungewiß wäre. Wenn nicht immer das da wäre, daß man sich sagt: es kann gehen, es kann aber auch nicht gehen. (...) Ich weiß, Du würdest mit mir überall hingehen und auch in die einfachsten Verhältnisse. (...) Aber es muß gesichert und vernünftig sein (...). Es ist nicht Eitelkeit. Aber ich weiß zu viel von Ehen (...), um nicht zu empfinden: es muß pekuniär klappen. Es kann ganz einfach zugehen, ordentlich, klein – aber es muß fundiert sein. Im Frieden wäre es eine Kleinigkeit gewesen – heute ist es schwer und unsicher und dunkel – vor allem, weil ich doch niemals Herr über mich selbst bin."[397]

Als er 1934 rückblickend feststellte, er habe „zu den bestbezahlten deutschen Journalisten gehört"[398], bezog sich diese Aussage auf die Zeit ab Mitte der 20er Jahre, wo er umgerechnet ca. 75.000 Euro jährlich verdiente[399]. Während seiner Studienzeit nahmen sich die Honorare eher bescheiden aus. Beim „*Vorwärts*" lag das Honorar zwischen acht und zehn Pfennig pro gedruckter Zeile[400] und auch bei der „*Schaubühne*" war die Vergütung eher knapp bemessen. Im Oktober 1913 schrieb Tucholsky an Hans Erich Blaich: „Jacobsohn zahlt, aber herzlich und wenig"[401]. Auch der Verkaufserfolg von „*Rheinsberg*" war in finanzieller Hinsicht uninteressant: Als „*Schloß Gripsholm*" 1931 in großer Auflage erschien, verdiente

---

395 Brief vom 28.2.1913, zitiert nach: GA, Bd. 1, Komm. Nr. 72, S. 513; vgl. auch den Brief an Hans Erich Blaich vom 23.2.1913: „Man schreibt wohl so etwas mal, wenn man verliebt ist", *Tucholsky*, BA, S. 8, 10.

396 Die von *Kleinschmidt*, Kurt Tucholsky, S. 13, vertretene These, materielle Erwägungen dürften bei der Berufswahl Tucholskys keine Rolle gespielt haben, da ihn das väterliche Erbe wirtschaftlich völlig unabhängig gemacht habe, überzeugt nicht. Tucholsky pflegte schon früh einen vergleichsweise aufwendigen Lebensstil: Er „sparte das Geld nicht, er gab es mit vollen Händen aus", weshalb er auch mit dem Geld nie auskam, *Hepp*, in: Liebe Winternuuna, S. 34, 39 u. 44.

397 *Tucholsky*, UuL, S. 136, 138 f.

398 *Tucholsky*, DT, S. 838, 840.

399 *Raddatz*, Tucholsky – Ein Pseudonym, S. 53: ca. 150.000 DM nach heutigem Geldwert; ausführlich: *Hepp*, in: Liebe Winternuuna, S. 34 ff.

400 *Bemmann*, Lebensbild, S. 71.

401 *Tucholsky*, BA, S. 15, 16.

Tucholsky etwa 15.000 Mark[402]; die Rechte an „*Rheinsberg*" hatte er für 125 Goldmark an seinen Verleger Axel Juncker abgetreten[403]. Selbstironisch stellte er 1921 fest: „Wir wußten uns vor Honoraren gar nicht zu lassen."[404]

> „Ich zeigte damals meinen Vertrag [über die Rechte an „*Rheinsberg*"], den ersten, den ich in meinem Leben gemacht hatte, dem damaligen Vorsitzenden des Schutzverbandes Deutscher Schriftsteller. Der weinte eine halbe Stunde vor Freude und streichelte mir dann leise den Kopf. Ich weiß bis heute nicht, was er damit hat sagen wollen. Und Juncker setzte inzwischen immerzu zu ..."[405]

a) „Die üble Stellung des deutschen Verteidigers vor Gericht"[406]

Weit mehr als der schriftstellerische Erfolg trugen andere Umstände dazu bei, dass Tucholsky seinen ursprünglichen Berufswunsch aufgab. Das anlässlich des Deutschen Juristentages im September 1912 verfasste Gedicht „*Juristentag in Wien*" lässt bereits anklingen, dass sich seine Haltung zur Justiz verändert hatte. An die Stelle einer spöttisch distanzierten Beschreibung der „*Preußische[n] Justiz*" in einem der ersten Gedichte Tucholskys[407] war inzwischen die unverhohlene Ablehnung eines übersteigerten juristischen Selbstverständnisses getreten:

> „Das räuspert sich und speichelt Paragraphen
> in Reden, Gegenreden, Kommentaren ein...
> Man ist gewissermaßen unter sich allein –
> Der Redner spricht. Die andern Herren schlafen.
>
> Das dünkt sich wohlerfahren, strotzt von Würden. –
> Hier wird das Leben wissenschaftlich aufgefasst: –
> doch jeder Kerl, der eine schwere Last
> zu Hafen trägt, weiß mehr als sie von unsern Lebensbürden.

---

402 *Hepp*, a.a.O., S. 34, 47.
403 *Raddatz*, Tucholsky, Eine Bildbiographie, S. 18.
404 „Rheinsberg", *Tucholsky*, GW, Bd. 3, S. 97, 99.
405 *Tucholsky*, GW, Bd. 3, S. 97, 99 f.
406 *Tucholsky*, GW, Bd. 1, S. 158, 160.
407 *Tucholsky*, GA, Bd. 1, Nr. 5, S. 11.

Das glaubt noch an juristische Gewalten.
Und zwängt es sich nicht in Begriffe ein,
dann wird das Leben wohl nicht richtig sein...
Das schwätzt und alles bleibt beim Alten.

Der Schöffe ist ein Strohwisch, eine Puppe...
Was weiß der Landgerichtsdirektor mit der Atemnot
von Streik und Hunger und von Qual und Tod? –
Er urteilt ab, das andre ist ihm schnuppe.

Er geht nach Haus und deckt sich durch verdammte
Hochnäsigkeit und Akten und Papier
und Tinte... Wozu sind die Professoren hier? –
Juristen? – Wissenschaftler? –
Richtbeamte! – "[408]

Von einer gewandelten Wahrnehmung „Justitias" zeugt auch das Gedicht „*Streikjustiz*", das einige Monate zuvor in der „*Dresdner Volkszeitung*" erschienen war. In Versform hatte Tucholsky scharfe Kritik an der gerichtlichen Aufarbeitung des Ruhrbergarbeiterstreiks geübt. Über 200.000 Bergarbeiter hatten im März 1912 u.a. für bessere Löhne und die Einführung der Acht-Stunden-Schicht gekämpft. Der Streik war politisch umstritten und wurde von der christlichen Gewerkschaft nicht mitgetragen. Gegen die Streikenden wurden Polizei und Militär eingesetzt[409]. Nachdem der Arbeitskampf am 19. März 1912 ergebnislos abgebrochen worden war, kam es zu einer Flut von Strafverfahren gegen die Streikenden[410]. Dabei handelte es sich zumeist um Verfahren wegen Verstoßes gegen § 153 der Reichsgewerbeordnung, der den Koalitionszwang unter Strafe stellte. Den Beschuldigten wurde u.a. zur Last gelegt, durch Beleidigung oder Drohung Druck auf Streikbrecher ausgeübt zu haben. Trotz vieler Freisprüche und Einstellungen gab es mehrere hundert Verurteilungen. Einige der Urteile „strotzten (...) vor Gehässigkeit und Voreingenommenheit gegen den Streik und Streikende mit einem stereotypen Lobpreis der ‚Arbeitswilligen', deren Schutz das höchste Gut sei."[411]

[408] *Tucholsky*, GA, Bd. 1, Nr. 66, S. 87 f.
[409] Zwar waren Streikmaßnahmen an sich nicht verboten, bei öffentlichen Aktionen sah die Polizei jedoch schnell die öffentliche Ordnung gefährdet.
[410] Eingehend: *Kittner*, Arbeitskampf, S. 359 f.
[411] *Kittner*, a.a.O., S. 360.

„(...) Sie richtet so! O ja – man siehts!
die schwarzen, hohen Stöckelschuhe
zertrampeln alles – schaffen Ruhe.
So tänzelt Fräulein Streikjustiz.

Es raschelt des Talars Frou-Frou ...
– ‚Du trugst doch früher eine Binde?'
– ‚Die hab ich noch! Dem, den ich finde,
schnür ich damit die Kehle zu!' –"[412]

Auch Tucholskys Bild von der Tätigkeit des Strafverteidigers hatte sich in der Zwischenzeit tief greifend verändert. Im Juli 1907 hatte in Karlsruhe ein viel beachteter Schwurgerichtsprozess wegen der Tötung einer älteren Dame stattgefunden. Die Staatsanwaltschaft hatte Mordanklage gegen den Schwiegersohn der Getöteten, den 26-jährigen Karl Hau erhoben[413]. Sechs Jahre zuvor war Hau gemeinsam mit seiner Frau nach Washington gezogen. Dort hatte er Rechtswissenschaft studiert und die Zulassung zur Rechtsanwaltschaft erworben. 1906 hatte sich das Ehepaar einige Monate lang in Europa aufgehalten. Im Zuge dieses Aufenthalts sollte Hau am 6. November 1906 in Baden-Baden seine Schwiegermutter erschossen haben, um – über seine Frau – an das Erbe zu gelangen. Da Hau die Tat bestritt und umfangreich von seinem Aussageverweigerungsrecht Gebrauch machte, wurde der Prozess allein auf Grundlage von Indizien geführt. Am 23. Juli 1906 verurteilte ihn das Schwurgericht wegen Mordes zum Tode. Später wurde das Todesurteil in lebenslange Haft umgewandelt.

Schon vor Prozessbeginn hatte die Presse eingehend über den Fall berichtet. Entsprechend groß war das öffentliche Interesse. Besonders eingehend befasste sich der Berliner Rechtsanwalt Fritz Friedmann mit dem Verfahren. Im Anschluss an den Prozess verfasste er eine kritische

---

[412] *Tucholsky*, GW, Bd. 1, S. 46; vgl. auch: „Mehr Fotografien!", GW, Bd. 1, S. 47: „Wir brauchen viel mehr Fotografien. (...) Wie wäre es mit einer Aufnahme von Sistierungen in Berlin? – Oder: Streikposten und Polizei. (...) Systematisch muß gezeigt werden: so wird geprügelt, und so wird erzogen, so werdet ihr behandelt, und so werdet ihr bestraft".

[413] Eingehend zum „Fall Hau": *Haehling von Lanzenauer*, ZfGO 2005, 545 ff.; vgl. auch *Friedmann*, Hau ist kein verstockter Mörder!, Kritische Studie, Berlin 1907 sowie Haus autobiographische Schilderung „Das Todesurteil, Die Geschichte meines Prozesses", Berlin 1925.

Studie unter dem Titel „*Hau ist kein verstockter Mörder!*". Darin beklagte er nicht nur die einseitige Prozessberichterstattung. Vor allem wandte er sich gegen „schreiende Mißstände, die ein gerechtes Strafverfahren in Deutschland hindern"[414]. So habe man Hau u.a. den Vorwurf gemacht, durch sein Schweigen die Ermittlungen zu erschweren und ihm zu verstehen gegeben, dass die Verweigerung der Aussage ein schlechtes Licht auf ihn werfe. Durch Unterstellungen und ungeschickte Fragen habe der Vorsitzende Richter zudem die Geschworenen in fragwürdiger Weise beeinflusst.

In seiner Studie setzte sich Friedmann auch mit grundsätzlichen Fragen des Strafprozesses auseinander. Dabei beklagte er u.a. das ungleiche „Duell zwischen dem Anwalt und seinen berufsmäßigen Gegnern (...), Richter und Staatsanwalt"[415]:

> „In der denkbarst unerquicklichen Weise tritt (...) aus wiederholten Erklärungen des Präsidenten die Unmöglichkeit hervor, dem Staatsanwalt Zwang in seinen Ausdrücken aufzuerlegen. Dieser unterfällt im deutschen Strafprozeß nicht der Sitzungspolizei des Vorsitzenden. Ist der Anwalt andererseits nicht geschickt und energisch genug, (...) so hilft ihm niemand. Wird in Frankreich ein Verteidiger (...) achtungslos behandelt oder beleidigt, so ist sicher, zwei Minuten später, der herbeigeholte ‚*bâtonnier*' (...), identisch mit dem Vorsitzenden der Anwaltskammer im deutschen Recht, im Sitzungssaal (...) und verficht die Sache seines Kollegen und damit die des ganzen Standes. (...) Ich sage: dem deutschen Verteidiger hilft niemand. Das Publikum hätte und hat kein Recht dazu. Will es demonstrieren, so wird es aus dem Saal gewiesen. Dagegen läßt sich aus Ordnungsgründen nichts einwenden. Das Schlimme liegt nur darin, daß nicht einmal die öffentliche Meinung für den Verteidiger eintritt. Da er der Schwächere ist, wird er zwar – bedauert –, das ist ja billig, aber man verbrennt sich nicht gern den Mund zu seinen Gunsten. Man legt sich eben nicht gern mit dem Staatsanwalt auf! Lesen Sie nur einmal daraufhin Zeitungen durch! Nicht aus Zufall heißt es da immer: der Herr Präsident, – Der Herr Staatsanwalt, und kurzweg: der Verteidiger. Alter Lakaienstil! Alte Lakaiengesinnung!"[416]

Tucholsky hatte sich schon als Schüler mit dem „Fall Hau" beschäftigt. Gegen Ende seines fünften Semesters fragte er in einem Gedicht für den

---

[414] *Friedmann*, a.a.O., S. 4.
[415] *Friedmann*, a.a.O., S. 16.
[416] *Friedmann*, a.a.O., S. 17 f.

„*Vorwärts*“: „wer weiß noch heut etwas von Hau?“[417]. Ob er dazu durch Friedmanns Studie angeregt wurde, ist nicht sicher; jedenfalls besaß er seit 1908 ein Exemplar. In der Rezension des Sammelbandes „*Prozesse*“ von Maximilian Harden, die Anfang 1914 in der Zeitschrift „*März*“ erschien, machte er sich Friedmanns Kritik an der oberflächlichen Prozessberichterstattung zu eigen. Der Sammelband enthielt Beiträge über Gerichtsskandale, die in der Zeitschrift „*Die Zukunft*“ erschienen waren. Tucholsky hielt das Buch für „unanständig, weil es ohne Scham aus einer bitterernsten Sache, wie es eine Gerichtsverhandlung ist, nur das Theatralische, herausholt“[418]. Hardens Ausführungen zum Fall Hau bezeichnete er als „Tenorkriminalistik“[419]:

> „Bei Hau war ihm [Maximilian Harden] die Hauptsache das eingemachte Herz der Erschossenen[420]: ‚In dem gefurchten, ausgespülten Beutelchen regt sich nichts mehr.' Jede Gelassenheit ist ihm fremd. Er rast in Abstrakten. Er wühlt sich und andere in Phrasen ein. (...) All das Feuilletonistische (in österreichischem Sinn), das Fettgedruckte, das Schlagwortmäßige der öffentlichen Betrachtungsweise alles Kriminalistischen in Deutschland, – hier ist sein trüber Quell.“[421]

In einer Fußnote empfahl Tucholsky Friedmanns „treffende Folgerungen“ aus dem Hau-Prozess zur Lektüre[422] – ein Hinweis, der zugleich Rückschlüsse zulässt, warum er sein Berufsziel „Strafverteidiger“ wieder

---

[417] „Vergeßlichkeit“, *Tucholsky*, GA, Bd. 1, Nr. 21, S. 33. Nach seiner Haftentlassung Mitte der 20er Jahre verfasste Hau ein Buch über seine Hafterlebnisse. Tucholsky schrieb wenig später in der „Weltbühne”: „Aber inzwischen wollen wir doch nicht vergessen, daß nicht erst Hau zu kommen brauchte, um uns wissen zu lassen, welche Gattung ausgedienter Offiziere, strammer Reaktionäre, größenwahnsinniger kleiner Amtsstubenbeherrscher in den Gefängnissen, Fürsorgeanstalten, Zuchthäusern, Arbeitshäusern maßgebend sind.“, „Abrechnung“, *Tucholsky*, DT, S. 508, 509.

[418] „Hardens Prozesse“, *Tucholsky*, GW, Bd. 1, S. 158.

[419] *Tucholsky*, GW, Bd. 1, S. 158, 159: „Dieses Urteil hier hat nichts mit literarischen Wertungen zu tun: mag er gut schreiben, mag er schlecht schreiben, ein anständiger Kerl soll er sein. Und wir sagen das aus Sehnsucht nach Reinlichkeit und zum Schutz privater Verhältnisse vor Gericht“.

[420] Während des Prozesses stand auf dem Richtertisch ein Glas mit dem Herzen des Opfers.

[421] *Tucholsky*, GW, Bd. 1, S. 158, 159 f., hier stark gekürzt.

[422] *Tucholsky*, GW, Bd. 1, S. 158, 160.

aufgab. Die Besuche im Moabiter Kriminalgericht hatten offenbar dazu geführt, dass sich sein Bild von der Stellung und Tätigkeit des Verteidigers grundlegend gewandelt hatte: In der erwähnten Anmerkung wies er zustimmend auf die zitierten Ausführungen Friedmanns über „die üble Stellung des deutschen Verteidigers vor Gericht“ hin. Auch in der Rezension „*Das Barreau*“[423], die im Oktober 1913 in der „*Schaubühne*“ erschienen war, findet sich ein Seitenhieb auf den Berufsstand der Strafverteidiger. Tucholsky lobte die unter dem Titel „*Recht und Gericht*“ erschienenen Reproduktionen von Zeichnungen des französischen Malers Daumier. Am besten gefielen ihm

> „die rhetorischen Gebärden der forensischen Redner, die bei einem romanischen Volk noch kurioser anmuten mögen als bei uns, wo schon das Gesprudel eines berliner Rechtsanwalts in ernsten Strafsachen häufig genug außer der Langenweile auch ein kleines Lächeln am Richtertisch bewirkt. Daumier hat den sinnlosen Selbstzweck erkannt, zu dem eine nützliche Institution wie die Verteidigung vor Gericht geworden ist.“[424]

Die Enttäuschung war nachhaltig und wurde durch spätere Erlebnisse noch verstärkt. Als Tucholsky die französische Strafjustiz aus eigener Anschauung näher kennen lernte, bestätigte er Friedmanns Ausführungen erneut:

> „Die Stellung des französischen Verteidigers und die des deutschen ... welch ein Unterschied! Dort ein geduckter Mann, der immer in leisem Verdacht der Mittäterschaft steht, von den strammen Vorsitzenden auch so behandelt wird und es sich gefallen läßt. Wie ja überhaupt das deutsche ‚Standesbewußtsein' nie da funktioniert, wo es gefährlich wäre – etwa dem Brotgeber, dem vermeintlichen ‚Vorgesetzten' gegenüber, sondern mehr auf Kongressen, in Reden und auf Wohltätigkeitsbällen. Dort also als Anwalt ein Mann Nummer sechs, hier eine Redefreiheit, die jedem deutschen Richter undenkbar vorkäme.“[425]

---

[423] *Tucholsky*, GW, Bd. 1, S. 123 f.
[424] *Tucholsky*, GW, Bd. 1, S. 123.
[425] „Wahnsinn Europa“, *Tucholsky*, GW, Bd. 6, S. 343, 345. Zu Tucholskys Anwaltsbild vgl. auch „Auf dem Nachttisch“, GW, Bd. 7, S. 95, 97: „Aber warum sind Mut, Charakterstärke, Angriffsgeist und Einsicht in das Wesen der Justiz unter unsern Anwälten fast gar nicht zu finden? Weil sie sich als ‚Organe der Rechtsprechung' betrachten und gnade Gott, wenn ein Deutscher einem Beamten nacheifern will! Der deutsche Anwalt unterliegt einer ‚Ehrengerichtsbarkeit', die, würde sie von stockreaktionären Richtern ausgeübt, nicht schlimmer sein könnte, als sie ist.

Möglicherweise gab der „Fall Hau" auch den Anstoß dazu, dass sich Tucholsky eingehender mit Justizirrtümern befasste; jedenfalls lieh er sich etwa zur gleichen Zeit in der Königlichen Bibliothek das Buch „*Justizirrtum und Wiederaufnahme*" von Max Alsberg aus[426]. Alsberg sollte knapp zwei Jahrzehnte später die Verteidigung im berühmten „*Weltbühnenprozess*" übernehmen, in dem Carl v. Ossietzky und Walter Kreiser wegen Landesverrats und Verrats militärischer Geheimnisse angeklagt waren[427]. Noch 1935 meinte Tucholsky, es gebe, soweit ihm bekannt sei, „ein einziges Buch über Justizirrtümer, das juristischen Wert hat." Auf den Universitäten werde fast niemals davon gesprochen[428]:

> „Die Spezialisten von heute werden zum Hochmut erzogen, niemals zur Bescheidenheit. (Höchstens zur Bescheidenheit vor ihren Obersten.) Statt daß sie den jungen Juristen nicht nur abstrakt etwas über die Psychologie der Zeugenaussage erzählen, sollten sie ihnen lieber von einer höhern Warte aus einprägen: Was ist der Mensch – auch der mit einem Talar! Die Gottsähnlichkeit dieser Kerle ist so widerwärtig – und über die Psychologie der Richter, der Richtenden, gibt es kein Werk, das auf Universitäten besprochen wird. Sie wollen es gar nicht"[429]

b) „Die jämmerliche Kleinheit dieser Pseudowissenschaft"[430] – Auseinandersetzung mit den Schriften des Freirechtlers Ernst Fuchs

Einen weiteren Anhaltspunkt dafür, warum Tucholsky seinen ursprünglichen Berufswunsch aufgab, liefert die im Sommer 1913 erschienene

---

So etwas von Verlogenheit, von falschem Amtscharakter, von gänzlich verkannter Standesehre war noch nicht da. Nehmt euch ein Beispiel an diesem Österreicher [dem Autor einer rezensierten Schrift] hier! eure heute klägliche Stellung vor den Gerichten wäre eine andre, eine ganz andre".

426 *Alsberg*, Justizirrtum und Wiederaufnahme, Berlin 1913; vgl. GA, Bd. 21, Komm. B 56 Q, S. 636. Einer der Beiträge stammte von Rechtsanwalt Dr. Johannes Werthauer, den Tucholsky im Kriminalgericht als Strafverteidiger erlebt hatte und den er später selbst als Verteidiger engagierte.

427 In der „Weltbühne" war ein Beitrag erschienen, der Angaben über illegale Rüstungsaktivitäten der Reichswehr enthielt. Der Prozess, der mit einer Verurteilung endete, erregte im In- und Ausland großes Aufsehen.

428 Q-Tagebuch, *Tucholsky*, BA, S. 481, 482.

429 *Tucholsky*, BA, S. 481, 482 f.

430 *Tucholsky*, GW, Bd. 1, S. 102, 104.

Rezension des Buches „*Das Recht in Goethes Faust. Juristische Streifzüge durch das Land der Dichtung.*“ Sie belegt, dass Tucholsky sich spätestens seit seiner Examenszeit mit den rechts- und justizkritischen Schriften des Freirechtlers Ernst Fuchs befasste. Nicht nur die Widmung der Rezension „Dem Freirechtler Emil[sic] Fuchs“[431] deutet darauf hin, dass er sich bei seinen Ausführungen auf die Schriften des Karlsruher Juristen bezog. Auch der polemische Stil und die Betonung des „gesunden Menschenverstands“ als zentraler Rechtsquelle sind Kennzeichen seines juristischen Denkens.

Der Verfasser des von Tucholsky rezensierten Buches, ein Oberlandesgerichtsrat namens Müller, hatte sich mit den rechtlichen Aspekten des „Faust“ beschäftigt und u.a. den Teufelspakt und die Tötung Valentins untersucht. Unter seinem Pseudonym Ignaz Wrobel spottete Tucholsky über die juristischen Spitzfindigkeiten Müllers und meinte, es handele sich um die „mißlungene Arbeit eines trockenen Schleichers“[432]. Müller habe einen „Einbruch – siehe: Strafgesetzbuch § 243 – in ein Gebiet riskiert (...), von dem er nichts begriff“[433]. Hier offenbare

> „sich die kurzstirnige und begrenzte Arbeitsweise dieses schwerfälligen Apparats, der zwischen Tritt und Schritt mit staubigen Wälzern operiert, um zu beweisen, daß er überhaupt geht, hier ist in Reinkultur der Typus einer Sorte, die, belastet durch einen Wust von Einzelheiten und historischem Wissen, nichts als gegeben hinnimmt, nicht heilt, wenn man sie zu Hilfe ruft, nie aktiv ist, sondern – in der Nase bohrend – geruhig meditiert, einhertrottelt. Jurisprudenz.“[434]

Tucholskys Rezension löste ihrerseits Kritik aus. Einen Monat später schrieb der promovierte Rechtsanwalt und Schriftsteller Max Epstein in

---

[431] *Tucholsky*, GW, Bd. 1, S. 102.

[432] *Tucholsky*, GW, Bd. 1, S. 102, 103. Tucholskys Kritik erinnert stellenweise an die Ausführungen v. Jherings über das Verhältnis der dichterischen Phantasie zur „juristisch-theoretischen Gehirnsubstanz“. In „*Scherz und Ernst in der Jurisprudenz*“ hatte v. Jhering geschrieben, es sei schlimm, wenn bei einem dichterisch veranlagten Juristen, der Jurist „die Oberhand behält“. Dann komme „der ganze Überschuß der dichterischen Phantasie (...) auf dem Gebiet der juristischen Literatur zum Vorschein. (...) Unvermögend sich zur reinen dichterischen Gestaltung zu erheben, benutzt sie die Jurisprudenz dazu, sich Erleichterung zu verschaffen.“, a.a.O., S. 275 f.

[433] *Tucholsky*, GW, Bd. 1, S. 102, 104.

[434] *Tucholsky*, GW, Bd. 1, S. 102, 103.

der „*Schaubühne*", Wrobel möge sich doch bei Heine über den Zusammenhang zwischen Literatur und Recht informieren. Juristische Untersuchungen ergäben „nicht selten (...) sehr viel zum Verständnis literarischer Werke"; umgekehrt finde sich in einer großen Zahl poetischer Schöpfungen aller Zeiten rechtshistorisches Material: „Wer diese Beziehungen nicht kennt, der sollte sie studieren"[435]. Um die Verbindungen zwischen Literatur und Recht war es Tucholsky allerdings nur am Rande gegangen. Liest man die Rezension genauer, wird deutlich, dass ihm das Buch vor allem als willkommener Aufhänger für einen Generalangriff auf die als zunehmend lebensfremd empfundene Jurisprudenz diente:

> „Hier liegt die Kinderei offensichtlich: alle lachen, wenn einer untersucht, ob der Amtsvorsteher Wehrhahn der Wulffen gegenüber nach Maßgabe des § 839 BGB schadensersatzpflichtig ist oder nicht. Wie aber, wenn ihr, Schauspieler, Direktoren, Konkursverwalter – kurz, was so am Theater beschäftigt ist –, hinlauft, weil ihr nicht ein noch aus wißt in wirtschaftlichen Nöten, und eine Perücke wackelt euch einen Bescheid zu, an dem ihr jahrelang zu knabbern habt, sie aber wendet sich wieder – zu wem? Genau zu denselben Dummheiten, über die wir eben gelächelt haben – aber sie heißen anders."[436]

Was der Laie mit Hilfe seines gesunden Menschenverstandes, der erfahrene Kaufmann mit den Lehren der Praxis schnell und sauber entscheide, das werde hier aus Enzyklopädien mühsam herausgegraben: „und siehe: es ist ein Schmarrn."[437] Das „Wesen des Dienstvertrages" etwa sei keine wissenschaftliche Vorstellung:

> „entweder sie gleicht dem, was der Laie darunter versteht, dann ist sie überflüssig, oder sie weicht ab, dann ist sie falsch. Diebstahl ist das, was wir darunter verstehen. Juristerei ist keine Wissenschaft. Sie ist bestenfalls ein Handwerk. Aber Richten und Entscheiden ist oft mehr: das ist eine Kunst. Die ganze Unzulänglichkeit, die jämmerliche Kleinheit dieser Pseudowissenschaft könnte nicht klarer zum Ausdruck kommen, wenn sie sich nicht schon im Leben täglich blamierte."[438]

---

[435] *Epstein*, „Die Schaubühne" vom 11.9.1913, 863, 864; vgl. GA, Bd. 1, Komm. Nr. 143, S. 569.
[436] *Tucholsky*, GW, Bd. 1, S. 102, 104.
[437] *Tucholsky*, GW, Bd. 1, S. 102, 104.
[438] *Tucholsky*, GW, Bd. 1, S. 102, 104.

Insbesondere der letzte Abschnitt der Rezension lässt eine bemerkenswerte Nähe zu den Gedanken und zum Schreibstil Ernst Fuchs' erkennen. In „*Schreibjustiz und Richterkönigtum*" (1907) hatte Fuchs beklagt, immer häufiger trete eine Kluft zwischen der Rechtsprechung und dem gesunden Rechtsgefühl, zwischen Juristenrecht und Volksrecht zu Tage[439]. Das Volk habe seinen natürlichen Verstand in Sprichwörtern wie etwa „Probieren geht über Studieren" oder „Übung macht den Meister" niedergelegt. Sobald die Juristen aber anfingen gelehrt zu werden, vergäßen sie das alles: „Je gelehrter, desto verkehrter."[440] In seinem 1912 erschienenen Werk „*Die Gemeinschädlichkeit der konstruktiven Jurisprudenz*", von Tucholsky als „das Stärkste" [seiner Bücher] bezeichnet[441], hatte Fuchs gefragt, ob „denn der Laie, der draußen im Leben ein Geschäft vornimmt, eine Ahnung von all den Spitzfindigkeiten und Haarspaltereien unserer ‚Wissenschaft'" habe. Die vielen Millionen Rechtsfindungen, die nicht zum Richter führten, wickelten sich glatt ab,

> „nicht weil dort die Laien in Gesetzbüchern und Kommentaren lesen, sondern weil sie die richtige Entscheidung ihrer Sachkunde und ihrem viel verschrieenen gesunden Menschenverstand entnehmen. Wenn sie die philologischen Kontroversen kennten oder gar pandektologisch verwirrt wären, kämen sie aus dem Prozessieren gar nicht heraus."[442]

1859 geboren, hatte Fuchs nach Studium und Referendariat den Anwaltsberuf ergriffen. Seit 1894 war er beim Oberlandesgericht Karlruhe zugelassen[443]. Gemeinsam mit Eugen Ehrlich (1862-1922) und Hermann Ulrich Kantorowicz (1877-1940)[444] zählte er zu den Hauptvertretern des so genannten „Freirechts"[445]. Dabei handelte es sich weniger um eine

---

[439] *Fuchs*, Schreibjustiz und Richterkönigtum, S. 6.
[440] *Fuchs*, a.a.O., S. 47.
[441] „Juristen", *Tucholsky*, GA, Bd. 2, Nr. 12, S. 29, 31 a.E.
[442] *Fuchs*, Gemeinschädlichkeit, S. 11.
[443] Zur Biographie vgl. *Fuchs*, Gerechtigkeitswissenschaft, S. 225 ff.; siehe auch: *Kleinheyer/Schröder* (Hg.), Deutsche und Europäische Juristen, S. 138 ff.
[444] Tucholsky befasste sich auch mit Kantorowicz und äußerte sich zu dessen politischem Engagement, vgl. *Tucholsky*, GW, Bd. 3, S. 60, 62; 79, 82; DT, S. 167 f.; GW Bd. 8, S. 46 f. Eine Auseinandersetzung mit Kantorowiczs freirechtlicher Position ist hingegen nicht feststellbar.
[445] Zum Ganzen: *Lombardi Vallauri*, Geschichte des Freirechts; *Riebschläger*, Die Freirechtsbewegung.

geschlossene Rechtsschule als um eine vielschichtige Bewegung[446], die etwa mit Inkrafttreten des BGB ihren Ausgang nahm und Anfang der 30er Jahre endete[447]. Schon bald nach Schaffung des neuen Rechts hatte sich die Lückenhaftigkeit der Kodifikation gezeigt[448]. Nach Auffassung der Freirechtler sollten diese Lücken nicht deduktiv, d.h. mit den herkömmlichen Mitteln des Umkehrschlusses und der Analogie geschlossen werden. An die Stelle der juristischen Konstruktion müsse vielmehr die schöpferische „freie Rechtsfindung" durch den Richter treten. In zahlreichen Programm- und Kampfschriften forderten die Anhänger der Freirechtsbewegung eine radikale Reform der bestehenden Rechtspraxis[449]. Dabei weist die teilweise auftauchende Selbstkennzeichnung als „juristischer Modernismus" (so u.a. Fuchs) eine bemerkenswerte Ähnlichkeit mit parallelen Strömungen der katholischen Theologie auf[450].

Anders als Kantorowicz kam Fuchs erst in seiner zweiten Lebenshälfte zum Freirecht. Als seine erste größere Schrift „*Schreibjustiz und Richterkönigtum*" (1907) erschien, war er bereits 48 Jahre alt. Während Kantorowicz als brillantester Kopf der Bewegung gilt, ging Fuchs als sprachgewaltigster Freirechtler in die Rechtsgeschichte ein[451]. Radbruch bezeichnete ihn in einem Nachruf als radikal „in des Wortes Ursinn", als „Kritiker ex radice"[452]. Die Grundpositionen seines freirechtlichen Denkens durchziehen das gesamte Werk. Fuchs selbst beantwortete die Frage, wo er sein juristisches Denken zusammenfassend dargestellt habe, mit dem Wort: „passim"[453]. Im Vorwort der „Gesammelten Schriften über Freirecht und Rechtsreform" hat Albert S. Foulkes die Positionen seines Vater zusammengefasst[454]. Fuchs sei es darum gegangen, „die Rechtswissenschaft aus den Büchern in das Leben zu verpflanzen, [und] sie von einer bloßen Normen- und Wortwissenschaft in eine ‚naturwissenschaftliche' Beo-

[446] *Lombardi Vallauri*, a.a.O., S. 37 ff.
[447] *Lombardi Vallauri*, a.a.O., S. 28 f.
[448] *Riebschläger*, a.a.O., S. 32 f.
[449] Einen Überblick über die programmatischen Schriften und die literarische Auseinandersetzung gibt *Riebschläger*, a.a.O., S. 33 ff., 46 ff.
[450] *Lombardi Vallauri*, a.a.O., S. 34.
[451] *Kaufmann*, in: Ernst Fuchs, Gerechtigkeitswissenschaft, Einleitung, S. 1; vgl. auch *Riebschläger*, a.a.O., S. 39 ff., 52 ff.
[452] *Radbruch*, Die Justiz, Bd. IV, 403.
[453] *Foulkes*, in: Ernst Fuchs, Gesammelte Schriften, Bd. 1, Vorwort, S. 11.
[454] *Foulkes*, a.a.O.

Ernst Fuchs

bachtungswissenschaft zu verwandeln". An die Stelle der Begriffs- und Konstruktionsjurisprudenz sollte die freie bzw. „soziologische" Rechtsfindung treten. Die Methode derjenigen Juristen, „die im geheimen den Wein der soziologischen Interessenwägung trinken, öffentlich aber das Wasser der philologischen Konstruktion predigen"[455], bezeichnete Fuchs als „krypto-soziologisch". Ein besonderes Anliegen war ihm die Wahrheitsfindung im Prozess, die zur Wissenschaft aufgewertet werden müsse. Außerdem setzte er sich mit Nachdruck für eine Reform der Juristenausbildung im Sinne einer größeren Praxisorientierung ein[456].

Wie intensiv Tucholsky sich in seinem Examensjahr mit den Schriften von Ernst Fuchs befasste, belegt ein weiterer Artikel vom Januar 1914. Er enthält Gedanken, die sich nahezu wortgleich bei Fuchs finden. Der Karlsruher Rechtsanwalt hatte sich in seinem Buch „*Schreibjustiz und Richterkönigtum*" für eine Verfahrensbeschleunigung vor den Zivilgerichten und für die Errichtung von Zivilschöffengerichten ausgesprochen. Die Schaffung von Sondergerichten, wie etwa Gewerbe- und Kaufmannsschiedsgerichte, beruhe auf dem richtigen Gedanken der Verbindung der juristischen Eigenschaften mit der Sachkunde des Lebens[457]. Tucholsky beklagte in seinem Artikel „*Juristen*" den „Wust einer falschen Gelehrsamkeit", der die Gerichte „mit Papier und zwanzig Terminen in einer Sache" verstopfe, die ein vernünftiger Kopf in drei Stunden entscheide[458]:

> „Was soll mir alles Geschrei über den Übergang des Eigentums bei den Römern, wenn ich mein Gehalt, das mir der Chef verweigert, nicht in einer Woche einklagen kann? Bei den Kaufmannsgerichten kann ich es, weil da keine gelehrten Richter entscheiden, sondern wiederum Chefs, die ein Gehalt nicht unter einen Begriff rubrizieren, sondern der Meinung sind, daß es ins Portemonnaie gehört. Der gelehrte Richter sieht mich nicht (...): seine grauen Augen schweifen träumerisch ins Weite, er sieht unermeßliche Scharen von Streitfragen über den Dienstvertrag heranmarschieren (...)."[459]

---

[455] *Fuchs*, Gerechtigkeitswissenschaft, S. 77.
[456] Vgl. nur *Fuchs*, Schreibjustiz und Richterkönigtum, S. 28 ff.
[457] *Fuchs*, Schreibjustiz und Richterkönigtum, S. 97 f.
[458] *Tucholsky*, GA, Bd. 2, Nr. 12, S. 29, 30.
[459] *Tucholsky*, GA, Bd. 2, Nr. 12, S. 29, 30 f.

Dass hier keine Wissenschaft, „sondern ein Hantieren mit willkürlich erfundenen Begriffen" vorliege, habe der Freirechtler Ernst Fuchs in seinen Büchern bewiesen:

> „Hier steht, mit treffenden Beispielen wuchtig belegt, klar und schlagend: *die Juristerei ist keine Wissenschaft.* Mag so ein Urteil rein konstruktiv zustande gekommen sein, mögen die ängstlichen Richter erst das wirtschaftlich richtige Resultat und dann (wozu?) eine konstruktive Begründung gesucht haben, – Fuchs nennt das ‚kryptosoziologisch' – stets ersauft die arme Partei im Meer der Paragraphen und ward nie mehr gesehen. Parodie, Widerlegung, Beweis, Angriff und Abwehr finden sich in diesen Büchern, und alle mit gleichem Glück und alle mit gleicher Treffsicherheit."[460]

Wie Tucholsky dazu kam, sich mit den Schriften des Karlsruher Freirechtlers auseinanderzusetzen, ist nicht bekannt. Möglicherweise stieß er zufällig auf einen Aufsatz, vielleicht machte ihn auch ein anderer Jurist auf Fuchs aufmerksam. Denkbar wäre auch eine andere Variante: Im Rahmen seiner Examenshausarbeit befasste Tucholsky sich mit Literatur zum Sachenrecht[461]. Eines der Werke zum Grundbuchrecht, das Tucholsky auch in seiner Dissertation zitierte, stammte von Eugen Fuchs[462]. Tucholsky könnte also bei der Literaturrecherche im Zettelkatalog der Bibliothek auf die freirechtlichen Veröffentlichungen des Namensvetters aufmerksam geworden sein.

Die Schriften des Freirechtlers wirkten auf den zweifelnden Tucholsky wie ein Katalysator. Zum einen fühlte er sich in seinem zunehmenden Unbehagen gegenüber der Jurisprudenz bestätigt. Zum anderen lieferten Fuchs Schriften schlagkräftige Argumente, mit denen er die Abkehr vom Berufsziel „Jurist" vor sich selbst, womöglich aber auch vor der Familie rechtfertigen konnte[463]. Tucholsky war von Fuchs so begeistert, dass er ihn für das mit Szafranski geplante Projekt „*Orion. Ein Jahreskreis in Brie-*

---

[460] *Tucholsky*, GA, Bd. 2, Nr. 12, S. 29, 32.

[461] Im Rahmen seines Promotionsverfahrens gab er später an, auf das sachenrechtliche Thema seiner Dissertation bei der Abfassung seiner Referendarsarbeit gestoßen zu sein.

[462] *Fuchs, Eugen*, Grundbuchrecht, Bd. 1, Materielles Grundbuchrecht, Berlin 1902. Das Literaturverzeichnis der Dissertation Tucholskys ist abgedruckt in: *Tucholsky*, GA, Bd. 2, Nr. 94, S. 208, 209 ff.

[463] Vgl. *Tucholsky*, GA, Bd. 2, Nr. 12, S. 29, 32: „Hier steht, mit treffenden Beispielen wuchtig belegt, klar und schlagend: *die Juristerei ist keine Wissenschaft*".

fen", als Autor gewinnen wollte[464]. Die maximal 260 Abonnenten des „*Orion*" sollten monatlich drei faksimilierte Briefe bzw. Grafiken bekannter Zeitgenossen zugesandt bekommen. Die Autoren sollten „in den Briefen ebenjene Dinge aussprechen, die sich für eine breite Öffentlichkeit nicht eignen", und u.a. „Kulturerscheinungen und wirtschaftliche Verhältnisse weit offener besprechen, als dies anderswo möglich ist."[465] Zwar scheiterte das Projekt noch vor seiner Realisierung, Fuchs schrieb jedoch später – wohl auf Anregung Tucholskys – einen Beitrag über die Freirechtsbewegung für die „*Weltbühne*"[466]. Als Tucholsky die Weimarer Justizreformer, unter ihnen auch Gustav Radbruch, 1927 scharf kritisierte, legte er Wert darauf, dass Fuchs nicht mitgemeint sei: „Der einzige Ernst Fuchs aus Karlsruhe immer ausgenommen. Ehre seinem Andenken!"[467] Nachdem Fuchs im Frühjahr 1929 verstorben war, griff Tucholsky im „*Weltbühne*"-Beitrag „*Der verengte Gesichtskreis*"[468] noch einmal einige Gedanken des Freirechtlers auf und äußerte scharfe Kritik an der „sinnlos-scholastischen Art" einer Prozessführung „gegen den gesunden Menschenverstand". Gängel und Schaumburg haben vor diesem Hintergrund zu Recht festgestellt, dass Fuchs neben v. Liszt „zu jenen Juristen gezählt werden [muss], die Tucholsky zeitlebens am nachhaltigsten in seinem Rechtsdenken beeinflusst haben"[469].

Fuchs' Beschreibungen der Justiz sprachen Tucholsky nicht zuletzt deshalb an, weil sie sich mit eigenen Erfahrungen deckten. Darauf deutet ein Text hin, der vermutlich schon 1913 entstand und im Januar 1914 im „*Kunstwart*" erschien. Unter der Überschrift „*Rechtliche Bedenken*" schildert Tucholsky einen arbeitsrechtlichen Streitfall, in dem er „selbst tätig war"[470]:

---

[464] Vgl. *Tucholsky*, BA, S. 13, 15, Brief an Hans Erich Blaich vom 26.9.1913.

[465] „Orion/Ein Jahreskreis in Briefen", an Hans Erich Blaich, *Tucholsky*, BA, S. 17, 18.

[466] *Fuchs*, „Die Weltbühne" vom 24.5.1927, I, 825 ff. Vgl. GA, Bd. 2, Komm. Nr. 9, S. 637, 638.

[467] „Deutsche Richter", *Tucholsky*, GW, Bd. 5, S. 201, 202.

[468] *Tucholsky*, GW, Bd. 7, S. 147 f.

[469] Neue Justiz 1990, 19, 20.

[470] *Tucholsky*, GA, Bd. 2, Nr. 9, S. 23, 24. Um was für eine Tätigkeit es sich genau handelte, ist unklar. Da es sich um einen Amtsgerichtsprozess handelte, musste der entlassene Zeichner sich nicht zwangsläufig von einem Rechtsanwalt vertreten lassen. Möglicherweise gab der Jurastudent Tucholsky rechtliche Hinweise oder half beim Verfassen der Klageschrift bzw. der Schriftsätze. *Hepp*, Annäherungen,

„Ein Verleger entließ einen Zeichner, den er bis zum 1. April 1900 und soundso viel angestellt hatte, im Dezember, bevor der Vertrag abgelaufen war. Der Zeichner, der ein Gehalt von knapp 200 Mark bezog, klagte (...) auf Feststellung der Rechtsgültigkeit des Vertrages, weil er die Kündigung, für die nach dem Bürgerlichen Gesetzbuch ein wichtiger Grund vorliegen mußte, für unrechtmäßig hielt."[471]

Bei dem namentlich nicht genannten Zeichner handelte es sich höchstwahrscheinlich um den „*Rheinsberg*"-Illustrator Kurt Szafranski[472]. Der Amtsgerichtsprozess dürfte um den Jahreswechsel 1912/13 – während Tucholskys Examensvorbereitung – stattgefunden haben. Im Verfahren erhob der beklagte Verleger u.a. Plagiatsvorwürfe und berief sich auf das angeblich mangelnde Interesse des Zeichners. Tucholsky kommentierte sarkastisch, es gehe gar nicht darum, wer recht gehabt habe, sondern darum, „wie ein deutsches (nein: römisches) Gericht so eine Sache anfaßt"[473]. Weder im ersten noch in den folgenden Terminen habe der Amtsrichter daran gedacht, dass hier entschieden werden müsse. Zum einen lasse der Parteibetrieb des Zivilprozesses jede kleine Einrede zu einer Schlange werden. Zum anderen habe der Richter mit seinem streng formalistisch geschulten Denken „rechtliche Bedenken, aber kein Verständnis dafür (...), daß dem andern an einer möglichst baldigen Entscheidung gelegen war."[474] Es sei in diesem in wirtschaftlicher Hinsicht „ordinären Durchschnittsfall" unmöglich gewesen, von einem deutschen Zivilgericht eine Entscheidung „herauszubekommen". Jedes Kaufmanns- oder Gewerbegericht hätte den Fall längst entschieden gehabt, „weil da ein paar sachverständige Männer mit klugen Blicken die Lage überschaut hätten und dem Recht zugesprochen hätten, dem's ihrer Meinung nach gebührte."[475] In diesem Fall habe es der Zeichner zufälligerweise mit dem Geld „durchhalten" können, weil er vermögend gewesen sei: „Was hätte

S. 53, Fn. 60, meint, vielleicht habe Tucholsky zu dieser Zeit ein Anwaltspraktikum absolviert. Über ein solches Praktikum ist jedoch nichts bekannt.

[471] *Tucholsky*, GA, Bd. 2, Nr. 9, S. 23, 24.

[472] Vgl. GA, Bd. 2, Komm. Nr. 9, S. 637, 638 f.; *Hepp*, a.a.O., S. 53, Fn. 60.

[473] *Tucholsky*, GA, Bd. 2, Nr. 9, S. 23, 24 f.

[474] *Tucholsky*, GA, Bd. 2, Nr. 9, S. 23, 25.

[475] *Tucholsky*, GA, Bd. 2, Nr. 9, S. 23, 25.

er getan, wenn er nichts als sein Gehalt besessen hätte?"[476] Ernüchtert resümierte Tucholsky:

> „Wieviel Schwierigkeiten, wieviel Unannehmlichkeiten, wieviel Merkwürdigkeiten sind noch mit einer Rechtsverfolgung verknüpft! Und ich glaube, es ist immer noch das romanistisch-abstrakte Element, das der Justitia in den Knochen rumort. Sie hat keine Verve, keine Energie, keine Initiative – aber sie hat ‚Rechtliche Bedenken'."[477]

Was Tucholsky der Justiz vorwarf, traf in gewisser Weise auf ihn selbst zu: Er betrieb die Juristerei inzwischen nur noch halbherzig, ohne Verve und ohne Energie. Die Universität ohne Abschluss zu verlassen, wäre dem Bürgersohn Tucholsky allerdings kaum in den Sinn gekommen – ganz abgesehen vom zu erwartenden Widerstand der Familie. Die mit einem akademischen Abschluss verbundenen besseren Berufsaussichten sprachen ebenfalls dagegen, das Studium abzubrechen. Insoweit war der Eintrag im Berliner Adressbuch „Tucholsky, Kurt, cand. jur."[478] nicht nur formal korrekt. Obwohl er sich eine juristische Laufbahn nicht mehr vorstellen konnte, wollte er sein Erstes Staatsexamen ablegen.

c) „Illegitime Amme der Rechtsbeflissenen"[479] – Beim Repetitor

Zur Examensvorbereitung nahm Tucholsky die Hilfe eines juristischen Privatlehrers in Anspruch. Anstatt „an den Brüsten der alma mater vorschriftsmäßig zu saugen"[480], besuchte er – wie die meisten seiner Kommilitonen – den Repetitor. Dieser ahnte wohl kaum, dass sein juristischer Unterricht einen Beitrag zur Literaturgeschichte liefern würde. „Peter Panter" und „Theobald Tiger", zwei der bekanntesten Pseudonyme Tucholskys[481], stammen von ihm:

---

[476] *Tucholsky*, GA, Bd. 2, Nr. 9, S. 23, 25 f.
[477] *Tucholsky*, GA, Bd. 2, Nr. 9, S. 23, 26.
[478] Berliner Adreßbuch 1913, Unter Benutzung amtlicher Quellen, Berlin 1913.
[479] *Tucholsky*, GW, Bd. 1, S. 148.
[480] „Das Paradigma", *Tucholsky*, GW, Bd. 1, S. 148.
[481] Tucholsky hielt es für nützlich, mehrfach „vorhanden" zu sein, „denn wer glaubt in Deutschland einem politischen Schriftsteller Humor? dem Satiriker Ernst? dem Verspielten Kenntnis des Strafgesetzbuches (...)? Humor diskreditiert.", *Tucholsky*, GW, Bd. 5, S. 434.

> „Die alliterierenden Geschwister sind Kinder eines juristischen Repetitors aus Berlin. Der amtierte stets vor gesteckt vollen Tischen, und wenn der pinselblonde Mann mit den kurzsichtig blinzelnden Augen und dem schweren Birnenbauch dozierte, dann erfand er für die Kasperlebühne seiner ‚Fälle' Namen der Paradigmata. Die Personen, an denen er das Bürgerliche Gesetzbuch und die Pfändungsbeschlüsse und die Strafprozeßordnung demonstrierte, hießen nicht A und B, nicht: Erbe und nicht Erblasser. Sie hießen Benno Büffel und Theobald Tiger; Peter Panter und Isidor Iltis und Leopold Löwe und so durchs ganze Alphabet. Seine Alliterationstiere mordeten und stahlen; sie leisteten Bürgschaft und wurden gepfändet; begingen öffentliche Ruhestörung in Idealkonkurrenz mit Abtreibung und benahmen sich überhaupt recht ungebührlich. Zwei dieser Vorbestraften nahm ich mit nach Hause – und, statt Amtsrichter zu werden, zog ich sie auf."[482]

Schon damals waren Berechtigung und Nutzen des juristischen Privatunterrichts umstritten. Tucholsky bezeichnete den Repetitor scherzhaft als „illegitime Amme der Rechtsbeflissenen"[483], die Examenskandidaten als „(Repetier-)tapire"[484]. Weniger freundlich fiel das Urteil der Kritiker aus. Sie verglichen das „Repetitorenunwesen" mit dem sprichwörtlichen „Nürnberger Trichter". Es handele sich um „geistige Sklaverei" und um einen „Krebsschaden" der juristischen Ausbildung[485]. Nur selten wurde Verständnis für die Arbeit des Repetitors geäußert. 1918 schrieb der von Tucholsky geschätzte Freirechtler Ernst Fuchs:

> „Das meiste, was die jetzige Juristenfakultät leistet, wird viel besser durch den Einpauker ersetzt. Kein zum Juristen Geborener hält den jetzigen Universitätsbetrieb von Anfang bis zu Ende aus. Und darum ist heute noch wahr, was Gneist einmal sagte: die meiner ‚Hörer', (...) die ich nie sehe [in den Kollegien], das sind die künftigen Minister und Regierungspräsidenten".[486]

---

482 „Start", *Tucholsky*, GW, Bd. 5, S. 434 f.
483 *Tucholsky*, GW, Bd. 1, S. 148.
484 In seinen letzten Lebensjahren führte Tucholsky einen ausgedehnten Briefwechsel mit der Ärztin Hedwig Müller. Deren Schwester Elisabeth Dunant war Rechtsanwältin und bereitete nebenher angehende Juristen auf das Examen vor. In den Briefen tauchen ihre Schüler als „(Repetier-)tapire" auf, vgl. *Tucholsky*, GA, Bd. 20, B 139, S. 247; B 141, S. 250; vgl. auch Komm. B 124, S. 752.
485 Nachweise bei: *Lueg*, Juristischer Privatunterricht, S. 5 u. 63.
486 Zitiert nach: *Lueg*, a.a.O., S. 57.

Vor allem an den preußischen Universitäten hatten sich die Repetitorien im Laufe des 19. Jahrhunderts immer weiter ausgebreitet[487]. Berlin war eine Hochburg der Repetitoren[488]. Der aus Halle stammende Rechtsanwalt und Repetitor Hirsch stellte 1912 fest, es komme „immer mehr in Aufnahme, daß die jungen Juristen schon im 4. Semester (...) Privatunterricht nehmen."[489]

> „Weitaus die meisten Studierenden, auch die Fleißigsten und Tüchtigsten, besuchen monatelang Privatunterricht. Hunderttausende werden von den Vätern der Studierenden jährlich als Honorar für den Privatunterricht aufgewendet. (...) Ursprünglich gab es Privatunterricht nur in Berlin (...). Jetzt gibt es Privatlehrer wohl auf allen preußischen Universitäten, auf den größeren mehrere. Die Bewegung schreitet dauernd fort. (...) Auch die süddeutschen Universitäten werden nicht ohne Privatlehrer bleiben. Einzelne (...) sind auch schon dort vorhanden."[490]

Das Repetitorienwesen war ein einträgliches Geschäft. Das Jahreseinkommen eines Repetitors konnte weit über 20.000 Mark betragen[491]. Durchschnittlich 30 bis 50 Mark kostete der Unterricht pro Monat[492]. Noch 1934 meinte Tucholsky, er halte es für „lohnend", wenn die Schwester seiner Freundin Hedwig Müller aus ihrer Nebentätigkeit als Repetitorin einen Beruf mache[493]. Seitens der Universität und des Ministeriums war man unschlüssig, wie mit der immer größeren Flut privater Rechtslehrer umgegangen werden sollte. Sogar die Tagespresse befasste sich mit dem Phänomen. Einerseits gab es Überlegungen, die Repetitoren an die Universität zu holen[494]. So sprach sich etwa Professor Bornhak, bei dem auch Tucholsky Vorlesungen gehört hatte, für eine Bestellung von Repetenten an den Universitäten aus[495]. Andererseits wurde

---

[487] Zur Entwicklung: *Lueg*, a.a.O., S. 18 ff.
[488] Vgl. *Martin*, Juristische Repetitorien, S. 171, u.a. mit Verweis auf Tucholsky.
[489] *Hirsch*, Notwendigkeit, S. 44.
[490] *Hirsch*, a.a.O., S. 41 u. 44 f.
[491] *Lueg*, a.a.O., S. 63. Zum Vergleich: Der Oberbürgermeister von Düsseldorf bezog 1915 ein Jahresgehalt von 25.000 Mark, *H. Hattenhauer*, Geschichte des Beamtentums, S. 270.
[492] *Lueg*, a.a.O., S. 64.
[493] Brief an Hedwig Müller vom 7.3.1934, *Tucholsky*, GA, Bd. 20, B 139, S. 247.
[494] *Martin*, a.a.O., S. 166.
[495] *Martin*, a.a.O., S. 167.

überlegt, wie diese „verdienterweise gegeißelte" Einrichtung zu bekämpfen sei[496].

Um sich auf sein Examen vorzubereiten, besuchte Tucholsky zwei Repetitoren. Der eine war der Wirtschaftsjurist Martin Friedländer, der andere „der Repetitor des juristischen Berlins"[497] Dr. Walter Pollack. Warum Tucholsky sich für Friedländer und Pollack entschied, ist unbekannt. Die meisten Studenten trafen ihre Wahl wohl aufgrund von Empfehlungen. Pollack etwa hatte den Ruf eines hervorragenden Pädagogen. Viele Repetitoren gaben auch Zeitungsanzeigen auf[498]. Seit 1906 durften sie zudem am „Schwarzen Brett" der Berliner Juristischen Fakultät werben. Das setzte allerdings voraus, dass sie sich u.a. einer mündlichen Prüfung unterzogen und versprachen, ihren Hörern keine Hilfe bei schriftlichen Arbeiten zu geben. Entsprechend zurückhaltend wurde das Angebot angenommen[499].

Bei Martin Friedländer hörte Tucholsky Handelsrecht. Der Unterricht muss unterhaltsam gewesen sein. Noch als Vierzigjähriger erinnerte er sich daran, dass Friedländer „viel von der Börse. Witziges, Radikales, Erheiterndes"[500] erzählt habe. Auch über das Juristische hinaus müssen sich der Examenskandidat und sein zehn Jahre älterer Lehrer gut verstanden haben. Jedenfalls fragte Tucholsky seinen Repetitor, ob er nicht Interesse habe, Beiträge über wirtschaftspolitische Fragen zu verfassen. Auf Friedländers skeptische Nachfrage, wo er denn schreiben solle, wandte sich Tucholsky an Siegfried Jacobsohn[501]. Da dieser das Spektrum der „*Schaubühne*" ohnehin in die politische Richtung erweitern wollte[502], war er mit einer Mitarbeit des Juristen einverstanden:

> „Wenn hier neun Jahre das Theater und nur das Theater betrachtet worden ist, so habe ich damit noch nicht das Recht verwirkt, einmal andre Dinge betrach-

---

[496] Vgl. *Martin*, a.a.O., S. 168 f.

[497] „Juristen", *Tucholsky*, GA, Bd. 2, Nr. 12, S. 29, 31.

[498] „Für cand. jur. Alle wichtigen Prüfungsmaterien werden von energischem, erfahrenem Fachmann binnen 3 Monaten theoretisch und praktisch gründlich erörtert. Viel Gelegenheit zu Klausurarbeiten. Kleiner Zirkel. Beginn 1. Mai. Off. 8588e Neueste Nachr.", Beispiel bei: *Göbell*, JW 1912, 677, 678.

[499] *Lueg*, a.a.O., S. 69.

[500] „Fünfundzwanzig Jahre", *Tucholsky*, GW, Bd. 8, S. 200, 204.

[501] *Tucholsky*, GW, Bd. 8, S. 200, 204.

[502] Vgl. *Madrasch-Groschopp*, Die Weltbühne, Portrait einer Zeitschrift, S. 50.

ten zu lassen und zu betrachten. (...) Wir können uns nicht entziehen, wenn der Reichsbankdiskont hinaufgesetzt wird, und letzten Endes hängen wir alle an Fäden, die in der Burgstraße [Sitz der Berliner Börse] zusammenlaufen. An feinen Fäden, die wir nicht immer sehen. Aber gerade deswegen sollten wir sie sorgfältig ansehen, sollten wir lernen, wie es auf der Welt zugeht."[503]

Ab Anfang 1913 schrieb Friedländer unter dem Pseudonym „Vindex" wirtschaftspolitische Artikel für die „*Schaubühne*". Sein erster Beitrag vom 13. März erschien unter dem Titel „*Börsentheater – Theaterbörse*"[504]. Auch für das Projekt „*Orion. Ein Jahreskreis in Briefen*", sollte „Vindex", von Tucholsky später als Freund bezeichnet[505], Beiträge liefern[506]. Die journalistische Arbeit bereitete Friedländer offenbar viel Freude. Bis zur Übernahme einer Dozentur an der Berliner Verwaltungsakademie 1918 verfasste er annähernd 100 Beiträge für die „*Schaubühne*". 1924 wurde er Herausgeber des „*Nachrichtendienstes für Wirtschaft, Finanz- und Steuerwesen*"[507]. Friedländers Begeisterung für den Journalismus könnte darauf hindeuten, dass er der Repetitor war, an den Tucholsky sich noch 1935 in den *Q-Tagebüchern* erinnerte:

„Ich hatte in Berlin einen juristischen Repetitor, der hat Tolstoi einmal in einer Kino-Wochenschau gesehen. ‚Man kann doch den lieben Gott nicht filmen', sagte er."[508]

Tucholskys anderer Privatlehrer, Walter Pollack, muss eine beeindruckende Persönlichkeit gewesen sein. Er betrieb sein juristisches Repetitorium in der Berliner Corneliusstraße[509]. Gerade zum Doktor der Rechte promoviert[510] und wie Friedländer erst Anfang dreißig, bezeichnete Tuchols-

[503] „Die Schaubühne" vom 25.9.1913, 929 f. (Rubrik „Antworten"). In der Rubrik „Antworten" reagierte der Herausgeber der „Schau-" bzw. „Weltbühne" Siegfried Jacobsohn auf zumeist fiktive Leserzuschriften. Verfasst wurden die „Antworten" überwiegend von Tucholsky oder von Tucholsky und Jacobsohn gemeinsam. Eingehend: GA, Bd. 9, S. 1060 ff.

[504] *Vindex*, „Die Schaubühne" vom 13.3.1913, 299 ff.

[505] *Tucholsky*, GA, Bd. 3, Nr. 211, S. 424, 426: „Mein Freund Vindex (...)".

[506] Vgl. *Tucholsky*, BA, S. 13, 15, Brief an Hans Erich Blaich vom 26.9.1913.

[507] Vgl. *Bergmann*, Die Schaubühne, Die Weltbühne, S. 64 u. 251 (Register).

[508] *Tucholsky*, GA, Bd. 21, B 42 Q, S. 123, 124.

[509] Berliner Adreßbuch 1912, Unter Benutzung amtlicher Quellen, Berlin 1912.

[510] Mit der Arbeit „Der systematische Aufbau und die Technik der Wundbussenbestimmung im Edictus Rothari", (Diss. jur., Berlin 1913), Berlin/Leipzig 1913.

ky ihn respektvoll als „König unter den Dozenten“[511]. Pollack sei unstreitig einer der besten Pädagogen, „die wir in Berlin haben.“[512] Gemeinsam mit den Repetitoren Pabst, Kießlich und Hirsch zählte Pollack zu den Wortführern einer „freie[n], junge[n] Bewegung“[513] juristischer Privatlehrer, die sich nach der Jahrhundertwende für eine Umgestaltung der Repetitorien einsetzten. An die Stelle des „Einpaukers“ sollte der auf wissenschaftlicher Grundlage arbeitende juristische Privatlehrer treten[514]. Das Repetitorium sollte die Vorlesung nicht ersetzen, sondern ergänzen[515]. Pollack bemühte sich deshalb um eine Zusammenarbeit von Fakultät und juristischen Privatlehrern. 1908 veröffentlichte er eine „*Denkschrift betreffend die Gründung eines Internationalen Verbandes zur Unterstützung der gelehrten Arbeit*“[516]. Der Berliner Ordinarius Josef Kohler, bei dem auch Tucholsky studiert hatte, begleitete die Denkschrift seines „begabten Schülers“ mit den besten Wünschen[517]. Nach Gründung des Verbands war das Sekretariat der „internationalen Union für Wissenschaft“ in Pollacks Repetitorium untergebracht. Auch zu den Professoren Brunner und Seckel hatte Pollack offenbar gute Kontakte[518]. Gemeinsam mit ihnen unterstützte er 1911 eine Studentenbefragung zur Reform des Rechtsstudiums und des Referendarexamens in Preußen. Der „Aufruf an die Studierenden der Rechts- und Staatswissenschaften auf den preussischen Universitäten“ belegt eindrucksvoll, welche Rolle der „Repetitor des juristischen Berlin“ damals spielte. Als einziger Nichtprofessor ist er mit mehreren namhaften Wissenschaftlern, darunter Hellwig, Kohler, v. Liszt und Seckel, als

---

511 „Juristen“, *Tucholsky*, GA, Bd. 2, Nr. 12, S. 29, 31.

512 *Tucholsky*, GA, Bd. 2, Nr. 12, S. 29, 31.

513 *Hirsch*, JW 1912, 122, 123.

514 *Lueg*, a.a.O., S. 61; vgl. auch *Pollack*, Archiv für Rechts- und Wirtschaftsphilosophie 1911, 42, 46: „Ein guter Repetitor wird die Ausbildung nur dann wahrhaft heben, wenn er selbst die erforderlichen wissenschaftlichen Fähigkeiten und praktischen Kenntnisse besitzt“.

515 *Pollack*, a.a.O., 42, 44 ff.

516 Berlin/Leipzig 1912. Die Denkschrift erschien als Beiheft zum Archiv für Rechts- und Wirtschaftsphilosophie.

517 *Pollack*, Denkschrift, S. 2.

518 Das legt zumindest das Vorwort zu Pollacks „Perspektive und Symbol in Philosophie und Rechtswissenschaft“ nahe, in der sich der Repetitor u.a. für die wertvolle Förderung durch Brunner und Seckel bedankt.

Unterstützer der Umfrage aufgeführt[519]. Ob Tucholsky sich an der Umfrage der „Deutschen Freien Studentenschaft" beteiligte, ist nicht bekannt.

Um einen persönlichen Kontakt zu seinen Schülern aufzubauen, beschränkte Pollack jeden Kurs auf höchstens 25 Teilnehmer[520]. Gleichzeitig bemühte er sich um einen praxisnahen und anschaulichen Unterricht. Dem Einsatz neuer Medien stand er aufgeschlossen gegenüber: Der „Kinematograph [könne] in vernünftiger Weise angewandt, einen ausserordentlich grossen Nutzen stiften."[521] Tucholsky war begeistert von Pollacks Fähigkeit, „den Inhalt weiter Strecken in eine Formel zu fassen" und „sehr sicher und knapp die Essenz eines zweimonatlichen Kollegs in drei Stunden zu geben, [so] daß sein Name mit Recht wie eine Zauberformel auf uns junge Studenten wirkte."[522]

Neben seiner Tätigkeit als Repetitor beschäftigte sich Pollack intensiv mit wissenschaftstheoretischen Fragen. 1907 erschien die Arbeit „*Über die philosophischen Grundlagen der wissenschaftlichen Forschung*"[523]. Fünf Jahre später veröffentlichte er die über 500 Seiten umfassende Abhandlung „*Perspektive und Symbol in Philosophie und Rechtswissenschaft*"[524]:

---

[519] Aufruf an die Studierenden der Rechts- und Staatswissenschaften auf den preussischen Universitäten, S. 2.

[520] *Pollack*, Archiv für Rechts- und Wirtschaftsphilosophie 1911, 42, 47. „Eine Eigentümlichkeit der Repetitionskurse bieten nun die persönlichen Beziehungen, in die der Repetitor zu seinen Zuhörern treten kann. Ihre Intensität wächst von Monat zu Monat; und die schöne Zusammengehörigkeit, welche gemeinsame Arbeit hervorzubringen geeignet ist, tritt am stärksten kurz vor dem Examen hervor, zu einer Zeit, da sie sich ja auch gerade, wenigstens in psychischer Hinsicht, vorzüglich zu bewähren hat. (...) Der Repetent wird zum Mentor des Anfängers (...). Er berät ihn später, soweit angängig, in allen Fragen (...). Nicht selten kommt es vor, daß er ihm mit freundschaftlichem Rat zur Seite steht (...).", a.a.O., 42, 54.

[521] *Pollack*, a.a.O., 42, 58.

[522] *Tucholsky*, GA, Bd. 2, Nr. 12, S. 29, 31.

[523] Vollständiger Titel: Über die philosophischen Grundlagen der wissenschaftlichen Forschung, als Beitrag zu einer Methodenpolitik. Im Vorwort bedankt sich Pollack bei den Professoren Kohler und Eucken „für das Interesse, das sie in so liebenswürdiger Weise dieser Arbeit entgegengebracht haben", a.a.O., S. 4.

[524] *Pollack, Walter*, Perspektive und Symbol in Philosophie und Rechtswissenschaft, Berlin/Leipzig 1912.

„Wenn sich nämlich die Forschertätigkeit vorzugsweise vollzieht durch intuitives Auftauchen neuer Gesichtspunkte, (...) so muß unser Augenmerk darauf gerichtet sein, die wissenschaftliche Inspiration durch technische Mittel zu steigern und die Ergebnisse der Forschung (...) zu größerer Faßlichkeit und Sicherheit zu erheben. So erwächst in uns der Gedanke, zur bildlichen Ausdrucksweise unsere Zuflucht zu nehmen (...). Es tritt in den Vordergrund das Problem einer Symbolologie, d.h. einer Lehre von den Symbolen für wissenschaftliche Zwecke."[525]

Im Hauptteil seines Buches stellte Pollack ein Verfahren zur schematischen Darstellung von Rechtsbeziehungen vor[526].

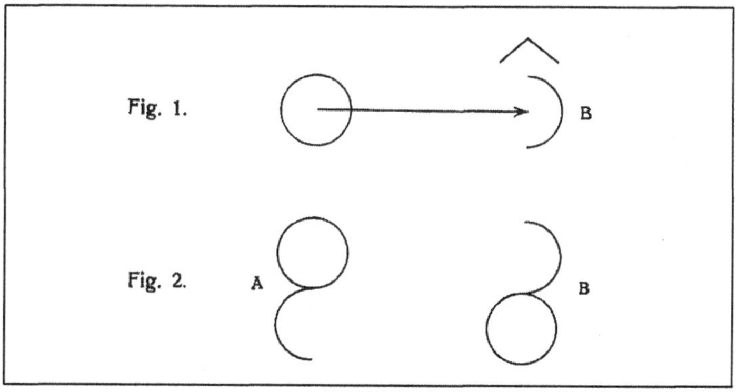

Tucholsky besorgte sich das Werk. Vom Inhalt war er allerdings enttäuscht. „*Perspektive und Symbol in Philosophie und Rechtswissenschaft*" sei ein „etwas starker Tabak"[527]. Pollack meine gar nicht Symbol, „sondern graphische Darstellung gewisser mnemotechnischer Angelegenheiten, die für das Referendarexamen von Bedeutung sein mögen"; da, wo die Praxis sie anwende, gebe es gewöhnlich ein Malheur[528]:

---

525 *Pollack*, a.a.O., S. 16.

526 Zur abgedruckten Grafik (Fig. 1) findet sich folgende Erläuterung: „Das Schuldverhältnis läßt sich am einfachsten durch einen vollen Kreis und einen zum ihm geöffneten Halbkreis darstellen. Der Kreis A bezeichnet den Gläubiger und der Halbkreis B bezeichnet den Schuldner. Im Verhältnis zu einander hat nämlich der Gläubiger die volle, der Schuldner die mindere Rechtsposition." Fig. 2 stellt einen gegenseitigen Vertrag dar; *Pollack*, a.a.O., S. 110 f.

527 „Juristen", *Tucholsky*, GA, Bd. 2, Nr. 12, S. 29, 31.

528 *Tucholsky*, GA, Bd. 2, Nr. 12, S. 29, 31.

> „Perspektive? – wenn das ‚Aussicht' heißen soll, dann ist sie trostlos. Gewiß, ein Teil des altrömischen Erbrechts ist auf das Anschaulichste dargestellt, – aber Walter Pollack vergißt ganz, daß es den Teufel auf das altrömische Erbrecht ankommt."[529]

Dabei sei gerade Pollack der „richtige Mann, die nun von ihm vertretene juristische Denkweise ad absurdum zu führen"[530]: „Der König unter den Dozenten – warum der Sklave einer Pseudowissenschaft?"[531]

> „Unsere jungen Juristen lassen sich bei den Pollacks einpauken. Aber es ist zu hoffen, daß später, wenn sie zu einem Amt und Verstand gekommen sind, es Fuchs sein wird, der sie aus dem pandektologischen Sumpf herausführt in das Land der Zukunft, in dem wirklich nach Recht und Billigkeit und nicht nach Begriffen entschieden wird"[532].

Im zeitgenössischen Schrifttum blieb Pollacks Buch weitgehend unbeachtet. Neuerdings hat Tucholskys Kritik eine gewisse Unterstützung erfahren. Im Rahmen seines Projektes „*Visuelle Rechtskommunikation*" hat sich Klaus F. Röhl mit der Arbeit Pollacks befasst[533]. Auch er meint, man habe Pollacks Ideen „wohl nicht ohne Grund übergangen"[534]. Aus heutiger Sicht gewinne das Ganze allenfalls dann eine gewisse Anschaulichkeit, wenn man sich intensiv mit der komplexen Symbolik vertraut mache:

> „Ein Grund dafür scheint mir darin zu liegen, dass der Autor sein Ziel der Anschaulichkeit aus dem Auge verliert um statt dessen eine Begriffsschrift aufzubauen (...). Insoweit stiftet die ungewohnte Symbolik jedoch nur Verwirrung. Dennoch: Pollack war seiner Zeit deutlich voraus. Viele seiner Gedanken, die damals fremd erschienen sein mögen, sind heute selbstverständlich geworden."[535]

---

529 *Tucholsky*, GA, Bd. 2, Nr. 12, S. 29, 31.
530 *Tucholsky*, GA, Bd. 2, Nr. 12, S. 29, 31.
531 *Tucholsky*, GA, Bd. 2, Nr. 12, S. 29, 31.
532 *Tucholsky*, GA, Bd. 2, Nr. 12, S. 29, 32.
533 *Röhl*, Die Bilderscheu der Jurisprudenz, www.ruhr-uni-bochum.de/rsozlog/Projekte/Visuelle%20Rechtskommunikation/Bilderscheu.pdf.
534 *Röhl*, a.a.O., S. 9.
535 *Röhl*, a.a.O., S. 9.

Trotz aller Kritik mochte Tucholsky den Unterricht seines Repetitors. Pollack sei ein „prachtvoller Dialektiker", dessen Augen lustig zwinkern „wenn er sich leicht spöttisch über eine antiquierte Phrase, über ein vom Reichsgericht gebildetes neues Wort lustig macht."[536] Es spricht einiges dafür, dass Walter Pollack der „Vater" der beiden „alliterierenden Geschwister" Peter Panter und Theobald Tiger war[537]. Tucholsky schrieb später, er sei traurig, dass er [der „Vater" der Pseudonyme] nicht mehr erlebt habe, „wie ich diese Erbschaft zu treuen Händen verwalte."[538] Als Mary Gerold 1924 die Entstehungsgeschichte der Pseudonyme anzweifelte, schrieb ihr Tucholsky in einem Brief:

> „Ja. P.P. und Th.T. sind tatsächlich so entstanden, das ist wahr. Der Repetitor ist inzwischen mit Recht gestorben. Er war sehr klug, verdiente ein irres Geld und heiratete seine Sekretärin. Natürlich starb er."[539]

Pollack verstarb 1915 im Alter von nur 35 Jahren. Das Repetitorium übernahm sein jüngerer Bruder. Im Zuge der nationalsozialistischen Judenverfolgung wurde die Familie enteignet. In der Gestalt des Walter Jarotschiner („*Das Paradigma*") hat Tucholsky dem „Vater" seiner Pseudonyme schon 1914 ein literarisches Denkmal gesetzt:

> „[Der] juristische Repetitor Walter Jarotschiner rutschte mit einem matten Seufzer ins Bett (...). Der zu schwere, birnenförmige Kopf war wie immer nach vorn gekippt und nur der Bauch lag ruhig und ein bißchen gebläht da, still bewegt von dem taktmäßigen Atmen des Einschlafenden ... Öffnete sich die Tür? – Sie öffnete sich. Und herein trat – mein Gott! – welch ein Wesen! (...) ‚(...) Mit wem habe ich das Vergnügen?' fragte Herr Jarotschiner. Das Ding fuhr auf. Donnernd: ‚Ich bin das Paradigma, an dem du deine scheußliche Wissenschaft übst, ich bin das wehrlose Opfer all deiner bubenhaften Schüler, schülerhaften Buben... Buben... Schüler... ich bin geschändet! denn es gibt nichts, aber auch nichts, was ich noch nicht begangen hätte: vom einfachen Rechtsgeschäft mit obligater Schieberei bis zur Majestätsbeleidigung! Du hast mich auf deinem

---

[536] *Tucholsky*, GA, Bd. 2, Nr. 12, S. 29, 31.
[537] Vgl. auch GA, Bd. 2, Komm. Nr. 12, S. 641, 642. Ohne Begründung meinen *Raddatz* und *Grenville*, es habe sich um Friedländer gehandelt, GW, Bd. 1, Vorwort, S. 17 bzw. Kurt Tucholsky, S. 13.
[538] Zitiert nach: *Bemmann*, Lebensbild, S. 100.
[539] *Tucholsky*, UuL, S. 365, 366.

> sonst so blonden Gewissen!! Erkenne mich: ich heiße und bin PETER PANTER!' –"[540]

Das Paradigma erschien dem Repetitor grau und unscheinbar, „statt der Hände und Arme wie wir, die ‚normalen Durchschnittsmenschen' sie haben, trug es längliche Klumpen, Keulen, schien es, und auch sie grau, glibberig, durchscheinend wie eine Kinovision..."[541] Den Begriff des „normalen Durchschnittsmenschen" hatte Tucholsky eigens mit einer Fußnote versehen, die auf eine Fundstelle in der „*Juristischen Wochenschrift*" verwies[542]. Das Paradigma, „abgerichtet, alle nur denkbaren Verbrechen zu begehen"[543], machte seinem Schöpfer heftige Vorwürfe:

> „‚(...) wie durftest du es dir in den Sinn kommen lassen, mich zu den fürchterlichsten Verbrechen anzustacheln, die du ersinnen konntest?! – Ich raubte, ich mußte mich auf dein Geheiß an fremden beweglichen Sachen bereichern in der Absicht, mir dieselben rechtswidrig zuzueignen, ich mußte in das befriedete Besitztum eines andern widerrechtlich eindringen, ich mußte durch Drohungen mit gegenwärtiger Gefahr für Leib und Leben Frauenspersonen zur Duldung des außerehelichen Beischlafs nötigen (...). (...) ‚Ich bin erledigt (...)! Niemand achtet mich mehr.(...)' Und nun weinte er so schaudervoll, daß es dem Jarotschiner das Herz zerschnitt. Er wollte ihn aufrichten, trösten – zu spät! Herr Panter war auf das Fenster zugewankt, hatte es geöffnet und kullerte sich sanft heraus, ein müdes Lebewohl seinem Schöpfer und Mörder zuhauchend... (...) Diese Nacht schlief Walter Jarotschiner nicht. Aber am Morgen – es mochte auf ein Viertel sieben gehen, und draußen begann es schon zu grauen und zu blauen, – erschuf er: THEOBALD TIGER."[544]

d) Anmeldung zum Examen und Rücktritt von der Prüfung

Nach Abschluss der Prüfungsvorbereitung wollte Tucholsky im Frühjahr 1913 sein Referendarexamen ablegen. Für die Abnahme des Examens war in Preußen dasjenige Oberlandesgericht zuständig, in dessen Bezirk

---

[540] *Tucholsky*, GW, Bd. 1, S. 148 f., hier stark gekürzt.
[541] *Tucholsky*, GW, Bd. 1, S. 148.
[542] „Siehe auch ‚Juristische Wochenschrift' XXXIII, Seite 384, Z. 6".
[543] *Tucholsky*, GW, Bd. 1, S. 148, 149.
[544] *Tucholsky*, GW, Bd. 1, S. 148, 149 f., hier stark gekürzt.

der Kandidat zuletzt studiert hatte[545]. Als Berliner Student musste Tucholsky sich bei der Prüfungskommission des Kammergerichts anmelden. Die Kommission bestand überwiegend aus Richtern und Professoren, daneben aus Staats- und Rechtsanwälten[546]. Bis 1908 hatte sich das preußische Referendarexamen lediglich aus einer Hausarbeit und einer mündlichen Prüfung zusammengesetzt. Durch eine Allgemeine Verfügung vom 30. März 1908 waren zusätzlich drei Klausuren eingeführt worden: eine fünfstündige Arbeit aus dem Bürgerlichen Recht sowie zwei dreistündige Arbeiten aus dem Strafrecht und einem anderen Rechtsgebiet[547]. Die Prüfung begann mit der Anfertigung der sechswöchigen Hausarbeit, deren Thema vom Vorsitzenden der Prüfungskommission festgesetzt wurde. Nach Ablieferung der wissenschaftlichen Arbeit folgten an zwei aufeinander folgenden Tagen die Klausuren[548]. Die mündliche Prüfung sollte „tunlichst bald nach der Beendigung der schriftlichen Prüfungen stattfinden"[549]. Im Anschluss an die mündliche Prüfung wurde aus dem Gesamtergebnis der Einzelleistungen die Examensnote gebildet. Das Examen konnte „ausreichend", „gut" oder „mit Auszeichnung" bestanden werden[550].

Nach § 9 des preußischen Prüfungs-Regulativs konnten an den mündlichen Examensprüfungen, die etwa vier bis fünf Stunden dauerten[551], auch Studierende und Rechtskandidaten als Zuhörer teilnehmen. Tucholsky nutzte zu Beginn seiner Examensvorbereitung die Möglichkeit und mischte sich unter die Studenten, die „rempelnd herein[brechen], auf die krachenden Bänke" des Prüfungszimmers[552]. Die Prüfung begann für gewöhnlich gegen neun Uhr in den Gerichtsräumen. Gegen Mittag fand eine halb- bis einstündige Pause statt[553]. Während in den Notzeiten des Krieges und der Nachkriegszeit keine besondere Kleiderordnung bestand und man später lediglich einen Anzug verlangte, erschienen die Kandida-

545 § 1 Abs. 2 Prüfungs-Regulativ, in: Vorschriften über die Ausbildung, S. 23.
546 § 2 Prüfungs-Regulativ, a.a.O., S. 23, 25.
547 Zur Umgestaltung vgl. *Jescheck*, Die juristische Ausbildung, S. 61.
548 §§ 6 ff. Prüfungs-Regulativ, a.a.O., S. 23, 34 ff.
549 § 9 Prüfungs-Regulativ, a.a.O., S. 23, 38 f.
550 § 10 Prüfungs-Regulativ, a.a.O., S. 23, 39.
551 *Ebert*, Staatsexamina, S. 126.
552 „Referendarexamen", *Tucholsky*, GA, Bd. 1, Nr. 57, S. 76, 77.
553 *Ebert*, a.a.O., S. 126 f.

ten damals noch im Frack[554]. Die Prüflinge mit ihren Schwalbenschwänzen erschienen Tucholsky wie schwarze „Examensvögel“. Vor ihren Prüfern aufgereiht saßen sie „wie auf einer langen Stange, mit eingezogenem Hals, gebückt ...“:

> „Einer liest: aus einem umfangreichen Buche trägt er in der alten gewichtigen Sprache der Gelehrsamkeit aller Länder einen Rechtsfall vor, der die Köpfe von vierzehn Jahrhunderten umklammert hielt wie ein eiserner Reifen (...). (...) Das ist schwierig; der Student blickt den Professor, der wohlwollend vorbereitet neben den Kollegen sitzt, nicht freundlich an. – ‚Na, versuchen Se's mal!’ – Er sei der Ansicht, sagte der Geprüfte, daß man diesfallsig mit der lex Aquilia vorzugehen in der Lage sei, vorbehaltlich einer näheren Prüfung der beiden Tatbestandsmerkmale der iniuria und des corpore corpori datum.“

Nach einer Weile hob der Professor an, auch „über den zweiten Prüfling mit einem Gestöber von Fragen herzufallen:“[555]

> „(...) wie denn die Römer ihre Schulden bezahlt hätten, und wie sei denn das mit der Übertragung des Eigentums bei ihnen gewesen, he? – und welche Klage hätte denn der anstellen müssen, um eine fremde, aber bewegliche Sache einem unrechtmäßigen Besitzer wieder abzunehmen? Antworten kamen, zögernd, eingelernt, aber sie kamen und wurden vorne nur von dem Fragenden vernommen, die andern stierten längst, trüb und starr, in Hefte oder auf die gegenüberliegende Wand. Einer hielt die Augen geschlossen. Es war nicht ihr Fach ...“[556].

Auf den Zuschauerbänken versuchten sich auch die Studenten an der Falllösung und beantworteten die Fragen schneller „als es je ein Prüfling vermocht hätte“:

> „leise Entrüstungsschreie über falsche Aussagen wurden laut. Man versuchte zu soufflieren, blätterte verzweifelt in kleinen Bücherchen. Einer schrieb heimlich mit ... Einer nach dem andern der zu Eis gefrorenen Professoren und Räte taut auf. Sie fragen: unregelmäßig, gedehnt oder sich überpurzelnd, sie reden unaufhörlich. Begriffe wünschen sie definiert zu sehen, Theorien erörtert, Gesetze geschichtlich entwickelt ... Einer, der es mit dem Strafrecht hat, erfindet blutrünstige Geschichten. (...) Wie sei zu entscheiden? (...) Und so geht es fort. (...)

---

[554] *Ebert*, a.a.O., S. 128 a.E. f.

[555] *Tucholsky*, GA, Bd. 1, Nr. 57, S. 76, 78.

[556] *Tucholsky*, GA, Bd. 1, Nr. 57, S. 76, 77 f.

> Und dann werden sie herausgeschickt und wieder hereingerufen werden, und nur einer wird es nicht bestanden haben, und die anderen werden mit einem Freund (‚Mensch! mach bloß dein Examen') nach Hause eilen in die Arme der beglückten Mütter, Bräute, Schwestern, an die geldspendende Hand des Vaters ... *Sie* haben es hinter sich: *sie* denken nie wieder daran. Grund genug, auch in der Ausbildung unserer Juristen die Baisse einer Strafjustiz zu sehen".[557]

Durch seine Eindrücke sah Tucholsky sich in seiner wachsenden Skepsis der Juristerei gegenüber bestätigt. Vor allem im letzten Satz klingt grundsätzliche Kritik an. Es dürfte die scharfe Reaktion der Justiz auf den Ruhrbergarbeiterstreik gewesen sein[558], die Tucholsky veranlasste, die „Baisse einer Strafjustiz" zu diagnostizieren. Im Übrigen sprach Tucholsky aus, was viele Kommilitonen empfanden: Obwohl inzwischen das BGB den Hauptgegenstand des Studiums bildete und für die Praxis allein von Bedeutung war, spielte in der Prüfung das römische Recht noch eine große Rolle. Die „Examensbüffelei" war nur sehr eingeschränkt dazu geeignet, auf die Tätigkeit als Jurist vorzubereiten. Da Tucholsky entschlossen war, sich ebenfalls dem Examen zu unterziehen, führte ihm die Prüfung vor Augen, was ihn nur wenige Monate später erwarten würde. Der Beitrag dürfte deshalb, wie *Rottka* zutreffend feststellt, vor allem die Unzufriedenheit eines Jurastudenten widerspiegeln, „dem das anstehende Examen auf den Magen drückt".[559]

Nachdem Tucholsky das eigenhändig abgefasste Zulassungsgesuch nebst Zeugnissen und Lebenslauf eingereicht hatte, wurde er am 15. März 1913 zur Prüfung zugelassen[560]. Danach musste er noch die Prüfungsgebühren von 75 Mark entrichten[561]. Wenig später bekam er seine Hausarbeitsaufgabe zugeteilt. Dabei handelte es sich offenbar um eine sachenrechtliche Fragestellung. Im Rahmen des Promotionsverfahrens gab er später an, auf das Thema seiner Dissertation (Die Vormerkung aus § 1179 BGB und ihre Wirkungen) bei der Abfassung seiner Referendarsarbeit gestoßen zu sein[562]. Obwohl ihn die Streitfragen an-

---

557 *Tucholsky*, GA, Bd. 1, Nr. 57, S. 76, 78 f.
558 S.o., S. 87 f.
559 *Rottka*, in: KT und die Justiz, S. 121, 125.
560 So seine eigene Angabe im Anschreiben an die Universität Jena vom 2.8.1913, Friedrich-Schiller-Universität Jena, UA, Bestand K, Nr. 298.
561 Vgl. Anm. 2 zu § 6 Prüfungs-Regulativ, a.a.O., S. 23, 35.
562 Anschreiben an die Universität Jena, a.a.O.

geblich „fesselten", brach er die Bearbeitung ab und trat freiwillig vom Examen zurück[563]. Einen weiteren Versuch unternahm er nicht. Der Rücktritt vom Examen war möglich und kam gelegentlich vor. Erfolgte er bereits während der Hausarbeit, ermäßigten sich die Prüfungsgebühren auf 30 Mark[564]. Bereits gezahlte Gebühren konnte man sich zurückerstatten lassen.

Leider lässt sich der genaue Hergang anhand der Prüfungsakten nicht mehr rekonstruieren. Die Aktenbestände des Kammergerichts lagern heute im Brandenburgischen Landeshauptarchiv sowie im Geheimen Staatsarchiv Preußischer Kulturbesitz. Weder hier noch in den Aktenbeständen des preußischen Justizministeriums, die ebenfalls im Landeshauptarchiv aufbewahrt werden, ließen sich Hinweise auf das Prüfungsverfahren Tucholskys finden[565]. Es ist davon auszugehen, dass sämtliche Dokumente kriegsbedingt verloren gegangen sind.

e) Gründe für den Rücktritt vom Examen

Der Verzicht auf das Examen scheint Tucholsky nicht leicht gefallen zu sein. Anders ist kaum zu erklären, warum er nicht schon im Sommer 1912 auf das Staatsexamen verzichtete und als Studienabschluss eine Promotion anstrebte. Ohnehin sind die Gründe für den Rücktritt weniger klar, als es auf den ersten Blick scheinen mag. Mit der Abkehr vom ursprünglichen Berufswunsch hatte der Entschluss wenig zu tun. Sowohl der Besuch beim Repetitor als auch die Examensmeldung belegen, dass Tucholsky beabsichtigte, sein Jurastudium mit dem Staatsexamen abzuschließen. Er selbst begründete die plötzliche Entscheidung offiziell damit, dass ihm das Angebot unterbreitet worden sei, „in ein hiesiges Unternehmen – einen Zeitschriftenverlag – einzutreten."[566]

---

[563] Anschreiben an die Universität Jena, a.a.O.
[564] Anm. 2 zu § 6 Prüfungs-Regulativ, a.a.O., S. 23, 35.
[565] Schriftliche Auskunft des Geheimen Staatsarchivs Preußischer Kulturbesitz vom 4.9. und 19.10.2006 sowie des Brandenburgischen Landeshauptarchivs vom 28.8. und 16.10.2006.
[566] Anschreiben an die Universität Jena, a.a.O.

„Ich glaubte, von diesem Anerbieten Gebrauch machen zu sollen und trat freiwillig, noch vor Abgabe der schriftlichen Arbeit, von der Prüfung zurück."[567]

Ob diese Angabe im Promotionsgesuch an die Jenaer Fakultät zutrifft, ist allerdings zweifelhaft. Sie wirkt zumindest wenig schlüssig. Tucholsky reichte seine fertige Dissertation bereits Anfang August 1913 in Jena ein. Obwohl er von der Prüfung zurückgetreten war, bearbeitete er das Thema intensiv weiter und baute seine Hausarbeitsstudien zu einer Dissertationsschrift aus. Parallel dazu veröffentlichte er von Anfang März bis Ende Juli fast 60(!) Beiträge – annähernd soviel wie in den vergangenen zwei Jahren insgesamt. Ein solches Arbeitspensum dürfte sich kaum mit einer Vollzeitbeschäftigung vereinbaren lassen. Sollte es sich hingegen um eine stundenweise Beschäftigung gehandelt haben, ist nicht recht verständlich, warum der Arbeitgeber sich nicht bis zum Abschluss der sechswöchigen Hausarbeit gedulden konnte. Gleichzeitig dürfte Tucholsky sein Examen kaum wegen einer Nebentätigkeit aufgegeben haben. Hinzu kommt der Umstand, dass es für die Behauptung keine Belege gibt und Tucholsky sich auch später nicht über seine angebliche Tätigkeit äußerte[568].

Vor dem Hintergrund dieser Unstimmigkeiten bietet sich eine andere Erklärung an: Während seiner Hausarbeit befielen ihn womöglich ernsthafte Zweifel, das Examen zu bestehen. Die Prüfungskommission des Berliner Kammergerichts galt als streng[569]. Darüber hinaus hatte Preußen reichsweit eine der höchsten Durchfallquoten im Ersten Staatsexamen. Der Anteil der nicht bestandenen Prüfungen war seit der Jahrhundertwende deutlich angestiegen. In Tucholskys Examensjahr erreichte die Entwicklung einen Höhepunkt. Von den 1.781 Rechtskandidaten, die sich der Prüfung unterzogen, bestanden 32,8 % das Examen nicht. In Bayern lag die Durchfallquote im gleichen Jahr bei nur 16,6 %[570]. Selbst von denjenigen Kandidaten, die das preußische Examen erfolgreich

---

567 Anschreiben an die Universität Jena, a.a.O.

568 Es gibt lediglich einige Hinweise darauf, dass Tucholsky sich ungewöhnlich gut mit Verlagswesen und Buchhandel auskannte. Diese Kenntnisse könnte er sich jedoch auch angelesen haben, vgl. *Hepp*, Annäherungen, S. 54, Fn. 63.

569 *Ebert*, Staatsexamina, S. 160 m.w.N.

570 Zur Entwicklung der Prüfungsergebnisse: *Müller*, Die juristischen Prüfungen, S. 8 u. 12.

ablegten, bestanden 86,1 % die Prüfung nur mit der Note „ausreichend“[571].

In Anbetracht einer nachlässig betriebenen Prüfungsvorbereitung dürfte für Tucholsky durchaus das Risiko bestanden haben, das Examen nicht zu bestehen. Ein „sicherer“ Kandidat war er wohl nicht. Insoweit spricht viel dafür, dass für den Rücktritt taktische Überlegungen ausschlaggebend waren. Wäre er tatsächlich durchgefallen, hätte er sich intensiv auf eine erneute Prüfung vorbereiten müssen. Eine erneute Anmeldung war erst nach einer Wartezeit von sechs bis zwölf Monaten zulässig, während derer man sich erneut immatrikulieren musste[572]. Da sich auch die anschließende Wiederholungsprüfung über mehrere Monate erstreckt hätte, wäre an einen schnellen Abschluss nicht zu denken gewesen. Im Übrigen wäre Tucholsky mit bestandenem Ersten Staatsexamen lediglich „geprüfter Rechtskandidat“ gewesen; um die Bezeichnung „Assessor“ führen zu können, hätte er zusätzlich den vierjährigen Vorbereitungsdienst absolvieren müssen. Ein Verzicht auf das Referendariat war zwar möglich und kam gelegentlich vor. Allerdings wurde man als „halber“ Jurist von der eigenen Zunft wie von den Rechtslaien nicht „ganz für voll“ genommen[573]. Um den Abschluss schnell „hinter sich“ zu bringen und trotzdem einen aussagekräftigen Titel zu erwerben, bot sich deshalb eine Promotion an.

An vielen Universitäten war es damals möglich, auch ohne Staatsexamen den Doktorgrad zu erwerben. Um eine Chance zu haben als Doktorand angenommen zu werden, durfte man allerdings nicht durch die Prüfung gefallen sein. Auch ein Rücktritt von der Prüfung war verdächtig. Nicht ohne Grund wollte man in Jena zunächst wissen, ob Tucholskys Referendarexamen „als nicht bestanden bezeichnet wurde“[574]. Nach dem Fakultätsstatut hatte der Bewerber „mindestens diejenige allgemeine wissenschaftliche Bildung darzutun, die für die erste juristische Staatsprü-

---

571 *Müller*, a.a.O., S. 23.

572 § 11 Prüfungs-Regulativ, in: Vorschriften über die Ausbildung, S. 23, 40.

573 *H. Hattenhauer*, JuS 1989, 513, 518: „Nur sehr selten gab es Leute, die ihre Juristenausbildung bereits nach dem ersten Staatsexamen abbrachen, etwa in die Wirtschaft gingen oder Journalist wurden, um am Ende zumeist doch zu bedauern, daß sie keine ‚Volljuristen’ geworden waren, nicht selbst vor Gericht auftreten konnten und von der Zunft wie den Rechtslaien nicht ganz für voll genommen wurden“.

574 Handschriftlicher Vermerk auf dem Promotionsgesuch vom 2.8.1913, Friedrich-Schiller-Universität Jena, UA, Bestand K, Nr. 298.

fung verlangt zu werden pflegt."[575] Durch die Angabe, er habe die juristische Laufbahn einschlagen wollen, sei aber durch das Stellenangebot umgestimmt worden, konnte Tucholsky sein Verhalten plausibel begründen.

Mit dem Rücktritt vom Examen gab Tucholsky die Möglichkeit, einen juristischen Beruf zu ergreifen, endgültig auf. Stattdessen schwebte ihm zeitweilig eine selbständige Tätigkeit als Nachhilfelehrer vor. Am 9. Oktober 1913 schrieb er an den „*Simplicissimus*"-Mitarbeiter Hans Erich Blaich, es habe sich „gezeigt, dass es mit der Juristerei nichts ist", weshalb er nach Abschluss der Promotion „Geld mit einer Presse verdienen [wolle]. Maßen die Trottel und Adligen nie alle werden. Amen."[576] Auf die skeptische Nachfrage, was „denn das für merkwürdige Sachen" seien, die er von seinen „pädagogischen Praktiken und Zukunftsplänen" erzähle[577], antwortete Tucholsky wenige Tage später, „das mit den pädagogischen Praktiken" dürfe Blaich schon glauben. Das Vorhaben sei ernst gemeint und habe mit Geldverlegenheit nichts zu tun:

> „ich möchte nämlich mit einem Oberlehrer [Tucholskys ehemaliger Nachhilfelehrer Dr. Kraßmöller] eine Presse – so nennen wirs hierorts – aufmachen; also ein refugium für Jungens mit Webefehlern und solchen, die nicht mitkommen. Wir treiben das privat schon eine Weile, und es bringt viel Geld. So wars gemeint, und ich schreibe es nur nochmal, weil Sie fragten."[578]

Wie ernst gemeint das Vorhaben war, belegt der Umstand, dass Tucholsky begann, sich intensiv mit Pädagogik und Psychologie zu befassen. Sein Engagement ging soweit, dass er mehrere Beiträge in pädagogischen Fachzeitschriften veröffentlichte[579]. So erschien etwa im Dezember 1913 in der „*Zeitschrift für Schulgesundheitspflege*" ein von Kraßmöller und Tucholsky gemeinsam verfasster Artikel über „*Reifeprüfung und Nervosität*"[580]. Im folgenden Jahr berichtete Tucholsky in der „*Zeitschrift für Kinderfor-*

---

575 § 6 Abs. 4 Statut der juristischen Fakultät, in: Fakultäts-Statuten, S. 14 ff.
576 *Tucholsky*, BA, S. 15, 16.
577 Zitiert nach: *Hoffmann* (Hg.), Hans Erich Blaich, Ausgewählte Werke, S. 287.
578 Brief vom 25.10.1913, *Tucholsky*, AB, S. 19.
579 Zum Hintergrund: GA, Bd. 2, Komm. Nr. 1, S. 627.
580 Nachweise in: *Tucholsky*, a.a.O., Komm. Nr. 1, S. 627.

schung" über ein eigenes Experiment zum Leseverhalten von Schülern[581]. Als er während seines Promotionsverfahrens 1914 längere Zeit auf das Gutachten seines Doktorvaters warten musste, studierte er kurzzeitig Psychologie[582]. Noch kurz vor seiner Einberufung im Frühjahr 1915 nahm er an der Hauptversammlung des Berliner Vereins für Schulgesundheitspflege teil. Im Versammlungsbericht findet sich ein Hinweis auf den Redebeitrag von Herrn „Oberlehrer Tucholski"[583].

In finanzieller Hinsicht war der Verzicht auf einen juristischen „Brotberuf" nicht so unsinnig wie es auf den ersten Blick scheinen mag. Immerhin brachte die Tätigkeit als Nachhilfelehrer „viel Geld". Mit einem unterdurchschnittlichen Examen war es hingegen schwierig, eine lukrative juristische Anstellung zu finden. Seit Ende des 19. Jahrhunderts hatten sich die Berufsaussichten für Juristen drastisch verschlechtert[584]. Wegen des hohen Andrangs wurde die Festanstellung im höheren Justizdienst von den Ergebnissen im Ersten und Zweiten Staatsexamen abhängig gemacht[585]. Zu Tucholskys Examenszeit betrug die Wartezeit eines Assessors auf eine fest besoldete Anstellung durchschnittlich acht Jahre[586]. Als Alternative blieb der Anwaltsberuf. Die Zahl der Rechtsanwälte und Notare hatte sich jedoch seit den 80er Jahren des 19. Jahrhunderts ebenfalls mehr als verdoppelt. In Berlin waren noch größere Zuwachsraten zu verzeichnen. Hier hatte sich die Zahl der Anwälte mehr als vervierfacht[587]. Der Zustrom war so groß, dass Befürchtungen laut wurden, es könne ein „Anwaltsproletariat" entstehen[588]. Längst nicht mehr jedem Anwalt gelang es, mit seiner Tätigkeit den Lebensunterhalt zu bestreiten[589]. Seitens der Anwaltskammern wurde sogar über die Einführung eines Numerus clausus nachgedacht[590]. Auch der Freirechtler Ernst

---

581 „Der Lesetext als Kontrolle beim Lesevorgang", *Tucholsky*, GA, Bd. 2, Nr. 80, S. 167 ff.

582 *Hepp*, Annäherungen, S. 54 f. m.w.N.

583 Hierzu und zu Tucholskys pädagogischem Engagement insgesamt: Bonitz/Otto/Tempel, PR 2000, 635 ff.

584 Eingehend: *Kolbeck*, Juristenschwemmen, S. 97.

585 *Kolbeck*, a.a.O., S. 98 f.

586 *Kolbeck*, a.a.O., S. 103.

587 *Kolbeck*, a.a.O., S. 101.

588 *Kulemann*, DJZ 1910, Sp. 118, 120.

589 Vgl. *Kolbeck*, a.a.O., S. 101 u. 105.

590 *Kulemann*, a.a.O., Sp. 118.

Fuchs, der selbst als Rechtsanwalt tätig war, hielt es für unmöglich, einer „ungemessen wachsenden" Zahl von Anwälten standesgemäßes Einkommen zu schaffen.[591] „Nebenher", als Brotberuf eines Jungschriftstellers, war die Juristerei kaum noch zu betreiben.

III. „Haben Sie nicht in Jena studiert?"[592] – Promotion an der Salana (1913-1915)

Tucholsky entschied sich dazu, den Doktorgrad – wie schon sein Abitur vier Jahre zuvor – als Externer zu erwerben. Er behielt seine Wohnung in der Berliner Nachodstraße und bewarb sich als Auswärtiger um die juristische Doktorwürde der „Großherzoglich und Herzoglich Sächsischen Gesamt-Universität Jena"[593]. Als reformatorische Gründung zählte die Salana zu den altehrwürdigen deutschen Universitäten. Im Jahr 1558 war ihr das kaiserliche Universitätsprivileg verliehen worden. Die Zahl der Einschreibungen blieb allerdings weit hinter denen der Berliner Universität zurück. Zu Tucholskys Studienzeiten waren insgesamt 2.000 Studenten immatrikuliert[594]. Die juristischen Vorlesungen besuchten selten mehr als 60 bis 80 Hörer. In manchen Semestern konnte die Hörerzahl auf 20 bis 30 absinken. Entsprechend eng war der Kontakt zwischen Studenten und Lehrern. Teilweise wurden juristische Seminare – bei Bier und Zigarre – in der Privatwohnung des Professors abgehalten[595].

Zusammen mit einer abgeschlossenen Dissertation über „Die Vormerkung aus § 1179 BGB und ihre Wirkungen"[596] reichte Tucholsky am 2. August 1913 sein Gesuch ein. Darin bat er um Zulassung zur Promotion, da er nach dem Rücktritt vom Examen seinen „Studien nun einen

---

[591] *Fuchs*, Die Gemeinschädlichkeit der konstruktiven Jurisprudenz, S. 246.
[592] *Tucholsky*, GW, Bd. 2, S. 250.
[593] Zum Promotionsverfahren ausführlich: *Wambach*, Grenzgänger, S. 58 ff. sowie *Weck*, in: GA, Bd. 2, Komm. Nr. 94, S. 750 ff.
[594] *Steinmetz* (Hg.), Geschichte der Universität Jena, Bd. 1, S. 466.
[595] *Lehmann*, Lebenserinnerungen, hrsgg. v. *Gerhard Kegel*, S. 90.
[596] Die veröffentlichte Endfassung ist abgedruckt in: *Tucholsky*, GA, Bd. 2, Nr. 94, S. 208 ff. Die Vorschrift lautete damals: „Verpflichtet sich der Eigentümer einem anderen gegenüber, die Hypothek löschen zu lassen, wenn sie sich mit dem Eigentum in einer Person vereinigt, so kann zur Sicherung des Anspruchs auf Löschung eine Vormerkung in das Grundbuch eingetragen werden". Die Norm besteht seit dem 1. Januar 1978 nicht mehr in der damaligen Fassung.

Abschluss geben" wolle[597]. Dem Anschreiben fügte er die vorgeschriebenen Zeugnisse nebst einer Quittung über die Zahlung der Promotionsgebühr von 350 Mark bei. Den erforderlichen „Nachweis der Unbescholtenheit" erbrachte er durch ein polizeiliches Zeugnis, in dem ihm „auf Grund amtlicher Ermittlungen bescheinigt [wurde], daß während der Zeit vom 1. April 1906 bis jetzt nichts Nachteiliges über ihn bekannt geworden ist". In seinem Lebenslauf, der Angaben zum wissenschaftlichen Bildungsgang enthalten musste, verwies er u.a. auf seine Studien bei Seckel, Kohler und v. Liszt[598].

Über die Gründe für Tucholskys Wechsel nach Jena ist wenig bekannt. Die Frage, warum er sich nicht um die Berliner Doktorwürde bewarb, lässt sich jedoch mit großer Sicherheit beantworten. Während die Promotionsgebühren in Berlin und Jena etwa gleich hoch waren, unterschieden sich die Anforderungen der Prüfungsordnungen erheblich: Das Berliner Doktorexamen galt neben dem Bonner als das schwierigste überhaupt[599]. Zusätzlich zu den üblichen Promotionsleistungen wurden weitere Leistungsnachweise verlangt[600]. Die Anforderungen waren so hoch, dass die Promotionsquote im Promille-Bereich lag. Im 19. Jahrhundert fanden jahrzehntelang nur zwei bis vier Promotionen pro Jahr statt[601]. In Bonn gab es Semester, in denen es niemand wagte, sich der Prüfung zu unterziehen[602]. Zu Tucholskys Studienzeiten legten selten mehr als drei bis vier Kandidaten pro Semester das Doktorexamen ab[603]. Selbst an den kleineren Universitäten lag die Anzahl der Promotionen um ein Vielfaches höher[604]. Einer der wenigen, die sich dem Berliner Doktorexamen stellten, war Tucholskys Repetitor Walter Pollack gewesen, den Josef Kohler als „begabten Schüler" bezeichnet hatte. Nicht ohne Stolz verwies man

[597] Anschreiben an die Universität Jena vom 2.8.1913, Promotionsakte, Friedrich-Schiller-Universität Jena, UA, Bestand K, Nr. 298.
[598] Promotionsakte, a.a.O.
[599] *Lehmann*, a.a.O., S. 63.
[600] Vgl. Promotionsordnung der Juristischen Fakultät der Friedrich-Wilhelms-Universität Berlin, in: *Schröder*, Die juristische Doktorwürde, S. 13 f.; siehe auch: *Weck*, in: GA, Bd. 2, Komm. Nr. 94, S. 751.
[601] Vgl. *Heymann*, DJZ 1910, Sp. 1103, 1189 f.
[602] *Lehmann* , a.a.O., S. 63.
[603] Vgl. *Heymann*, a.a.O., Sp. 1103, 1190.
[604] So etwa in Jena (49), Würzburg (44), Heidelberg (153) und Erlangen (89). Die Angaben beziehen sich auf das Studienjahr 1906/07, *Schröder*, a.a.O., S. 12.

darauf, dass etwa ein Drittel aller Rechtslehrer an deutschen Hochschulen ihren Doktortitel an der Friedrich-Wilhelms-Universität erworben hatten[605]. Wenngleich nicht ausdrücklich gefordert, dürfte die Erste Staatsprüfung in der Praxis selbstverständliche Voraussetzung für die Annahme als Doktorand gewesen sein. Eine Promotion an seiner Heimatuniversität kam für Tucholsky daher nicht in Frage.

Als Alternative bot sich Jena in mehrfacher Hinsicht an. Von Berlin aus war die gut 200 km entfernte Saalestadt vergleichsweise schnell zu erreichen. Außerdem hatte die dortige Juristenfakultät einen guten Ruf[606]. Die Anforderungen des Doktorexamens waren deutlich geringer als in Berlin. Zwar gestattete die Promotionsordnung nicht die „Promotio in absentia", d.h. ohne mündliche Prüfung. Allerdings musste man, anders als in Berlin, nicht zwingend immatrikuliert sein[607]. Die Promotion ohne Erstes Staatsexamen war in Jena nicht nur möglich, sondern kam regelmäßig vor. Im Studienjahr 1906/07 lag ihr Anteil bei fast 20 %[608]. In seinem Buch „*Träumereien an preußischen Kaminen*" spielte Tucholsky Jahre später auf seine Zeit in Jena an. In „*Die verzauberte Prinzessin*" fragt der Oberzeremonienmeister den jungen Prinzen, der „seine zehn Semester Jus weg [hatte]"[609]:

> „‚Sind Sie nicht – – Haben Sie nicht in Jena studiert?' – ‚Ich war so frei', sagte der junge Prinz, ‚Nun, nun', begütigte der Alte, ‚das ist weiter keine Schande, es kann jedem passieren. (...)'"[610]

1. Promotion bei einem Freirechtler?

Die Begutachtung von Tucholskys Dissertation übernahm ein junger Professor, der später als „Haupt der Zivilrechtslehrer seiner Zeit" (H. Hattenhauer[611]) gelten sollte: der Jenaer Ordinarius Heinrich Lehmann (1876-1963). In Prüm (Eifel) geboren, hatte er zunächst in Frei-

605 *Heymann*, a.a.O., Sp. 1103, 1190.
606 *Depping*, Das BGB als Durchgangspunkt, S. 22.
607 Vgl. *Schröder*, a.a.O., S. 34 f.
608 Vgl. *Schröder*, a.a.O., S. 12.
609 *Tucholsky*, GW, Bd. 2, S. 250, 252.
610 *Tucholsky*, GW, Bd. 2, S. 250.
611 *H. Hattenhauer*, Grundbegriffe des bürgerlichen Rechts, S. 83.

burg, München, Berlin und Bonn Rechtswissenschaften studiert[612], bevor er 1898 sein Referendarexamen und vier Jahre später sein Assessorexamen ablegte. Nach einer Promotion bei Ernst Zitelmann und zwischenzeitlicher Tätigkeit als Richter und Anwalt folgte 1906 die Habilitation.

Am 23. Oktober 1911 wurde Lehmann der Professorentitel verliehen. Noch am gleichen Tag bot man ihm ein Extraordinariat für Bürgerliches Recht und Handelsrecht an der Universität Jena an. Lehmann folgte dem Ruf und nahm zum Wintersemester 1911/12 die Vorlesungstätigkeit auf. Ein knappes Jahr später wurde er 36jährig zum Ordinarius für Bürgerliches und Römisches Recht an der Universität Jena ernannt. Im Berufungsverfahren attestierte ihm der damalige Dekan Justus Wilhelm Hedemann, er habe bei der Studentenschaft erfreulichen Anklang gefunden[613]. Als Lehmann die Universität 1918 wieder verließ und an die Straßburger Hochschule wechselte, rief seine Entscheidung das „aufrichtige Bedauern der Fakultät und der Studentenschaft hervor“[614]. Seitens der Fakultät fürchtete man sogar, es könne zu einem Prestigeverlust kommen[615].

Eine weitgehend angepasste Rolle spielte Lehmann während des Nationalsozialismus. Zwar war er kein NSDAP-Mitglied, zählte aber u.a. zu den Herausgebern des Volksgesetzbuch-Entwurfes und gehörte der Akademie für deutsches Recht an[616]. Obwohl er sich in diesem Zusammenhang nicht durch ein gesteigertes Engagement hervortat, tragen seine Publikationen fast immer Anklänge an die nationalsozialistische Ideologie[617]. Als er 1936 anlässlich seines 60. Geburtstags mit einer Festschrift geehrt wurde, befand sich unter den Autoren auch Roland Freisler“[618]. Der spätere Volksgerichtshofpräsident, den Tucholsky 1926 scharf kritisierte, weil ein von ihm angeführter „Trupp nationaler Herren“ ein Kasseler Theater gestürmt und die Vorführung eines umstritte-

---

[612] Zur Biographie: *Lehmann*, Lebenserinnerungen, hrsgg. v. *Gerhard Kegel*; siehe auch *Depping*, a.a.O., S. 11 ff.

[613] *Depping*, a.a.O., S. 23.

[614] *Lehmann*, a.a.O., S. 98.

[615] *Depping*, a.a.O., S. 24.

[616] Dazu ausführlich *Depping*, a.a.O., S. 61 ff.

[617] *Depping*, a.a.O., S. 92.

[618] *Freisler*, in: FS Lehmann, S. 43 ff. Freisler war mit dem Beitrag „Rationale Staatsverfassung des Liberalismus – völkische Lebensordnung des Nationalsozialismus“ in der Festschrift vertreten.

nen Stückes gestört hatte[619], war ebenfalls von 1913 bis 1914 Student in Jena gewesen. 1922 war er dort bei Hedemann zum Doktor der Rechte promoviert worden[620]. Möglicherweise hat Tucholsky die „Freislers" also im wahrsten Sinn des Wortes „kommen sehen" (Heydrich[621]). Ironischerweise nahm der berüchtigte Volksgerichtshof seinen Sitz 1935 im Gebäude des ehemaligen Berliner Wilhelms-Gymnasiums, dessen Schüler Tucholsky von 1903 bis 1907 gewesen war.

Gängel und Schaumburg haben die These vertreten, Tucholsky sei nicht zuletzt wegen seines (potentiellen) Doktorvaters nach Jena gegangen. Die Jenaer Fakultät habe damals als Zentrum der Freirechtsschule gegolten. Neben den Professoren Danz, Deinhardt und Hedemann habe auch Lehmann eine „diesem Denken verpflichtete Haltung" eingenommen[622]. Tatsächlich bestanden seitens der Jenaer Professorenschaft gewisse Berührungspunkte mit dem Freirecht. Von etwa 1910 bis 1917 existierte in Jena eine später als „Jenaer Schule" bezeichnete Bewegung. Im Zentrum stand der 1911 gegründete Verein „Recht und Wirtschaft"[623], der „der alten begriffsjuristischen Schule den Kampf angesagt hatte"[624]. Es ist sogar nicht völlig auszuschließen, dass Tucholsky durch Ernst Fuchs auf Lehmann aufmerksam wurde: Als Lehmann sein Werk „*Der Prozeßvergleich*" (1911) veröffentlichte, lobte Ernst Fuchs die Schrift in einem Aufsatz in der „*Juristischen Wochenschrift*" als „auf dem neuen Boden" stehend. Hier feiere die neue Methode einen „wahren Triumph"[625].

Trotz solcher Berührungspunkte ist eine Zuordnung zur Freirechtsbewegung fraglich. Eine „eigenständige Lehre, zudem homogen von den genannten Akteuren vertreten", ist in dieser Zeit nicht feststellbar[626]. Im Übrigen grenzte sich die „Jenaer Schule" gegenüber der Freirechtsbewegung ab[627]. Im Rahmen des üblichen Schemas wäre die „Jenaer Schule"

---

619 „Der liebe Gott in Kassel", *Tucholsky*, GW, Bd. 4, S. 540 ff.
620 *Weiß* (Hg.), Biographisches Lexikon zum Dritten Reich, S. 130; *Depping*, a.a.O., S. 65.
621 „Die Weltbühne" vom 16.12.1980, 1643, 1646.
622 *Gängel/Schaumburg*, Neue Justiz 1990, 19, 20.
623 Dazu ausführlich *Depping*, a.a.O., S. 24 ff.
624 *Lehmann*, Lebenserinnerungen, S. 85.
625 *Fuchs*, JW 1912, 267, 269.
626 *Depping*, a.a.O., S. 25.
627 Vgl. *Depping*, a.a.O., S. 25 m.w.N.

am ehesten der Interessenjurisprudenz zuzurechnen[628]. Auch Heinrich Lehmann bekannte sich zu dieser Richtung des Rechtsdenkens[629]. Anders als die Vertreter der Freirechtsschule stand er der juristischen Konstruktion nicht rundweg ablehnend gegenüber. In seiner Schrift über den Prozessvergleich betonte er, dass es sich nicht um die „Verwerfung der juristischen Konstruktion" handeln könne, „sondern um eine möglichste Berücksichtigung der praktischen Zwecke der Rechtsordnung bei der Konstruktion"[630]. Insoweit ging es ihm, wie er an anderer Stelle schrieb, um den Mittelweg „zwischen der Scylla der übermäßigen Gebundenheit an den Wortlaut der gesetzlichen Bestimmungen (...) und der Charybdis der übermäßigen Freiheit, die alle Formen zerbricht und damit die Verkehrssicherheit aufs schwerste gefährdet."[631]

Für die juristische Ausbildung hielt Lehmann eine begriffsjuristische Schulung geradezu für erforderlich; der umgekehrte Weg führe leicht zur „Mißachtung und Verwilderung der Begriffe und damit zur Willkür"[632]. Eine nähere Auseinandersetzung Lehmanns mit dem Freirecht ist nicht feststellbar. Eher finden sich schlagwortartige Distanzierungen gegenüber einer als willkürlich empfundenen „freien" Rechtsfindung[633]. Zentrale Forderungen der Freirechtler, wie etwa die nach Einführung eines „Richterkönigtums"[634], wies Lehmann ausdrücklich zurück[635]. Mit Blick auf die positive Würdigung Lehmanns durch Ernst Fuchs hat Depping deshalb von einem Beifall „von der ‚falschen' Seite" gesprochen[636]. Von einer dem Freirecht „verpflichtete[n] Haltung"[637] Lehmanns kann jedenfalls keine Rede sein.

Wahrscheinlich strebte Tucholsky die Jenaer Doktorwürde schlicht deshalb an, weil die dortigen Promotionsbedingungen weniger an-

---

[628] So auch *Weck*, in: GA, Bd. 2, Komm. Nr. 94, S. 751. Anders *Lombardi Vallauri*, Geschichte des Freirechts, S. 51, der nicht nur die Jenaer Fakultät, sondern auch das dortige OLG der Freirechtsbewegung zurechnet.
[629] *Lehmann*, Lebenserinnerungen, S. 53 a.E. f.; vgl. auch *Depping*, a.a.O., S. 144 m.w.N.
[630] *Lehmann*, Prozeßvergleich, S. 2.
[631] *Lehmann*, JW 1914, 1057.
[632] *Lehmann*, Lebenserinnerungen, S. 54.
[633] Vgl. die Nachweise bei *Depping*, a.a.O., S. 145.
[634] Ausführlich: *Fuchs*, Schreibjustiz und Richterkönigtum, S. 99 ff.
[635] *Lehmann*, Prozeßvergleich, S. 1.
[636] *Depping*, a.a.O., S. 164.
[637] *Gängel/Schaumburg*, Neue Justiz 1990, 19, 20.

Heinrich Lehmann

spruchsvoll waren als in Berlin[638]. Welcher der Professoren das Gutachten erstellte, war ohnehin vom Zufall abhängig. Nach dem Fakultätsstatut war das Promotionsgesuch an den Dekan zu richten, der die Dissertation „einem Mitglied der engeren Fakultät zur Abgabe eines schriftlich zu begründenden Gutachtens“ überwies[639]. Einem externen Doktoranden dürfte es kaum möglich gewesen sein, die Wahl des Doktorvaters zu beeinflussen.

2. „Eklige, leere Zeit“[640]

Schon vor Einreichung seiner Dissertation veröffentlichte Tucholsky regelmäßig mehrere Beiträge pro Monat. Nach der Abgabe stürzte er sich geradezu in die schriftstellerische Arbeit. Ab September erschienen im Schnitt fünf Beiträge pro Woche – ein Pensum, das an jenes seiner produktivsten Phase 1919/20 heranreicht. Gleichzeitig plante er gemeinsam mit Kurt Szafranski das „*Orion*“-Projekt und arbeitete an seinem ersten Sammelband mit dem Titel „*Der Zeitsparer*“[641]. Ende des Jahres trat er dem „Schutzverband deutscher Schriftsteller“ bei[642]. Fand sich im Berliner Adressbuch vom Vorjahr noch der Eintrag „Tucholsky, Kurt, cand. jur.“, so heißt es ab 1914: „Tucholsky, Kurt, Schriftstell.“ [643].

Auf die Juristerei wollte Tucholsky nur noch wenig Zeit verwenden. Wie sehr ihm an einem schnellen Abschluss gelegen war, belegt seine Bitte, möglichst noch im November 1913 das Rigorosum ablegen zu dürfen[644]. Da das Dissertationsgutachten Lehmanns jedoch nicht rechtzeitig vorlag, war an einen Abschluss vor Jahresende nicht mehr zu denken. Erst im Januar 1914, fast sieben Monate nach Einreichung der Dissertation, lag die Stellungnahme vor. Die lange Begutachtungszeit mag zum einen damit zusammengehangen haben, dass Tucholsky externer

---

638 Dass die divergierenden Promotionsbedingungen eine Rolle gespielt haben könnten, vermutet auch *Weck*, in: GA, Bd. 2, Komm. Nr. 94, S. 749, 751.
639 §§ 4, 6 Abs. 2 Statut der juristischen Fakultät, in: Fakultäts-Statuten, S. 14 ff.
640 *Tucholsky*, UuL, S. 246.
641 Zur Entstehung des „Zeitsparers“ vgl. GA, Bd. 1, Komm. Nr. 170, S. 588 f.
642 *Hepp*, Annäherungen, S. 545.
643 Berliner Adreßbuch 1913 bzw. 1914, Unter Benutzung amtlicher Quellen, Berlin 1913 bzw. 1914.
644 Promotionsakte, Friedrich-Schiller-Universität Jena, UA, Bestand K, Nr. 298.

Doktorand war. Zum anderen war Lehmann zu dieser Zeit beruflich stark beansprucht. Zum Wintersemester hatte er das Dekanat der Juristischen Fakultät übernommen und war zum Richter am Thüringischen Oberlandesgericht ernannt worden. Vor allem die Tätigkeit am OLG war mit einer hohen Arbeitsbelastung verbunden[645].

Tucholskys Hoffnung auf einen schnellen Abschluss erfüllte sich nicht. Statt eines Termins zur mündlichen Prüfung teilte man ihm mit, seine Dissertation sei abgewiesen worden. In seinem Gutachten vom 18. Januar 1914 führte Lehmann aus, die Arbeit sei nicht hinreichend wissenschaftlich beachtenswert, gestand aber zu, dass es sich um ein „sehr schwieriges" Thema handele[646]. In einem Aufsatz über *„Löschungs-‚vormerkung' und Grundschulderlösanspruch"* stellte Kurt Stöber noch jüngst fest, dass die Löschungsvormerkung nach § 1179 BGB a.F. nicht leicht zu handhaben gewesen sei. Kurt Tucholsky habe dies bereits in jungen Jahren erfahren müssen[647].

Ausschlaggebend für die Abweisung war allerdings weniger die mangelnde Qualität der Arbeit. In seinen Ausführungen wies Lehmann darauf hin, dass sie sich „bei entsprechender Anleitung" leicht umarbeiten lasse. Allerdings sehe er einem Auswärtigen gegenüber keinen Anlass, sich mit der Arbeit zu belasten[648]. Tucholsky dürfte sich an sein Abitur erinnert gefühlt haben. Schon damals hatte er die Erfahrung gemacht, dass man als Externer nicht mit allzu viel Entgegenkommen rechnen durfte. Man habe sich wie ein „Entlastungszeuge vor einem Staatsanwalt"[649] gefühlt, erinnerte er sich später.

Obwohl Lehmann seinem Doktoranden schließlich doch eine „zweite Chance" einräumte und ihm offenbar auch einige Hinweise zur Überarbeitung gab[650], scheint das Verhältnis zwischen Tucholsky und seinem Doktorvater distanziert gewesen zu sein. Wechselseitige Erwähnungen in Texten oder Briefen sind nicht festzustellen. Auch in den 1946 verfassten

---

645 *Lehmann*, Lebenserinnerungen, S. 88 u. 92 f.

646 Promotionsakte, a.a.O.

647 *Stöber*, WM 2006, 607.

648 Promotionsakte, a.a.O.

649 *Tucholsky*, GW, Bd. 7, S. 164, 165.

650 In seinem zweiten Promotionsgesuch schrieb Tucholsky, er erlaube sich, „eine nach den Angaben des Herrn Prof. Dr. Lehmann umgearbeitete Dissertation einzureichen", Promotionsakte, a.a.O.

und 1976 posthum veröffentlichten Lebenserinnerungen Lehmanns findet sich kein Hinweis auf den berühmten Doktoranden[651]. Möglicherweise legte der politisch eher konservative Lehmann in späteren Jahren wenig Wert darauf, mit dem ehemaligen Doktoranden und späteren Justizkritiker in Verbindung gebracht zu werden.

Entgegen seiner ursprünglichen Planung musste Tucholsky noch einmal ein erhebliches Maß an Arbeit und Zeit auf seine Doktorarbeit verwenden. Da seine literarische Produktion annähernd auf gleichem Niveau blieb, muss er sehr viel Zeit am Schreibtisch verbracht haben. Während solcher Phasen intensiver Arbeit benötigte Tucholsky absolute Ruhe – ein Bedürfnis, das in späteren Jahren geradezu obsessive Züge annahm. Schon 1912 hatte er sich über den Hang der Deutschen zu nervtötender Hausmusik beklagt[652]. Während der Umarbeitung seiner Dissertation veröffentlichte Tucholsky einen Beitrag, der nicht nur von seiner ausgeprägten Lärmempfindlichkeit, sondern ebenso von der Beschäftigung mit sachenrechtlicher Literatur zeugt:

> „Die Hausmusik. Praktisch liegt die Sache so, daß die gegenwärtige Rechtsprechung nur in den allerseltensten Fällen dem Mieter das Recht zuspricht, seinem klavierübenden Nachbarn diese achtstündige Marter zu untersagen. Das Gesetz ist an diesen unhaltbaren Zuständen gänzlich unschuldig: es gibt dem Mieter, der nur Besitzer und nicht Eigentümer einer Sache ist, diese Besitzstörungsklage in den §§ 862 (858) und 865 des Bürgerlichen Gesetzbuches. Deutlicher kann man nicht sein: ‚Wer den Besitzer im Besitze stört, handelt widerrechtlich. Wird der Besitzer durch verbotene Eigenmacht im Besitze gestört, so kann er von dem Störer die Beseitigung der Störung verlangen. (...)'"[653].

Man möge sich die Gesetzesbücher um die Ohren schlagen, um zu entscheiden, wann dem Eigentümer ein solcher Schutz gegen Störung zustehe; beim Besitzer sei die Sache ganz klar. Es frage sich nur, ob hier eine „Störung" vorliege:

---

[651] *Lehmann*, Lebenserinnerungen, hrsgg. v. *Gerhard Kegel*.

[652] Es sei geradezu fürchterlich, dass man keine drei Häuser weit mehr gehen könne, „ohne dieser Musikpest zu begegnen, die die Gesunden, Nichtbeteiligten ansteckt, aber die Ausüber leider nicht tötet...", „Musiklärm", *Tucholsky*, DT, S. 39, 40.

[653] „Lärmschutz", *Tucholsky*, RwW, S. 69, 70.

„Ach ja, Störung ... Du sitzest etwa an deinem braunen Schreibtisch, und um dich herum liegen aufgeschlagen die Werke der sieben Weisen aus dem Morgenland, weil du ein achter zu werden beabsichtigst (...). Um dich herum ist Ruhe. (...) Was ist dir in diesem Augenblick Verdi? Nichts. Aber ihr ist er etwas, deiner Unterbewohnerin, Fräulein Nelly Pudel, und sie öffnet den freundlichen Mund und läßt die Luft durch ihre Stimmbänder ziehen und singt, du mein Gott, wie singt sie! Nicht schön, aber laut.“[654]

Es handele sich um eine Störung „und [um] eine unerträgliche dazu“[655]. Zivilrechtlich solle und müsse „ein Schutz geschaffen werden gegen die Dudler, die Schreier, die Musikmacher. Mögen sie Musik treiben (das richtige Wort), mögen sie sich ergötzen an dem, was sie ihre Abendunterhaltung nennen... aber sie mögen uns, die Arbeitenden, nicht stören.“ Nur die Rechtsprechung könne hier helfen[656].

Gut vier Monate nahm Tucholsky sich zur Überarbeitung, bis er am 9. Juni 1914 eine neue Fassung seiner Dissertation vorlegte. Da die erste Version offiziell abgewiesen worden war, musste er noch einmal die Zulassung zur Promotion beantragen. Auch die Gebühren von 350 Mark musste er ein zweites Mal entrichten[657]. In seinem Anschreiben wies er darauf hin, dass er seit Einreichung seines ersten Gesuchs „ununterbrochen juristisch gearbeitet“ habe. Erneut bat er um einen baldigen Termin zur mündlichen Prüfung, „wenn angängig, noch im Sommersemester“[658]. Sein Doktorvater begutachtete die Arbeit jedoch nur wenig schneller als im Vorjahr. Erst am 26. Oktober, nach Beginn des Wintersemesters, lag das neue Gutachten vor. Tucholsky überbrückte die Wartezeit mit einem Kurzstudium an der Berliner Universität. Für das Sommersemester schrieb er sich an der Philosophischen Fakultät ein und belegte Vorlesungen in Psychologie und Erdkunde[659]. Diesmal empfahl Lehmann die Annahme der Arbeit und schlug als Prädikat ein „cum laude“ vor. Da noch „einige Kleinigkeiten“ zu verbessern waren, verweigerte er jedoch die Druckerlaubnis. In seinem Gutachten bescheinigte Lehmann seinem Doktoranden, er halte „jetzt bei seiner Darstellung ein gewisses Niveau

---

654 *Tucholsky*, RwW, S. 69, 70 f.
655 *Tucholsky*, RwW, S. 69, 71.
656 *Tucholsky*, RwW, S. 69, 71 f.
657 Im Fall der Abweisung wurde ein Teil der Gebühren allerdings zurückerstattet.
658 Promotionsakte, a.a.O.
659 *Hepp*, Annäherungen, S. 54 f. m.w.N.

und beurteilt die Gestaltung der Löschungsvormerkung von einem freieren, über den bloßen Konstruktionen stehenden Standpunkt aus."[660] Das Gutachten Lehmanns belegt, wie stark Tucholskys Denken ursprünglich von der Konstruktionsjurisprudenz beeinflusst war. Einen „freieren Standpunkt" musste er sich erst erarbeiten. Davon, dass Tucholsky der Freirechtsbewegung „schon bei der Erarbeitung der ersten Fassung seiner Dissertation sehr nahe [stand]" (Gängel/Schaumburg[661]), kann insoweit keine Rede sein. Das methodische Anliegen der Freirechtsbewegung hatte Tucholsky – bei aller Begeisterung für Fuchs – (noch) nicht verstanden. Auch vor diesem Hintergrund dürfte zu bezweifeln sein, dass Tucholsky sich wegen der angeblich freirechtlichen Ausrichtung der Fakultät in Jena bewarb.

Den endlich in greifbare Nähe gerückten Studienabschluss wollte Tucholsky nicht mehr gefährden. Er verfasste nur noch vereinzelt Beiträge. Ab September stellte er das Schreiben ein und widmete sich der Vorbereitung auf das Doktorexamen. Eine intensive Vorbereitung empfahl sich nicht zuletzt deshalb, weil nach Kriegsausbruch jederzeit mit einer Einberufung zu rechnen war. Die mündliche Doktorprüfung sollte schließlich im November 1914 stattfinden – ein ganzes Jahr später als ursprünglich erhofft. Interessanterweise bat Tucholsky darum, die Prüfung wegen einer (angeblichen?) Erkrankung zu verschieben. Ihm sei „ärztlicherseits wegen eines Herzleidens Schonung auferlegt worden", wenn irgend möglich, möge der Termin erst „nach dem 25. d.M." angesetzt werden[662]. Trotz seiner Bitte setzte die Fakultät den Termin früher fest, womit Tucholsky sich schließlich telegrafisch einverstanden erklärte[663]. Am 19. November 1914, nachmittags um fünf Uhr, legte er vor der vierköpfigen Prüfungskommission der Jenaer Fakultät die mündliche Doktorprüfung ab[664]. Die Befragung war öffentlich und hatte „vor ver-

---

660 Promotionsakte, a.a.O.: „Das verleiht seiner Abhandlung Wert, wenn sie auch positive neue Ergebnisse nicht bringt. Das hemmende, den Blick verdunkelnde Gestrüpp der Konstruktionen thunlichst zu beseitigen, ist gerade bei unserem Problem von Wert".

661 *Gängel/Schaumburg*, Neue Justiz 1990, 19, 20.

662 Promotionsakte, a.a.O.

663 Promotionsakte, a.a.O.

664 Protokoll über die mündliche Doktorprüfung, Friedrich-Schiller-Universität Jena, UA, Bestand K, Nr. 298.

sammelter Fakultät" stattzufinden[665]. Die Themen waren breit gefächert; die Prüfung musste sich auf mindestens sechs Fächer erstrecken. Professor Lehmann prüfte seinen Doktoranden im Römischen und Bürgerlichen Recht, Professor Rosenthal im Öffentlichen Recht. Der Dekan, Professor Niedner, stellte Fragen aus den Bereichen des Straf- und Kirchenrechts. Auch Handelsrecht und deutsches Privatrecht waren Gegenstand der Prüfung[666].

Im Anschluss an die Prüfung beschloss man, den Kandidaten „cum laude" zu promovieren[667]. Den Titel durfte Tucholsky allerdings noch nicht führen. Da die Druckerlaubnis nicht erteilt war, musste er noch einige handschriftliche Nachbesserungen vornehmen. Die verbesserte Version reichte er mit dem Vermerk „III. Entwurf" in Jena ein. Am 6. Januar 1915 bat er den Dekan der juristischen Fakultät um die „baldige Erteilung der Druckgenehmigung", da er „in kurzer Zeit zum Militärdienst einberufen werde"[668]. Eine Woche später, am 14. Januar, wurde die Druckreife schließlich erteilt. Nachdem Tucholsky die Arbeit im Verlag „Robert Noske, Borna-Leipzig" hatte drucken lassen und die vorgeschriebenen Pflichtexemplare abgeliefert hatte, waren alle Voraussetzungen erfüllt. Am 12. Februar 1915 erhielt er die in lateinischer Sprache abgefasste Promotionsurkunde ausgehändigt, die ihm bescheinigte, künftig den akademischen Grad eines Doktors „beider Rechte" führen zu dürfen[669]. Eines der gedruckten Dissertationsexemplare widmete er seiner Schwester:

> „Für Ellen Hippel. Aaaber sie braucht es nicht zu lesen! – Oh nein. Kurt 12.II.15"[670].

---

[665] § 6 Abs. 7 Statut der juristischen Fakultät, in: Fakultäts-Statuten, S. 14 ff.
[666] Protokoll über die mündliche Doktorprüfung, a.a.O.
[667] Protokoll über die mündliche Doktorprüfung, a.a.O. Tucholskys Doktorvater Heinrich Lehmann war in Bonn ebenfalls „cum laude" zum Doktor der Rechte promoviert worden, *Lehmann*, Lebenserinnerungen, S. 63.
[668] Promotionsakte, a.a.O.
[669] Promotionsakte, a.a.O. Während die Promotionsordnung nur die Promotion zum „Doktor der Rechte" vorsah, bezieht sich die Urkunde auf die Promotion zum „Doktor beider Rechte" (iuris utriusque), also des weltlichen und des Kirchenrechts.
[670] *Tucholsky*, GA, Bd. 2, Komm. Nr. 94, S. 749.

Das zeitgenössische Schrifttum zeigte sich desinteressiert: Die Arbeit wurde weder rezensiert noch zitiert[671]. Inzwischen hat sich das Interesse an Tucholskys Dissertation geändert: Da sie in geringer Auflage erschien, sind die erhaltenen Exemplare zu begehrten Sammelobjekten geworden. Auf der Internationalen Antiquariatsmesse, die im November 2001 in Hamburg stattfand, wurde ein gut erhaltenes Dissertationsexemplar zum Preis von 1.550,- DM zum Kauf angeboten[672].

Mittlerweile ist die Doktorarbeit in der seit 1996 erscheinenden Tucholsky-„*Gesamtausgabe*" veröffentlicht und kommentiert[673]. Der Text lässt wenig von Tucholskys Sprachbegabung erkennen. Rottka äußert gar die Vermutung, der Stil habe dazu beigetragen, dass die Arbeit im Schrifttum nicht beachtet worden sei[674]: „zumindest stach er nicht durch Tucholskys Brillanz hervor"[675]. Auch Wambach meint, der Text sei „zuweilen etwas verschachtelt"[676] und stellenweise recht umständlich[677]. Die von Rottka aufgeworfene Frage, ob Tucholsky seine Dissertation tatsächlich selbst verfasst habe[678], dürfte dennoch ohne eingehende Stilanalysen zu bejahen sein. Zwar ist denkbar, dass Tucholsky sich bei der Anfertigung seiner Dissertation unterstützen ließ. Die Hauptarbeit lag jedoch bei ihm. Dies belegt nicht nur die Klage über störende Hausmusik, gegen die man zivilrechtlich vorgehen müsse. Als er im Spätsommer 1919 einen Urlaub auf der Ostseeinsel Poel verbrachte, schrieb Tucholsky seiner Freundin Mary Gerold:

> „Heut, beim Spazierengehen, habe ich mir den Spaß gemacht, nachzudenken, wo ich alles am 1. September im Krieg gewesen bin. (...) Wollen sehen: [Absatz] 1914. Gearbeitet am Doktor. Gar keine Erinnerung mehr. Eklige, leere Zeit."[679]

---

[671] *Rottka*, in: KT und die Justiz, S. 121, 124.
[672] Vgl. http://www.quod-libet.com/katalog/aq10.php, 27.7.2003.
[673] *Tucholsky*, GA, Bd. 2, Nr. 94, S. 208 ff.
[674] *Rottka*, in: KT und die Justiz, S. 121, 123.
[675] *Rottka*, a.a.O., S. 121, 124.
[676] *Wambach*, Grenzgänger, S. 61.
[677] *Wambach*, a.a.O., S. 61.
[678] *Rottka*, a.a.O., S. 121, 124.
[679] Brief vom 1.9.1919, *Tucholsky*, UuL, S. 246.

IV. „Ich darf mich leider nicht mehr zu den Kreisen der Kakademiker zählen"[680] – Aberkennung der juristischen Doktorwürde nach der Ausbürgerung 1933?

Gut 18 Jahre nach seiner Promotion verlor Tucholsky, der seit 1930 offiziell in Schweden lebte, die deutsche Staatsangehörigkeit. Sein Name befand sich auf der ersten von insgesamt 359 Ausbürgerungslisten, die ab 1933 im Deutschen Reichsanzeiger veröffentlicht wurden[681]. Im Zusammenhang mit der Ausbürgerung soll ihm nach dem bisherigen Stand der Forschung auch der Doktorgrad aberkannt worden sein[682].

Schon wenige Wochen nach der Machtergreifung hatten die Nationalsozialisten begonnen, alle Emigranten zu registrieren[683]. Nach Tucholsky wurde seit März 1933 gefahndet[684]. Um gegen die „Landesverräter aus Beruf" (Goebbels) und „vaterlandslose[n] Kreaturen" (Göring) vorgehen zu können, regte Reichsinnenminister Wilhelm Frick die Schaffung eines Ausbürgerungsgesetzes an[685]. Am 14. Juli 1933 wurde das „*Gesetz über den Widerruf von Einbürgerungen und die Aberkennung der deutschen Staatsangehörigkeit*" von der Reichsregierung erlassen[686]. Nach § 2 Abs. 1 des Gesetzes konnten „Reichsangehörige, die sich im Ausland aufhalten, (...) der deutschen Staatsangehörigkeit für verlustig erklärt werden, sofern sie durch ein Verhalten, das gegen die Pflicht zur Treue gegen Reich und

---

680 Brief Tucholskys an Hedwig Müller vom 17.11.1933, *Tucholsky*, BA, S. 322 u. GA, Bd. 20, B 89, S. 141.

681 Die Listen sind in chronologischer Reihenfolge abgedruckt in: *Hepp* (Hg.), Die Ausbürgerung deutscher Staatsangehöriger 1933-45, Bd. 1. Bis 1945 wurde fast 40.000 deutschen Staatsangehörigen ihre Staatsangehörigkeit entzogen.

682 *Hepp*, Annäherungen, S. 55; *ders.*, Kurt Tucholsky, Rowohlts Monographien, S. 29, Fn. 71; *Huonker* (Hg.), Liebe Winternuuna, S. 151; *Wambach*, Grenzgänger, S. 60; *Kinder/Presser*, „Ich habe den Eindruck, hier zu stören", S. 17, Nr. 41.

683 Eingehender: *H.G. Lehmann*, in: Die Ausbürgerung deutscher Staatsangehöriger 1933-45, Bd. 1, S. IX, X.

684 *Hepp*, Kurt Tucholsky, Rowohlts Monographien, S. 141; ausführlich, mit Abdruck der Akten des Geheimen Staatspolizeiamts (Gestapa): GA, Bd. 20, Komm. B 21, S. 622, 623 f.

685 *H.G. Lehmann*, a.a.O., S. IX, X f.

686 RGBl. I, S. 480. Als Grundlage für den Erlass des Gesetzes diente Art. 1 des so genannten „Ermächtigungsgesetzes" vom 23. März 1933: „Reichsgesetze können außer in dem in der Reichsverfassung vorgesehenen Verfahren auch durch die Reichsregierung beschlossen werden. Dies gilt auch für die in den Artikeln 85 Abs. 2 und 87 der Reichsverfassung bezeichneten Gesetze." (RGBl. I, S. 141).

Volk verstößt, die deutschen Belange geschädigt haben."[687] Das gleiche sollte für jene Reichsangehörigen gelten, die einer Aufforderung zur Rückkehr nicht nachkamen.

Die nationalsozialistische Ausbürgerung war als politische Strafe gedacht und sollte die Emigranten in mehrfacher Hinsicht treffen. Durch die Expatriation wurden sie in der Regel staatenlos und büßten den mit der Staatsangehörigkeit verbundenen diplomatischen Schutzanspruch ein. Ihr Vermögen konnte beschlagnahmt bzw. nach erfolgter Ausbürgerung als dem Reich verfallen erklärt werden. Schließlich konnte die Ausbürgerung auch auf Ehegatten und Kinder ausgedehnt werden[688]. Am 26. Juli 1933, zwölf Tage nach Inkrafttreten des Ausbürgerungsgesetzes, wurde die zugehörige Durchführungsverordnung[689] erlassen. Danach sollte ein „Verhalten, das gegen die Pflicht zur Treue gegen Reich und Volk verstößt" (§ 2 AusbürgerungsG), insbesondere dann vorliegen, wenn ein Deutscher „der feindseligen Propaganda gegen Deutschland Vorschub geleistet oder das deutsche Ansehen oder die Maßnahmen der nationalen Regierung herabzuwürdigen gesucht hat".

Die Ausbürgerungsliste mit Tucholskys Namen wurde am 16. August 1933 bei einer interministeriellen Besprechung von Reichsinnenministerium, Auswärtigem Amt, Preußischem Innenministerium und Geheimem Staatspolizeiamt (Gestapa) zusammengestellt[690]. Am 25. August 1933 erschien sie im „*Deutschen Reichsanzeiger und Preußischen Staatsanzeiger*"[691]. Mit Tucholsky wurden 32 andere Emigranten ausgebürgert, darunter viele namhafte Schriftsteller und sozialdemokratische Politiker[692]. Das

---

687 Daneben gab es noch das Institut der „Denaturalisation". Gemäß § 1 AusbürgerungsG konnten Einbürgerungen aus der Zeit der Weimarer Republik widerrufen werden, „falls die Einbürgerung nicht als erwünscht anzusehen ist". Zu den Hintergründen: *H.G. Lehmann*, a.a.O., S. IX, XI f.

688 *H.G. Lehmann*, a.a.O., S. IX, XV.

689 RGBl. I, S. 538.

690 *Kinder/Presser*, „Ich habe den Eindruck, hier zu stören", S. 83 (Nr. 257).

691 Deutscher Reichsanzeiger und Preußischer Staatsanzeiger, Nr. 198, 25.8.1933.

692 U.a. Lion Feuchtwanger, Heinrich Mann, Emil J. Gumbel, Ernst Toller, Rudolf Breitscheid und Philipp Scheidemann. Auch auf der zweiten Liste, die im Frühjahr 1934 erschien, befanden sich die Namen bekannter Persönlichkeiten. Tucholsky kommentierte den Vorgang in einem Brief an Hedwig Müller: „Nun sind sie ja so dumm, daß es so kracht: jetzt zum Beispiel diese 2. Liste herauszugeben, ist ein Wahnwitz – der Name Einsteins, der sich ja längst ganz still verhalten hatte, scha-

Vermögen der Ausgebürgerten wurde beschlagnahmt. Tucholsky war aufgenommen worden, weil man ihm vorwarf, „Hetzartikel gegen die nationale Bewegung im Ausland" zu verfassen[693]. Tatsächlich hatte Tucholsky seit 1932 nichts mehr publiziert. In dem eigenhändigen Lebenslauf, den er 1934 seinem Antrag auf Erteilung eines schwedischen Ausländerpasses beifügte, stellte er deshalb fest, er habe sich weder seit Inkrafttreten des Ausbürgerungsgesetzes

> „noch überhaupt zur Machtergreifung durch die Nationalsozialisten öffentlich geäußert. Die Aberkennung der Staatsangehörigkeit, die als Strafe gedacht ist, stellt also einen Rechtsbruch dar, einen Bruch des obersten Grundsatzes aller Strafjustiz: nulla poena sine lege."[694]

In den Jahren zuvor hatte Tucholsky aus seiner Verachtung für die Nationalsozialisten allerdings keinen Hehl gemacht. Mehrfach hatte er die führenden Köpfe der nationalsozialistischen Bewegung in Artikeln und Gedichten mit Kritik und Spott überzogen[695]. Er selbst sah seine Ausbürgerung u.a. in einem Angriff begründet, den er „im Jahre 1931 in Versen gegen einen der Führer der Nationalsozialisten gerichtet hat[te]."[696] In der „*Weltbühne*" vom 24. Februar hatte er, wie er später an Walter Hasenclever schrieb, dem „kleine[n] Goebbels (...) seinen Klumpfuß unter die Nase gehalten"[697]:

> „Wat wärst du ohne deine Möbelpacker!
> Die stehn, bezahlt un treu, so um dir rum.

det ihnen mächtig. Mir ist das recht.", *Tucholsky*, GA, Bd. 20, B 152, S. 274, 275. Vgl. zu Tucholskys Ausbürgerung auch *Hepp*, Annäherungen, S. 351 f.

693 *Hepp*, a.a.O., S. 351.

694 *Tucholsky*, DT, S. 838, 842.

695 Vgl. nur „Deutschland erwache!", *Tucholsky*, GW, Bd. 8, S. 107; „Die Mäuler auf!", *Tucholsky*, GW, Bd. 8, S. 192 f.; „So verschieden ist es im menschlichen Leben!", *Tucholsky*, GW, Bd. 9, S. 180, 182; „Hitler und Goethe", GW, Bd. 10, S. 78 ff. usw. Tucholsky hatte die Entwicklung hin zur NS-Diktatur und zu einem neuerlichen Krieg lange vorhergesehen, vgl. *Tucholsky/Lambart*, Kurt Tucholsky und Deutschlands Marsch ins Dritte Reich.

696 *Tucholsky*, DT, S. 838, 842.

697 Brief vom 20.4.1933, *Tucholsky*, BA, S. 299, 299 f. Als im nationalsozialistischen „Angriff" 1934 gegen den Verkauf seiner Bücher protestiert wurde, schrieb Tucholsky: „Mein Gott, muß ich ihn getroffen haben! Ein Gedicht, vor drei Jahren, und immer noch!", *Tucholsky*, GA, Bd. 20, B 199, S. 376, 380.

Dahinter du: een arma Lauseknacker,
een Baritong fort Jachtenpublikum.
Die Weiber – hach – die bibbern dir entjejen
un möchten sich am liebsten uffn Boden lejen!
Du machst un tust und jippst da an . . .
Josef, du bist 'n kleener Mann.

Mit dein Klumpfuß – seh mal, bein andern
da sacht ick nischt; det kann ja jeda ham.
Du wißt als Recke durch de Jejend wandern
un paßt in keen Schützenjrahm?
In Sportpalast sowie in deine Presse,
da haste eine mächtich jroße Fresse.
Riskierst du wat? – De Schnauze vornean.
Josef, du bist 'n kleener Mann.

Du bist mit irgendwat zu kurz gekomm.
Nu rächste dir, nu lechste los.
Dir hamm se woll zu früh aus Nest jenomm!
Du bist keen Heros, det markierste bloß.
Du hast 'n Buckel, Mensch – du bist nich richtich!
Du bist bloß laut – sonst biste jahnich wichtig!
Keen Schütze – een Porzellanzerschmeißer,
keen Führer biste – bloß 'n Reißer,
Josef,
du bist een jroßer Mann –!“[698]

Da Tucholskys Noch-Ehefrau Mary den Wohnsitz ihres Mannes geheim gehalten hatte[699], wussten die deutschen Behörden anfangs nicht, wo er sich aufhielt. Zum Zeitpunkt der Ausbürgerung vermutete man ihn in Prag. Möglicherweise lag eine Verwechslung mit seinem Bruder Fritz vor, der im Mai in die Tschechoslowakei emigriert war[700]. Tatsächlich wohnte Tucholsky seit fast einem Jahr in Zürich bei seiner Freundin Hedwig Müller. Deren Schwester berichtete Jahre später, man habe die Aberkennung der Staatsangehörigkeit „ganz groß und mit viel Wein“[701] gefeiert.

[698] „Joebbels“, *Tucholsky*, GW, Bd. 9, S. 138.
[699] GA, Bd. 20, Komm. B 21, S. 622, 624.
[700] *Kinder/Presser*, „Ich habe den Eindruck, hier zu stören“, S. 83, Nr. 257.
[701] Zitiert nach: *Bemmann*, Lebensbild, S. 532.

Seinem Bruder Fritz schrieb er, er sei darüber „eher froh“[702], einen Brief an Walter Hasenclever unterzeichnete er mit „Ex-Teutone“[703]. Trotzdem empfand sich Tucholsky durch die Ausbürgerung nicht als „Staatsfeind I. Ordnung“ ausgezeichnet[704]. Während einige Emigranten die Expatriation als den „Pour le Mérite der Emigration“ bezeichneten[705], betrachtete Tucholsky sie schlicht als Unbequemlichkeit, die ihm Laufereien machen werde[706]. Zwar legte er Wert darauf, einige Original-Exemplare des Reichsanzeigers vom 25. August zu bekommen[707]. Unternehmen wollte er gegen die Ausbürgerung allerdings nichts: „Jeder Schritt dagegen (...) sähe so aus, wie wenn ich darauf Wert legte, Deutscher zu bleiben, und darüber brauchen wir wohl nicht zu sprechen“[708].

Für viele Emigranten blieb es nicht beim Verlust ihrer Staatsangehörigkeit und ihres Vermögens. Teilweise wurden sie im Ausland observiert, in einzelnen Fällen auch entführt oder ermordet. Noch im August 1933 meinte Tucholsky, es sei ihm recht, wenn man ihm „straßauf, straßab“ nachgehe, eine Ermordung halte er „zunächst für unwahrscheinlich“[709]. Nach seiner Rückreise ins schwedische Hindås im September 1933 legte er jedoch Wert darauf, dass sein Wohnsitz unbekannt blieb. Er benutzte seither Deckadressen und wickelte seine Korrespondenz mithilfe eines Zahlencodes über Hedwig Müller ab[710].

Die Ausbürgerungsregelungen wurden nach Inkrafttreten des Ausbürgerungsgesetzes mehrfach verschärft. 1937 wurden die Ausgebürgerten vom Erbrecht ausgeschlossen und verloren ihre Renten- und Pensionsansprüche. Seit 1938 musste die Expatriation ins Strafregister eingetragen werden[711]. Die zweite Durchführungsverordnung zum „*Gesetz über die*

---

702 Brief vom 31.8.1933, *Tucholsky*, GA, Bd. 20, B 42, S. 78, 80.
703 Brief vom 29.8.1933, *Tucholsky*, BA, S. 313, 315.
704 Brief an Walter Hasenclever vom 29.8.1933, a.a.O., S. 313, 314.
705 Vgl. *H.G. Lehmann*, a.a.O., S. IX, XV.
706 Brief an Walter Hasenclever vom 29.8.1933, a.a.O., S. 313, 314; siehe auch den Brief an Fritz Tucholsky vom 31.8.1933, a.a.O.
707 Vgl. Brief an Hedwig Müller vom 19.9.1933, *Tucholsky*, GA, Bd. 20, B 59, S. 99.
708 Brief an Walter Hasenclever vom 29.8.1933, a.a.O., S. 313, 315.
709 Brief an Walter Hasenclever vom 29.8.1933, a.a.O.
710 Tucholsky nummerierte seine Briefe nach einem bestimmten Schlüssel und schickte sie an Hedwig Müller, die sie an die Empfänger weiterleitete, vgl. GA, Bd. 20, Komm. B 48, S. 658.
711 *H.G. Lehmann*, in: Die Ausbürgerung deutscher Staatsangehöriger 1933-45, Bd. 1, S. IX, XVI.

Führung akademischer Grade" (GFaG) vom 29. März 1943 bestimmte schließlich, dass mit „der Aberkennung der deutschen Staatsangehörigkeit gemäß § 2 des Gesetzes vom 14. Juli 1933 (...) zugleich der Verlust der von einer deutschen staatlichen Hochschule verliehenen akademischen Grade ein[tritt]."[712]

Die Aberkennung akademischer Grade sollte die Betroffenen in ein „Zwielicht setzen, das (...) ihnen die Fähigkeit zum gleichberechtigten sozialen Diskurs in der wissenschaftlichen Öffentlichkeit absprach"[713]. Konnte man der Emigranten nicht physisch habhaft werden, so sollten sie wenigstens diffamiert und mundtot gemacht werden[714]. Schon in den Jahren vor 1943 hatte es zahlreiche Fälle einer „akademischen Ausbürgerung" (H. G. Lehmann[715]) gegeben. Allerdings trat der Verlust akademischer Grade nicht von Gesetzes wegen ein, sondern musste von der jeweiligen Hochschule eigens beschlossen werden. Bis zum Inkrafttreten des GFaG im Jahr 1939 konnten die Fakultäten auch die Entziehungstatbestände in eigener Kompetenz regeln[716]. Anknüpfungspunkt für die akademische Ausbürgerung war zumeist das Tatbestandsmerkmal der „Unwürdigkeit". Der Begriff hatte keine eigene Tradition und war erstmals in den 20er Jahren diskutiert worden. Vor 1933 kannten die meisten Promotionsordnungen nur die klassischen Entziehungsgründe „Täuschung" und „Irrtum"[717].

Erste Überlegungen, Emigranten den Doktorgrad zu entziehen, waren unmittelbar nach Inkrafttreten des Ausbürgerungsgesetzes angestellt worden. Die Initiative dazu war von der „Deutschen Studentenschaft" in Bayern ausgegangen[718]. Mit Schreiben vom 18. September 1933 hatte sich der dortige Kreisleiter Karl Gengenbach an den Bayerischen Kultusmi-

---

[712] RGBl. I, S. 168. Zur Aberkennung akademischer Grade im Nationalsozialismus: *Moritz*, in: FS Wolgast, S. 540 ff.; *Blecher/Wiemers*, in: FS Zwahr, S. 679 ff.; *H.G. Lehmann*, in: Die Ausbürgerung deutscher Staatsangehöriger 1933-45, Bd. 1, S. IX ff.; *ders.*, Ausbürgerung im Exil; *Lemberg*, „...eines deutschen akademischen Grades unwürdig"; *Breitbach*, Archiv für hessische Geschichte und Altertumskunde 2001, 267 ff.; *Schupp*, Freiburger Universitätsblätter, Dez. 1984, 9 ff.

[713] *Blecher/Wiemers*, a.a.O., S. 679.

[714] *H.G. Lehmann*, Ausbürgerung im Exil, S. 7; *Blecher/Wiemers*, a.a.O., S. 679.

[715] Im Titel der Abhandlung „Nationalsozialistische und akademische Ausbürgerung im Exil".

[716] *Kullik*, Entziehungsgrund, S. 23.

[717] *Kullik*, a.a.O., S. 23; vgl. auch *Lemberg*, a.a.O., S. 15.

[718] *Moritz*, a.a.O., S. 540, 541; *H.G. Lehmann*, Ausbürgerung im Exil, S. 13.

nister Hans Schemm gewandt und darauf hingewiesen, dass bei der „Veröffentlichung der Namen der im Ausland weilenden Landesverräter, denen die deutsche Staatsangehörigkeit entzogen worden ist, (...) die große Anzahl von Doktoren“ auffalle. Gengenbach beantragte, die Bayerischen Hochschulen per Rundschreiben anzuweisen, den „Verrätern“ gegenüber vom „Recht der Entziehung der Dr.-würde (...) grundsätzlich Gebrauch zu machen“[719]. Auch die anderen Länder sollten zu einem ähnlichen Vorgehen angeregt werden. Bereits am 3. Oktober wies Kultusminister Schemm die bayerischen Hochschulen an, die bestehenden Promotionsordnungen entsprechend zu ändern. Die nach § 2 AusbürgerungsG ausgebürgerten Personen seien „nicht würdig (...), den Doktortitel einer deutschen Hochschule zu führen“[720]. Ähnliche Weisungen ergingen kurz darauf u.a. auch in Hessen (Oktober 1933), Baden (November 1933) und Sachsen (Dezember 1933). Nachdem Bernhard Rust, preußischer Kultusminister, schon im November 1933 verfügt hatte, „das Erforderliche“ zu veranlassen, wies er die preußischen Hochschulen mit Runderlass vom 17. Juli 1934 zur Änderung der Promotionsordnungen an[721]. Ausgebürgerte Emigranten seien in „jedem Falle“ eines Doktortitels unwürdig. Nachdem Rust zum Reichsminister für Wissenschaft, Erziehung und Volksbildung ernannt worden war, wurden die Bestimmungen 1935 auch auf die Hochschulen der übrigen Länder ausgedehnt[722].

Wie eingangs erwähnt, geht man bislang davon aus, dass Tucholsky unmittelbar nach seiner Ausbürgerung der 1915 in Jena erworbene Doktorgrad wieder entzogen wurde. Die Annahme stützt sich auf eigene Angaben Tucholskys. Bereits im November 1933 teilte er Hedwig Müller in einem Brief mit, er dürfe sich „leider nicht mehr zu den Kreisen der Kakademiker zählen“[723]:

> „Sehr geehrtes Frollein Doktor, bitte erlauben Sie einem früheren Kollegen von Ihnen, Ihnen seine herzlichsten Grüße ergebenst zu übermitteln. (...) Die

---

[719] Abgedruckt bei: *H.G. Lehmann*, Ausbürgerung im Exil, S. 26, Dokument Nr. 4.
[720] Zitiert nach: *H.G. Lehmann*, Ausbürgerung im Exil, S. 13.
[721] *H.G. Lehmann*, Ausbürgerung im Exil, S. 13.
[722] Rust übernahm in der Folgezeit „die Rolle einer besonders treibenden Kraft“, *Moritz*, a.a.O., S. 540, 542.
[723] Brief vom 17.11.1933, *Tucholsky*, GA, Bd. 20, B 89, S. 141.

> Couillons haben sich ausgedacht, allen ihnen nicht genehmen Elementen die Titel zu entziehen. Ich finde das himmlisch."[724]

Wenig später schrieb er seinem Bruder Fritz: „Richtig – die Tituls wollen sie uns auch wegnehmen. Wenn Du noch einmal zu mir ‚Herr Doktor!' sagst!"[725]. Zuvor hatte er offenbar selbst darüber nachgedacht, auf sein Doktordiplom zu verzichten. Er fragte Hedwig Müller, ob sie sich erinnere, dass er sie gefragt habe, ob er „das" zurückschicken solle:

> „Du hast damals mit Recht geantwortet, es sei Wahnwitz – und Du hast ganz recht gehabt. Nun also machen *sie* es, und bin entsetzlich bedrückt, denn das wirst Du ja verstehen: in allem Jammer hat mich doch das Diplom immer noch hoch gehalten... Ich hänge es aufs Klô, wenn Du kommst, daß Du es siehst. Dies das."[726]

Den Brief unterzeichnete Tucholsky u.a. mit „Dr. ex-iuris" und „ehem. Dr."[727]. Hedwig Müller antwortete ihm einige Tage später, die „Geschichte mit dem Doktor" sei „unsagbar lächerlich"[728]. Sie liebe ihn „mit und ohne" Doktortitel, den er ja ohnehin (wieder-)bekomme, wenn er sie heirate[729].

Trotz ihrer scheinbaren Eindeutigkeit ist die Selbstauskunft Tucholskys in mehrfacher Hinsicht fragwürdig. Auffällig ist bereits, dass die Promotionsakte im Jenaer Universitätsarchiv keinerlei Hinweise auf ein Aberkennungsverfahren enthält. Auch eine gesonderte Aberkennungsakte liegt nicht vor[730]. Da die Unterlagen ansonsten vollständig erhalten sind und Aberkennungsakten in anderen Fällen vorliegen, dürfte ein Verlust unwahrscheinlich sein. Auch in der Universitätsgeschichte findet sich im entsprechenden Abschnitt kein Hinweis auf eine Depromotion Tucholskys[731]. Dies verwundert umso mehr, als sein Name im Zusam-

---

724 *Tucholsky*, GA, Bd. 20, B 89, S. 141 f.
725 Brief vom 20.11.1933, *Tucholsky*, GA, Bd. 20, B 90, S. 143, 144.
726 *Tucholsky*, GA, Bd. 20, B 89, S. 141 f.
727 *Tucholsky*, GA, Bd. 20, B 89, S. 141, 143.
728 Zitiert nach: GA, Bd. 20, Komm. B 89, S. 695, 696.
729 GA, Bd. 20, Komm. B 89, S. 695, 696.
730 Auf diesen Umstand hat schon *Hepp* aufmerksam gemacht, Annäherungen, S. 55, Fn. 71.
731 Vgl. *Steinmetz u.a.* (Hg.), Geschichte der Universität Jena, Bd. I, S. 634.

menhang mit den nationalsozialistischen Bücherverbrennungen erwähnt ist[732].

Auffällig ist ferner, dass Tucholsky seinen Doktorgrad noch bis 1935 in offiziellen Schreiben an das schwedische Auswärtige Amt und an den Bundesrat der Schweizerischen Eidgenossenschaft führte[733]. Die mögliche Erklärung, er habe sich um die Aberkennung nicht weiter gekümmert und den Titel trotzdem geführt, passt nicht recht zu seinen Überlegungen, die Urkunde freiwillig zurückzugeben. In Tucholskys Antragsformular für die Erteilung eines schwedischen Fremdenpasses (1934) findet sich unter der Rubrik „Beruf des Antragsstellers" der Eintrag „Schriftsteller, Doktor Juris"[734]. Der beigefügte Lebenslauf, in dem Tucholsky u.a. seine Promotion „cum laude mit einer Arbeit über Hypothekenrecht" erwähnt, schließt mit detaillierten Angaben zur Ausbürgerung[735]. Hinweise auf einen Entzug des Doktorgrades finden sich nicht. Dies ist umso bemerkenswerter, als es Tucholsky darum ging, seine Situation als politisch Verfolgter zu schildern. Ein Entzug der Doktorwürde, zumal durch einen entsprechenden Aberkennungsbescheid belegt, hätte diesen Umstand nur noch stärker unterstrichen.

Darüber hinaus ist es praktisch unmöglich, dass Tucholsky eine offizielle Mitteilung erhielt, man habe ihm seinen Doktorgrad entzogen. Abgesehen davon, dass solche Mittelungen in vielen Fällen unterblieben[736], war den deutschen Behörden der Aufenthaltsort Tucholskys offiziell nicht bekannt. Erst ab 1937 wurde die Aberkennung der Doktorwürde im Reichsanzeiger veröffentlicht. Außerdem verlief die Umsetzung der ministeriellen Weisungen äußerst schleppend. Infolgedessen kam es bis etwa 1937 nur in relativ wenigen Fällen zu einem Entzug der Doktorwürde[737]. Noch im Februar 1936 beklagte Reichsminister Rust, dass an einzelnen außerpreußischen Hochschulen die Promotionsordnungen nicht entsprechend seiner Anordnung abgeändert seien[738]. Dies

---

732 *Steinmetz u.a.*, (Hg.), a.a.O., Bd. II, S. 549.
733 Vgl. *Tucholsky*, GA, Bd. 21, B 30, S. 80 ff.; B 43, S. 130 f.; B 105, S. 319 f.
734 *Tucholsky*, GA, Bd. 20, B 113, S. 191, 192 (Übersetzung: S. 194).
735 *Tucholsky*, GA, Bd. 20, B 113, S. 191, 192 (Übersetzung: S. 194).
736 *Tucholsky*, DT, S. 838 ff. u. GA, a.a.O., S. 196 ff.
737 Vgl. *Moritz*, a.a.O., S. 540, 544; vgl. *Lemberg*, a.a.O., S. 18 f.; vgl. auch *Blecher/Wiemers*, a.a.O., S. 679, 692.
738 *Lemberg*, a.a.O., S. 19.

deckt sich mit den Angaben der Jenaer Universitätsgeschichte. Danach begann die Aberkennung von Doktorgraden erst um das Jahr 1936[739]. Auch die Universitäten untereinander informierten sich erst seit 1936 über die Aberkennungen[740]. Hinzu kommt ein Weiteres: Während den Ausbürgerungsbehörden zumeist unbekannt war, wo die Ausgebürgerten promoviert worden waren, wussten die Universitäten nicht, welche Absolventen die Staatsangehörigkeit verloren hatten. Um alle ausgebürgerten Doktoren zu erfassen, erstellte das Reichsinnenministerium Namenslisten. In einem zweiten Schritt teilte das Reichsministerium für Wissenschaft, Kunst und Volksbildung den Universitäten per Runderlass die Namen mit[741]. Der Runderlass, auf dem sich der Name Tucholskys befindet, datiert erst vom 11. Februar 1938[742] – zu diesem Zeitpunkt war Tucholsky bereits seit über zwei Jahren tot.

Nach alledem ist davon auszugehen, dass Tucholsky sein Doktorgrad zu Lebzeiten nicht entzogen wurde. Denkbar wäre allenfalls ein posthumes Aberkennungsverfahren, für das es jedoch keine Belege gibt[743]. Auch im Reichsanzeiger, wo die Aberkennungen seit 1937 veröffentlicht wurden, findet sich keine entsprechende Mitteilung[744]. Warum Tucholsky trotzdem von der Aberkennung berichtete, lässt sich nicht völlig klären. Anlass dürfte aller Wahrscheinlichkeit nach eine Zeitungsmeldung gewesen sein. Tucholsky ließ sich regelmäßig deutsche Zeitungen nach Schweden senden. Im November 1933 wurde in den Tageszeitungen u.a. auch über den preußischen Runderlass berichtet, nach dem ausgebürgerten Emigranten die akademischen Grade zu entziehen seien[745].

Ebenso wenig wie den Doktorgrad verlor Tucholsky mit der „Ausbürgerung" seine Staatsangehörigkeit. Nachdem die Wirksamkeit der Aber-

---

739 *Steinmetz u.a.* (Hg.), a.a.O., S. 634.
740 *Lemberg*, a.a.O., S. 18.
741 Zum Verfahren vgl. *Moritz*, a.a.O., S. 540, 545; vgl. auch *Lemberg*, a.a.O., S. 22 ff.
742 Abgedruckt bei: *H.G. Lehmann*, Ausbürgerung im Exil, S. 27, Dokument Nr. 5.
743 Sieht man einmal ab von der „Zweiten Durchführungsverordnung zum Gesetz über die Führung akademischer Grade" vom 29.3.1943, die pauschal für all diejenigen Ausgebürgerten den Verlust der akademischen Grade anordnete, denen sie nicht bereits durch die Hochschule entzogen worden waren. Auch hier bedurfte es aber noch einer Streichung in der Promotionsakte, *Lemberg*, a.a.O., S. 22, Fn. 12.
744 Vgl. Deutscher Reichsanzeiger und Preußischer Staatsanzeiger, Veröffentlichte Mitteilungen über die Aberkennung akademischer Grade 1937-1944, unter: www.archiv.uni-leipzig.de/reichsanzeiger.
745 Vgl. auch GA, Bd. 20, Komm. B 89, S. 695 f.

kennungen zunächst umstritten war[746], bestimmte Art. 116 Abs. 2 GG schließlich, dass frühere deutsche Staatsangehörige,

> „denen zwischen dem 30. Januar 1933 und dem 8. Mai 1945 die Staatsangehörigkeit aus politischen, rassischen oder religiösen Gründen entzogen worden ist, (...) auf Antrag wieder einzubürgern [sind]. Sie gelten als nicht ausgebürgert, sofern sie nach dem 8. Mai 1945 ihren Wohnsitz in Deutschland genommen haben und nicht einen entgegengesetzten Willen zum Ausdruck gebracht haben."

Für jene Ausgebürgerten, die wie Tucholsky vor dem 8. Mai 1945 verstorben waren, stellte das BVerfG mit Beschluss vom 14. Februar 1968 fest, dass sie ihre Staatsangehörigkeit von Anfang an nicht verloren haben[747].

V. Zusammenfassung: „... ein junger Student. Nichts weiter"[748]

Das Studium der Rechte nimmt sich scheinbar wie ein Fremdkörper in Tucholskys Biographie aus. Selten wird es erwähnt, ohne zugleich darauf zu verweisen, er sei kein ernsthafter Student gewesen. Die Sicherheit, mit der derartige Aussagen gemacht werden, überrascht umso mehr, als es durchweg an einer tragfähigen Begründung fehlt. Meist wird unterstellt, die Schriftstellerei müsse Tucholsky so beansprucht haben, dass keine Zeit zum Studieren geblieben sei. Daneben führt das verbreitete Bild vom Rebellen und „linken Heiligen" Tucholsky[749] zu einer gewissen Überhöhung. Manche Äußerung eines unzufriedenen Examenskandidaten, dem die anstehende Prüfung „auf den Magen drückt"[750], wird vorschnell zur Kritik des juristischen Studiums oder gar zur Justizkritik stilisiert.

Vieles dürfte normaler gewesen sein. Der Bürgersohn Tucholsky wählte mit dem Studium der Rechte einen „bürgerlichen" Studiengang, der

---

746 *H.G. Lehmann*, in: Die Ausbürgerung deutscher Staatsangehöriger 1933-45, S. IX, XIX ff.

747 BVerfGE 23, 98 ff.

748 *Ullstein*, Spielplatz meines Lebens, S. 57.

749 Vgl. *Hepp*, Annäherungen, S. 11 ff. u. S. 14.

750 *Rottka*, in: KT und die Justiz, S. 121, 125 zu Tucholskys „Pan"-Beitrag „Referendarexamen".

damals der beliebteste unter Abiturienten war. Er absolvierte ein normales Studium und belegte alle für die Examensmeldung erforderlichen Vorlesungen. Da das reguläre Studienpensum genug Zeit für Aktivitäten außerhalb der Universität ließ, dürfte sich der Studieneifer des Jungschriftstellers kaum von dem seiner Kommilitonen unterschieden haben. Vor allem das Strafrecht faszinierte Tucholsky früh. Zwar ist es unwahrscheinlich, dass er an v. Liszts berühmtem „Kriminalistischen Seminar" teilnahm. Er besuchte jedoch aus eigenem Antrieb schon während der Studienzeit Gerichtsverhandlungen und besichtigte das Berliner Kriminalmuseum. Noch zu Beginn seines vorletzten Semesters äußerte er den Wunsch Strafverteidiger zu werden. Die Schriftstellerei war zu dieser Zeit kein ernsthaftes Berufsziel.

Aus Tucholskys ersten Semestern sind keine kritischen Äußerungen über den Studienbetrieb überliefert. Davon, dass er sich „ziemlich schnell" am Universitätsbetrieb rieb und „daß bald die publizistischen Funken stoben" (Hepp[751]), kann keine Rede sein. Kritische Bemerkungen zu Studium und Universitätsbetrieb finden sich erst in Texten, die Tucholsky nach Ende der sechssemestrigen Studienzeit verfasste. Während er die „verlorenen Jahre" in der Schule beklagte, existieren keine vergleichbaren Äußerungen über seine Universitätszeit. In späteren Jahren wünschte Tucholsky sich, er könne noch einmal Student sein. Dabei dürfte er zwar kaum an ein Jurastudium gedacht haben. Seine juristische Ausbildung bereute er gleichwohl nicht.

Einen juristischen Brotberuf konnte Tucholsky sich schließlich nicht mehr vorstellen. Zur finanziellen Absicherung einer Schriftstellerexistenz war der Rechtsanwaltsberuf kaum noch geeignet. Sein Bild von der Justiz und von der Tätigkeit des Strafverteidigers hatte sich ebenfalls stark gewandelt. Dennoch wollte Tucholsky sein Studium mit dem Referendarexamen abschließen. Um sich auf die Prüfung vorzubereiten, besuchte er ein privates Repetitorium. Seinem dortigen Lehrer Dr. Walter Pollack „entwendete" er die Pseudonyme „Peter Panter" und „Theobald Tiger". Etwa in die gleiche Zeit fällt auch Tucholskys erste Beschäftigung mit den Schriften des Freirechtlers Ernst Fuchs, dessen Sprache ihn faszinierte und dessen Ideen ihn – nicht nur im Hinblick auf die Berufswahl – nachhaltig prägten.

---

[751] *Hepp*, Rowohlts Monographien, S. 17.

Nachdem Tucholsky sich zunächst zur Ablegung der Prüfung angemeldet hatte, trat er während der Anfertigung der Hausarbeit vom Examen zurück. Es spricht einiges dafür, dass für diesen Schritt taktische Überlegungen ausschlaggebend waren. Möglicherweise befürchtete er, die Prüfung nicht zu bestehen, wodurch sich die Aussichten auf einen zügigen Studienabschluss deutlich verschlechtert hätten. Obwohl er von einer juristischen Laufbahn Abstand nahm, legte er Wert auf die juristische Doktorwürde. Für seinen Wechsel nach Jena mag die wissenschaftliche Ausrichtung der Fakultät eine Rolle gespielt haben. Entscheidender dürfte jedoch gewesen sein, dass er die Promotionsanforderungen in Berlin nicht erfüllte. Die vielfach zu lesende Behauptung, der Doktorgrad sei ihm 1933 durch die Nationalsozialisten wieder aberkannt worden, ist nicht zu belegen.

C. Schriftsteller und Journalist mit „Juristenherz" – Tucholskys Auseinandersetzung mit der Laienbeteiligung am Strafprozess

I. Einführung

Hätte Tucholsky den Begriff nicht selbst gebraucht - man käme kaum auf die Idee von seinem „Juristenherzen" zu sprechen. Dennoch trifft die Bezeichnung. Obwohl Tucholsky nie einen juristischen Beruf ausübte, prägte ihn seine juristische Ausbildung. Die Auseinandersetzung mit Recht und Justiz blieb ihm zeitlebens eine Herzensangelegenheit. Die im Anschluss an den „Prozess Marloh" (1919) geäußerte Bitte, man möge ihm ersparen sein Juristenherz auszuschütten[752], verdeutlicht, dass der Journalist Tucholsky für sich in Anspruch nahm, als studierter Jurist sachkundig über Recht und Justiz urteilen zu können[753]. Wie selbstverständlich Tucholsky sich (auch) als Jurist verstand, belegt eine scherzhafte Bemerkung in einem Brief aus dem Jahr 1934 an die Ärztin Hedwig Müller: „Schade, daß Du nicht Jurist bist und ich Arzt"[754].

Überaus vielfältig sind die Bezüge zu Recht und Justiz im Werk und in der Biographie Tucholskys. Viele Entwicklungen und Lebensstationen sind ohne sein Studium nicht denkbar. Schon sein Militärdienst wäre wohl anders verlaufen, hätte sich Tucholsky durch seine juristische Ausbildung nicht frühzeitig für die Tätigkeit in der Schreibstube empfohlen[755]. Gegen Kriegsende hatte er sogar über eine Beschäftigung im

[752] *Tucholsky*, GW, Bd. 2, S. 223, 225. Zu Tucholskys Kritik am Prozess gegen Oberleutnant Otto Marloh vor einem Berliner Kriegsgericht: *Hammerschmidt*, Literarische Justizkritik, S. 27 f.

[753] Insbesondere für die Tätigkeit des Prozessbeobachters hielt Tucholsky eine juristische Vorbildung für wichtig: „Es ist eine von den Zeitungen aller Schattierungen fast durchgängig vernachlässigte Pflicht, diese Kontrolle [der Gerichte] durch eigne gesinnungstüchtige und kenntnisreiche Leute ausführen zu lassen – dazu gehören freilich Männer von Menschenkenntnis, juristischer Vorbildung und mit einer Feder versehen, die ein lesbares Deutsch zu schreiben versteht", *Tucholsky*, GW, Bd. 5, S. 201, 209 f.

[754] *Tucholsky*, GA, Bd. 20, B 124, S. 220, 221.

[755] Vgl. *Hepp*, Rowohlts Monographien, S. 37 f.; *Baumgärtel*, MDR 1977, 552.

Staatsdienst nachgedacht[756]. Für seine spätere Tätigkeit bei Bett, Simon & Co. hatte er sich ebenfalls durch sein Studium qualifiziert[757].

Immer wieder besuchte er Gerichtsverhandlungen – sei es aus privatem Interesse, sei es als Prozessbeobachter für „*Weltbühne*“ und „*Vossische Zeitung*“[758]. Auch als Sachverständiger wurde Tucholsky herangezogen[759]. Am Prozess um den Satz „Soldaten sind Mörder“ nahm er zwar nicht teil[760]. Er bereitete jedoch die Prozessführung vor und versorgte die Verteidiger Rudolf Olden und Alfred Apfel mit Argumentationsmaterial[761]. Im Rahmen seiner Tätigkeit für die „Deutsche Liga für Menschenrechte“ gab er juristischen Rat in Prozessfällen[762].

Bis ins Private hinein reichen die Bezüge zur Juristerei: Zwei gute „Männerfreunde“ Tucholskys, Erich Danehl („Karlchen“) und Hans Fritsch („Jakopp“), waren ebenfalls Juristen. Danehl war zunächst in der Finanzverwaltung tätig. Nach dem Wechsel zur Polizei wurde er 1930 Polizeipräsident[763]. Hans Fritsch war seit 1926 Geschäftsführer der

---

[756] Brief an Mary Gerold vom 6.10.1918, *Tucholsky*, UuL, S. 174, 175.

[757] Vgl. *Hepp*, Annäherungen, S. 239: „seit Herbst 1922 war er [Tucholsky] auf der Suche nach einem Job in der Wirtschaft. Schließlich hatte er ja auch einmal seinen Dr. jur. gemacht, und nun sollte ihm auch zugute kommen, daß er damals ausgiebig Wirtschaftsrecht studiert hatte“.

[758] Tucholsky berichtete in der „Weltbühne“ u.a. über die Strafprozesse gegen die Liebknecht/Luxemburg-Mörder, gegen Oberleutnant Otto Marloh und die Attentäter Maximilian Hardens. Während seiner Zeit als Auslandskorrespondent in Frankreich berichtete er für die „Vossische Zeitung“ über französische Gerichtsverfahren.

[759] „Der Zensor geht um!“, *Tucholsky*, GW, Bd. 2, S. 444, 445: „Ich habe selbst einmal als Sachverständiger einer Gerichtsverhandlung beigewohnt, wo der Vorsitzende erklärte, die Sachverständigen könnten ihm viel erzählen, er brauche sie gar nicht“; siehe auch: *Tucholsky*, GA, Bd. 9, A 5, S. 713, „Hein Herbers“.

[760] Der Prozess, der mit einem Freispruch endete, richtete sich gegen Carl v. Ossietzky als verantwortlichen Redakteur; eingehend: *Hepp/Otto*, Soldaten sind Mörder, S. 13 ff.

[761] Vgl. *Madrasch-Groschopp*, Die Weltbühne, Portrait einer Zeitschrift, S. 292: „Olden war ein blendender Verteidiger, aber das Konzept für diese Rede [das Plädoyer] hatte der Jurist Tucholsky vorgeschlagen“. *Gängel/Schaumburg*, Neue Justiz 1990, 19, 22, bezeichnen den Freispruch v. Ossietzkys als „bemerkenswerten Erfolg des einst mittelmäßigen Studenten der Rechte“. Er zeige, „daß Tucholsky keineswegs der schlechteste Jurist gewesen ist und gewiß ebensogut ein fähiger Anwalt geworden wäre“.

[762] *Hepp*, Rowohlts Monographien, S. 93.

[763] *Hepp*, Annäherungen, S. 118 u. 417.

Hamburger Gaswerke GmbH[764]. Tucholsky hatte beide während des Ersten Weltkriegs kennengelernt.

Vor allem das schriftstellerische und journalistische Werk Tucholskys ist stark durch seine juristische Ausbildung geprägt. Zwischen 1912 und 1932 entstanden annähernd 200 Zeitungsartikel und Gedichte mit Rechts- und Justizbezug. Dabei ist Tucholsky vor allem als scharfzüngiger und unerbittlicher Kritiker der „politischen Justiz“ der Weimarer Republik bekannt. Er verfasste aber auch Beiträge zu grundsätzlichen (Reform-)Fragen des Strafrechts, des Strafprozessrechts und der Gerichtsverfassung[765].

Nachdem die Reformbedürftigkeit von RStGB, RStPO und GVG bereits um die Jahrhundertwende allgemein anerkannt war, hatte der Staatssekretär im Reichsjustizamt Arnold Nieberding (1838-1912) die Vorarbeiten zu einer Reform des Straf- und Strafprozessrechts 1902 in die Wege geleitet[766]. Vom Ersten Weltkrieg unterbrochen, wurde das Projekt in der Weimarer Republik aufgegriffen[767]. Der politische Umsturz von 1918/19 führte zu einer verstärkten Diskussion über das geltende Strafrecht, die über den Kreis der Fachgelehrten hinausreichte und zunehmend auch die Tagespresse beschäftigte. Vor dem Hintergrund der neuen republikanischen Staatsordnung wurde die Frage der Beteiligung des Volkes an der Rechtsprechung neu diskutiert. Im Bereich des Prozessrechts und der Gerichtsverfassung nahm daher die Laienbeteiligung am Strafprozess in der Auseinandersetzung einen breiten Raum ein. Verschärft wurde die Debatte durch die „*Verordnung über Gerichtsverfassung und Strafrechtspflege*“ vom 4. Januar 1924 („*Lex Emminger*“), die die bisherige Form der Laienbeteiligung tief greifend umgestaltete. Im Bereich der materiellen Strafnormen war es insbesondere das Sittenrecht, an dem sich eine Diskussion über das Selbstverständnis der Republik als eines liberalen Staates entzündete[768]. An der Debatte um die Reform des Strafrechts beteiligte sich Tucholsky wiederholt mit Beiträgen.

---

[764] *Hepp*, a.a.O., S. 121 u. 419.

[765] Vgl. auch *Weck*, Wider den „Dreimännerskat der Justitia“, in: KT und die Justiz, S. 137, 172 ff.

[766] *Schmidt*, Einführung, S. 394 u. 414.

[767] *Schmidt*, a.a.O., S. 416.

[768] *Schöningh*, „Kontrolliert die Justiz“, S. 228.

Für eine Annäherung an den Juristen Tucholsky bietet sich die Frage der Laienbeteiligung am Strafprozess in mehrfacher Hinsicht an: Die Rechtsprechung durch Geschworene war neben der Frage des Instanzenzugs eines der Hauptprobleme in der Debatte um Gerichtsverfassung und Strafverfahrensrecht[769] Die Bezüge zur „politischen Justiz“ der Weimarer Republik sind ebenfalls besonders stark ausgeprägt. Schließlich lässt Tucholskys Position zur Laienbeteiligung nicht nur Grundzüge seines strafrechtlichen Denkens, sondern ebenso seine im Studium begonnene Auseinandersetzung mit der so genannten „Freirechtsbewegung“ erkennen.

[769] *Schmidt*, a.a.O., S. 415.

„,Es ist ein Irrtum', hat neulich in Stettin ein Unabsetzbarer im Talar gepredigt, ,zu glauben, die Geschworenengerichte hätten nach dem Gefühl zu urteilen – sie haben lediglich nach dem Gesetz zu urteilen.' So sehen diese Urteile auch aus, seit die Unabsetzbaren die Laien beeinflussen (...)."
(Kurt Tucholsky, 1928)

II. „,Volksjustiz' (...), die keine ist: der Arbeiter fehlt fast immer."[770]

Als Tucholsky in den 20er Jahren mit Zeitungsartikeln und Gedichten zur Diskussion um die Laienbeteiligung im Strafprozess Stellung bezog, stritt man in Deutschland schon mehrere Jahrzehnte über das Thema[771]. War bis zur Mitte des 19. Jahrhunderts um das Ob der Laienbeteiligung gerungen worden, so stand seither das Wie im Zentrum der Auseinandersetzung. Während die einen für die bestehende Schwurgerichtsverfassung eintraten, verlangten andere die Abschaffung der Schwurgerichte zugunsten einer reinen Schöffengerichtsverfassung. Streit gab es auch über Auswahl und Stellung der Laienrichter. Einigkeit herrschte lediglich hinsichtlich der Reformbedürftigkeit der Strafgerichtsverfassung. Die Auseinandersetzung um die beste Form der Laienbeteiligung setzte sich nach dem Ersten Weltkrieg fort und blieb für die gesamte Zeit der Weimarer Republik ein zentrales rechtspolitisches Thema[772].

1. Die Laienbeteiligung in der Strafrechtspflege der Weimarer Republik

Die Beteiligung von Laien an der Weimarer Strafrechtspflege hatte ihre rechtliche Grundlage in den Vorschriften des Gerichtsverfassungsgeset-

---

770 *Tucholsky*, GW, Bd. 3, S. 137, 139.

771 Einen kurzen Überblick über den Gang der Diskussion gibt *Ebert*, Jura 1996, 242 ff.

772 *Sellert/Rüping*, Studien- und Quellenbuch zur Geschichte der deutschen Strafrechtspflege, Bd. 2, S. 179 f.

zes (GVG) von 1877[773]. Mit Erlass des GVG hatte sich der Gesetzgeber für ein Mischsystem entschieden[774]. Für den Bereich der gewöhnlichen Strafjustiz waren in erster Instanz, je nach Deliktsart und -schwere, drei unterschiedlich besetzte Spruchkörper zuständig[775]. Während auf der Ebene der Amtsgerichte Schöffengerichte eingerichtet wurden (§ 25 GVG 1877), oblag die Gerichtsbarkeit bei den Landgerichten entweder der Strafkammer oder dem Schwurgericht (§§ 59 u. 79 GVG 1877). Eine Laienbeteiligung an Berufungs- und Revisionsverfahren war nicht vorgesehen.

Das Schöffengericht, im Wesentlichen für Übertretungen und leichtere Vergehen zuständig (§§ 27 ff. GVG 1877), war in der Hauptverhandlung mit einem vorsitzenden Berufsrichter und zwei Laienrichtern besetzt (§ 26 GVG 1877). Die Schöffen waren dem Berufsrichter weitgehend gleichgestellt und besaßen insbesondere gleiches Stimmrecht (§ 30 Abs. 1 GVG 1877). Die hauptsächlich für schwere Vergehen und leichte Verbrechen zuständige Strafkammer (§ 73 f. GVG 1877) verhandelte ohne Laienbeteiligung und war in der Hauptverhandlung mit fünf Berufsrichtern besetzt (§ 77 GVG 1877)[776]. Das Schwurgericht wiederum setzte sich aus zwölf Geschworenen und drei Berufsrichtern zusammen (§ 81 GVG 1877). Seine Zuständigkeit erstreckte sich auf alle (schweren) Verbrechen, die nicht der Zuständigkeit der Strafkammer oder des Reichsgerichts unterfielen (§ 80 GVG 1877)[777]. Die Entscheidung über

---

[773] Nach der Reichsgründung 1871 war im Zuge der Rechtsvereinheitlichung das Strafgesetzbuch für das Deutsche Reich (RStGB) erlassen worden. Auf dem Gebiet des formellen Strafrechts und der Strafgerichtsverfassung bestand weiterhin eine große Rechtszersplitterung. Dies änderte sich erst mit der Schaffung der Reichsjustizgesetze sechs Jahre später. Nach ihrer Verkündung Anfang 1877 traten zum 1.10.1879 sowohl die RStPO (RGBl. 1877, S. 253) als auch das GVG in Kraft (RGBl. 1877, S. 41; im Folgenden: GVG 1877). Zur Situation vor Inkrafttreten des GVG siehe: *Ebert*, Jura 1996, 242, 243. Eingehender zur unterschiedlichen Handhabung der Laienbeteiligung am Strafprozess: *Benz*, Laienrichter, S. 49 f. m.w.N.

[774] Sowohl hinsichtlich des Ob als auch des Wie der Laienbeteiligung.

[775] Eine Ausnahme bildeten Fälle von Hoch- und Landesverrat gegen Kaiser und Reich, die dem Reichsgericht mit Sitz in Leipzig vorbehalten waren (§ 136 Nr. 1 GVG 1877).

[776] Die Feststellung *Hammerschmidts*, Literarische Justizkritik, S. 112, bis in das Jahr 1924 hätten Laienrichter auch in den Strafkammern der Landgerichte mitgewirkt, ist unzutreffend.

[777] Die Senate des Reichsgerichts waren wie die Strafkammern ausschließlich mit Berufsrichtern besetzt (§ 140 GVG 1877).

die Schuldfrage oblag den Geschworenen (§§ 293, 294 RStPO 1877), während die Berufsrichter über die Straffrage befanden. Die in der Ursprungsfassung des GVG normierte Mischform der Laienbeteiligung blieb bis 1924 nahezu unverändert[778].

Amtsgericht	**Landgericht**
Schöffengericht ●○●	Schwurgericht ○○○ ●●●●●●●●●●●● Strafkammer ○○○○○

○ Berufsrichter / ● Laienrichter

Erstinstanzliche Spruchkörper
GVG 1877

2. Der Streit um die Laienbeteiligung – Zur Vorgeschichte

Die Beteiligung von Laien an der Rechtspflege durch Schwur- und Schöffengerichte im modernen Sinn war dem deutschen Recht ursprünglich fremd[779]. Schwurgerichte gab es in Deutschland seit Anfang, Schöffengerichte seit Mitte des 19. Jahrhunderts. Das Schwurgericht hatte seine Wurzeln in der „Jury" des mittelalterlichen englischen Strafprozesses[780]. Die Verurteilung durch die Jury schützte den Bürger bis zu einem

[778] Von 1883 bis 1908 lagen dem Reichstag allein fünf Änderungsentwürfe vor (Näheres bei *Rennig*, Entscheidungsfindung, S. 47 f.). Zu Gesetzesänderungen kam es nur in Randbereichen. So beschloss der Reichstag 1905 (RGBl. 1905, S. 533, „Lex Hagemann") und 1921 (RGBl. 1921, S. 43) eine Erweiterung der sachlichen Zuständigkeit der Schöffengerichte.

[779] Die Schöffen der mittelalterlichen deutschen Rechtspflege haben keine Gemeinsamkeiten mit dem modernen Laienrichtertum. Im germanischen Recht war die Rechtspflege Sache des ganzen Volkes. Die fränkische Gerichtsverfassung sah zwar Schöffen vor, diese wurden jedoch aufgrund ihrer besonderen juristischen Kenntnisse zur Urteilsfindung herangezogen. Unter dem Einfluss des römischen Rechts entwickelte sich schließlich ein eigentliches Berufsrichtertum. Die Schöffen verschwanden völlig oder hatten jedenfalls auf die Urteilsfindung keinen Einfluss mehr; ausführlich: *Böttges*, Laienbeteiligung, S. 1 ff.

[780] Zum Ursprung der Geschworenengerichte: *Böttges*, a.a.O., S. 4 ff.

gewissen Grad vor staatlicher Willkür, da er nur von seinesgleichen verurteilt werden konnte[781]. Von England gelangte der Gedanke der Geschworenengerichte in den amerikanischen Rechtskreis. Über den amerikanischen Unabhängigkeitskampf und die französische Revolution fand die Jury als Ausdruck einer demokratischen Gerichtsverfassung Eingang in das französische Rechtssystem. Die Jury diente der Machtkontrolle und damit der Freiheit des Individuums[782].

Von Frankreich kam das Schwurgericht nach Deutschland. 1798 wurde es in den von Preußen an Frankreich abgetretenen linksrheinischen Gebieten eingeführt. Im Zuge der napoleonischen Kriege gelangte es zeitweilig auch in die anderen deutschen Gebiete[783]. Die positiven Erfahrungen, die man vor allem in den linksrheinischen Gebieten gemacht hatte, führten dazu, dass das Schwurgericht in Deutschland an Ansehen gewann. Geschworenengerichte galten der liberalen Bewegung als „Bollwerk bürgerlicher Freiheit"[784]. Im Vormärz wurden sie zum „Lieblingskind des Liberalismus"[785]. Die deutsche Rechtswissenschaft begann sich mit dem Schwurgericht zu beschäftigen[786]. Da sich der Schwurgerichtsgedanke mit der liberalen Forderung nach der konstitutionellen Monarchie verband, nahmen die Regierungen eine ablehnende Haltung ein[787].

Zur flächendeckenden Einführung der Geschworenengerichte kam es erst im Zuge der Revolution von 1848. Nachdem die Lübecker Germanistenversammlung 1847 seine Einführung befürwortet hatte, fand das Schwurgericht Aufnahme in die Paulskirchenverfassung[788]. Trotz des Scheiterns des Verfassungswerks verankerten in der Folgezeit fast alle deutschen Einzelstaaten Schwurgerichte französischen Typs in ihren

---

[781] *Böttges*, a.a.O., S. 7.

[782] Nach der Revolution und während der Kaiserzeit Napoleons wurde das Schwurgericht allerdings erheblich entwertet und seiner politischen Kraft beraubt. Durch Veränderungen im Bereich der Geschworenenbestellung und der Zuständigkeit wurde es entgegen der ursprünglichen Zielsetzung zu einem Mittel der Machtausübung, vgl. *Böttges*, a.a.O., S. 7 ff.

[783] *Böttges*, a.a.O., S. 13.

[784] Vgl. *Schmidt*, Einführung, S. 332.

[785] *Ebert*, Jura 1996, 242, 243.

[786] Näheres bei: *Schmidt*, a.a.O., S. 333 ff.

[787] *Böttges*, a.a.O., S. 20.

[788] *Schmidt*, a.a.O., S. 335 a.E. f.

Strafgerichtsverfassungen[789]. Parallel etablierte sich das System der Schöffengerichte[790]. Zu deren Verbreitung trugen auch Schwächen des Schwurgerichtssystems bei. Die den Schwurgerichtsprozess kennzeichnende Trennung der Schuld- von der Straffrage war praktisch schwer durchführbar. Auch bestand Gefahr, dass der Berufsrichter durch seine Fragestellung die Geschworenen beeinflusste. Die Schöffengerichte hatten demgegenüber den Vorteil, dass Berufs- und Laienrichter gemeinsam über Schuld- und Straffrage entschieden. Wegen des geringeren personellen Aufwands eigneten sich Schöffengerichte auch besser für kleinere Straftaten.

Bald verstärkte sich die Kritik an den Schwächen des Schwurgerichtssystems. Gleichzeitig wuchs die Zahl der Schöffengerichtsbefürworter. Die Auseinandersetzung zwischen beiden Lagern nahm zu, als nach der Reichsgründung eine einheitliche Form der Laienbeteiligung geschaffen werden sollte[791]. Während die liberale Reichstagsmehrheit eine Beibehaltung der Schwurgerichte verlangte, favorisierten die konservative Reichsregierung und der Bundesrat ein Schöffengerichtssystem. Vor diesem Hintergrund geriet das Gesetzgebungsverfahren zu einem zähen Ringen[792]. Die schließlich 1877 im GVG normierte Mischform der Laienbeteiligung war ein Kompromiss zwischen beiden Lagern. Damit war die Frage nach der besten Form der Laienbeteiligung nur aufgeschoben[793]. Reichs- und Landesbürokratien unternahmen wiederholt Versuche, das GVG zu reformieren und die Schwurgerichte zurückzudrängen oder zu beseitigen. Dabei war „offenbar der Gedanke maßgebend, daß mit der Konsolidierung der liberalen Verhältnisse (...) das ‚Bollwerk bürgerlicher

---

789 *Hadding*, Schwurgerichte, S. 28 f. Eingeführt wurden die Schwurgerichte u.a. in Kurhessen und Bayern (1848), im rechtsrheinischen Preußen, in Braunschweig, Hannover und Württemberg (alle 1849), in Österreich (1850) und Baden (1951). Nur wenige Staaten wie etwa Mecklenburg, Sachsen-Altenburg und Lippe sahen von einer Einführung ab.

790 Zur Einführung der Schöffengerichte vgl. die ausführliche Darstellung bei *Schubert*, Die deutsche Gerichtsverfassung, S. 209 ff. Vgl. auch *Hadding*, a.a.O., S. 36 ff.

791 *Böttges*, a.a.O., S. 38.

792 Dazu ausführlich: *Hadding*, a.a.O., S. 46 ff.

793 *Böttges*, a.a.O., S. 41; *Hadding*, a.a.O., S. 48 f. Weil es sich um einen „nicht eben geglückten Kompromiß" handelte, war die „Reformbedürftigkeit des Strafprozeßrechts und Strafgerichtsverfassungsrechts (...) früh anerkannt", *Vormbaum*, Lex Emminger, S. 45.

Freiheit' zum Ballast geworden war."[794] Auch von anderer Seite wurden Forderungen nach einer Novellierung des GVG erhoben[795]. Anfang des 20. Jahrhunderts trat der Gedanke einer Gesamtreform des Strafprozesses immer stärker in den Vordergrund[796]. Gleichwohl kam es während der gesamten Kaiserzeit nicht zu durchgreifenden Änderungen.

3. Die Entwicklung bis 1924

Nachdem der Erste Weltkrieg die Reformbestrebungen unterbrochen hatte, wurde das Thema nach Kriegsende wieder aufgegriffen. Dabei stand die Diskussion von Anfang an unter veränderten Vorzeichen. Das im Zuge der Revolution von 1848 erkämpfte Schwurgericht fand nach den Umwälzungen des Jahres 1918 neuen Zuspruch.

a) Das Schwurgericht als Volksgericht

Hatten sich im 19. Jahrhundert die Liberalen für eine starke Laienbeteiligung eingesetzt, so waren es nun vor allem die Sozialisten[797]. Dahinter stand das Bemühen, die Justiz den neuen politischen und staatsrechtlichen Bedingungen anzupassen. Da die Republik mangels Alternative – weil die Richter „doch die Bestimmungen so schön kannten" (Tucholsky[798]) – das Justizpersonal der Monarchie übernehmen musste, bot sich zur Erneuerung der Justiz ein Ausbau der Laienbeteiligung an[799]. Die Rechtsprechung sollte stärker als bisher eine Sache des Volkes sein. Eine an Klassengegensätze angepasste umfangreiche Laienbeteiligung galt den Sozialisten als wirksames Mittel gegen „Klassenjustiz"[800].

---

[794] *Hadding*, a.a.O., S. 65.
[795] Insbesondere die (Justiz-)Juristen nahmen eine zunehmend kritische Einstellung zum Schwurgericht ein. Näheres bei *Hadding*, a.a.O., S. 61 ff.; vgl. auch *Vormbaum*, a.a.O., S. 134.
[796] *Vormbaum*, a.a.O., S. 46.
[797] Eine ablehnende Haltung nahmen demgegenüber die DNVP und die DVP ein. Auch die Reichs- und Landesbürokratien blieben bei ihrer Position, vgl. *Vormbaum*, a.a.O., S. 145.
[798] „Deutsche Richter", *Tucholsky*, GW, Bd. 5, S. 201, 212.
[799] Vgl. *Gusy*, Weimar, S. 313.
[800] Vgl. *Hadding*, Schwurgerichte, S. 70.

Schon bei ihrer Gründung hatte sich die Sozialistische Arbeiterpartei Deutschlands für die Einführung „freier Volksgerichte" ausgesprochen. Ähnliche Forderungen fanden sich in den späteren Parteiprogrammen der Sozialdemokraten[801]. Die Vorstellungen, die sich mit dieser Forderung verbanden, waren sehr unterschiedlich. Kommunisten und Unabhängige Sozialdemokraten (USPD) verlangten Volksgerichte mit umfassenden richterlichen Kompetenzen. Sie sollten sich aus vom Volk gewählten Laien zusammensetzen[802]. In ihrem Aktionsprogramm vom 5. Dezember 1919 forderte die USPD die „Umgestaltung des gesamten öffentlichen Rechtswesens nach sozialistischen Grundsätzen". Die (Mehrheits-)Sozialdemokraten wollten dagegen das Berufsrichtertum nicht abschaffen, sondern ein ausgeglichenes Verhältnis von Berufs- und Laienrichtern erreichen[803]. Sie verlangten die „entscheidende Mitwirkung gewählter Volksrichter in allen Zweigen der Justiz"[804]. Eine solche Mitwirkung erschien am ehesten durch Beibehaltung und Ausbau der bestehenden Schwurgerichtsbarkeit gewährleistet[805].

---

[801] Auf dem Parteitag in Halle (1890) verlangten die Sozialdemokraten eine „Rechtsprechung durch das Volk". Seit dem Erfurter Parteitag (1891) gab es regelmäßig die Forderung nach einer „Rechtsprechung durch vom Volk gewählte Richter". Dahinter verbarg sich ursprünglich der Gedanke, alle Richter *vom* Volk und *aus* dem Volk *auf Zeit* wählen zu lassen, *Maurer*, Die Einstellung der Sozialisten, S. 11 f.

[802] Die USPD brachte 1921 einen entsprechenden Gesetzesantrag in den Reichstag ein. Darin hieß es u.a.: „Die Rechtsprechung erfolgt nur durch Geschworene. Die Geschworenen (Männer oder Frauen) entscheiden über Umfang der Beweisaufnahme, über Schuld und über Strafmaß (...). (...) Die Tätigkeit des Verhandlungsleiters beschränkt sich auf die technische Durchführung des Prozesses.", Antrag vom 27.9.1921, Verhandlungen des Reichstages, Bd. 369, Nr. 2701.

[803] *Hadding*, Schwurgerichte, S. 88; *Maurer*, a.a.O., S. 12.

[804] Sozialistische Dokumente, Das Görlitzer Programm, S. 13.

[805] Vgl. *Maurer*, a.a.O., S. 27: „Der Wert des schöffengerichtlichen Systems liegt daher für die Sozialisten lediglich in dem Fortschritt gegenüber (...) den ausschließlich aus Berufsrichtern gebildeten Kollegien. Wenn die Laienjustiz jedoch voll (...) zur Geltung kommen soll, müssen die Laienrichter unter sich bleiben und ohne Mitwirkung der Berufsrichter beraten und entscheiden. Eine solche selbständige Entscheidungsmöglichkeit bietet aber das (...) schwurgerichtliche System. *Die für eine maßgebliche Laienrechtsprechung günstigste Gerichtsform ist daher das Schwurgericht*", Hervorhebung im Original.

In ihrem Einsatz für das Schwurgericht fanden die Sozialdemokraten vor allem bei der links-liberalen DDP Unterstützung[806]. Nach Kriegsende legte die SPD-geführte Regierung der „Weimarer Koalition“ (SPD, DDP, Zentrum) zwei Gesetzentwürfe zur Reform von GVG und RStPO vor. Die von Reichsjustizminister Schiffer (DDP) 1919 veröffentlichten Entwürfe eines „*Gesetzes zur Änderung des Gerichtsverfassungsgesetzes*“ und eines „*Gesetzes über den Rechtsgang in Strafsachen*“[807] waren im Wesentlichen von James Goldschmidt erarbeitet worden[808]. In der Entwurfsbegründung hieß es u.a., das Ansehen der Schwurgerichte sei im Volk unerschüttert. An der Einrichtung des Schwurgerichts zu rütteln sei „weniger denn je“ angebracht[809]. Vielmehr gelte es, „Volk und Recht in enge Fühlung zu bringen und deshalb dem Volk in weitestem Umfang Anteil an der Rechtsprechung zu gewähren.“[810]

Schöffen und Geschworene wurden in der Begründung ausdrücklich als „Volksrichter“ bezeichnet[811]. Die Entwürfe sahen für den Bereich der Laienbeteiligung verschiedene Neuerungen vor. So sollten u.a. der Ausschuss für die Wahl der Schöffen und die Vorauswahl der Geschworenen (gemäß §§ 40, 87 GVG 1877) demokratisiert werden. Der Kreis mögli-

---

806 Für die Liberalen bot sich die Gelegenheit, „die liberalen Forderungen durchzusetzen, die sich in den siebziger Jahren wegen des konservativen Gegengewichts des Bundesrats nicht hatten durchsetzten lassen.“, *Kern*, Geschichte, S. 153.

807 Reichsratsdrucksache Nr. 296, Tagung 1919, abgedruckt bei: *Schubert* u.a. (Hg.), Quellen zur Reform des Straf- und Strafprozeßrechts, Abt. 1, Bd. 4, S. 41 ff.

808 Der Berliner Strafrechtslehrer Goldschmidt übernahm von Franz v. Liszt nach dessen Emeritierung die Leitung des Kriminalistischen Instituts. Nach der nationalsozialistischen Machtergreifung musste er die Fakultät wegen seiner jüdischen Abstammung verlassen, *Leonhardt/Schurich*, Die Kriminalistik an der Berliner Universität, S. 12.

809 „Die große Zahl von richtenden Personen (...) und die Feierlichkeit des Verfahrens bilden ein unter den jetzigen Verhältnissen besonders wertvolles Mittel, der Bevölkerung den ganzen Ernst der Strafrechtspflege vor Augen zu führen.“, Begründung zu den Entwürfen, Allgemeiner Teil, A, I 2. Schwurgerichte, S. 5.

810 „Denn je mehr das Volk an der Rechtsprechung teilnimmt, je freier und gerechter es das Strafverfahren geordnet sieht, desto eher werden das Verständnis für die Notwendigkeit der Strafrechtspflege und für die Heiligkeit der Gesetze wieder erwachen und die Urteile der Strafgerichte im Volke das hohe Ansehen genießen, dessen sie zu ihrer vollen Wirkung bedürfen“, Begründung zu den Entwürfen, Allgemeiner Teil, S. 2.

811 Vgl. Begründung zu den Entwürfen, Allgemeiner Teil, A, II. Beschaffung der Volksrichter, S. 6.

cher Laienrichter sollte erweitert[812] und die Stellung der Geschworenen gestärkt werden. Ziel war es, das Schwurgericht als Volksgericht „lebensfähig" zu erhalten[813].

Die hohen Erwartungen, die die neue Regierung mit der Laienbeteiligung und insbesondere mit den Schwurgerichten verband, wichen schon bald der Ernüchterung. Die Goldschmidt-Schifferschen Entwürfe gelangten wegen des Widerstands des Reichsrats nicht zur Umsetzung. Damit war ein Reformvorhaben gescheitert, dem auch Kritiker attestierten, es sei das erste gewesen, das eine „große Linie" (Eberhard Schmidt[814]) gezeigt habe. Noch entscheidender war, dass die Schwurgerichte die in sie gesetzten rechtspolitischen Hoffnungen nur bedingt erfüllten. Bereits Anfang der 20er Jahre sahen sich neben den Berufs- auch die Laienrichter dem Vorwurf einer politisch einseitigen Rechtsprechung ausgesetzt.

b) „Die Schwurgerichte urteilen noch schlechter" [815]

Hinsichtlich der Berufsrichterschaft hatte die politische Linke den Vorwurf der „Klassenjustiz" schon im Kaiserreich erhoben[816]. Die Kritik richtete sich gegen eine ungleiche Behandlung von Angeklagten aus unterschiedlichen sozialen Schichten, gegen einseitige Tatbestandsfeststellungen und Gesetzesauslegungen. Sie gipfelte in dem Vorwurf, die Justiz verhänge harte Strafen gegen Angehörige politisch und sozial unerwünschter Gruppierungen, darunter insbesondere Sozialdemokraten, und schone die Angehörigen der herrschenden Klassen[817].

---

[812] Vgl. Entwurf eines Gesetzes zur Änderung des Gerichtsverfassungsgesetzes, Ziff. 13, 14; vgl. auch Begründung zu den Entwürfen, Allgemeiner Teil, A, II. Beschaffung der Volksrichter, S. 6 ff.

[813] Begründung zu den Entwürfen, Allgemeiner Teil, B, VII. Schwurgerichtsverfahren, S. 23.

[814] Der damit seinerseits Kohlrausch zitierte, *Schmidt*, Einführung, S. 417.

[815] *Schweitzer*, in: Gumbel (Hg.), Denkschrift, S. 65 a.E.

[816] Vgl. *Hueck*, Staatsgerichtshof, S. 14 m.w.N.

[817] Den Berufsrichtern wurde weniger bewusste Rechtsbeugung als unbewusste Voreingenommenheit unterstellt, *Hueck*, Staatsgerichtshof, S. 15; vgl. auch *Hannover/Hannover-Drück*, Politische Justiz, S. 27.

Die Kritik verschärfte und erweiterte sich nach den Ereignissen der Jahre 1918/19. Neben den Vorwurf einer unterschiedlichen Behandlung der sozialen Klassen trat der der Republikfeindlichkeit: Ein Großteil der monarchistisch geprägten Richter stehe der Republik innerlich fern und lehne die neue Staatsform ab[818]. Im Zusammenhang mit der gerichtlichen Aufarbeitung der Revolution und der anschließenden politischen Unruhen wurde der Justiz Einseitigkeit vorgeworfen. Während sie politische Straftäter von rechts tendenziell milde und verständnisvoll behandle, verfolge sie linksextreme Straftäter ungleich schärfer. Wenn auch der Großteil dieser Kritik von „links“ kam, zeigten sich stellenweise auch die bürgerlichen Parteien über die Rechtsprechung der Strafgerichte besorgt[819].

Dass ein Teil der Vorwürfe berechtigterweise erhoben wurde, ist nicht zu bestreiten[820]. Die Justiz des Kaiserreichs war in personeller wie organisatorischer Hinsicht von der Revolution praktisch unberührt geblieben. Die Mehrzahl der Richter, die nach der Revolution Recht sprachen, waren überzeugte Monarchisten und hatten ihr Amt schon im Kaiserreich ausgeübt[821]. Von ihnen war, wie auch Tucholsky 1920 ernüchtert feststellte, eine „plötzliche Umstellung kaum zu verlangen“:

> „[Der Richterstand] wird einwenden, für ihn habe sich nichts gewandelt, und die Tatbestandsmerkmale eines Verbrechens seien unter Wilhelm II. dieselben wie unter Ebert.“[822]

Die Novemberrevolution hatte die Richterschaft in einer Weise erschüttert, die an die Wurzeln ihres Selbstverständnisses ging[823]. Man empfand die Ereignisse von 1918/19 eher als Umsturz und Rechtsbruch denn als

---

818 *Hueck*, a.a.O., S. 14 u. 16 m.zahlr.w.N.

819 Vgl. *Petersen*, Literatur und Justiz, S. 26; *Gusy*, Weimar, S. 317.

820 Zum Stand der Forschung siehe *Kuhn*, Vertrauenskrise, S. 23 ff. m.w.N. Petersen hat zutreffend darauf hingewiesen, dass der Vorwurf der Klassenjustiz nicht frei von Widersprüchen war. Zumindest die extreme Linke ließ keinen Zweifel daran, „daß sie im Falle einer erfolgreichen sozialistischen Revolution die Rechtsprechung unter Kontrolle der Arbeiterklasse als ‚Rachejustiz' gegen die jetzigen Machteliten einsetzen werde“, *Petersen*, a.a.O., S. 39.

821 Zur Kontinuität der Justiz: *Gusy*, a.a.O., S. 313 ff.; vgl. auch *Hueck*, a.a.O., S. 11 ff.

822 „Richter“, *Tucholsky*, DT, S. 177, 179.

823 Vgl. *Hattenhauer*, in: Weimar – Selbstpreisgabe einer Republik, S. 169, 169.

Neubeginn[824]. Der Richterstand, dem bei Hochverratsdelikten bislang „immer ein roter Sozi mit der Ballonmütze vor[geschwebt habe]“, werde

> „einen Offiziersputsch in den geheimsten Winkeln seiner Seele nicht als ein Verbrechen, sondern als den Wiederherstellungsversuch eines rechtmäßigen Zustandes empfinden“,

mutmaßte Tucholsky[825]. Die früh einsetzende, scharfe und oft pauschale Kritik an den Berufsrichtern mag dazu beigetragen haben, die Identifikation der Richterschaft mit der Republik zu erschweren[826], zumal die Justiz mit der Aufarbeitung politischer Grundsatzprobleme teilweise schlicht überfordert war[827]. Gleichzeitig fehlte es an einem zukunftsweisenden, neuen Richterleitbild[828]. Viele Richter standen der Republik mit ihrem Rechts- und Staatsverständnis skeptisch, distanziert oder ablehnend gegenüber. Der Vorsitzende des Deutschen Richterbundes etwa klagte 1921 in der Deutschen Richterzeitung: „Jede Majestät ist gefallen, auch die Majestät des Gesetzes“[829].

Die Weimarer Justiz entwickelte sich vor diesem Hintergrund zu einem zentralen Streitpunkt zwischen „Konservativen“ und „Republikanern“. Die Auseinandersetzung spitzte sich im Verlaufe der 20er Jahre immer stärker zu und gipfelte schließlich zwischen 1926 und 1928 in jenem erbitterten Gefecht, das unter dem Schlagwort „Vertrauenskrise der Justiz“ in die Geschichte einging[830].

Zunächst blieben die Laienrichter von der Justizkritik verschont. Das lag vor allem daran, dass viele Prozesse mit politischem Hintergrund nicht vor Schwur- oder Schöffengerichten verhandelt wurden: Die Aburteilung der während der revolutionären Unruhen 1918/1919 begangenen Straftaten erfolgte zu einem großen Teil vor außerordentlichen Gerichten. Zu diesem Zweck wurden die bestehenden Kriegs- und Standgerichte über-

---

824 Vgl. *Gusy*, a.a.O., S. 314 f.
825 *Tucholsky*, DT, S. 177, 179 f.
826 Vgl. *Petersen*, a.a.O., S. 37.
827 Vgl. *Hattenhauer*, a.a.O., S. 169, 174.
828 *Hattenhauer*, a.a.O., S. 169, 170.
829 *Leeb*, DRiZ 1921, Sp. 129 ff.
830 *Kuhn*, a.a.O., S. 23.

nommen[831]. Nach deren Abschaffung wurden auf Grundlage von Art. 105 S. 3 WRV zivile Sondergerichte ohne Laienbeteiligung eingeführt[832]. Auch die nach der Revolution verübten politischen Straftaten wurden nur zum Teil vor ordentlichen Gerichten mit Laienbeteiligung angeklagt. Bei den Putschversuchen und Aufständen in der Frühphase der Republik handelte es sich häufig um Hoch- oder Landesverrat (§§ 81 ff. bzw. §§ 87 ff. RStGB). Soweit nicht Sondergerichte zuständig waren, oblag die Rechtsprechung dem Reichsgericht (§ 136 Abs. 1 Nr. 1 GVG) oder den obersten Gerichten der Länder. Parallel war seit 1922 der „Staatsgerichtshof zum Schutze der Republik“ für Staatsschutzdelikte zuständig (§ 13 Abs. 1 RepSchG)[833]. Eingeführt nach dem Mord an Walther Rathenau[834], erstreckte sich seine Zuständigkeit auch auf Tötungsdelikte an Repräsentanten der Republik oder an Mitgliedern einer früheren republikanischen Regierung (§ 13 Abs. 1 i.V.m. § 1 RepSchG)[835].

Vor die gewöhnlichen Schwurgerichte kamen daher hautsächlich jene Morde und Mordversuche, die zwar einen politischen Hintergrund besaßen, sich aber nicht unmittelbar gegen Staatsrepräsentanten richteten[836].

---

[831] So wurde etwa das Verfahren wegen der Erschießung von Karl Liebknecht und Rosa Luxemburg vor einem außerordentlichen Kriegsgericht durchgeführt.

[832] Zum Ganzen: *Gusy*, Weimar, S. 335 ff. u. 339 ff.; *Hueck*, Staatsgerichtshof, S. 27 a.E. ff.; *Kern*, Geschichte, S. 176 ff.

[833] Ausführlich: *Hueck*, a.a.O., S. 56 ff. Der Staatsgerichtshof war dem Reichsgericht angegliedert. In der Hauptverhandlung setzte sich ein Senat aus neun Mitgliedern zusammen. Von ihnen mussten drei Mitglieder des Reichsgerichts sein, die übrigen brauchten keine Befähigung zum Richteramt zu besitzen (§ 12 Abs. 2 RepSchG). Bei den nichtrichterlichen Mitgliedern sollte es sich um exponierte Republikaner, weniger um Laienrichter im herkömmlichen Sinn handeln, *Hueck*, a.a.O., S. 69.

[834] Reichsaußenminister Rathenau (DDP) wurde am 24. Juni 1922 auf der Fahrt ins Auswärtige Amt erschossen. Die Täter waren Angehörige der aus der Brigade Ehrhardt hervorgegangenen Organisation „Consul“.

[835] Gemäß § 13 Abs. 4 RepSchG war der Staatsgerichtshof auch für die „vor dem Inkrafttreten dieses Gesetzes begangenen strafbaren Handlungen“ zuständig. Die damit angeordnete Rückwirkung war Gegenstand heftiger Auseinandersetzungen, vgl. *Kern*, Geschichte, S. 178 f.

[836] Darüber hinaus wurden bei den Schöffengerichten, die überwiegend mit der Aburteilung von Klein- bzw. Alltagskriminalität betraut waren, (politische) Beleidigungen zur Anklage gebracht. Auch diese Verfahren wurden z.T. heftig kritisiert. Bis auf wenige Ausnahmen (so etwa der Ebert-Prozess, dazu: *Petersen*, Literatur und Justiz, S. 57 f.) erregten sie allerdings weniger Aufsehen. Da außerdem angenom-

Erst im Zusammenhang mit diesen Verfahren gerieten neben den Berufs- auch die Laienrichter in die Kritik. Einen Anstoß zu dieser Kritik lieferte u.a. die im Jahr 1921 erstmals erschienene Schrift „*Zwei Jahre Mord*“. Autor war der spätere Heidelberger Professor für Mathematische Statistik Emil Julius Gumbel (1891-1966)[837]. In der Broschüre, die 1922 bereits in der erweiterten 5. Auflage erschien[838], hatte Gumbel zahlreiche durch „innerpolitische Motive verursachte Tötung[en]“[839] dokumentiert. Dabei kam er zu dem Ergebnis, dass 314 politische Morde von rechts eine Gesamtverurteilung zu 31 Jahren und drei Monaten Freiheitsentzug sowie einer lebenslänglichen Haft nach sich zogen[840]. Demgegenüber wurden für 13 Morde von links insgesamt acht Todesurteile sowie 176 Jahre und zehn Monate Freiheitsstrafe verhängt[841]. Mehrere Urteile waren von gewöhnlichen Schwurgerichten gefällt worden.

Gumbels Darstellungen[842] lösten in der Öffentlichkeit heftige Reaktionen aus. Die politische Linke sah sich in ihren Vorwürfen bestätigt und benutzte die Broschüre in der Folgezeit in der politischen Auseinandersetzung[843]. Auch das Reichsjustizministerium und der Reichstag befassten

men wurde, dass die Berufsrichter die Schöffen leichter beeinflussen könnten, galt die Kritik vornehmlich den Berufsrichtern.

837 Gumbel studierte ab 1910 in München Mathematik und Nationalökonomie und wurde 1914 zum Dr. oec. publ. promoviert. 1923 habilitierte er sich in Heidelberg, wo er bis 1932 an der Philosophischen Fakultät lehrte. Nach dem Verlust der Venia legendi emigrierte er zunächst nach Frankreich, später in die USA. Gumbel starb 1966 in New York.

838 Unter dem Titel „Vier Jahre politischer Mord“.

839 *Gumbel*, Vier Jahre politischer Mord, Vorwort, S. 5.

840 *Gumbel*, a..a.O., S. 78.

841 In „Vier Jahre politischer Mord“ (1922) waren noch mehr Gewalttaten erfasst. Hier kam Gumbel zu dem Ergebnis, dass „354 politische Morde von rechts“ zu einer Verurteilung von 90 Jahren und 2 Monate Einsperrung, 730 M. Geldstrafe und einer lebenslänglichen Haft führten. „22 Morde von links“ wurden mit 10 Erschießungen, 248 Jahren und 9 Monaten Einsperrung sowie 3 lebenslänglichen Zuchthausstrafen sanktioniert, *Gumbel*, a.a.O., S. 80.

842 Zur (eingeschränkten) Aussagekraft solcher Statistiken vgl. *Gusy*, Weimar, S. 356 f. „Die Problematik der Frage nach der Einseitigkeit der Rechtsprechung (...) liegt darin, daß es keine gesicherte Methode zu ihrer Untersuchung (...) gibt“, a.a.O., S. 356. Zu methodischen Einwänden vgl. auch *Weck*, Wider den „Dreimännerskat der Justitia“, in: KT und die Justiz, S. 137, 162, Fn. 135. Zum bloßen Vergleich von Verurteiltenzahlen – den Gumbel selbst allerdings nicht betrieben hat – siehe auch *Petersen*, Literatur und Justiz, S. 26 a.E. f.

843 *Petersen*, a.a.O., S. 34.

sich auf Initiative Gustav Radbruchs bereits 1921 mit dem Thema[844]. Um die Hintergründe aufzuklären, wurden die Justizverwaltungen Preußens, Bayerns und Mecklenburgs von Reichsjustizminister Heinze um ausführliche Stellungnahmen gebeten. Es war geplant, die Ergebnisse zu einer Denkschrift zusammenzufassen und sie als offizielle Reichstagsdrucksache dem Parlament vorzulegen. Nachdem die Berichte der Länder vorlagen, wurde die Denkschrift fertig gestellt. Zu einer Veröffentlichung kam es hingegen nicht, vielmehr wurde dem Reichstag nur ein einziges Exemplar übersandt. Gumbel selbst ließ daraufhin eine Kopie fertigen und veröffentlichte die Denkschrift 1924 in einer kommentierten Fassung[845]. Den Kommentar zum Bericht der preußischen Justizverwaltung verfasste der Berliner Rechtsanwalt Ernst Emil Schweitzer (DVP)[846]. In seinen Ausführungen widmete sich Schweitzer auch der Laienbeteiligung:

> „Zugegeben, daß die Urteile der gelehrten Richter in Strafsachen schlecht sind – aber die Schwurgerichte urteilen noch schlechter. Jenes ungeheuerliche Fehlurteil (...): die Verurteilung des Oltwig von Hirschfeld zu 1½ Jahren Gefängnis – wir verdanken es dem Schwurgericht, das ein Revolver-Attentat nicht als Mordversuch, sondern als „gefährliche Körperverletzung“ einschätzte[847]. (...) Geschworene waren es, die in Berlin einen Kommunisten aus politischer Leidenschaft zu Unrecht zum Tode verurteilten; die drei gelehrten Richter waren es, die von ihrem Recht Gebrauch machten und durch einstimmigen Beschluß das Geschworenenurteil (...) aufhoben[848]. Geschworene waren es, die rechtsrevolutionäre Mörder der Kapp-Tage freisprachen.“[849]

---

[844] Als SPD-Abgeordneter brachte Radbruch die Dokumentation im Rahmen der Beratungen über den Justizhaushalt in den Reichstag ein. In der Sitzung vom 5. Juli 1921 überreichte er Gumbels Broschüre „Zwei Jahre Mord“ an Reichsjustizminister Rudolf Heinze (DVP) und forderte eine Untersuchung der dokumentierten Fälle.

[845] *Gumbel, Emil Julius* (Hg.), Denkschrift des Reichsjustizministers zu „Vier Jahre politischer Mord“, Berlin 1924. Zu den Einzelheiten der Entstehung vgl. a.a.O., S. 5 ff.

[846] *Schweitzer*, in: Gumbel (Hg.), Denkschrift, S. 40 ff.

[847] Die Passage bezieht sich auf das erste Attentat auf den damaligen Reichsfinanzminister Matthias Erzberger (Zentrum) am 26. Januar 1920. Erzberger wurde durch die Schüsse v. Hirschfelds schwer verletzt; dazu *Gumbel*, Vier Jahre politischer Mord, S. 69 f.

[848] Vgl. § 317 RStPO 1877.

[849] *Schweitzer*, in: Gumbel (Hg.), Denkschrift, S. 65 a.E. ff.

Noch vor der Veröffentlichung der Denkschrift hatte Gustav Radbruch sich ähnlich geäußert. Im Juni 1923 bekannte Radbruch im Reichstag, die Sozialdemokraten hätten in der letzen Zeit über die Schwurgerichte viel zu klagen gehabt. Wie immer mehr anerkannt werde, hätten sie sowohl in politischen als auch in politisch „farblosen" Sachen „empfindlich versagt"[850]. Sogar von einer „Lotterie der Schwurgerichte" war die Rede[851].

c) „Wohin geraten wir? Wo treiben wir hin?"[852]

Die Enttäuschung über die Laienrichter teilte auch Tucholsky. Als Student hatte er einen Schöffengerichtssaal noch mit einer „Gute[n] Stube" verglichen; hier gehe es „einigermaßen anständig" zu[853]. Entsprechend richteten sich seine kritischen Bemerkungen zunächst weniger gegen Berufs- oder Laienrichter, sondern vornehmlich gegen selbstherrliche Justizbedienstete[854] oder sensationsgierige Gerichtsreporter. In einem Beitrag für die „*Schaubühne*" schrieb er 1914, der weitaus schlimmste Teil eines deutschen Kriminalverfahrens scheine ihm die Kriminalreportage zu sein: „Verhör, Urteil, Strafe, alles, alles - nur nicht diese dummen, hämischen, schadenfrohen Glossen verschmockter Ignoranten." Wenn der Angeklagte in einem deutschen Gerichtssaal vorgeführt werde, dann möge er sich sagen, dass eine Hauptgefahr nicht der gefürchtete Staatsanwalt sei, nicht der Vorsitzende, nicht die Richter: „Die Meute lauert anderswo. Sie hockt an langen Bänken, läßt die zitternden Federn spielen und wartet, wen sie zerreiße. Wehe dir: hier wird nichts geschont. (...) Korrupt ist die Presse, die den niedrigsten und schmierigsten Instinkten ihrer Leser so weit entgegenkommt, daß sie ihre Hunde auf die Jagd schickt."[855] Die Achtung, die Tucholsky dem Richterstand ursprünglich gegenüber empfand, spricht noch aus einem Beitrag, den er im Januar

---

[850] Verhandlungen des Reichstages, Bd. 360, S. 11186 a.E.

[851] *Schweitzer*, „Die Weltbühne" vom 12.4.1923, 413.

[852] *Tucholsky*, GW, Bd. 2, S. 223, 226.

[853] „Das Recht in Goethes Faust", *Tucholsky*, GW, Bd. 1, S. 102, 104.

[854] Außerhalb des Gerichtssaals sei es „doch mehr der Gendarm, der die Waage der Gerechtigkeit in der Hand hält. Und daß der die Augen nicht schließt, darauf kann man sich verlassen.", *Tucholsky*, a.a.O., S. 102, 104; s.o., S. 71 ff.

[855] „Erpressung", *Tucholsky*, GW, Bd. 1, S. 240, 241 f.

1919(!) unter der Überschrift „*Justitia*“ im „*Berliner Tageblatt*“ veröffentlichte:

> „Wir erwarten von unseren deutschen Richtern (...) Großes. Sie in erster Linie sind dazu berufen, das Volk praktisch, durch Anwendung und Bestärkung der sittlichen Grundsätze zu erziehen (...). Aber es ist (...) nicht damit getan, von einem Stand etwas zu fordern. Erwarten wir etwas von unseren Richtern, so müssen wir sie hoch bewerten. (...) Aber schließlich ist alle Kritik hinfällig, wenn die unbedingte Integrität, die der Richter haben muß und bis jetzt hatte, nicht unterstützt wird von einem auskömmlichen und reichen Gehalt (...). Erst dann, wenn die Regierung ihre Justizbeamten nicht nur gut bezahlt, sondern sorgenfrei stellt, werden unsere deutschen Richter ganz das sein können, was sie zu unser aller Heil sein müssen: weitausschauende und tatkräftige Erzieher ihres Volkes!“[856]

Mit seiner Forderung nach einem „auskömmlichen und reichen Gehalt“ griff Tucholsky eine Forderung des Freirechtlers Ernst Fuchs auf. Dieser hatte in seinen Schriften mehrfach eine bessere Besoldung der Richter eingefordert, um so die „fähigsten Köpfe für diesen ersten und obersten Beruf“ zu gewinnen[857].

Tucholskys positive Einschätzung verkehrte sich binnen kurzer Zeit in ihr Gegenteil[858]. Nachdem er im Laufe des Jahres 1919 an mehreren Sondergerichtsverfahren teilgenommen und die „schlechte Luft dieser Säle geatmet“[859] hatte, fragte er im Dezember die Leser der „*Weltbühne*“: „Wohin geraten wir? Wo treiben wir hin? Wohin soll es führen, wenn nun auch die Rechtsprechung anfängt, zu wanken; wenn politische Gesichtspunkte ganz offen Sondergerichte beeinflussen? Wie lange noch, und die ordentlichen Gerichte folgen.“[860] Bereits ein halbes Jahr später

---

[856] *Tucholsky*, GA, Bd. 3, Nr. 6, S. 17, 20. Noch 1927 hielt *Tucholsky* die Berufsrichter für „zweifellos zu schlecht“ bezahlt, *Tucholsky*, GW, Bd. 5, S. 193, 194.

[857] *Fuchs*, Recht und Wahrheit, S. 169.

[858] Ausführlicher dazu: *Weck*, Strafrecht, in: KT und die Justiz, S. 57, 58 f., der zu Recht von einem radikalen Wandel in Tucholskys Haltung zur Strafgerichtsbarkeit spricht. Siehe auch *ders.*, Wider den „Dreimännerskat der Justitia“, a.a.O., S. 137, 146 ff.

[859] „Im Saal“, *Tucholsky*, GW, Bd. 10, S. 180, 181.

[860] „Prozeß Marloh“, *Tucholsky*, GW, Bd. 2, S. 223, 226 f. Die Frage „Wo treiben wir hin?“ findet sich zu dieser Zeit wiederholt in den Texten Tucholskys. Vgl. etwa GW, Bd. 2, S. 288 ff. (hier stark gekürzt): „Diese Zeit hat etwas durchaus Gespenstерhaftes. (...) Eine Welt wankt (...). Wohin treiben wir? (...) Was wissen wir von der

sah er sich in seiner Befürchtung bestätigt. Nur in Zivil- und Strafprozessen „allgemeiner Natur" sei die „Göttin der Gerechtigkeit" noch unparteiisch[861].

Neben den Prozesseindrücken war es nicht zuletzt auch das Vorgehen der Justiz im „Fall Paasche", das bei Tucholsky zu einer nachhaltigen Enttäuschung führte[862]. Der Pazifist und ehemalige Marineoffizier Hans Paasche hatte 1919 ein Buch veröffentlicht, in dem er Kritik an der Kolonialpolitik des Kaiserreiches geübt hatte. Tucholsky hatte das Buch in einer Rezension lobend erwähnt[863]. Er kannte Paasche und hatte überdies persönliche Kontakte zur Familie des Juristen Richard Witting, einem Bruder Maximilian Hardens und Schwiegervater Paasches. 1920 war Paasche denunziert worden. Man vermutete, er verstecke auf seinem Anwesen Waffen für Kommunisten. Bei einer von 60 Soldaten durchgeführten Hausdurchsuchung war der zurückschreckende Paasche erschossen worden, da er angeblich fliehen wollte. Waffen wurden nicht gefunden. Die Erschießung Paasches und die schleppende Aufklärung des Falls sorgten in der Öffentlichkeit für Aufsehen. Das eingeleitete Ermittlungsverfahren wurde schließlich mit der Begründung eingestellt, der Tod Paasches beruhe auf einem Zusammentreffen nicht voraussehbarer unglücklicher Umstände. Tucholsky, der über die Geschehnisse empört war und Paasches Erschießung als „Mord" bezeichnete, veröffentlichte mehrere Beiträge zum „Fall Paasche" und hielt auf dessen Beerdigung eine Ansprache[864].

Zeit? Wir stehen davor wie der Wanderer vor der roten Felswand, viel zu nah, um ihre Struktur, geschweige denn ihre Schönheit zu sehen! Was wissen wir von unserer Zeit? (...) Wohin treiben wir? (...) Es dämmert, und wir wissen nicht, was das ist: eine Abenddämmerung oder eine Morgendämmerung".

[861] „Die Göttin der Gerechtigkeit hat eine Binde vor den Augen. Ist sie blind? (...) Mag sie den grauen Star haben: sicher ist, daß sie in Deutschland in Zivil- und Strafprozessen allgemeiner Natur unparteiisch ist (...). Aber manchmal wacht Justitia auf. Manchmal läßt sie Binde Binde sein, die Waage schwankt, und mit weitaufgerissenen Augen starrt sie den armen Sünder an, der da vor ihr steht und auf Gerechtigkeit hofft... Gerechtigkeit? Er bekommt eins auf die Nase. Und all das geschieht in deutschen politischen Strafprozessen.", „Richter", *Tucholsky*, DT, S. 177.

[862] Ausführlich zum „Fall Paasche": *Schöningh*, „Kontrolliert die Justiz", S. 60 ff.

[863] „Ein weißer Rabe", *Tucholsky*, GW, Bd. 2, S. 219.

[864] *Tucholsky*, GW, Bd. 2, S. 338 ff.; S. 346 f.; 356 f.; DT, S. 184 ff.

Als 1921 Gumbels Schrift „*Zwei Jahre Mord*" erschien, in der auch die Tötung Paasches dokumentiert war, rezensierte Tucholsky die Broschüre unter der Überschrift „*Das Buch von der deutschen Schande*"[865]. Ohne zwischen außerordentlicher und ordentlicher Gerichtsbarkeit zu differenzieren, stellte er fest:

> „Ermordet wurden: Karl Liebknecht, Rosa Luxemburg, Kurt Eisner, Leo Jogiches, Dorrenbach, Gustav Landauer, Alexander Futran, Bernhard Schottländer, Hans Paasche. Die Liste kann beliebig verlängert werden: dies sind die bekanntesten, die getötet wurden. (...) Die deutsche Justiz hat vor diesen Mordtaten versagt. (...) Das ist alles Mögliche. Justiz ist das nicht. Ganz klar wird das, wenn wir das Schicksal der beiden Umsturzversuche: Kapps und der münchner Kommunisten vergleichen, zweier Versuche, die sich juristisch in nichts unterscheiden: Die Kommunisten haben für ihren Hochverrat 519 Jahre 9 Monate Freiheitsstrafe erhalten. Eine Todesstrafe hat man vollstreckt. Die Kapp-Leute sind frei ausgegangen. (...) Keine Strafe! – Ich könnte mir denken, daß ein humaner Richter den Kapp-Offizieren gewisse mildernde Umstände zubilligt, daß er ihnen alles Mögliche zugute hält (...) – aber er mußte am Ende doch zu dem Schluß kommen: diese Leute haben einen Hochverratsversuch begangen und müssen bestraft werden. Sie sind alle in Freiheit[866]. (...) Gumbels Buch kam zur rechten Zeit. Mit dem Vertrauen der anständigen Leute in die politische deutsche Rechtsprechung dürfte es nunmehr endgültig vorbei sein. Was diese deutschen Richter künftig noch in politischen Prozessen für Recht erkennen, mag ihre subjektive einwandfrei begründete Meinung sein: objektives Recht ist es nicht."[867]

Obwohl nicht ausdrücklich erwähnt, waren damit nicht nur die Berufsrichter, sondern ebenso die Geschworenen angesprochen. In „politisch-militärischen Fragen" seien auch sie „nicht mehr objektiv", hatte Tucholsky bereits ein Jahr zuvor in der „*Weltbühne*" geurteilt[868]. Dass es sich dabei um „immer ungerecht[e]" Kollektivurteile handelte, war ihm bewusst[869].

---

865 *Tucholsky*, GW, Bd. 3, S. 44 ff.

866 Während die Kommunisten, die an den März-Unruhen 1921 beteiligt waren, schnell vor Gericht gestellt wurden, dauerte es fast zwei Jahre, bis der erste Kappist verurteilt wurde, *Petersen* , Literatur und Justiz, S. 27 a.E. f.

867 *Tucholsky*, GW, Bd. 3, S. 44, 48 f.; hier stark gekürzt.

868 „Militärbilanz", *Tucholsky*, GW, Bd. 2, S. 306, 313.

869 Vgl. nur den Text „Hepp hepp hurra!" (1921) sowie die Artikelserie „Deutsche Richter" (1927): „Ich habe gar nichts gegen Kollektivurteile, die immer ungerecht

In Anbetracht derart pauschaler Kritik an der „politischen Rechtsprechung" mag es scheinen, als habe Tucholsky Anfang der 20er Jahre Berufs- und Laienrichtern gleichermaßen das Vertrauen entzogen. Das trifft jedoch nicht zu. Während seine Angriffe auf die Berufsrichter in den folgenden Jahren immer schärfer und unerbittlicher wurden, fielen seine Stellungnahmen zu den Laienrichtern wesentlich differenzierter aus. Die Feststellung, „noch" fänden sich Schöffen, „die einen Gutsbesitzer (...) wegen Beleidigung verurteilen, weil er in einem Inserat einen Nachtwächter gesucht und dazu gesetzt hat: ‚Früherer Offizier bevorzugt'"[870], lässt die Hoffnung durchscheinen, die Laienrichter könnten eher ein positives Verhältnis zu den geänderten gesellschaftlichen und politischen Verhältnissen gewinnen. Noch 1922 äußerte Tucholsky die Überzeugung, dass ein „großer Teil des Bürgertums und fast die gesamte Arbeiterschaft gut republikanisch sei"[871].

Der Berufsrichterschaft wollte Tucholsky zwar zugestehen, dass es unter ihr „Elemente" gebe, die „dieses Treiben [eine politisch einseitige Rechtsprechung] auf das heftigste mißbilligen". Im gleichen Atemzug fragte er aber: „Warum treten sie nicht öffentlich dagegen auf? Hat man schon einmal auf den Richtertagen davon gehört, daß solche Männer das falsche Kastengefühl durchbrochen und sich offen über die politische Seite solcher Prozesse ausgesprochen haben? Was man deckt - dafür ist man auch verantwortlich"[872]. Entsprechend sah er sich berechtigt, die Berufsrichter, „wenn es sich um politische Strafprozesse handelt"[873], in

---

und doch oft gerecht sind. (...) Es ist ein Urteil über eine Gesamtheit wie zum Beispiel diese: (...) der deutsche Richter genießt in politischen Strafprozessen nicht das Vertrauen des Volkes", *Tucholsky*, GW, Bd. 3, S. 14, 17. „Kollektivurteile sind immer ungerecht, und sie sollen und dürfen ungerecht sein.", GW, Bd. 5, S. 201, 203.

[870] „Offiziere", *Tucholsky*, GW, Bd. 2, S. 401, 403.

[871] Vgl. „Was wäre, wenn ...?", *Tucholsky*, GW, Bd. 3, S. 201, 205.

[872] „Die Tabelle", *Tucholsky*, GW, Bd. 3, S. 137, 139 f. In seiner Artikelserie „Deutsche Richter" (1927) führte Tucholsky diesen Gedanken weiter aus: „Denn wir haben das Recht, bei einer Gesellschaftskritik den niedersten Typus einer Gruppe als deren Vertreter anzusehen, den, den die Gruppe grade noch duldet, den sie nicht ausstößt, den sie also im Gruppengeist bejahend umfaßt.", GW, Bd. 5, S. 201, 203.

[873] *Tucholsky*, GW, Bd. 3, S. 137, 138.

eine Art „Standeshaft" zu nehmen[874]. Seine Kritik an Schöffen und Geschworenen galt dagegen weniger den Laienrichtern schlechthin, sondern war Teil seiner Auseinandersetzung mit der bestehenden Form der Laienbeteiligung. Ablesbar ist dieser Zusammenhang u.a. an Tucholskys Berichterstattung über den Prozess gegen die Attentäter Maximilian Hardens.

d) Die Schwurgerichtsverhandlung im „Fall Harden"

Nur neun Tage nach dem Mord an Walther Rathenau wurde auf den Theaterkritiker und Publizisten Maximilian Harden[875] in Berlin ein Attentat verübt. Der Anschlag bildete den Abschluss einer ganzen Serie von Attentaten mit politischem Hintergrund. 1921 waren der bayerische

---

[874] Vgl. nur die folgenden Zitate, die allesamt aus dem Jahr 1922 stammen: „Wir haben insbesondere keine Richterschaft, zu deren politischen Urteilen wir noch irgendwelches Vertrauen haben können", *Tucholsky*, GW, Bd. 3, S. 227, 228; „die Richter sind (neben den Staatsanwälten) so ziemlich das Unzuverlässigste, das man sich denken kann – ihre Urteile in politischen Strafsachen zählen ja längst nicht mehr ernsthaft mit", GW, Bd. 3, S. 259, 260; „Sehn wir euch an, packt uns ein tiefes Graun – Wir haben zu euch Richtern kein Vertraun!", GW, Bd. 3, S. 290, 291. Auch die Richter des Reichsgerichts nahm Tucholsky nicht aus: Das Reichsgericht tue „in den großen politischen Strafprozessen Fehlschlag auf Fehlschlag" und habe „in diesen Dingen wegen seiner politischen Haltung das Vertrauen des Volkes völlig verloren", GW, Bd. 3, S. 283, 284. *Weck* stellt daher zutreffend fest, dass Tucholsky zu Beginn der 20er Jahre dem Berufsrichterstand in politikbezogenen Strafsachen jegliches Vertrauen entzog, Strafrecht, in: KT und die Justiz, S. 57, 59.

[875] Maximilian Harden (1861-1927) wurde in Berlin als Sohn eines jüdischen Seidenhändlers geboren. Seinen Geburtsnamen Felix Ernst Witkowski legte er später ab. Bereits als Jugendlicher wurde er Wanderschauspieler. Ab 1887/88 wandte er sich dem Journalismus zu und veröffentlichte Theaterkritiken und Rezensionen in deutschen und ausländischen Zeitungen. Im Jahr 1892 gründete Harden die literarisch-politische Wochenzeitschrift „Die Zukunft", die sich bald zu einem einflussreichen Medium entwickelte. Harden bewunderte Bismarck und bekämpfte die Politik Kaiser Wilhelms II. 1906 löste er die Eulenburg-Affäre aus. Er griff die „Hofkamarilla" Wilhelms II. scharf an und spielte in diesem Zusammenhang auf homoerotische Beziehungen im Umfeld des Kaisers an. Während des Ersten Weltkriegs entwickelte sich Harden vom Kriegsbefürworter zum Kriegsgegner. Zur Weimarer Republik nahm er eine kritische und widerspruchsvolle Haltung ein. Zur Person Hardens: *Neumann, Helga/Neumann, Manfred*, Maximilian Harden, Würzburg 2003; siehe auch die Kurzbiographie bei *Weck*, NJW 1993, 1436, 1437.

USPD-Landtagsabgeordnete Karl Gareis und der ehemalige Reichsfinanzminister Matthias Erzberger erschossen worden[876]. Im Sommer 1922 folgten binnen vier Wochen die Attentate auf Philipp Scheidemann[877], Walther Rathenau und Maximilian Harden.

Harden befand sich am Abend des 3. Juli auf dem Heimweg. Gegen 20.30 Uhr wurde er von Unbekannten mit einer Eisenstange hinterrücks angegriffen. Nach einem Schlag auf den Hinterkopf stürzte Harden. Völlig wehrlos, traktierte man ihn weiter mit Hieben auf den Kopf. Nachdem er mehrfach laut „Mörder“, „Schurke“ u.ä. gerufen hatte, flüchteten die Täter. Die Anwohner fanden Harden, der sich bis in seinen Garten geschleppt hatte, mit lebensgefährlichen Kopfverletzungen vor[878].

Unmittelbar nach der Tat konnte einer der Beteiligten verhaftet werden. Es handelte sich um den 22-jährigen arbeitslosen Landwirtschaftsgehilfen Herbert Weichardt. Er hatte den Haupttäter, den 30-jährigen Oberleutnant Walter Ankermann, bei dem Anschlag unterstützt. Beide hatte der 25-jährige Buchhändler Albert Grenz angeworben. Während Grenz am Tag nach der Tat gefasst wurde, konnte Ankermann sich absetzen und wurde erst im Frühjahr 1923 in Österreich verhaftet[879]. Die Schwurgerichtsverhandlung gegen Weichardt und Grenz, auch als „Prozess Harden“ bezeichnet, fand vom 12.-14. Dezember 1922 vor dem Landgericht III in Berlin-Moabit statt[880]. Maximilian Harden trat als

---

876 Näheres zu den Attentaten bei *Gumbel*, Vier Jahre politischer Mord, S. 68 ff.

877 Scheidemann, damals Oberbürgermeister von Kassel, wurde während eines Spaziergangs von einem jungen Mann attackiert. Dieser spritzte aus einem Gummiball eine giftige, kampfgasähnliche Flüssigkeit in das Gesicht Scheidemanns. Scheidemann überlebte das Attentat und konnte sich recht schnell erholen, *Hannover/Hannover-Drück*, Politische Justiz, S. 124 ff.

878 Harden hatte acht schwere Wunden am Kopf sowie leichtere Verletzungen im Gesicht, an Armen und Beinen. Der behandelnde Arzt Prof. Moritz Borchardt stellte fest, dass der größte Teil der Kopfwunden bis auf den Schädelknochen ging. Insbesondere wegen der hohen Infektionsgefahr befand sich Harden längere Zeit in Lebensgefahr. Im Prozess gegen Weichardt und Grenz sagte Borchardt aus, er habe aus der Schwere der Verletzungen auf eine Tötungsabsicht geschlossen, *Neumann/Neumann*, Maximilian Harden, S. 169 f.

879 Zu den Attentätern: *Neumann/Neumann*, a.a.O., S. 172 ff.; siehe auch: *Weck*, NJW 1993, 1436, 1437 f.

880 Zum Prozess: *Neumann/Neumann*, a.a.O., S. 176 ff.; *Weller*, Maximilian Harden, S. 88 ff.; *Weck*, NJW 1993, 1436 ff.

Nebenkläger auf. Die Staatsanwaltschaft legte Weichardt versuchten Mord, Grenz Anstiftung zum versuchten Mord zur Last.

Die Berliner Presse berichtete ausführlich über das Verfahren. Für die „*Weltbühne*" und die „*Welt am Montag*" beobachtete Tucholsky das Geschehen im Schwurgerichtssaal. Als Journalist hatte er in den vergangenen Jahren wiederholt Gerichtsreportagen verfasst. Auch privat hatte er Anteil am Schicksal Hardens genommen. Ohne ihn persönlich zu kennen, sprach er ihm nach dem „feigen Überfall" in einem Brief die „besten Wünsche für eine baldige Wiedergenesung" aus[881]. In der „*Weltbühne*" schrieb er unter der Überschrift „*Harden*":

> „Ich kann nicht mehr – Sie werden das begreifen –
> bei jedem Attentat ein Trauerliedchen pfeifen –
> es sind zu viel[882].
> Es gibt da ehemalige Offiziere,
> die schießen wöchentlich, wie ich taxiere,
> auf das Zivil."[883]

Tucholsky hatte zunehmend Angst, selbst Opfer eines Anschlags zu werden. Ähnlich wie Harden hatte er seit einiger Zeit anonyme Drohungen erhalten[884]. Auch Mary Gerold und Siegfried Jacobsohn fürchteten, nun könne Tucholsky „rankommen"[885].

Als der Prozess drei Tage nach Eröffnung der Hauptverhandlung mit der Verurteilung der Angeklagten endete, fiel Tucholskys Resümee vernichtend aus: Es seien die grauenhaftesten drei Tage gewesen, die er in Moabit erlebt habe[886]. Seine Eindrücke schilderte er am 18. Dezember in

---

881 *Tucholsky*, BA, S. 116, Brief vom 4.7.1922.

882 In den vorangegangenen Monaten hatte Tucholsky fast alle Attentate in Artikeln und Gedichten aufgegriffen. Noch nach dem Rathenau-Mord hatte er in der „Weltbühne" mit großem Engagement eine wehrhafte Republik eingefordert: „Steh einmal auf! Schlag mit der Faust darein! Schlaf nicht nach vierzehn Tagen wieder ein! (...) Pack sie fest – dein Haus verbrennt, wenn dus jetzt glimmen läßt.", „Rathenau", *Tucholsky*, GW, Bd. 3, S. 214 f.

883 *Tucholsky*, GW, Bd. 3, S. 224.

884 *Hepp*, Annäherungen, S. 233 f.

885 Siegfried Jacobsohn fragte Tucholsky in einem Brief: „Wer kommt nach Ihnen ran, der Sie nach Harden rankommen?", zitiert nach: *Hepp*, a.a.O.

886 *Tucholsky*, DT, S. 324.

einem Artikel für die „*Welt am Montag*"[887]. Am 21. Dezember erschien in der „*Weltbühne*" der ausführliche Bericht „*Prozeß Harden*"[888]. Nachdem Tucholsky eingangs den Tatablauf und die Angeklagten beschrieben hatte, wandte er sich den übrigen Verfahrensbeteiligten zu. Vorsitzender des Schwurgerichts war Dr. Max Rippner, Beisitzer waren die Richter Risop und Vogel. Rippner war zuvor Richter in einer Kammer für Handelssachen gewesen. Der Prozess gegen die Harden-Attentäter war sein erstes Strafverfahren. Ihm attestierte Tucholsky, er sei weder „in repräsentativer noch in menschlicher Hinsicht den Anforderungen dieser klaren und einfachen Verhandlung" gewachsen gewesen und habe alles verdorben[889]: „Nichts wurde herausgearbeitet, nichts klargestellt, nichts für die Geschworenen sauber präpariert"[890]. Mit den Angeklagten sei geplaudert worden. „Keine Vorhaltungen, keine Bedrängungen, kein böses Wort"[891]. Der Staatsanwalt sei gar nicht vorhanden gewesen. An seiner Stelle habe ein älterer Herr gesessen, der „mit leiser Stimme und freundlichen Allüren hier und da sehr vorsichtig in die Verhandlung eingriff"[892].

Mit seiner harschen Kritik[893] war Tucholsky nicht allein. Auch andere Pressevertreter bemängelten die Prozessführung. So beschrieb etwa Stefan Großmann im „*8-Uhr-Abendblatt*" die Behandlung der Angeklagten als „überraschend höflich":

> „Als Herr Grenz, der Anwerber zum Morde, sich erlaubt, Harden einen ‚Schmierfink' zu nennen, wird er vom Vorsitzenden nicht einmal sanft gerügt. Kein psychologisch scharfes Verhör (...). Kein Wunder, daß die Angeklagten

---

887 „Die Zwölf auf der Bank", *Tucholsky*, DT, S. 324 ff.
888 *Tucholsky*, GW, Bd. 3, S. 296 ff.
889 *Tucholsky*, GW, Bd. 3, S. 296, 299.
890 *Tucholsky*, GW, Bd. 3, S. 296, 301.
891 *Tucholsky*, GW, Bd. 3, S. 296, 299.
892 *Tucholsky*, GW, Bd. 3, S. 296, 300. Die Anklage wurde durch Oberstaatsanwalt Schweizer und Staatsanwalt Laurentz vertreten.
893 *Weck* hält sie für eine der „schärfsten Abrechnungen", die sich in Tucholskys Schriften über die Weimarer Justiz finden, NJW 1993, 1436, 1438. *Hepp* meint, der Artikel „Prozeß Harden" sei „sehr emotional geschrieben", zeige aber auch deutlich, wie kontrolliert Tucholsky manchmal auf Wirkung hin geschrieben habe, Annäherungen, S. 234, Fn. 76.

mit heiterem Gottvertrauen dreinschauen. Sie sind frohe Tatmenschen und werden als solche behandelt.“[894]

Für das Urteil, mit dem der Prozess schließlich endete, waren allerdings nicht nur die Berufsrichter, sondern vor allem die Geschworenen verantwortlich. Nach Abschluss der Beweisaufnahme war ihnen die Schuldfrage vorgelegt worden. Die Fragestellung sah – abweichend von der Anklage – alternativ eine Verurteilung wegen versuchten Tötungsdelikts oder bloßer Körperverletzung vor[895].

Die Beweisaufnahme hatte ergeben, dass die Planung für das Attentat mehrere Monate gedauert hatte[896]. Grenz hatte Schreiben aus München erhalten, in denen er u.a. gefragt wurde, ob er „zwei junge tatfrohe Männer“ wisse, die „bereit sind, für ihr Vaterland alles zu tun“[897]. Nachdem Grenz Ankermann und Weichardt angeworben hatte, hatte er aus München eine größere Geldsendung erhalten. Nach „Erledigung der (...) genannten Persönlichkeit“ sollte eine weitere Zahlung folgen[898]. Ankermann und Weichardt wurde darüber hinaus „durch Vermittlung“ eine Anstellung im bayerischen Staatsdienst in Aussicht gestellt[899]. Bei der Vernehmung durch den Vorsitzenden gab Grenz in der Hauptverhandlung zu, es sei davon die Rede gewesen, Harden zu „beseitigen“ und zu „erledigen“. Auch Weichardt hatte vor dem Untersuchungsrichter von „unschädlich machen“ gesprochen; in der Hauptverhandlung rückte er allerdings von dieser Aussage ab. Nunmehr erklärte er, er habe von einem Mordplan nichts gewusst. Harden habe lediglich einen „Denkzettel“ erhalten sollen[900]. Tucholsky kommentierte sarkastisch:

---

[894] *Großmann*, Die Mordverschwörung gegen Harden, Bilder vom Attentatsprozeß, „8-Uhr-Abendblatt“ (Berlin) vom 12.12.1922, 2.

[895] Auf Betreiben der Verteidigung war die Fragestellung um eine entsprechende Nebenfrage ergänzt worden.

[896] Vgl. zum Ganzen die Berichterstattung im „8-Uhr-Abendblatt“ (Berlin) vom 12.12.1922, 2 f. sowie die ausführliche Darstellung bei: *Neumann/Neumann*, Maximilian Harden, S. 176 ff.; siehe auch: *Weck*, NJW 1993, 1436, 1438.

[897] Zitiert nach: *Neumann/Neumann*, a.a.O., S. 176 ff.

[898] Zitiert nach: *Neumann/Neumann*, a.a.O., S. 177.

[899] Zitiert nach: *Neumann/Neumann*, a.a.O., S. 177.

[900] *Neumann/Neumann*, a.a.O., S. 178.

„‚Ich habe immer Wert darauf gelegt, nicht zu wissen, worum es sich handelt' sagt der kleine Weichardt. ‚Was mag das wohl sein?' sagte die Jungfrau – da bekam sie ein Kind."[901]

Zu Beginn des dritten Verhandlungstages wies der Vorsitzende darauf hin, dass die Tat möglicherweise als gefährliche Körperverletzung gewertet werden könne. Auch die Verteidigung argumentierte, es sei den Beteiligten nicht um die Tötung Hardens gegangen. Bevor sich die Geschworenen zur Beratung zurückzogen, ergriff Harden das Wort:

„Der erste Mensch, der an mein Krankenbett trat und von der Sache sprach, gehörte der Behörde an, die die Ermittlungen angestellt hatte. (...) Er sagte mir, (...) es ist der Schulfall des Mordes, des bezahlten Mordes. (...) Und was geschieht nun? Nun soll das vernebelt, verdunstet, unklar gemacht werden. (...) Schließlich ist es soweit gegangen (...) in meiner Gegenwart wird darüber hin und her geredet, da der Mann doch noch lebe, so gehe doch daraus klar hervor, man wollte ihn gar nicht töten, sonst hätte man es getan; man wollte ihm nur einen Denkzettel geben (...) Ich verstehe, daß man auch diese jungen Männer verteidigt. Daß man sie aber so, wie hier versucht wird, verteidigt, daß man einen Menschen, der ihr Opfer geworden ist (...) noch schlechtzumachen sucht, das ist mir – neu. (...) Ich glaube, das Wesentliche dieser Sache ist die Frage: Soll weiter das fortwirken an Terror, was wir jetzt haben, oder sind irgendwo Grenzen gesteckt? Daß man versucht, das alles irgendwie zu verdunkeln, damit die Geschworenen schließlich sagen: Ja, er lebt noch (...), er sieht ja noch ganz ordentlich aus, da wird es nicht so arg gewesen sein – das ist doch ekelhaft."[902]

Das letzte Wort hatten die beiden Angeklagten. Weichardt nahm die Tat „mit dem Ausdruck des Bedauerns zurück". Grenz äußerte dagegen die Auffassung, fünfzig Prozent des deutschen Volkes stünden hinter ihm: „Die Geschworenen werden wissen, was sie dem deutschen Volke schuldig sind"[903]. Erst gegen Mitternacht wurde der Schuldspruch der Geschworenen verkündet. Die Frage, ob sich die Angeklagten der Teilnahme an einem versuchten Mord oder Totschlag schuldig gemacht hatten, wurde von den Laienrichtern verneint. Sie hielten Weichardt der Beihilfe, Grenz der Anstiftung zur gefährlichen Körperverletzung für schuldig. Weichardt wurden mildernde Umstände zugesprochen. Auf der Grund-

---

901 *Tucholsky*, GW, Bd. 3, S. 296, 298.
902 Zitiert nach: *Neumann/Neumann*, a.a.O., S. 183 ff.
903 Zitiert nach: *Tucholsky*, GW, Bd. 3, S. 296, 303.

lage des Geschworenenspruches verhängten die Berufsrichter die Strafe: Grenz wurde zu vier Jahren und neun Monaten, Weichardt zu zwei Jahren und neun Monaten Gefängnis verurteilt. Beide verzichteten auf Rechtsmittel. Die von Staatsanwaltschaft und Nebenklage eingereichte Revision wurde am 15. März 1923 vom 2. Strafsenat des Reichsgerichts verworfen.

e) „Die hehre Gerechtigkeit sieht nach diesem Prozeß etwas ramponiert aus“[904]

Mehrere Zeitungen bezeichneten das Urteil des Berliner Schwurgerichts als Fehlspruch. Ob tatsächlich ein Fehlurteil im juristischen Sinn vorlag, mag man aus dem vorliegenden Material nicht zweifelsfrei schließen können[905]. Dass eine andere Wertung des Tatgeschehens zumindest möglich gewesen wäre, zeigt das Urteil gegen den Haupttäter Walter Ankermann. Nachdem Ankermann in Wien verhaftet werden konnte, wurde er im Oktober 1923 nach Deutschland ausgeliefert. Am 2. Juni 1924 wurde er vom Schwurgericht des Landgerichts III in Berlin-Moabit wegen versuchten Mordes zu sechs Jahren Zuchthaus verurteilt[906].

Auch Tucholsky hielt den Urteilsspruch gegen Weichardt und Grenz für eine krasse Fehlentscheidung, die nur als Aufforderung zum Weitermachen verstanden werden könne: „Er ist ein Anreiz für den nächsten, wie der ähnliche Spruch gegen den Mordbuben Hirschfeld, der Erzberger anfiel, ein solcher Anreiz gewesen ist.“[907] Die hehre Gerechtigkeit sehe nach diesem Prozess etwas ramponiert aus, kommentierte er in der „*Welt am Montag*“: „die Binde ist verrutscht, die Waage hängt schief, das Schwert hat sie versetzt, und die ganze Person sieht aus, als ob sie einen ‚Lebenswandel' führe – aber keinen schönen.“[908] Noch schärfer fiel sein

---

[904] *Tucholsky*, DT, S. 324.
[905] So *Schöningh*, „Kontrolliert die Justiz“, S. 75.
[906] Zum Prozess gegen Ankermann: *Neumann/Neumann*, Maximilian Harden, S. 195 f.; siehe auch: *Weller*, Maximilian Harden, S. 93 f. Es handelte sich um eine Schwurgerichtsverhandlung nach neuem Recht.
[907] *Tucholsky*, GW, Bd. 3, S. 296, 304.
[908] *Tucholsky*, DT, S. 324.

Resümee in der „*Weltbühne*" aus: „Reißt dieser Justiz die falsche Binde herunter! Wir haben keine Justiz mehr."[909]

Wie radikal das Schwurgerichtsurteil Tucholskys Vertrauen in die Justiz untergrub, belegt vor allem der letzte Satz des „*Weltbühne*"-Prozessberichts. Der Legende nach entgegnete der Müller von Sanssouci auf die Drohung Friedrichs II., ihm die Mühle wegzunehmen, selbstbewusst: „Ja, wenn das Berliner Kammergericht nicht wäre!". Der daraus entstandene Ausruf „Il y a des juges à Berlin" [Es gibt noch Richter in Berlin] war sprichwörtlicher Ausdruck des Vertrauens in die preußischen Gerichte. Für ein solches Vertrauen gab es aus Tucholskys Sicht inzwischen keinen Grund mehr. Seinen Prozessbericht beendete er mit dem scharfen Satz: „Il y avait des juges à Berlin."[910] [Es gab einmal Richter in Berlin].

In seinem Kommentar zur Denkschrift des Reichsjustizministers schrieb der Berliner Rechtsanwalt Schweitzer einige Zeit später, es seien Geschworene gewesen, „die im Harden-Prozeß die deutsche Rechtsprechung vor der Welt bloßstellten."[911] Radbruch erwähnte den „Harden-Fall" im Reichstag als Beispiel für das Versagen der Schwurgerichte in Strafverfahren mit politischem Hintergrund[912]. Auch Tucholsky sorgte sich um den Eindruck, der im Ausland entstehen könnte. Er bedauerte, dass Harden „seine Zeit, seine Kraft und seinen Geist an diese Männer, an diese Tage, an diesen Saal gewandt hat. Sie sind es nicht wert gewesen. Aber in der Welt schwelt der Spruch."[913] Da der Prozessbericht auch in ausländischen Zeitschriften erschien[914], versicherte Tucholsky, es gebe

> „in Deutschland noch eine Reihe Männer, die sich solcher Deutscher, die sich solcher Justiz schämen. Die andrer Meinung sind als jene Zwölf, unter denen sich bestenfalls ein paar Verständige befunden haben, und die doch in ihrer Ge-

---

909 *Tucholsky*, GW, Bd. 3, S. 296, 304.
910 *Tucholsky*, GW, Bd. 3, S. 296, 304.
911 *Schweitzer*, in: Gumbel (Hg.), Denkschrift, S. 66.
912 „Auch wir haben über die Schwurgerichte (...) schwer zu klagen gehabt. Denken Sie etwa an den Fall von Mechterstedt, an den Fall des Erzberger-Attentäters Hirschfeld, an den Harden-Fall (...)", Verhandlungen des Reichstages, Bd. 360, S. 11186 a.E.
913 *Tucholsky*, GW, Bd. 3, S. 296, 304.
914 Vgl. GA, Bd. 5, Komm. Nr. 261, S. 879, 880.

> samtheit dem Unrecht zum Sieg verholfen haben – ein wahres Abbild des deutschen Volkes, wie es sich in den Augen des Auslands spiegelt.“[915]

Wenn sich Tucholskys Vorwürfe auch hauptsächlich gegen die hauptamtlichen Vertreter der Justiz richteten, sparte er nicht mit Kritik an den Geschworenen. An ihren Brillengläsern sei alles abgeprallt: „Geschichte, Europäertum, Vernunft und Suggestion, Verstand und die Stimme des Herzens.“[916]

> „Sie verneinten alle gefährlichen Schuldfragen, sprachen Weichardt mildernde Umstände zu und verknackten den andern nur wegen Anstiftung zu einer gefährlichen Körperverletzung. Es lagen vor: mündliche und schriftliche Geständnisse beider, in denen die Worte ‚Erledigen' ‚Beseitigen' und ‚Töten' klar und deutlich enthalten sind. Zusammen: ein paar Jahr Gefängnis. Der Angeklagte Harden kann gehen.“[917]

Nachdem er der Berufsrichterschaft in Verfahren mit politischem Hintergrund bereits sein Vertrauen entzogen hatte, distanzierte er sich nach dem Harden-Prozess von den Laienrichtern:

> „Wir rücken ab. Wir rücken ab von den Mordbuben, die da glauben, jeden politisch Andersdenkenden anfallen zu können wie die wilden Tiere – und schlimmer als die, denn der Löwe kommt meist von vorn. Wir rücken aber noch mehr ab von solchen Geschworenen, wenn auch alle zwölf Männer, die mitgewirkt haben, auf ihre Art in gutem Glauben abgestimmt haben.“[918]

Tucholsky ließ es nicht bei einer Urteilsschelte bewenden. Das milde Urteil im Harden-Prozess war aus seiner Sicht kein Einzelfall, sondern Symptom einer Laienbeteiligung, die den neuen politischen Verhältnissen nicht ausreichend Rechnung trug. Schon vor Beginn des Harden-Prozesses hatte er unter der Überschrift „*Zu einigen dieser Prozesse*“ in der „*Weltbühne*“ gedichtet:

> „So hat die Urteilsformel sich gewandelt.
> Doch wird im alten Ungeist fortverhandelt,

---

915 *Tucholsky*, GW, Bd. 3, S. 296, 304.
916 *Tucholsky*, GW, Bd. 3, S. 296, 302.
917 *Tucholsky*, GW, Bd. 3, S. 296, 303.
918 *Tucholsky*, DT, S. 324, 327.

ganz wie in jener Kaiserzeit.
Und Vorvernehmung und Geschworenensiebung
und Fragestellung und die Strafverschiebung –
Wo steckt da die Parteilichkeit?
Wo, deutsche Richter? Tief in euern Herzen!"[919]

Entsprechend prangerte er in seinen Prozessberichten das bestehende System der Laienbeteiligung an. Dabei galt sein besonderes Augenmerk zwei Problemkreisen, die im Gedicht anklingen und in der politischen Debatte eine zentrale Rolle spielten: der Auswahl der Laienrichter und der so genannten „Fragestellung".

f) „Diese Geschworenengerichte sind gar keine Volksgerichte"[920]

Abgesehen von kleineren Änderungen galt in der Weimarer Republik das schon im Kaiserreich praktizierte, sehr umständliche Verfahren der Geschworenen-Auswahl fort[921]. Einmal im Jahr mussten die Gemeindevorsteher eine so genannte „Urliste" erstellen. Sie umfasste die Namen aller Einwohner der Gemeinde, die zum Schöffen- und Geschworenenamt berufen werden konnten (§§ 36 Abs. 1, 85 GVG 1877). Innerhalb einer einwöchigen Frist, in der die Urliste öffentlich ausgelegt wurde, konnten Einsprachen gegen ihre Richtigkeit oder Vollständigkeit erhoben werden (§§ 36 Abs. 2, 37 GVG 1877). Im Anschluss leitete der Gemeindevorsteher das Verzeichnis an den Amtsrichter des Bezirks weiter (§ 38 Abs. 1 GVG 1877). Unter dessen Vorsitz trat der so genannte „Vertrauensausschuss" zusammen. Er bestand aus einem von der Landesregierung zu bestimmenden Verwaltungsbeamten sowie sieben von den Kommunalvertretungen gewählten Vertrauensmännern als Beisitzern (§ 40 Abs. 2 GVG 1877). Der Vertrauensausschuss entschied über die gegen die Urliste erhobenen Einsprachen und wählte sodann unmittelbar die erforderliche Zahl von Schöffen und Hilfsschöffen (§§ 41, 42 GVG 1877).

Hinsichtlich der Geschworenen hatte der Vertrauensausschuss lediglich eine Vorauswahl zu treffen. Er erstellte eine Vorschlagsliste, die dem

---

919 *Tucholsky*, GW, Bd. 3, S. 290.
920 *Tucholsky*, DT, S. 324, 325.
921 Eingehend: *Kern*, a.a.O., S. 114 ff.; *Vormbaum*, Lex Emminger, S. 110.

jeweiligen Präsidenten des Landgerichts übersandt wurde (§§ 87 f., 89 Abs. 1 GVG 1877). Am Landgericht entschied dann ein aus dem Präsidenten und vier weiteren Richtern bestehendes Gremium über eventuelle Einsprachen und wählte im Anschluss die Hauptgeschworenen und Hilfsgeschworenen in eine gesonderte Jahresliste (§§ 89 Abs. 2, 90 GVG 1877). Aus dieser Jahresliste wurde für jede Schwurgerichtsperiode eine 30köpfige Spruchliste ausgelost (§ 91 Abs. 1 GVG 1877). Zu Beginn einer jeden Schwurgerichtsverhandlung wurden, ebenfalls durch Auslosung, zwölf Geschworene bestimmt. Dabei hatten sowohl die Staatsanwaltschaft als auch der Angeklagte das Recht, eine gewisse Anzahl von Geschworenen ohne Begründung abzulehnen („peremptorisches Ablehnungsrecht", §§ 281 ff. RStPO).

Tucholsky beklagte die mangelnde Transparenz des Verfahrens. Die Schwurgerichte seien überhaupt keine Volksgerichte. Erst die „bekannte Ablehnung einzelner Geschworenen durch Staatsanwaltschaft und Verteidigung"[922] (peremptorisches Ablehnungsrecht, s.o.) erfolge öffentlich. Tatsächlich fand schon die Auslosung der 30köpfigen Spruchliste in öffentlicher Sitzung des Landgerichts statt. Die vorhergehenden Schritte der Geschworenenauswahl erfolgten jedoch hinter verschlossenen Türen. Die Öffentlichkeit werde so von der Auswahl der Laienrichter ferngehalten, die „in geheimen, ganz unkontrollierbaren Wahlverfahren"[923] erfolge, kritisierte Tucholsky. Jahr um Jahr würden so die Steuerzahler um die Ausübung eines ihrer wichtigsten Staatsbürgerrechte gebracht[924]. Die Auswahl der Laienrichter sei eine bewusste Siebung. Die Berufsrichter suchten sich mit Vorliebe „die Harmlosesten heraus. Die ‚Gutgesinnten'. Die Besitzer und Eigentümer. Die kleinen, braven Bürger, die ‚richtige' Anschauungen haben. Die sich imponieren lassen."[925]

> „Die, von denen man im Kriege sagte: ‚Gute Leute! Nicht schießen!' – Keine freien Menschen. Kaum freie Berufe. Und vor allem: So wenig Arbeiter wie möglich –! Der Arbeiter und der frei denkende Mann ist bisher tatsächlich – genau wie der Zuchthäusler – vom Geschworenenamt ausgeschlossen. Dieselben Richter, die ja gerade durch die Geschworenen beaufsichtigt werden sollen,

---

922 *Tucholsky*, DT, S. 324, 325.
923 *Tucholsky*, DT, S. 324, 325.
924 *Tucholsky*, DT, S. 324, 325.
925 *Tucholsky*, DT, S. 324, 326.

Geschworenenauswahl (GVG a.F.)		
Gemeindevorsteher	→ erstellt	**Urliste** ↓
Vertrauensausschuss	→ wählt	**Vorschlagsliste** ↓
Ausschuss am LG	→ wählt	**Jahresliste** ↓
Sitzung des LG	→ öffentliche Auslosung	**Spruchliste** ↓
Hauptverhandlung	→ öffentliche Auslosung und peremptorisches Ablehnungsrecht	**12 Geschworene**

wählen sich diese Männer selbst aus, schalten sie aus, wenn sie ihnen unbequem sind (was man besonders auf dem Lande beobachten kann, wo grundsätzlich keine Arbeiter auf die Geschworenenbänke kommen).“[926]

Der „Justizkaste“ warf er vor, sich abzusperren. Durch ein „niederträchtiges Siebesystem“ gelinge es ihr, die Laienrichter so auszuwählen, dass sie sich immer auf die angebliche „Volksjustiz“ berufen könne, die keine sei: „der Arbeiter fehlt fast immer.“[927]

Mit Blick auf den Harden-Prozess stellte er fest: „Da saßen jene Zwölf, die das deutsche Volk in einer solchen Sache repräsentierten. Da saßen die erkürten Zwölf, die bei den drei Siebungen - von denen die wenigsten Laien etwas wissen - unten herausgefallen waren: der muffigste Mittelstand, die Untertanen, die kleinen Gewerbetreibenden, die Besitzer, die Steuerzahler.“[928] Man müsse diesen Mittelstand kennen, der zur Polizei laufe und flenne, wenn ihm nur eine Spiegelscheibe eingehauen werde[929]. Die Leser der „*Welt am Montag*“ fragte Tucholsky:

„Sind die Zwölf aus dem Harden-Prozeß wirklich ein Spiegelbild des deutschen Volkes –? Eines Teils gewiß. Das ist die typische Muffluft eines gewissen Mittelstandes: jene Blickweite, die nicht weiter reicht als bis zum Geschäft und zur Kneipe, jener Horizont, jener Geist, der vom Ausland nur weiß, daß ‚deutsche Männer' und ‚deutsche Tüchtigkeit' die Welt erobern werden. Man kennt das.“[930]

Ähnlich hatte sich Maximilian Harden schon im Vorfeld seines Prozesses geäußert. Im August 1922 hatte er in der „*Zukunft*“ geschrieben, wer Politiker wie etwa Erzberger oder Rathenau antaste, komme vor den Staatsgerichtshof und könne „zu Tod, Zuchthaus, Bettelarmuth verurtheilt werden.“ Wer hingegen „Einstein, Förster, Harden, Kautsky, Heinrich Mann, den Zeichner Groß, den Grafen Keßler, den Künstler-Kommunisten Pfemfert, den Satiriker Tucholsky mit Verleumderjauche angespritzt, mit Revolver oder Eisenstange hinterrücks überfallen oder

926 *Tucholsky*, DT, S. 324, 326.
927 „Die Tabelle“, *Tucholsky*, GW, Bd. 3, S. 137, 139.
928 *Tucholsky*, GW, Bd. 3, S. 296, 302.
929 *Tucholsky*, GW, Bd. 3, S. 296, 303.
930 *Tucholsky*, DT, S. 324, 327.

gar nur öffentlich zu Ermordung dieser Leute aufgefordert“ habe, komme

> „vor ein kleinbürgerliches Schwurgericht, vor eine Strafkammer mit Monarchistenmehrheit“ [und dürfe] „(wenn nicht Freispruch, so doch) allermindestens auf Zuerkennung ‚völkischen Ehrennothwehrrechtes‘, also erheblich mildernde Umstände, rechnen.“[931]

Tatsächlich entsprach die Zusammensetzung der Laienrichterlisten während der Weimarer Zeit in vielen Fällen nicht ansatzweise der Bevölkerungsstruktur. Selbst in stark industriell geprägten Regionen wurden Arbeiter nur selten zum Laienrichterdienst herangezogen[932]. Demgegenüber waren die „besseren“ Gesellschaftsschichten überproportional häufig vertreten. Ein eindrucksvolles Beispiel stellt in diesem Zusammenhang die Spruchliste des Schwurgerichts Bartenstein/Ostpreußen für das Jahr 1921 dar. Unter den 30 Geschworenen einer Schwurgerichtsperiode befand sich neben Gutsbesitzern bzw. -pächtern, Direktoren und Administratoren ein einziger Arbeiter. In der folgenden Periode setzte sich die Spruchliste aus zehn Rittergutsbesitzern, einem Rittergutspächter, vier Gutsbesitzern, einem Mühlenbesitzer, einem Fabrikbesitzer, einem Administrator, einem Majoratsbesitzer, einem Stadtgutsbesitzer, einem Oberinspektor, fünf Besitzern, zwei Kaufleuten und einem Stellmachermeister zusammen[933].

Nachdem Beschwerden über einseitig besetzte Spruchlisten bis in den preußischen Landtag gedrungen waren, wies der preußische Innenminister auf Anregung des Justizministers 1921 eigens darauf hin, es sei „im Sinne einer gleichmäßigen Verteilung der Schöffen und Geschworenen auf alle Bevölkerungsschichten, insbesondere auf die Arbeiterschaft, hinzuwirken“[934]. Im folgenden Jahr wurden die Entschädigungsleistungen für Laienrichter deutlich verbessert[935]. Der in der Ursprungsfassung des GVG enthaltene Ausschluss von Frauen[936] und Dienstboten[937] vom

[931] *Harden*, Die Zukunft, XXX. Jahrg., Nr. 46, 12. August 1922, 81, 91.
[932] *Hadding*, Schwurgerichte, S. 76 f.; *Gusy*, Weimar, S. 334; vgl. auch *Hueck*, Staatsgerichtshof, S. 49.
[933] *Hadding*, a.a.O., S. 76 f.
[934] PrJMBl. 1921, 454.
[935] Durch Gesetz vom 4. Juli 1922 (RGBl. I, S. 561).
[936] Durch Gesetz vom 25. April 1922 (RGBl. I, S. 465).

Laienrichteramt wurde ebenfalls abgeschafft. Dennoch dauerte es noch bis 1926, bis zumindest alle rechtlichen Voraussetzungen dafür geschaffen waren, Personen aus sämtlichen Berufs- und Einkommensgruppen zum Laienrichteramt heranzuziehen.[938] Für die folgenden Jahre 1927 bis 1932 gab das preußische Justizministerium den Anteil der Arbeiter unter den Laienrichtern mit im Schnitt 26 % an[939]. Er entsprach damit zwar nicht der Bevölkerungsstruktur, lag aber höher als von Kritikern behauptet. Da unklar war, welche Berufsgruppen in der Statistik des Ministeriums zur Arbeiterschaft gezählt wurden, wurde die Statistik allerdings auch angezweifelt:

> „Der Preußische Justizminister Dr. Schmidt hat (...) erklärt, daß für das Jahr 1927 bei den Schöffengerichten 26½ %, bei den Strafkammern 23¾ % und bei den Schwurgerichten 18 % aus dem Arbeiterstande entnommen sind. Was nach dieser Statistik alles zum ‚Arbeiterstande' gehört, ist kaum vorstellbar.“[940]

1928 räumte der preußische Justizminister ein, dass die verbreiteten Klagen über die Nichtheranziehung von Arbeitern zum Laienrichteramt zumindest teilweise begründet seien. Bereits 1921 sei durch Allgemeine Verfügung auf die Notwendigkeit einer angemessenen Berücksichtigung der Arbeiterschaft und ihr gleichstehender Personenkreise hingewiesen worden.

> „Gleichwohl sind in letzter Zeit wiederholt Klagen darüber laut geworden, daß die Arbeiter im Verhältnis zu anderen Berufskreisen nicht in ausreichendem Maße berücksichtigt worden seien. Von mir veranlaßte Feststellungen haben ergeben, daß diese Klagen wenigstens für eine Reihe von Bezirken begründet sind.“[941]

Aus Sicht der politischen Linken war diese Nicht- bzw. Untervertretung bestimmter Gesellschaftsschichten mitursächlich für politisch einseitige

---

[937] Durch Gesetz vom 11. März 1921 (RGBl., S. 229).
[938] *Rennig*, Entscheidungsfindung, S. 59.
[939] *Rüping*, JR 1976, 269, 270; detaillierte Angaben bei: *Herrmann*, Die Schöffen in den Strafgerichten des kapitalistischen Deutschland, S. 171 f.
[940] *Deutsche Liga für Menschenrechte e. V.* (Hg.), Acht Jahre politische Justiz, S. 53.
[941] PrJMBl. 1928, 98.

Rechtsprechung. Entsprechend diente der Verweis auf einseitig besetzte Geschworenenbänke als Beleg für Klassenjustiz.

Dass die Zusammensetzung der Geschworenenbank Einfluss auf die Entscheidung haben konnte, ist nicht zu bestreiten. Bis zu einem gewissen Grade war dieser Umstand auch systemimmanent: Im Rahmen taktischer Überlegungen von Staatsanwaltschaft und Verteidigung spielte die (soziale) Herkunft für die Ausübung des peremptorischen Ablehnungsrechts nicht selten eine große Rolle. Bei Messerstechereien lehnte die Verteidigung etwa häufig Städter ab, bei Brandstiftungsdelikten Bauern[942]. Im Prozess gegen die Harden-Attentäter Weichardt und Grenz hatte die Verteidigung alle jüdisch klingenden Namen aus der Geschworenenliste abgelehnt[943].

Wie es zu der mangelnden Berücksichtigung insbesondere der Arbeiterschaft kam, ist noch nicht abschließend geklärt. Gleiches gilt von dem von Tucholsky und zahlreichen anderen Justizkritikern vorgebrachten Vorwurf einer bewussten „Siebung". Es greift allerdings zu kurz, wollte man die Einseitigkeit in der Auswahl der Laienrichter allein der Republikfeindlichkeit der Berufsrichterschaft anlasten. Der Umstand, dass aus der „höchst demokratischen Urliste"[944] fragwürdige Laienrichterlisten entstanden, hatte auch mit praktischen Problemen zu tun. Die Urliste konnte mehrere tausend Personen umfassen. Wegen der geringen gesetzlichen Vorgaben war der unter Vorsitz des Amtsrichters tagende Vertrauensausschuss nicht selten schlicht überfordert. Die Mitglieder des Vertrauensausschuss, die durchweg aus bürgerlichen Verhältnissen stammten, griffen vor diesem Hintergrund vermutlich auf das Nächstliegende zurück: „sie suchten mit Vorliebe im eigenen Bekannten- und Freundeskreis oder in ihrer unmittelbaren Umgebung, bei Nachbarn oder zumindest Personen aus derselben Wohngegend."[945] Rudolf Olden zufolge sei es am Berliner Amtsgericht Mitte sowie am Landgericht I zudem üblich gewesen, dass der Ausschussvorsitzende eine Vorauswahl traf, um den

942 Vgl. *Hadding*, Schwurgerichte, S. 32 f.

943 Vgl. *Stefan Großmann*, Die Mordverschwörung gegen Harden, Bilder vom Attentatsprozeß, „8-Uhr-Abendblatt" (Berlin) vom 12.12.1922, 2.

944 *Olden*, in: Deutsche Liga für Menschenrechte e.V. (Hg.), Acht Jahre politische Justiz, S. 51.

945 *Schöningh*, Kontrolliert die Justiz, S. 249.

Umfang der Liste zu reduzieren[946]. Die Tätigkeit der Vertrauensleute habe sich praktisch darauf beschränkt, ungeeignete Personen auszusortieren. Die politische Einstellung der potentiellen Geschworenen konnte im gesamten Auswahlverfahren zwar insoweit kein Entscheidungskriterium sein, als die Parteizugehörigkeit der Urliste nicht zu entnehmen war[947]. Allerdings ließen der ausgeübte Beruf und die Wohngegend gewisse Rückschlüsse auf politische Einstellungen zu[948].

Teilweise spielten wohl auch soziale Überlegungen eine Rolle. Das Amt eines Geschworenen oder Schöffen war ein Pflichtamt. Nur bestimmte Personengruppen, wie etwa Ärzte, konnten die Berufung ablehnen (§ 35 GVG). Da gleichzeitig die Entschädigung für Schöffen und Geschworene zumindest bis 1922 äußerst gering bemessen war[949], waren die verschiedenen sozialen Schichten von einer Ernennung zum Laienrichter unterschiedlich stark betroffen. Wurde etwa ein Arbeiter, der allein verdienender Vater einer großen Familie war, zum Geschworenen bestellt, konnte dies erhebliche finanzielle Auswirkungen auf die Familie haben. Aus diesem Grund beschwerten sich nicht wenige Arbeiter über ihre Bestellung zum Laienrichter[950]. Im Kommentar von Löwe/Rosenberg fand sich zu § 42 GVG eigens der Hinweis, bei der Schöffen- und Geschworenenwahl seien u.a.

> „die Vermögensverhältnisse des einzelnen und der Umstand in Betracht zu ziehen, daß die Ausübung des Geschworenenamts regelmäßig mit einem viel größeren Geldaufwande, als diejenige des Schöffenamtes verbunden sein wird.[951]

[946] *Olden*, a.a.O., S. 51 f. Die Urliste umfasste etwa 20.000 Namen. Dass es sich um ein allgemein praktiziertes Verfahren handelte, dürfte – vor allem für kleinere Städte – zu bezweifeln sein. So aber: *Hannover/Hannover-Drück*, Politische Justiz, S. 29 a.E.

[947] Vgl. *Olden*, a.a.O., S. 52.

[948] *Schöningh* zufolge sei in Großstädten, wo die Laienrichter „kaum allein aus dem Bekanntenkreis rekrutiert werden konnten, (...) nicht selten systematisch nach Straßenverzeichnis vorgegangen" worden, a.a.O., S. 249 f. Belege für diese Behauptung liefert *Schöningh* indes nicht. Ein derartiges Vorgehen dürfte auch unwahrscheinlich sein, da die Urliste in alphabetischer Reihenfolge aufgestellt wurde.

[949] Durch Gesetz vom 4. Juli 1922 (RGBl. I, S. 561) wurde den Laienrichtern im Rahmen gewisser Rahmenbeträge volle Entschädigung gewährt. Zuvor hatte das Tagegeld lediglich bei 5 Mark gelegen.

[950] Vgl. *Olden*, a.a.O., S. 52.

[951] *Löwe/Rosenberg*, 13. Aufl. 1913, § 42 Nr. 10; 15. Aufl. 1922, § 42 GVG, Nr. 9.

Auch der bekannte Rechtsanwalt und Justizkritiker Rudolf Olden hielt die Berechtigung solcher Überlegungen nicht für ohne weiteres von der Hand zu weisen[952].

g) „Sie beantworten die Fragen fast ohne Kenntnis der rechtlichen Folgen“[953]

Tucholsky hielt nicht nur die Auswahl der Laienrichter für dringend reformbedürftig. Kritik übte er auch am Ablauf der Hauptverhandlung vor den Schwurgerichten. Erst mit der so genannten Fragestellung, die nach der Beweisaufnahme erfolgte, begann derjenige Teil der Verhandlung, in dem die Geschworenen die zentrale und für das Schwurgericht charakteristische Rolle spielten. Während der vorangehenden Teile der Hauptverhandlung konnten die Geschworenen zwar Fragen stellen. Entscheidungen – etwa über Beweisanträge – wurden jedoch allein von den Berufsrichtern getroffen[954]. Tucholsky beklagte den mangelnden Einfluss der Geschworenen auf den Verfahrensablauf. Der Gang der Hauptverhandlung laufe an ihnen vorbei[955]. Im Harden-Prozess hätten die Geschworenen aus der miserabel geleiteten Hauptverhandlung nichts entnehmen können[956].

Für besonders problematisch hielt Tucholsky die so genannte Fragestellung an die Geschworenen und die sich anschließende Rechtsbelehrung durch den Vorsitzenden. Nach Ende der Beweisaufnahme wandte sich der Vorsitzende an die Geschworenen und teilte ihnen die Fragestellung mit[957]. Die Hauptfrage bezog sich immer auf die Schuld des Angeklagten und war in Anlehnung an die jeweilige Strafvorschrift formuliert. Sie hatte stets mit den Worten „Ist der Angeklagte schuldig ...“ zu beginnen[958]. Soweit erforderlich, konnte die Hauptfrage um Hilfs- bzw. Ne-

---

952 *Olden*, a.a.O., S. 52.
953 *Tucholsky*, GW, Bd. 3, S. 296, 303.
954 Mangels Sonderregelung galten gemäß § 276 RStPO 1877 die allgemeinen Verfahrensvorschriften.
955 *Tucholsky*, DT, S. 324, 326.
956 *Tucholsky*, GW, Bd. 3, S. 296, 303.
957 § 290 Abs. 1, 2 RStPO.
958 § 293 RStPO.

benfragen ergänzt werden[959]. Tucholsky hielt die Geschworenen durch die „meist sehr verzwickt ausgedrückten und sehr zahlreichen Fragen"[960] für überfordert. Der „sogenannte[n] ‚Rechtsbelehrung'" könnten die Geschworenen schon deshalb meist nicht folgen, weil sie die Fragen zu diesem Zeitpunkt nicht in der Hand hätten[961]. Zwingend war dies allerdings nicht. Nach § 290 Abs. 2 RStPO konnte der Vorsitzende die Fragestellung „den Geschworenen, der Staatsanwaltschaft und dem Angeklagten in Abschrift mitteilen". Einem hierauf gerichteten Antrag sollte der Vorsitzende entsprechen.

Unmittelbar auf die Verlesung der Fragestellung folgten die Plädoyers von Staatsanwaltschaft und Verteidigung[962]. An das letzte Wort des Angeklagten schloss sich die Rechtsbelehrung an. Mit der vom Vorsitzenden unterzeichneten schriftlichen Fassung der Fragestellung zogen sich die Geschworenen in das Beratungszimmer zurück[963]. Erst ab diesem Zeitpunkt waren sie von der Außenwelt abgeschlossen[964]. Vorher konnten sich die Geschworenen mit anderen Anwesenden austauschen. Tucholsky sah diese Regelung vor dem Hintergrund seiner Erfahrungen im Harden-Prozess kritisch. Drei Tage lang war dort ein „deutschnationaler Umhängebart" umhergelaufen und hatte die Geschworenen in den Pausen bearbeitet[965]. Tucholskys Resümee: „sicherlich nicht strafbar, sicherlich sehr illoyal."[966]

Nach § 300 Abs. 1 RStPO musste der Vorsitzende die Geschworenen „ohne in eine Würdigung der Beweise einzugehen, (...) über die rechtlichen Gesichtspunkte [belehren], welche sie bei der Lösung der ihnen gestellten Aufgabe in Betracht zu ziehen" hatten. Tucholsky beklagte, dass die Geschworenen in den meisten Fällen „gar nicht in der Lage [seien], den theoretischen, juristischen Ausführungen des Vorsitzenden zu folgen."[967] Zwar seien die Geschworenen des Harden-Prozesses „eine Stunde lang umständlich über theoretische Rechtsfragen" belehrt wor-

---

[959] §§ 294 f. RStPO.
[960] *Tucholsky*, DT, S. 324, 326.
[961] *Tucholsky*, DT, S. 324, 326.
[962] § 299 RStPO.
[963] § 301 RStPO.
[964] § 303 RStPO.
[965] *Tucholsky*, GW, Bd. 3, S. 296, 303.
[966] *Tucholsky*, GW, Bd. 3, S. 296, 303.
[967] *Tucholsky*, DT, S. 324, 326.

den. Es sei jedoch ausgeschlossen „daß sie, die Laien, das verstanden haben, was man ihnen in der Rechtsbelehrung gesagt hat.“[968]

Tucholsky sprach damit ein Problem an, das auch in der Literatur diskutiert wurde. Während die Fragestellung bis ins Detail gesetzlich geregelt war, stellte das GVG Art und Umfang der Rechtsbelehrung allein in das Ermessen des Vorsitzenden. Obschon obligatorisch, war eine unterlassene Rechtsbelehrung kein absoluter Revisionsgrund. Die Vorschrift des § 300 Abs. 1 RStPO war derart allgemein gehalten, dass es faktisch „vollkommen im Belieben des Vorsitzenden“ stand, was er zum Gegenstand seines Schlussvortrags machte[969]. Durch das Verbot der Beweiswürdigung handelte es sich gleichzeitig um eine „wenn nicht abstrakte, so doch (wegen der Fernhaltung der Beweiswürdigung) aus der Lebensnähe unmittelbarer unbefangener Anschauungsweise entrückte Belehrung ex cathedra“[970].

Nach § 300 Abs. 2 RStPO durfte die Belehrung des Vorsitzenden „von keiner Seite einer Erörterung unterzogen werden.“ Dahinter stand der Gedanke, der Vorsitzende solle die Belehrung nach „freiem, durch keinerlei Verantwortung oder Angriffsbefürchtung beschränkten Gutdünken“ erteilen[971]. Dies hatte jedoch zur Folge, dass kein Beteiligter, auch kein Mitglied der Richterbank, ihn unterbrechen oder berichtigen durfte. Weder Staatsanwalt noch Verteidigung konnten einer unrichtigen oder lückenhaften Rechtsbelehrung entgegentreten[972]. Dadurch, dass die Rechtsbelehrung nicht protokolliert wurde, war sie insbesondere auch der Kontrolle durch die Revisionsinstanz entzogen[973].

Vor diesem Hintergrund sah Tucholsky sowohl in Fragestellung als auch Rechtsbelehrung Instrumente einer möglichen Beeinflussung der Geschworenen durch die Berufsrichter:

> „Sie [die Geschworenen] beantworten die Fragen fast ohne Kenntnis der rechtlichen Folgen ihrer Beantwortung. Sie fallen unfehlbar in die Fangnetze der Paragraphen und verzappeln darin. Sodaß also dieselben Richter, zu deren Kontrolle diese sogenannten Volksgerichte eingesetzt sind, ihre Kontrolleure

[968] *Tucholsky*, GW, Bd. 3, S. 296, 303.
[969] *Keller*, Rechtsbelehrung, S. 66.
[970] *Keller*, a.a.O., S. 53.
[971] *Keller*, a.a.O., S. 55 f.
[972] *Keller*, a.a.O., S. 56.
[973] *Keller*, a.a.O., S. 56.

> bestimmen, ausschalten, ernennen und sie in jeder Weise beeinflussen können. Volksgericht? Eine Farce."[974]

Tucholskys Vorwurf, die Geschworenen würden nach der Belehrung „verwirrt, mäßig unterrichtet, geduckt durch die falsche Autorität des Vorsitzenden" in das Beratungszimmer entlassen[975], galt jedoch nicht nur den Berufsrichtern. Er richtete sich ebenso gegen die Laienrichter, die sich allzu leicht ducken ließen.

Einen besonderen Eindruck hinterließ vor diesem Hintergrund eine Schwurgerichtsverhandlung, die Tucholsky einige Jahre später als Auslandskorrespondent in Frankreich erlebte. Mit einem von der „Association de la Presse Judiciaire Parisienne" ausgestellten Presseausweis[976] nahm er als offizieller Prozessbeobachter der „*Vossischen Zeitung*" im November 1928 an einer Verhandlung vor dem Pariser Schwurgericht teil. Angeklagt war der italienische Arbeiter di Modugno, der im Vorjahr den Konsularvertreter Italiens in Paris erschossen hatte[977].

Der 1902 geborene di Modugno hatte sich in Italien gewerkschaftlich betätigt und war mehrfach verhaftet worden. Nach seiner Flucht aus Italien hatte er in Luxemburg und Frankreich gearbeitet. Von Frankreich aus hatte er sich wiederholt darum bemüht, für Frau und Kind eine Ausreisegenehmigung zu erhalten.

> „Nichts einfacher, als Frau und Kind nachkommen zu lassen? Das erlauben die Italiener nicht; Frau und Kind sind Geiseln für den Entflohenen, und überhaupt ‚hat der Italiener im Ausland nichts zu suchen'. Die Frau di Modugnos versucht es mit einer Wallfahrt nach Lourdes – man verweigert ihr dennoch den Paß. Sie bittet und beschwört die Behörden – man verweigert ihr den Paß. Im Jahre 1927 macht di Modugno in Paris neue Anstrengungen. Das Spiel der Ämter beginnt von neuem. (...) Gesuch; Beglaubigung des Gesuchs durch die französische Polizei; Beglaubigung der Beglaubigung durch das italienische Konsulat; Formulare, Gänge, Warten, Warten (...). Di Modugno wartet, in Paris. Und eines Tages, als es gar nicht weiter geht, am 12. September 1927, steckt er einen Revolver zu sich und geht noch einmal aufs italienische Konsulat. Der Generalkonsul ist zu seinem Glück nicht da, den jungen Arbeiter empfängt sein Vertre-

974 *Tucholsky*, GW, Bd. 3, S. 296, 303.
975 *Tucholsky*, DT, S. 324, 326.
976 Abgebildet bei *v. Soldenhoff*, Ein Lebensbild, S. 157.
977 Vgl. „Wahnsinn Europa", *Tucholsky*, GW, Bd. 6, S. 343.

ter: ein Graf Nardini. Das kleine Büro ist von dem Warteraum nur durch eine dünne Wand getrennt. Die dort Sitzenden hören eine kurze Unterhaltung, dann die Stimme des Arbeiters, dann Nardini, auf italienisch: ‚Ich kann nicht! ich kann das nicht!' dann zwei Schüsse. Di Modugno hat den Konsularvertreter Italiens in Paris erschossen."[978]

Den Lesern der „*Weltbühne*" berichtete Tucholsky am 18. Dezember unter der Überschrift „*Wahnsinn Europa*" über den Prozess. Dabei kam er eigens auf die Geschworenen zu sprechen, die, wie er anerkennend feststellte, in der Hauptverhandlung die Hauptpersonen seien, „nicht der Vorsitzende, der zuhört, schweigt und zuhört."[979] Französische Geschworene hätten „sicherlich schon Fehlurteile gefällt. Aber sie haben eines vor den deutschen voraus: sie pfeifen oft auf die Autorität und unterliegen nicht sklavisch der Suggestion eines kleinen Landgerichtspräsidenten."[980] Den Geschworenen des di Modugno-Prozesses waren vier Fragen zur Beantwortung vorgelegt worden. Im Wesentlichen ging es darum, ob das Geschehen als Körperverletzung oder Tötung zu qualifizieren war:

„Und nun geschah etwas sehr Charakteristisches. Die Geschworenen antworten nicht blind, sondern fragten zurück: ‚Welche Folgen hat es, wenn wir die einzelnen Fragen bejahen?' Der Vorsitzende klärte sie auf, worauf sie zugunsten des Angeklagten nur die erste Frage bejahten, alle andern aber verneinten – also entgegen dem klaren Tatbestand die Tötung leugneten. Witwe und Tochter des Erschossenen saßen in Trauer daneben. Zwei Jahre Gefängnis – Anrechnung der Untersuchungshaft von einem Jahr."[981]

Tucholsky hielt die Tat di Modugnos für erklärlich, zu loben sei sie nicht: „Du sollst nicht töten. Blut ist selten eine Lösung"[982]. Das überaus milde Urteil kommentierte Tucholsky nicht weiter. Die heftige Kritik an der Institution des Schwurgerichts in der Pariser Presse und die sich anschließenden diplomatischen Verwicklungen mit der italienischen Regierung hielt er jedoch für überzogen. Keiner sehe den wahren Grund dieser

---

[978] *Tucholsky*, GW, Bd. 6, S. 343.
[979] *Tucholsky*, GW, Bd. 6, S. 343, 345.
[980] *Tucholsky*, GW, Bd. 6, S. 343, 348.
[981] *Tucholsky*, GW, Bd. 6, S. 343, 348.
[982] *Tucholsky*, GW, Bd. 6, S. 343, 347.

Affäre: „Zugrunde liegt der Irrsinn einer nicht mehr haltbaren Idee: der absoluten Souveränität der Staaten.“[983] Es gehe heute nicht mehr an, Europa in kleine Festungen aufzuteilen[984]. „Ein Paß ist keine Gnade – und keine Regierung hat das Recht, ihre Leute bei sich einzusperren und sie etwa zu lebenslänglichem Italien zu verdonnern.“[985]

h) Der „Entwurf Heinze“ – Anfang vom Ende des Schwurgerichts

Mit seinen Äußerungen zur Laienbeteiligung reihte sich Tucholsky in den vielstimmigen Chor der Schwurgerichtskritiker ein. Dabei verliefen die Fronten längst nicht mehr „eindimensional in dem Sinne, daß die Laienbeteiligung notwendig als republikanisch-demokratisch, hingegen deren Reform notwendig als antirepublikanisch begriffen worden wäre“[986]. Während allerdings die politische Linke auf eine Änderung der gesetzlichen Rahmenbedingungen drängte, verlangten große Teile der Juristenschaft[987] und der bürgerlichen und konservativen Parteien eine Abschaffung der klassischen Schwurgerichte oder waren zumindest mit ihr einverstanden[988]. Ihnen galt das offensichtliche Versagen einzelner Schwurgerichte als Beleg für die längst überfällige Beseitigung dieser Form der Laienbeteiligung. Insoweit befürchtete Tucholsky nach dem Harden-Prozess nicht zu Unrecht, nun werde „sich die gesamte Juristenwelt wie ein schwacher Mann erheben und mit ausgestrecktem Zeigefinger sprechen: ‚Da habt ihr eure Volksgerichte! Da habt ihr sie –!‘“[989]

War die Umgestaltung der Laienbeteiligung anfangs eine Frage politischer Ideale gewesen, so entwickelte sie sich zusehends zu einer „Überlebensfrage“ für die Institution des Schwurgerichts. Die SPD bemühte sich deshalb mit Nachdruck um eine Reform der Gerichtsverfassung. Nach dem bereits erwähnten Scheitern der Goldschmidt-Schifferschen Entwürfe unternahmen die Sozialdemokraten unter Justizminister Gustav Radbruch einen erneuten Reformversuch. 1922 legte Radbruch den Ent-

983 *Tucholsky*, GW, Bd. 6, S. 343, 349.
984 *Tucholsky*, GW, Bd. 6, S. 343, 348.
985 *Tucholsky*, GW, Bd. 6, S. 343, 348.
986 *Gusy*, Weimar, S. 335.
987 Eingehend zur Einstellung der Juristen: *Vormbaum*, Lex Emminger, S. 134.
988 Vgl. *Hadding*, Schwurgerichte, S. 90; vgl. auch *Vormbaum*, a.a.O., S. 126 u. 145.
989 „Die Zwölf auf der Bank“, *Tucholsky*, DT, S. 324, 325.

wurf eines Gesetzes zur Neuordnung der Strafgerichte vor („*Entwurf Radbruch*“). Der Entwurf sah u.a. die Einführung eines § 42 a in das Gerichtsverfassungsgesetz vor. Danach sollte für die Wahl einer Person zum Laienrichter

> „nur maßgebend sein, daß von ihr eine gewissenhafte und unparteiische Ausübung des Richteramts zu erwarten ist; nach der Zugehörigkeit zu bestimmten Bevölkerungskreisen darf kein Unterschied gemacht werden.“[990]

Auch dieser Entwurf, der sich eng an den vorangegangenen anlehnte, scheiterte noch vor der Beratung im Reichstag[991]. Im Jahr 1923 legte schließlich Rudolf Heinze (DVP), seit November 1922 Nachfolger Radbruchs als Justizminister, einen weiteren Gesetzesentwurf vor[992]. Obwohl der Entwurf aus der Diskussion um „*Entwurf Radbruch*“ hervorgegangen war und u.a. eine dem § 42 a entsprechende Regelung enthielt, unterschied er sich deutlich von allen bisherigen Entwürfen. Er sah erstmals die Beseitigung des klassischen Schwurgerichts vor. An dessen Stelle sollte, unter Beibehaltung des Namens, ein großes Schöffengericht treten. Nachdem es über den „*Entwurf Heinze*“ erstmals zu einer Einigung zwischen Reichsregierung und Reichsrat gekommen war, wurde er am 29. Mai 1923 in den Reichstag eingebracht[993]. Der „*Entwurf Heinze*“ wurde an den Rechtsausschuss des Reichstags überwiesen. Wegen des Widerstands der Sozialdemokraten gegen eine Abschaffung der Schwurgerichte verliefen die Beratungen bald im Sande[994].

Sieht man von seiner Forderung nach „sofortige[r] Aufhebung und Abänderung der §§ 85 und der folgenden des Gerichtsverfassungsgesetzes“[995] einmal ab, äußerte sich Tucholsky zu diesen (partei-)politischen Vorgängen im engeren Sinne bemerkenswert wenig. Zwar schwebte ihm, wie an seinen Äußerungen abzulesen ist, eine Demokratisierung des Wahlverfahrens und eine Reform der schwurgerichtlichen Hauptver-

---

990 Reichsratsdrucksache 1922, Nr. 173, abgedruckt bei: *Schubert* u.a. (Hg.), Quellen zur Reform des Straf- und Strafprozeßrechts, Abt. 1, Bd. 4, S. 380 ff.
991 Zum „Entwurf Radbruch”: *Hadding*, a.a.O., S. 72; *Vormbaum*, a.a.O., S. 49 ff.
992 Reichstagsdrucksache Nr. 5884, 29.5.1923, abgedruckt bei: *Schubert* u.a. (Hg.), Quellen zur Reform des Straf- und Strafprozeßrechts, Abt. 1, Bd. 4, S. 533 ff.
993 Zum „Entwurf Heinze“: *Hadding*, a.a.O., S. 72 f.; *Vormbaum*, a.a.O., S. 51 ff.
994 *Vormbaum*, a.a.O., S. 53.
995 „Die Zwölf auf der Bank“, *Tucholsky*, DT, S. 324, 327.

handlung vor. Eine Auseinandersetzung mit den einzelnen Entwürfen oder gar eigene Reformvorschläge finden sich aber nicht. Das mag damit zusammenhängen, dass seine rechts- und justizkritischen Arbeiten, insbesondere in den ersten Jahren, häufig unter dem Eindruck von Gerichtsverhandlungen oder Prozessberichten entstanden. Da Tucholsky nicht zu den regelmäßigen Leitartiklern der „*Weltbühne*“ zählte, war er ohnehin „kein Publizist, der es mit dem politischen Tagesgeschehen zu tun hat[te]“ (*Kraiker*[996]):

> „Seine politische Publizistik ist Zeitdiagnose, die den gesellschaftlichen Standort auszumachen sucht, das gesellschaftliche Gedächtnis wach hält, positive und negative Trends sowie ihrer Behinderer und Bestärker bestimmt. Politische Tagesereignisse und Akteure sind ihm nur Momente bzw. Repräsentanten der Entwicklung des Ganzen, um die es in den Richtungskämpfen mit antagonistischen Positionen zwischen Rechts und Links geht.“[997]

Zum anderen stand Tucholsky, obschon seit 1920 USPD- und seit 1922 SPD-Mitglied[998], den Bemühungen der Sozialdemokraten um eine Justizreform mehr als skeptisch gegenüber. Enttäuscht von der Kompromisspolitik der SPD, bezweifelte er die Möglichkeiten und den politischen Willen der Sozialdemokraten zu beherzten Reformen[999]: „Wir haben es satt. Herr Radbruch, der Justizminister, kann nicht helfen – denn was vermag einer gegen so viele?“[1000] Wenig später schrieb er mit Blick auf den Harden-Prozess, Balkan und Südamerika werde sich einen Vergleich mit diesem Deutschland verbitten, „wo selbst die 180 Mann starke Fraktion der Sozialdemokraten nichts ausrichten kann.“[1001] Noch schärfer formulierte Tucholsky seine Haltung 1927. Er warf Radbruch vor, in der

---

[996] *Kraiker*, in: Kurt Tucholsky, Das literarische und publizistische Werk, S. 277, 281.
[997] *Kraiker*, a.a.O., S. 277, 281.
[998] Tucholsky war vor seiner Mitgliedschaft in der USPD wahrscheinlich schon SPD-Mitglied gewesen. Nach der Verschmelzung der Parteien 1922 wurde er (erneut) SPD-Mitglied, beteiligte sich aber nicht an der Parteiarbeit, *Hepp*, Rowohlts Monographien, S. 21 u. 64.
[999] Eingehend: *King*, KT als politischer Publizist, S. 117 ff.
[1000] „Die Tabelle“, *Tucholsky*, GW, Bd. 3, S. 137, 140.
[1001] „Prozeß Harden“, *Tucholsky*, GW, Bd. 3, S. 296, 304.

Praxis versagt zu haben[1002]. An eine „Reform von oben" wollte er nicht mehr glauben:

> „Was unsre Justizreformer, die sich vielfach aus Anwaltskreisen rekrutieren, vorbringen, ist Übersetzung der eignen Gedankengänge in die fremde Sprache der Richter, ist taktisch schlauer Versuch, den Gott durch Opfer milde zu stimmen, ihm leise das Schwert schartig zu machen, ihn vom Gebrauch des Donnerkeils abzulenken. Reform von oben gibt es nicht. Ein selbst fortschrittlich gesinnter Justizminister schwimmt schillernd wie Öl auf dem Wasser, aber Wasser und Öl vermischen sich nicht."[1003]

Schließlich dürfte auch Tucholskys persönliche Situation dazu geführt haben, dass er sich zu konkreten Reformfragen nicht weiter äußerte: Schon im September 1922 hatte er sich dazu entschlossen, sich „ein wenig in der Welt nach Verdienstmöglichkeiten umzusehen"[1004] und seine journalistische Tätigkeit zurückzustellen. Hintergrund war einerseits die Inflation, die zu einer angespannten finanziellen Situation führte. Andererseits litt Tucholsky schon seit längerem unter einer pessimistischen Grundstimmung, die sich Ende 1922 zu einer regelrechten Depression auswuchs. Ab Frühjahr 1923 arbeitete Tucholsky schließlich im Bankhaus Bett, Simon & Co., gleichzeitig ging seine literarische Produktion drastisch zurück[1005].

4. Die „Lex Emminger" vom 4. Januar 1924

In Anbetracht der langen Vorgeschichte kam die – je nach politischem Standpunkt – gefürchtete oder herbeigesehnte Abschaffung der Schwurgerichte schließlich überraschend schnell: Anfang 1924 wurden das GVG und die RStPO einer tief greifenden Reform unterzogen. Auslöser war die schwere Wirtschaftskrise, in die die junge Republik im Laufe des Jahres 1923 geraten war. Im Januar waren französische und belgische Truppen ins Ruhrgebiet einmarschiert. Der von der Reichsregierung Cuno ausgerufene passive Widerstand weitete sich zum Ruhrkampf

---

1002 „Deutsche Richter", *Tucholsky*, GW, Bd. 5, S. 201, 202.
1003 *Tucholsky*, GW, Bd. 5, S. 201, 205.
1004 Brief an Siegfried Jacobsohn vom 1.9.1922, *Tucholsky*, BA, S. 118, 119.
1005 *Hepp*, Annäherungen, S. 237 ff.

aus[1006]. Die bestehende Inflation verschlimmerte sich immer mehr. Mitte des Jahres lag die Kaufkraft der Reichsmark praktisch bei Null. Der Verfall des Geldes und die dadurch bedingten sozialen Probleme führten zu einer politischen Radikalisierung.

Gustav Stresemann (DVP), der nach dem Sturz der Regierung Cuno Reichskanzler wurde, versuchte mit verschiedenen Mitteln einen wirtschaftlichen Zusammenbruch abzuwenden. Durch die Einführung der Rentenmark am 16. November 1923 konnte die Inflation beendet werden[1007]. Trotz dieses Erfolgs waren weitere Maßnahmen zur Sanierung des Wirtschaftslebens erforderlich. Reichskanzler Marx (Zentrum), der am 30. November die Nachfolge des gestürzten Stresemann antrat, musste den eingeschlagenen Sparkurs fortsetzen[1008].

Vor diesem Hintergrund beschloss der Reichstag am 8. Dezember 1923 ein Gesetz, das die Reichsregierung zu Maßnahmen ermächtigte, die diese im „Hinblick auf die Not von Volk und Reich für erforderlich und dringend“ erachtete[1009]. Da das Gesetz mit verfassungsändernder Mehrheit verabschiedet wurde, konnte die Reichsregierung Notverordnungen erlassen, die formellen Gesetzen gleichstanden[1010]. Von der ihr eingeräumten Möglichkeit machte die Regierung Marx u.a. Gebrauch, um die Strafrechtspflege zu vereinfachen und kostengünstiger zu gestalten[1011]. Gestützt auf das Ermächtigungsgesetz erließ sie am 4. Januar 1924 die „*Verordnung über Gerichtsverfassung und Strafrechtspflege*“[1012]. Zuständiger Justizminister der Regierung Marx war der aus Bayern stammende

---

[1006] Einen Überblick über die Ereignisse des Jahres 1923 gibt *Schwabe*, in: Die Weimarer Republik, S. 95, 104 ff.
[1007] *Schwabe*, a.a.O., S. 95, 118.
[1008] *Schwabe*, a.a.O., S. 95, 119.
[1009] RGBl. I 1923, S. 1179.
[1010] So jedenfalls die in der Weimarer Staatslehre überwiegend vertretene Rechtsauffassung; Näheres bei *Vormbaum*, Lex Emminger, S. 15 f. m.w.N.
[1011] *Schmidt*, Einführung, S. 418. Gleichzeitig bot sich die Gelegenheit, ein viel diskutiertes Problem auf „einfachem“ Wege zu regeln. Insoweit dürften die erforderlichen Sparmaßnahmen nicht das einzige Motiv gewesen sein, vgl. *Rennig*, Entscheidungsfindung, S. 58. *Vormbaum* meint, das Handeln der Regierung sei vielleicht durch die „Not von Volk und Reich“ zu rechtfertigen, vermutlich aber nicht durch sie motiviert gewesen, a.a.O., S. 44 u. Fn. 3. Zumindest hinsichtlich der Laienbeteiligung bildeten „politische Motive und Einsparungswünsche ein fast unentwirrbares Knäuel“, a.a.O., S. 97.
[1012] RGBl. I 1924, S. 15. Zum Verfahren: *Hadding*, Schwurgerichte, S. 79 ff.

Erich Emminger[1013] (BVP), weshalb sich für das auch als „Sparverordnung“[1014] bezeichnete Regelwerk bald der kürzere Name „*Lex Emminger*“ einbürgerte.

Die Verordnung griff tief in Gerichtsverfassung und Strafprozessordnung ein[1015]. Eine Neuregelung erfuhren u.a. die Vorschriften über die Besetzung[1016] und Zuständigkeit[1017] der Gerichte sowie das Strafbefehlsverfahren[1018]. Der Verfolgungszwang (Legalitätsprinzip) wurde gelockert[1019]. Die einschneidendsten Veränderungen, zu denen die „*Lex Emminger*“ im Bereich der Strafgerichtsverfassung führte, betrafen die Laienbeteiligung am Strafprozess[1020]. Für die Zeit vom 15. Januar bis zum 31. März 1924 wurde die Laienbeteiligung völlig aufgehoben[1021]. Straftaten, die bislang in die Zuständigkeit der Schwurgerichte fielen, wurden den Strafkammern zugewiesen[1022]. Die Aufgaben der Schöffengerichte übernahm der Einzelrichter am Amtsgericht[1023]. Die nach Ablauf dieser Übergangszeit vorgesehene neue Form der Laienbeteiligung unterschied sich erheblich von der bisherigen. Am bedeutendsten war die faktische Abschaffung der Schwurgerichte. Zwar gab es auch künftig bei den Landgerichten als „Schwurgerichte“ bezeichnete Spruchkörper. Tatsächlich verbarg sich hinter der Bezeichnung jedoch ein erweitertes Schöffengericht mit drei Berufsrichtern und sechs als „Geschworene“ bezeichne-

---

1013 Eine Kurzbiographie Emmingers findet sich bei *Vormbaum*, a.a.O., S. 17 f.
1014 *Hadding*, a.a.O., S. 86.
1015 Vgl. die nach Maßgabe der „*Lex Emminger*“ neu gefassten Gesetzestexte: RGBl. I 1924, S. 299 (GVG) u. 322 (RStPO), im Folgenden, soweit zur Klarstellung erforderlich, bezeichnet als GVG 1924 bzw. RStPO 1924.
1016 §§ 1 ff., 10 ff. VO über Gerichtsverfassung und Strafrechtspflege.
1017 §§ 6 ff. VO über Gerichtsverfassung und Strafrechtspflege.
1018 § 37 VO über Gerichtsverfassung und Strafrechtspflege.
1019 § 23 VO über Gerichtsverfassung und Strafrechtspflege.
1020 *Vormbaum* spricht in diesem Zusammenhang vom „spektakulärste[n] Eingriff in die Gerichtsverfassung“, Lex Emminger, S. 109. Zu den weit reichenden Auswirkungen der „Lex Emminger“ auf das Normengefüge von GVG und RStPO vgl. ebenfalls *Vormbaum*, a.a.O., S. 83.
1021 VO über Gerichtsverfassung und Strafrechtspflege, Abschnitt V, Einleitung i.V.m. § 44.
1022 § 44 Abs. 1 S. 2 VO über Gerichtsverfassung und Strafrechtspflege.
1023 § 44 Abs. 1 S. 1 VO über Gerichtsverfassung und Strafrechtspflege.

ten Schöffen[1024]. Berufsrichter und „Geschworene" entschieden nun gemeinsam über Schuld- und Straffrage[1025].

Amtsgericht	Landgericht
Schöffengericht ●○● oder ●○○● [1026] Einzelrichter ○	„Schwurgericht" ●●●○○○●●●

○ Berufsrichter / ● Laienrichter

Erstinstanzliche Spruchkörper
Lex Emminger/GVG 1924

Daneben gab es weitere Neuerungen, die – wenn auch nur mittelbar – zu einer verringerten Laienbeteiligung führten. So wurde die Zuständigkeit des Einzelrichters am Amtsgericht deutlich erweitert. Das hatte zur Folge, dass nicht nur alle Übertretungen, sondern auch viele Vergehen und bestimmte Verbrechen ohne Laienbeteiligung abgeurteilt werden konnten[1027]. Die zu einer Erweiterung der einzelrichterlichen Kompetenzen des Schöffengerichtsvorsitzenden führende Ausdehnung des Strafbefehlsverfahrens[1028] hatte ebenfalls eine Verringerung der Laienbeteiligung zur Folge. An diesem Umstand konnte auch die Umwandlung der Strafkammer am Landgericht zu einer reinen Berufungsinstanz[1029] nichts

[1024] § 81 GVG 1924. *Rennig* fasst den Sachverhalt treffend zusammen: Die Schwurgerichte „behielten ihren Namen und verloren ihren Charakter", Entscheidungsfindung, S. 58. Begründet wurde die Beibehaltung der Bezeichnung mit der Gewöhnung, die in der Bevölkerung eingetreten sei, *Hadding*, Schwurgerichte, S. 81.
[1025] § 82 Abs. 1 GVG 1924.
[1026] Bei umfangreicheren Verfahren konnte gemäß § 29 Abs. 2 GVG 1924 ein zweiter Berufsrichter hinzugezogen werden (so genanntes „erweitertes Schöffengericht").
[1027] §§ 25 f. GVG 1924.
[1028] § 407 ff. RStPO 1924.
[1029] § 74 GVG 1924. Die Strafkammer verhandelte je nach Vorinstanz entweder als kleine oder als große Strafkammer. Die kleine Strafkammer war mit einem Berufrichter und zwei Schöffen, die große Strafkammer mit drei Berufsrichtern und zwei Schöffen besetzt (§ 76 Abs. 2 GVG 1924). Die Beschränkung der Laienbeteiligung

ändern. Zwar wurden fast alle erstinstanzlichen Strafkammersachen nun vor dem Schöffengericht verhandelt[1030]. Bezogen auf die Gesamtzahl der Verfahren nahm sich diese „Ausweitung" der Laienbeteiligung jedoch gering aus[1031]: Waren bis 1924 etwa 80 % aller Strafsachen unter Mitwirkung von Laien entschieden worden, urteilten nun in 80 % der Verfahren allein Berufsrichter[1032].

a) Die „Lex Emminger" zwischen Zustimmung und Kritik

Angesichts der langen Vorgeschichte und der tief greifenden Veränderungen überrascht es nicht, dass die Emminger-Verordnung zu kontroversen Diskussionen führte. An dieser Auseinandersetzung beteiligte sich Tucholsky zunächst nicht. Zwar hatte er seine Depression inzwischen überwunden und auch seine Stellung bei Bett, Simon & Co. wieder aufgegeben. Das Jahr 1924 stand jedoch für Tucholsky im Zeichen seiner Übersiedlung nach Frankreich, wo er ab April als Korrespondent für die „*Vossische Zeitung*" und die „*Weltbühne*" arbeitete. Erst als er sich nach seiner Rückkehr 1926 wieder verstärkt in die rechts- und justizpolitische Diskussion einschaltete, nahm er auch zur neuen Rechtslage Stellung.

Während die Parteien des rechten und mittleren politischen Spektrums die Umgestaltung der Laienbeteiligung durch die „*Lex Emminger*" begrüßten oder zumindest weitgehend mit ihr einverstanden waren[1033], äußerten die Links-Parteien scharfe Kritik. SPD und KPD brachten schon im Frühjahr 1924 Anträge in den Reichstag ein, die auf eine (modifizierte) Wiedereinführung der echten Schwurgerichte zielten[1034]. In Juristenkrei-

---

auf erstinstanzliche Verfahren war damit ebenso aufgehoben wie das Prinzip der Laienmehrheit in gemischt besetzten Spruchkörpern.

1030 § 24 GVG 1924. Ein kleinerer Teil der bislang vor der Strafkammer verhandelten Strafsachen fiel nunmehr in die Zuständigkeit des „Schwurgerichts" (§ 80 GVG 1924).

1031 *Vormbaum*, Lex Emminger, S. 97.

1032 *Hadding*, Schwurgerichte, S. 100. Im Jahr 1913 wurden über 90 %(!) aller Strafsachen vor den Schöffengerichten verhandelt, *Vormbaum*, Lex Emminger, S. 97.

1033 Vgl. *Hadding*, a.a.O., S. 90; umfassend zu Kritik und Zustimmung: *Vormbaum*, a.a.O., S. 59 ff.

1034 Eingehend zu allen eingebrachten Abänderungsanträgen: *Vormbaum*, a.a.O., S. 61 ff.

sen wurde allgemein das Zustandekommen der „*Lex Emminger*" im Wege der Notverordnung bemängelt[1035]. So meinte etwa Radbruch:

> „Für die Umwandlung des Schwurgerichts in ein Schöffengericht, der ich angesichts mancher böser Schwurgerichtsurteile in den letzten Jahren *sachlich nicht widersprechen kann*, hielt und halte ich den Weg der Verordnung *für völlig ungeeignet* und unzulässig"[1036].

Auch die angeordneten Notmaßnahmen des V. Abschnitts der Verordnung, darunter die vorübergehende völlige Aufhebung der Laienbeteiligung, stießen auf Kritik[1037]. Im Ergebnis stellte die „*Lex Emminger*" jedoch einen „von der Juristenwelt überwiegend beifällig aufgenommenen neuen Rechtszustand her"[1038]. Interessanterweise beschränkte sich die Auseinandersetzung in der Fachwelt nicht auf juristische Publikationsorgane. Mehrere namhafte Rechtswissenschaftler veröffentlichten in Tageszeitungen Stellungnahmen und Beiträge zur „*Lex Emminger*"[1039]. Die traditionell schwurgerichtsfreundliche Presse übte ohnehin scharfe Kritik an der Umgestaltung der Laienbeteiligung[1040]. Stärker als zuvor wurde so auch die Tagespresse zum Medium der Auseinandersetzung.

Neben den bereits genannten Punkten sorgte auch die Beibehaltung des Namens „Schwurgericht" für Kritik. In der Presse war von den „Emmingerschen Pseudo-‚Schwurgerichten'" die Rede[1041]. Lautete die offizielle Begründung, man habe am Namen festgehalten, weil sich die Bevölkerung an ihn gewöhnt habe, mutmaßten Kritiker, es sei der Regierung vor allem darum gegangen, die Beseitigung des Schwurgerichts zu verschleiern[1042]. Auch Tucholsky befürchtete, der juristische Laie habe

---

[1035] *Vormbaum*, a.a.O., S. 74.

[1036] Zitiert nach: *Vormbaum*, a.a.O., S. 145, Fn. 56 a, Hervorhebungen im Original.

[1037] *Vormbaum*, a.a.O., S. 74.

[1038] *Vormbaum*, a.a.O., S. 134.

[1039] Vgl. *Hadding*, Schwurgerichte, S. 98; *Vormbaum*, a.a.O., S. 74 f. jew. m.w.N.

[1040] Eingehend: *Hadding*, a.a.O., S. 91 ff.

[1041] *Deutsche Liga für Menschenrechte e.V.* (Hg.), Acht Jahre politische Justiz. Das Zuchthaus – die politische Waffe, S. 53.

[1042] So etwa *Halle*, Der Proletarier als Schöffe und Geschworener, S. 18: „Die Bezeichnungen Schwurgericht und Geschworene sind lediglich beibehalten worden, um die Illusionen des Kleinbürgertums aufrechtzuerhalten, das in den Schwurgerichten eine demokratische Einrichtung erblickt". Vgl. auch *Hadding*, a.a.O., S. 101.

nicht verstanden, dass das Schwurgericht de facto beseitigt wurde. Noch 1929 schrieb er: „Wenn du Geschworener bist, vergiß dies nicht –: echte Geschworenengerichte gibt es nicht mehr."[1043]

Forderungen der Presse nach Abschaffung der „Emminger-Justiz"[1044] oder die Bezeichnung des neuen Spruchkörpers als „Emmingersches Pseudo-Schwurgericht" belegen, dass sich die Kritik an der „*Lex Emminger*" schon früh mit der Kritik an der Person ihres Namensgebers verband. Unzutreffend war die Bezeichnung „*Lex Emminger*" insofern, als der BVP-Politiker an der inhaltlichen Gestaltung der Verordnung wenig Anteil hatte[1045]. Dass er gleichwohl zum Namensgeber wurde, hing einerseits mit dem Brauch zusammen, ein Gesetz nach dem amtierenden Minister zu benennen[1046]. Andererseits trug auch die politische Linke dazu bei, das „Mißverständnis über die Urheberschaft"[1047] als historisches Faktum zu etablieren[1048]. Schon vor Erlass der Verordnung hatte der konservative Politiker auf sich aufmerksam gemacht. So wurde ihm u.a. vorgehalten, sich bei der Strafverfolgung von Landesverrat einseitig auf links stehende Tatverdächtige zu konzentrieren[1049]. Entsprechend brachte die politische Linke „den Inhalt der Verordnung mit dem politischen Profil des Justizministers in Verbindung. Dies hatte einerseits zur Folge, daß die Beurteilung der Verordnung (...) vom Mißtrauen gegen ihren Promulgator geprägt wurde, und führte andererseits dazu, daß sie nun umso mehr mit diesem identifiziert wurde."[1050] Auch für Tucholsky war es selbstverständlich, dass die Verordnung Emminger anzulasten sei. Zumindest konnte er bei seiner Leserschaft auf ein entsprechendes Vorverständnis rechnen[1051], als er 1929 feststelle, dieser habe die Schwurgerichte zerstört, „um den Einfluss der Laien zu brechen"[1052]. Der Republik

---

1043 „Merkblatt für Geschworene", *Tucholsky*, GW, Bd. 7, S. 158, 159.
1044 *Deutsche Liga für Menschenrechte e.V.* (Hg.), Acht Jahre politische Justiz. Das Zuchthaus – die politische Waffe, S. 53.
1045 *Vormbaum*, Lex Emminger, S. 18.
1046 *Vormbaum*, a.a.O., S. 18 f.
1047 *Vormbaum*, a.a.O., S. 20.
1048 *Vormbaum*, a.a.O., S. 19.
1049 *Vormbaum*, a.a.O., S. 19.
1050 *Vormbaum*, a.a.O., S. 19.
1051 *Vormbaum*, a.a.O., S. 20.
1052 „Merkblatt für Geschworene", *Tucholsky*, GW, Bd. 7, S. 158, 159.

hielt er vor, sie zahle „Herrn Emminger, der die deutschen Schwurgerichte vernichtet hat“, eine Pension in Höhe von 19.000 Mark[1053].

b) „Wenn man das drei Jahre lang nicht genossen hat“[1054]

Nachdem Tucholsky in den Jahren seines Frankreichaufenthalts wiederholt über französische Gerichtsverfahren berichtet hatte, zog es ihn bald nach seiner Rückkehr ins Moabiter Kriminalgericht und ins Gericht am Berliner Alexanderplatz. Im März 1927 schrieb er seiner Frau Mary, er sei auf dem Gericht zum Zuhören gewesen: „eine Schande, was sie da treiben“[1055]. Wenig später berichtete Tucholsky den Lesern der „*Weltbühne*“ über die Empfindungen, die das „*Wiedersehen mit der Justiz*“ bei ihm auslöste:

> „Wenn man das drei Jahre lang nicht genossen hat: die moabiter Justizfabrik und die unhöflichen Gerichtsdiener und diese Richterköpfe und die kleinen verschreckten Schöffen, Mikrozephalen oder Kolonialwarenhändler (...) – wenn man das drei Jahre lang nicht genossen hat, so darf man erfreut feststellen, daß noch alles da ist.“[1056]

Vor dem Hintergrund seiner Wahrnehmung, „daß noch alles da ist“, übte Tucholsky auch in der zweiten Hälfte der 20er Jahre Kritik an der Ausgestaltung der Laienbeteiligung:

> „Nicht das ist Kultur, daß irgendein Oberlehrer schöne Verse nachzuschmecken vermag, ein Musikstück versteht, ein Gemälde zeitlich richtig einordnet – nicht das ist Kultur. (...) Wertvoll darf heute ein Volk genannt werden, wenn seine Polizei in Ordnung ist. Wenn seine Geschworenen keine Mörder freisprechen, die unbequeme Reformer aus Rache ermorden.“[1057]

Wie schon in den Jahren vor 1924 warf er der Justiz Einseitigkeiten bei der Bestellung von Laienrichtern vor. Unter der Überschrift „*Muff*“[1058]

[1053] „Der Staatshaushalt“, *Tucholsky*, GW, Bd. 7, S. 296, 297.
[1054] *Tucholsky*, GW, Bd. 5, S. 193.
[1055] Brief vom 29.3.1927, *Tucholsky*, UuL, S. 463, 464.
[1056] *Tucholsky*, GW, Bd. 5, S. 193.
[1057] „Interessieren Sie sich für Kunst –?“, *Tucholsky*, GW, Bd. 4, S. 421, 423.
[1058] *Tucholsky*, GW, Bd. 5, S. 182 f.

äußerte er in der „*Weltbühne*" erneut scharfe Kritik an den „Siebungsmethoden der Justizverwaltung". Anlass des Beitrags war eine Schöffengerichtsverhandlung, die im März 1927 vor dem Dresdner Amtsgericht stattfand[1059]. Angeklagt war der Dresdner Arbeiter und Familienvater Herzog. Herzog hatte, um nach seinen anderen Kindern zu sehen, seine vierjährige Tochter einen Moment lang unbeaufsichtigt mit den am Weihnachtsbaum brennenden Kerzen allein gelassen. Bei dem in der Folge entstandenen Feuer zog sich das Kind lebensgefährliche Verletzungen zu, an denen es verstarb[1060]. Obwohl selbst der Staatsanwalt den Angeklagten für hinreichend bestraft hielt und die Festsetzung einer Strafe in das Ermessen des Gerichts stellte, wurde Herzog wegen fahrlässiger Tötung zu einer viermonatigen Gefängnisstrafe verurteilt[1061]. Tucholsky mutmaßte, es seien die Schöffen gewesen, die die Strafe ausgesprochen hätten. „Nach Richtergrausamkeit, wie wir sie gewöhnt sind, sieht das Urteil nicht aus."[1062]

> „Ich weiß zwar nicht, wie das auf sächsisch heißt, aber ich höre den Bürgersatz, der ebenso gut in Gumbinnen wie in Celle gesprochen sein kann: ‚Der Mann muß einen Denkzettel haben!' Es ist nachweislich ausgeschlossen, daß das Schöffengericht jemals gewagt hätte, bei einem bessern Steuerzahler mit Dienstmädchen und hölzernem Verdienerkinn solche Fahrlässigkeit anzunehmen, obgleich solch einer doch Personal hat, um kleine Kinder zu bewahren. Geschieht so etwas in einer feinen Familie, so wird wahrscheinlich kaum Anklage erhoben, höchstwahrscheinlich niemals das Hauptverfahren eröffnet, bestimmt freigesprochen. (...) Aber hier mischten sich Todesgruseln, Volksstück und eine vage Vorstellung von göttlicher Rache in den Gehirnen, und der Schrei des Opfers: ‚Wenn ich aus dem Gefängnis komme, mache ich mich tot!' erreichte kein Ohr und kein Herz. Gott schütze uns vor diesen Schöffen. Reißt die Fenster auf –! Es mufft."[1063]

Bis in die Wortwahl hinein glichen die Vorwürfe denjenigen, die er nach dem Harden-Prozess erhoben hatte:

[1059] Vgl. GA, Bd. 9, Komm. Nr. 40, S. 866.
[1060] Vgl. *Tucholsky*, GW, Bd. 5, S. 182.
[1061] Vgl. *Tucholsky*, GW, Bd. 5, S. 182.
[1062] *Tucholsky*, GW, Bd. 5, S. 182.
[1063] *Tucholsky*, GW, Bd. 5, S. 182 f.

„Wer die heimlichen Siebungsmethoden der Justizverwaltung kennt, die einseitig, bewußt die braven Untertanen bevorzugend und unzulänglich die Schöffen und Geschworenen sich so heraussucht, daß den Richtern möglichst wenig Opposition entsteht, der weiß, welche Gesichter unter Laienrichtern anzutreffen sind. Besonders in kleinen Städten und in der Provinz sind es, neben den Fabrikbesitzern und Besitzenden feinster Stände, matte und satte Kleinbürger. Bevorzugt wird der Erzeuger jenes Kleinwohnungsmuffs, der die überkommenen Fibelvorstellungen stumpf und dumm durchs Leben schleppt, die Hände an der Hosennaht, mit treuem Hundeblick zum Vorgesetzten aufblickend, und es ist immer, immer ein Vorgesetzter da.“[1064]

In der wenige Wochen später erschienenen Artikelserie „*Deutsche Richter*“ wiederholte Tucholsky seine Kritik: Das „nachtwandlerisch sichere Gefühl“ der Gerichtsbeamten für Schöffen und Geschworene bevorzuge „kleinköpfigen, bramsigen Mittelstand, Untertanen, die einmal, wie Polgar das genannt hat, den Obertanen spielen wollen.“[1065]

c) „Mit Zuchthäuslern auf eine Stufe gestellt“[1066]

Bereits 1922 hatte Tucholsky die Leser der „*Welt am Montag*“ aufgefordert, einmal in ihrer Bekanntschaft „die gebildeten Leute, die politisch frei denkenden Leute“ zu fragen, ob sie in ihrem Leben schon Geschworene gewesen seien[1067].

„Nicht einer wird darunter sein. Keiner der mir nahestehenden geistigen Arbeiter ist, zum Beispiel, jemals Geschworener gewesen. (...) Der Arbeiter und der frei denkende Mann ist bisher tatsächlich – genau wie der Zuchthäusler – vom Geschworenenamt ausgeschlossen.“[1068]

Vorbestrafte konnten – ähnlich wie heute[1069] – in bestimmten Fällen nicht zu Laienrichtern bestellt werden. Die Verurteilung zu einer Zuchthausstrafe zog nach § 31 Abs. 1 RStGB die dauernde Unfähigkeit zur

---

[1064] *Tucholsky*, GW, Bd. 5, S. 182 f.
[1065] *Tucholsky*, GW, Bd. 5, S. 201, 204.
[1066] *Tucholsky*, GW, Bd. 4, S. 501, 504.
[1067] „Die Zwölf auf der Bank“, *Tucholsky*, DT, S. 324, 326.
[1068] *Tucholsky*, DT, S. 324, 326.
[1069] Siehe § 32 Nr. 1 GVG heutiger Fassung.

Bekleidung öffentlicher Ämter nach sich. Eine zeitlich beschränkte Unfähigkeit zur Bekleidung öffentlicher Ämter trat darüber hinaus ein, wenn neben einer Gefängnisstrafe auf den Verlust der bürgerlichen Ehrenrechte erkannt wurde (§§ 32, 34 Nr. 3 RStGB). Als öffentliches Amt galt nach § 31 Abs. 2 RStGB auch der Geschworenen- und Schöffendienst. Die Verurteilten waren nach §§ 32 Nr. 1, 85 GVG zum Schöffen- bzw. Geschworenenamt „unfähig". Bereits die Eröffnung des Hauptverfahrens wegen eines solchen Delikts führte dazu, dass die Betroffenen nicht mehr zu Laienrichtern ernannt werden konnten (§ 32 Nr. 2 GVG).

Nach Erlass der „*Lex Emminger*" erneuerte Tucholsky seinen Vorwurf, Intellektuelle seien wie Zuchthäusler vom Laienrichteramt ausgeschlossen. In dem bereits zitierten Beitrag „*Wiedersehen mit der Justiz*" schrieb er, das Schöffengericht tauge nicht viel, „weil die Siebung der Schöffen ganzen Volksschichten die bürgerlichen Ehrenrechte abspricht"[1070]. Ähnlich äußerte er sich 1926 im Rahmen der öffentlichen Debatte um das umstrittene „*Gesetz zur Bewahrung der Jugend vor Schund- und Schmutzschriften*"[1071]. Der vom Reichsminister des Innern im August 1925 eingebrachte Gesetzesentwurf[1072] sah vor, dass die Indizierung jugendgefährdender Werke durch Prüfstellen der Länder erfolgen sollte. Die Mitglieder der Prüfstellen sollten u.a. aus den Kreisen von Kunst und Literatur, Buch- und Kunsthandel, Jugendwohlfahrt und der Volksbildung gewählt werden. Tucholsky mutmaßte, es werde eine Auswahl „ähnlich der, wie sie bei Geschworenen üblich ist"[1073]:

> „Durch ein paar amtliche Manipulationen werden Intellektuelle und Oppositionelle aller Schattierungen ihrer sogenannten bürgerlichen Ehrenrechte beraubt, mit Zuchthäuslern auf eine Stufe gestellt und gelangen niemals in einen solchen Ausschuß."[1074]

1070 *Tucholsky*, GW, Bd. 5, S. 193, 197.
1071 Ausführlich: *Petersen*, Zensur in der Weimarer Republik, S. 56 ff.
1072 „Entwurf eines Gesetzes zur Bewahrung der Jugend vor Schund- und Schmutzschriften", Verhandlungen des Reichstages, Bd. 404, Nr. 1461.
1073 „Eveline, die Blume der Prärie", *Tucholsky*, GW, Bd. 4, S. 501, 504.
1074 *Tucholsky*, GW, Bd. 4, S. 501, 504.

Mit den Lesern der „*Weltbühne*" wusste er sich im Einvernehmen: „du und ich, wir werden niemals Laienrichter werden."[1075] In der Rubrik „*Antworten*" schrieb er einige Zeit später:

> „*Vorbestrafter.* Notzucht? Sie werden nie Geschworner werden.
>
> *Intellektueller.* Radikale Gesinnung? Sie werden nie Geschworner werden."[1076]

Es mag scheinen, als habe Tucholsky primär eine als skandalös empfundene Gleichsetzung „geistiger Arbeiter" mit Zuchthäuslern anprangern wollen. Tatsächlich wandte er sich mehrfach nicht nur gegen die behauptete Nichtheranziehung Intellektueller zum Laienrichterdienst, sondern ebenso gegen eine Diskriminierung ehemaliger Strafgefangener. Niemand habe, so schrieb er 1928, das moralische oder soziale Recht, einen Menschen Zeit seines Lebens zu brandmarken, weil er im Zuchthaus gesessen habe[1077]. „Das ist eine Unterschätzung des Mitmenschen und eine Überschätzung des Richterspruchs."[1078]

> „Den ‚ehemaligen Zuchthäusler' umgibt das Grauen, genährt von der Schule, dem kirchlichen Unterricht, schlechter Literatur und halbdunkeln Vorstellungen vom Klirren der Ketten, Ratten in Zellen und dem Gedanken, durch einen aktenmäßig aufgezeichneten Spruch verkleideter Funktionäre verwandele sich ein Mensch, der Böses getan hat, in einen bösen Menschen. Sie stoßen den Entlassenen ab; (...). Wer einen Menschen die eben verbüßte Strafe noch einmal verbüßen läßt, der demütigt ihn. Mit welchem Recht stößt er ihn ab?"[1079]

Ob Tucholskys Vorwurf zutraf, Intellektuelle seien „wie Zuchthäusler" vom Geschworenendienst ausgeschlossen, ist allerdings fraglich. Eine gezielte „Aussiebung" von Intellektuellen ist unwahrscheinlich und dürf-

---

[1075] „Wiedersehen mit der Justiz", *Tucholsky*, GW, Bd. 5, S. 193, 197.

[1076] *Tucholsky*, GA, Bd. 9, A 8, S. 717, 718. In der Rubrik „Antworten" reagierte der Herausgeber der „Weltbühne" auf zumeist fiktive Leserzuschriften. Nach dem Tod Siegfried Jacobsohns im Dezember 1926 übernahm Tucholsky bis Mai 1927 die Herausgabe der „Weltbühne". Insbesondere die „Antworten" aus der ersten Jahreshälfte 1927 sind mit großer Sicherheit Tucholsky selbst zuzuordnen. Eingehend: GA, Bd. 9, S. 1060 ff.

[1077] „Mit einem Zuchthäusler?", *Tucholsky*, GW, Bd. 6, S. 205, 207 f.

[1078] *Tucholsky*, GW, Bd. 6, S. 205, 208.

[1079] *Tucholsky*, GW, Bd. 6, S. 205, 206 f.

te kaum zu belegen sein. Wie schon ausgeführt, konnte die Urliste mehrere zehntausend Personen umfassen. Setzt man die Anzahl der benötigten Laienrichter ins Verhältnis zur Größe der Gesamtbevölkerung, kam eine Bestellung zum Laienrichter für den Einzelnen ohnehin eher selten vor. Noch seltener war die Berufung akademisch gebildeter Bürger, deren Anteil an der Gesamtbevölkerung – zumal in ländlichen Regionen – gering war[1080]. Hinzu kommt, dass bestimmte höhere Beamte, Volksschullehrer (bis 1921[1081]) und Religionsdiener nicht zum Laienrichterdienst berufen werden sollten (§ 34 GVG 1877/1924). Abgeordnete, Ärzte und Apotheker durften die Berufung ablehnen (§ 35 GVG 1877/1924)[1082]. Zwar ist theoretisch denkbar, dass einzelne namentlich bekannte Intellektuelle bewusst nicht zum Geschworenendienst herangezogen wurden. Dabei dürfte es sich jedoch um ein Randphänomen gehandelt haben. Von den Verhältnissen im eigenen Bekanntenkreis war ein Rückschluss auf die Auswahlpraxis der Justiz jedenfalls nicht möglich.

Tucholskys Feststellung, „daß noch alles da ist“, griff im Hinblick auf die Laienrichterauswahl auch insoweit zu kurz, als die gesetzlichen Regelungen inzwischen weitere Änderungen erfahren hatten. Nach der schon 1922 erfolgten Anhebung der Laienrichter-Entschädigung und der Zulassung von Frauen und Dienstboten, waren seit 1926 auch Armenunterstützungsempfänger zum Laienrichteramt zugelassen[1083]. Gleichzeitig hatte die „*Lex Emminger*“ das Landgericht bei der Auswahl der Geschworenen ausgeschaltet. Der Vertrauensausschuss wählte die Geschworenen des neuen Schwurgerichts nun unmittelbar, Vorschlags- und Spruchliste waren weggefallen[1084]. Damit war zumindest einer der Ausschüsse, den Tucholsky für „Geschworenensiebung“ verantwortlich gemacht hatte[1085], nicht mehr existent. Zwar war die Einführung eines § 42 a GVG geschei-

---

[1080] 1911 kamen in Preußen 93,5 % der Schüler nicht über die Volksschulbildung hinaus, *Roedig*, in: Deutsche Geschichte, Bd. 10, S. 89, 106.
[1081] Geändert durch Gesetz vom 11. März 1921 (RGBl., S. 229).
[1082] Jeweils in Verbindung mit § 85 GVG 1877 bzw. § 84 GVG 1924 hinsichtlich der Auswahl der Geschworenen.
[1083] Gesetz vom 13. Februar 1926 (RGBl. I, S. 99).
[1084] *Kern*, Geschichte, S. 161.
[1085] „Die Zwölf auf der Bank“, *Tucholsky*, DT, S. 324, 325: „Nun tritt ein anderer Ausschuß zusammen, bestehend aus dem Landgerichtspräsidenten und den Landgerichtsdirektoren. Dieser Ausschuß siebt: er stellt aus der Vorschlagsliste eine Jahresliste zusammen. Aus dieser Liste wird eine Spruchliste ausgelost“.

tert, wonach die „Zugehörigkeit zu bestimmten Parteien, Berufsarten, Religionsgemeinschaften oder sonstigen Bevölkerungskreisen" für die Auswahl der Laienrichter unbeachtlich sein sollte[1086]. Dennoch hatte die Debatte im Schrifttum zu einer entsprechenden Sensibilisierung geführt. Der bekannte Kommentar von Löwe/Rosenberg verwies eigens auf die Regelung des „*Entwurfs Heinze*":

> „Diese Vorschrift [§ 42 a] ist bis jetzt nicht Gesetz geworden, entspricht aber der Natur der Sache und muß daher auch ohne formelle Bindung als Richtschnur für den Ausschuß angesehen werden."[1087]

d) „Was heute im Beratungszimmer vor sich geht, weiß kein Mensch."[1088]

Tucholskys Stellungnahmen zur Frage der Laienrichterauswahl mögen auf den ersten Blick den Eindruck erwecken, seine Haltung zur Laienbeteiligung habe sich im Verlaufe der 20er Jahre nicht verändert. Die erwähnte Kritik an der Person Emmingers lässt jedoch anklingen, dass sich der Schwerpunkt in Tucholskys Position zur Laienbeteiligung inzwischen verschoben hatte. Anders als in den Jahren zuvor, in denen die Kritik an der konkreten Ausgestaltung dominierte, sprach er sich nun deutlich für die hergebrachte Form der Laienbeteiligung aus. Die Rechtsprechung durch Laienrichter schien ihm als Gegengewicht zur berufsrichterlichen Rechtsprechung mehr denn je erforderlich.

Tucholskys Vorwurf, Emminger habe den Einfluss der Laien brechen wollen[1089], wirkt auf den ersten Blick wenig schlüssig. Mit Abschaffung der alten Schwurgerichte waren aus den Geschworenen Schöffen geworden. Anders als im alten Schwurgericht, wo den Laienrichtern allein die Entscheidung über die Schuld des Angeklagten oblag, entschieden nun Berufs- und Laienrichter gemeinsam über Schuld- und Straffrage. Da die

---

[1086] § 42 a „Entwurf Heinze": „Der Ausschuß darf nur Personen wählen, von denen zu erwarten ist, daß sie das Richteramt gewissenhaft, unparteiisch und mit dem nötigen Verständnis ausüben werden. Nach der Zugehörigkeit zu bestimmten Parteien, Berufsarten, Religionsgemeinschaften oder sonstigen Bevölkerungskreisen darf kein Unterschied gemacht werden".

[1087] *Löwe/Rosenberg*, 17. Aufl. 1927, § 42 Nr. 9 a.E.

[1088] *Sling*, Richter und Gerichtete, S. 126.

[1089] Vgl. „Merkblatt für Geschworene", *Tucholsky*, GW, Bd. 7, S. 158, 159.

sechs „Geschworenen“ gleiches Stimmrecht wie die drei Berufsrichter besaßen (§§ 82 Abs. 1, 30 Abs. 1 GVG 1924), bestand sogar die Möglichkeit, dass die Laienrichter die Berufsrichter überstimmten. Trotz dieser formal stärkeren Position sahen viele Kritiker den Einfluss der Laienrichter herabgesetzt und sprachen von einem „Trugbild“ und einer „Scheinmacht“[1090].

Aus der Sicht Slings [d.i. Paul Schlesinger, 1878-1928], einem der bekanntesten Gerichtsreporter der Weimarer Zeit, war die gemeinsame Beratung zwischen Laien und Berufsjuristen schon deshalb problematisch, weil beide unterschiedliche Sprachen sprächen: „Die Verständigung zwischen gelehrten und Laienrichtern ist unmöglich. Deshalb fort mit Emminger!“[1091] Ernst Fuchs hatte bereits 1908 die These geäußert, die Sympathie weiter Bevölkerungskreise für das klassische Schwurgericht habe darin seinen Grund, dass das Volk „schon die Berührung des Laien mit dem Richter, schon die gemeinsame Beratung mit dem Juristen“ fürchte.[1092] Ungleich radikaler urteilte Tucholsky über die Möglichkeit, sich mit den Berufsrichtern zu verständigen. Die Leser der „*Weltbühne*“ fragte er in seiner Artikelserie „*Deutsche Richter*“ (1927), warum denn niemand den Mut habe zu sagen,

> „daß Hunderttausende von Angehörigen der freien Berufe, Hunderttausende von aufgeklärten Arbeitern mit diesen Richtern überhaupt nichts mehr zu tun haben, daß sie durch Lichtjahre der Entfernung von ihnen getrennt sind, und daß natürlich jeder von uns mit irgendeinem erfahrenen Verteidiger, mit einem fortgeschrittenen Deutschnationalen, mit einem gewandten Auslandskaufmann bei aller Verschiedenheit der politischen Auffassung rascher in Verbindung kommt als mit einem Landgerichtsdirektor? Wir sprechen zwei Sprachen, wir denken zwei Gedankenreihen.“[1093]

Eine weitere Gefahr sahen Kritiker in der psychologischen Abhängigkeit der Geschworenen von den Berufsrichtern. Der gelehrte Richter könne die Beratung steuern und die Geschworenen in seinem Sinne beeinflussen. Der verbreitete Respekt vor den Berufsrichtern und die Sorge, negativ aufzufallen, führe dazu, dass die Laienrichter eingeschüchtert oder

---

[1090] Nachweise bei: *Hadding*, Schwurgerichte, S. 93.
[1091] *Sling*, Richter und Gerichtete, S. 306.
[1092] *Fuchs*, Recht und Wahrheit, S. 211.
[1093] *Tucholsky*, GW, Bd. 5, S. 201, 204.

doch zumindest weniger unbefangen an der Beratung teilnähmen. In diesem Sinne meinte etwa Sling, der Einfluss der Berufsrichter auf das Urteil des neuen Schwurgerichts sei ein „ungeheurer"[1094]. Auch Tucholsky hielt den Einfluss der Laien durch die gemeinsame Beratung von Berufs- und Laienrichtern für herabgesetzt. Schon als Student hatte er die Schöffen als „Strohwisch" und „Puppe"[1095] bezeichnet.

Letztlich handelte es sich bei solchen Befürchtungen allerdings um Mutmaßungen, die sich allenfalls auf vereinzelte Schilderungen ehemaliger Laienrichter stützen konnten. Im Jahr 1910 etwa hatte ein Schöffe unter dem Pseudonym „Dr. phil. A." einen Aufsatz über seine Eindrücke bei Gericht veröffentlicht, der die vorgebrachte Kritik weitgehend bestätigte:

> „Wenn es mir gestattet ist, den Eindruck, der sich mir am markantesten über Wert und Wirken der Schöffengerichte aufgedrängt hat, an die Spitze zu stellen, so ist es der, daß der Schöffe durch die Autorität des Amtsrichters zu sehr, jedenfalls weit mehr als im Interesse der Justiz wünschenswert sein kann, beeinflusst wird und umgekehrt der Berufsrichter, vermutlich durch Schwäche und Urteilslosigkeit der Schöffen dahingeführt, in der Regel dazu neigt, in dem Schöffen nur einen Strohmann zu erblicken, von dem er sich höchstens in solchen Fragen, über die er selbst noch mit sich zu Rate geht, etwa bezüglich des Strafmaßes, beraten läßt, der aber ein Recht auf eigene Meinung – auch im ausgeprägten Gegensatz zu der des Berufsrichters – nicht besitzt und jedenfalls im allgemeinen nicht in Anspruch nimmt."[1096]

Wegen der in § 198 GVG normierten Geheimhaltungspflicht für Schöffen und Geschworene waren derartige Berichte jedoch überaus selten und konnten kaum Anspruch auf Repräsentativität erheben. Sling konnte daher feststellen: „Was heute im Beratungszimmer vor sich geht, weiß kein Mensch."[1097] Tucholsky forderte die Laienrichter vor diesem Hintergrund auf:

[1094] *Sling*, Richter und Gerichtete, S. 52 f.: „wir müssen die Rückkehr zur alten Form oder aber die Berufungsmöglichkeit deshalb so brennend herbeiwünschen, weil wir wissen, daß aus der politischen Kampfstellung vieler deutscher Richter auch der Rechtsprechung in ganz unpolitischen Fällen eine Gefahr droht".

[1095] „Juristentag in Wien", *Tucholsky*, GA, Bd. 1, Nr. 66, S. 87, 88.

[1096] *Dr. phil. A.*, in: Schwurgerichte und Schöffengerichte, S. 265, 266.

[1097] *Sling*, Richter und Gerichtete, S. 126.

„Eure Erfahrungen als Schöffe interessieren jeden denkenden Deutschen. Warum veröffentlicht Ihr sie nicht? Das kann man, ohne das Amtsgeheimnis zu verletzen."[1098]

Vollends bestätigt sahen sich die Kritiker der „*Lex Emminger*" durch zwei Gerichtsverfahren, die im Februar 1927 für allgemeines Aufsehen sorgten. Im Oktober 1926 hatte am Berliner Landgericht I ein Schwurgerichtsverfahren stattgefunden. Vorsitzender Richter war der Berliner Landgerichtsdirektor Dr. Marschner[1099]. Im November 1926 wandten sich zwei der Geschworenen an das Gericht und teilten mit, es sei im Rahmen der Beratung zu Unregelmäßigkeiten gekommen. Marschner habe in dem in Rede stehenden Verfahren die Schuldfrage bejaht, obwohl die erforderliche Stimmenmehrheit nicht vorgelegen habe[1100]. Durch den Verteidiger, Rechtsanwalt Franz Themal, der das Material der Presse zugespielt hatte, wurde der Fall öffentlich[1101]. Nachdem die Staatsanwaltschaft zunächst gegen Marschner ermittelt hatte, erhob sie schließlich Anklage wegen übler Nachrede gegen Themal sowie gegen Gerichtsassessor Robert M. W. Kempner[1102] und den Redakteur des „*Montag*

[1098] *Tucholsky*, GA, Bd. 9, A 3, S. 707, 709 („Weltbühne", Rubrik „Antworten"). In der Rubrik „Antworten" reagierte der Herausgeber der „Weltbühne" (bis 1926: Siegfried Jacobsohn) auf zumeist fiktive Leserzuschriften. Verfasst wurden die ungezeichneten „Antworten" überwiegend von Tucholsky oder von diesem und Jacobsohn gemeinsam. Nach dem Tod Jacobsohns im Dezember 1926 übernahm Tucholsky bis Mai 1927 die Herausgabe der „Weltbühne". Insbesondere die „Antworten" aus der ersten Jahreshälfte 1927 sind mit großer Sicherheit Tucholsky selbst zuzuordnen. Eingehend: GA, Bd. 9, S. 1060 ff.

[1099] Eingegend zum „Fall Marschner": *Kuhn*, Vertrauenskrise, S. 142 ff.; vgl. auch *Schöningh*, Kontrolliert die Justiz, S. 252 f. sowie *Sling*, Richter und Gerichtete, S. 302 ff.

[1100] *Kuhn*, a.a.O., S. 142 f.

[1101] *Kuhn*, a.a.O., S. 143.

[1102] *Kempner*, Ankläger einer Epoche, S. 44 f.: „Ich war zunächst bei der Staatsanwaltschaft und folgendes passierte: Ein Justizwachtmeister kam zu mir und sagte: ‚Hier nebenan ist jemand unschuldig verurteilt worden.' (...) ‚Mein Kollege war bei der Beratung des Gerichts. Da wurde falsch abgestimmt.' (...) ‚Der ist verurteilt worden mit zu wenig Stimmen. Es waren nicht zwei Drittel für schuldig.' (...) ‚Ist 'ne furchtbare Sache', sagte ich und besprach das mit dem Verteidiger Themal. Die Sache kam in die Presse, der ‚Montag Morgen' (Freunde von mir), für die ich gelegentlich geschrieben hatte, erschien mit der Überschrift ‚Landgerichtsdirektor Marschner als Fälscher!' Ein Prozeß fand statt. Wer wurde verurteilt? Der Redak-

Morgen“ Karlheinz Ruppel[1103]. Letztere waren verantwortlich für einen äußerst scharfen Artikel im „*Montag Morgen*“, in dem Marschner vorsätzliche Rechtsbeugung vorgeworfen worden war[1104].

Das Strafverfahren gegen Themal, Kempner und Ruppel vor dem Schöffengericht, das als „Prozess Marschner“ bekannt wurde, fand im Februar 1927 unter dem Vorsitz des Amtsgerichtsrats Ahlsdorf statt. Das Gericht verurteilte die Angeklagten zu Geldstrafen[1105]. Durch den Prozess wurden erstmals Details über den Ablauf der Beratung zwischen Berufs- und Laienrichtern bekannt. Zwar ergaben sich im Ergebnis keine Hinweise auf direkte Manipulationen Marschners. Die Aussagen der Beteiligten des Schwurgerichtsprozesses belegten jedoch ein zumindest fragwürdiges Vorgehen der Berufsrichter. So blieb bis zuletzt unklar, ob die Geschworenen in gesetzmäßiger Weise belehrt worden waren. Außerdem war der Abstimmungsvorgang offenbar derart ungewöhnlich und verwirrend gewesen, dass die Geschworenen „am Ende selbst kaum [wussten], wie sie gestimmt hatten“[1106]. Ernst Fuchs forderte unter Bezugnahme auf den „Fall Marschner“ eine Änderung des GVG dahingehend, dass zwar nicht die Beratung, wohl aber die Abstimmung des Gerichts künftig öffentlich erfolgen solle[1107].

Nicht nur der Ausgangsprozess unter Vorsitz Marschners, auch der Prozess gegen die Mitarbeiter des „*Montag Morgen*“ sorgte für öffentliche Kritik. Sling, der dem Prozess als Beobachter beiwohnte, berichtete im Anschluss, es seien von den Beteiligten

> „viel mehr oder weniger witzige Bemerkungen über die Intelligenz dieser Geschworenen [des Ausgangsprozesses] gemacht worden, und man feierte dabei –

---

teur, der Anwalt und ich. Meine Strafe war zweihundertfünfzig Mark“. Kempner wurde später Ankläger vor dem Internationalen Militärgerichtshof in Nürnberg.

1103 *Kuhn*, a.a.O., S. 145.

1104 *Kuhn*, a.a.O., S. 144.

1105 *Kuhn*, a.a.O., S. 146.

1106 *Sling*, a.a.O., S. 304. Marschner hatte während der Beratung mehrfach abstimmen lassen. Anders als gesetzlich vorgesehen, beschränkten sich die Abstimmungen nicht auf Schuld- und Straffrage. Nachdem sich die Mehrzahl der Geschworenen zunächst für einen Freispruch ausgesprochen hatte, ließ Marschner separat über den Tatbestand abstimmen.

1107 *Fuchs*, Entwurf eines Gesetzes zur Förderung einer volkstümlichen Rechtspflege nebst Begründung, in: Gerechtigkeitswissenschaft, S. 208 u. 221.

> angesichts der beiden zu Gericht sitzenden Schöffen – sozusagen keine Orgien des Taktes. Man ließ es auch vom Richtertisch aus nicht an einer kräftigen Dosis Ironie fehlen, und man bekam schon hierdurch einen Begriff davon, was die gelehrten Richter von den Schöffen halten – wie sich die Unterhaltung mit ihnen gestaltet."[1108]

Tucholsky nahm den „Fall Marschner" zum Anlass, sich in der „*Weltbühne*"-Rubrik „*Antworten*" zum Verhältnis von Berufs- und Laienrichtern zu äußern. Der Klage eines fiktiven Geschworenen über das Verhalten der Berufsrichter hielt er entgegen: „Daran sind Sie selbst schuld, denn Ihnen geschieht genau so viel, wie Sie sich gefallen lassen."[1109]

> „Was Sie tun sollen? Wenn Ihr Vorsitzender sich so benimmt, wie etwa jener aus dem Marschner-Prozeß, der einen als Zeugen geladenen Geschwornen, weil er ihm unbequem ist, ironisch fragt: ‚Das Reichsgesetzblatt ist wohl Ihre Erholungslektüre?', so hat darauf sofort und nachdrücklich eine Belehrung dieses Richters zu erfolgen."[1110]

Eine solche Frage sei ungehörig, das Benehmen des Richters unstatthaft. Was der Zeuge zu seiner Erholung lese, gehe den Richter nichts an. Noch weniger gehe den Richter an, woher der Zeuge das Reichsgesetzblatt kenne[1111]:

> „Für faule Witze werden diese Richter nicht bezahlt. Und wenn Sie im Beratungszimmer etwa merken, daß die Talare den Juristenkoller bekommen, so machen Sie ihnen klar, daß sie nicht, wie Marschner sich ausdrückte, ‚mit den Geschwornen zu verhandeln haben'. Sie, der Geschworne, haben das volle Recht, auch entgegen den juristischen Ausführungen dieser Leute andrer, nämlich Ihrer Ansicht zu sein."[1112]

Den Schlusssatz seiner „Antwort" hätte Tucholsky kaum schärfer, allerdings – im Hinblick auf die in Art. 102 WRV und § 1 GVG normierte Gesetzesbindung der Richter – auch kaum fragwürdiger formulieren

---

1108 *Sling*, Richter und Gerichtete, S. 304.
1109 *Tucholsky*, GA, Bd. 9, A 8, S. 717. Zur Rubrik „Antworten" siehe den Hinweis in Fn. 1098.
1110 *Tucholsky*, GA, Bd. 9, A 8, S. 717 f.
1111 *Tucholsky*, GA, Bd. 9, A 8, S. 718.
1112 *Tucholsky*, GA, Bd. 9, A 8, S. 718.

können: „Stimmen Sie anders als die Richter, so können Sie im allgemeinen damit rechnen, das Richtige getroffen zu haben.“[1113]

Bereits in der folgenden Ausgabe der „*Weltbühne*“ griff Tucholsky das Verhältnis zwischen Berufs- und Laienrichtern erneut auf. Das Gedicht „*Geschworene*“ scheint auf den ersten Blick Tucholskys bisherige Laienrichter-Kritik zu wiederholen. Vor allem die erste Strophe erinnert an den schon 1922 geäußerten Vorwurf, auf der Geschworenenbank sitze zumeist „der muffigste Mittelstand, die Untertanen, die kleinen Gewerbetreibenden, die Besitzer, die Steuerzahler.“[1114] Tatsächlich handelt es sich bei dem Gedicht jedoch nicht um eine Laienrichterschelte, sondern um eine überaus scharfe Kritik des berufsjuristischen Selbstverständnisses. Marschner war es gewesen, der die Geschworenen des von ihm geleiteten Meineids-Prozesses als „blutige Laien“ bezeichnet hatte[1115].

Geschworene

„Bürger! Dummkopf! Steuerzahler!
Apotheker! Stubenmaler!
Setz dich auf dein Bänkchen, du,
und hör zu.
Höre, was der Richter spricht.
Frag und unterbrich ihn nicht!
Fühl des Schwurgerichtes Weihe!
Blutiger Laie! Blutiger Laie!

Wer sich angeklagt da rührt,
ist ja längst schon überführt.
Was der spricht, hat keinen Sinn!
Hör nicht hin.
Lausche nur dem Staatsanwalt!
Horch, wie seine Suada hallt!
Tanze ja nicht aus der Reihe,
blutiger Laie! blutiger Laie!“[1116]

[1113] *Tucholsky*, GA, Bd. 9, A 8, S. 718.
[1114] „Prozeß Harden“, *Tucholsky*, GW, Bd. 3, S. 296, 302.
[1115] Vgl. GA, Bd. 9, Komm. Nr. 27, S. 851, 852.
[1116] *Tucholsky*, GW, Bd. 5, S. 165.

Dass es sich bei Tucholskys Gedicht um einen Angriff auf die Berufsrichterschaft handelt, wird insbesondere in der letzten Strophe deutlich:

> „Hinten im Beratungsraum,
> gibts dich armes Luder kaum.
> Da bedrückt dich immerdar
> der Talar."[1117]

Von einer echten Beteiligung der Laienrichter an der Rechtsprechung konnte aus Sicht Tucholskys keine Rede mehr sein. Hatte sich die Steuerungsmöglichkeit der Berufsrichter vor Erlass der „*Lex Emminger*" auf die Auswahl der Geschworenen beschränkt, so war nun durch die gemeinsame Beratung eine unmittelbare Beeinflussung der Laien möglich geworden. Den in ihrem Standesbewusstsein gefangenen Juristen traute Tucholsky einen gleichberechtigten Umgang mit den Laienrichtern nicht zu. „Bedrückt" durch den „Talar" waren die Geschworenen in Tucholskys Augen zu Statisten degradiert worden.

e) Das alte Schwurgericht als „Gnadeninstanz"

Der „Fall Marschner" war nicht zuletzt deshalb exemplarisch für die veränderte Situation nach Erlass der „*Lex Emminger*", weil er die unterschiedliche Beurteilung bestimmter Tatbestände durch Berufs- und Laienrichter zu belegen schien. Bei dem von Marschner geleiteten Verfahren hatte es sich um einen Meineidsprozess (fahrlässiger Falscheid) gehandelt. Nach ihrer Einschätzung befragt, hatten mehrere Geschworene Zweifel an der Schuld der Angeklagten geäußert. Erst nachdem Marschner – entgegen den Vorschriften der RStPO – nicht über die Schuldfrage, sondern über den isolierten Tatbestand des Meineids hatte abstimmen lassen, konnten sich die Berufsrichter mit ihrer gegenteiligen Auffassung durchsetzen[1118].

Meinungsverschiedenheiten zwischen Berufsrichtern und Geschworenen waren insbesondere bei Meineids- und Abtreibungsprozessen nicht selten. Die Laienrichter tendierten hier häufig zu einer milderen Beurtei-

---

[1117] *Tucholsky*, GW, Bd. 5, S. 165.
[1118] *Sling*, Richter und Gerichtete, S. 303 f.; *Kuhn*, Vertrauenskrise, S. 145.

lung des Falls[1119]. Grund war bei beiden Delikten die hohe Strafdrohung. So war der Meineid mit einer Mindestfreiheitsstrafe von einem Jahr Zuchthaus bedroht[1120]. Auch die Abtreibung stand bis 1926 unter Zuchthausstrafe. Erst seit 1926 drohte im Fall einfacher Abtreibung nur noch eine Gefängnisstrafe[1121]. Hinzu kam, dass nicht nur die Abtreibung, sondern auch der Meineid häufig aus Konfliktsituationen heraus begangen wurde. Anders als heute war die Beeidung einer Zeugenaussage der Normalfall (§§ 56 ff. RStPO). Der Eid war regelmäßig als Voreid zu leisten (§ 60 RStPO). Bei der Vereidigung blieb praktisch unberücksichtigt, ob die Eidesleistung im Hinblick auf den zu erwartenden Erkenntnisgewinn verhältnismäßig war. Es konnte vorkommen, dass Nachbarschaftsstreitigkeiten, die zu einer Anzeige wegen Beleidigung führten, sich im Ergebnis zu „Verbrechen“ auswuchsen. Einen solchen Fall hatte Tucholsky vor Augen, als er 1929 in der „*Weltbühne*“ das Gedicht „*Der Meineid*“[1122] veröffentlichte:

„Wenn denn Jeorjen seine Fauste
in Lottchen ihre Augen sauste,
denn freute sich det janze Haus.
Indem daß alle einich waren:
ne Frau von vierunddreißig Jahren,
die sieht jefälligst anders aus.
Na, det will ick mein –!

Von wejen: sich die Backen pudern
un nachts mit fremde Kerle ludern –
man weeß doch, wat det heißen soll!
Wer Ohren hat, kann manches hören ...
‚Det könn wa allesamt beschwörn –
er haut ihr nachts den Buckel voll!
Frau Grimkasch sacht auch.’

[1119] *Hadding*, Schwurgerichte, S. 95 f.; siehe auch *Kern*, Geschichte, S. 118 u. 164.
[1120] §§ 154, 153 i.V.m. § 14 RStGB.
[1121] Durch die Strafrechtsnovelle vom 18. Mai 1926 trat an die Stelle der §§ 218 bis 220 RStGB ein neu gefasster § 218. Die Abtreibung durch die Mutter oder einen Dritten wurde in die Vergehensform überführt (§ 218 Abs. 1 n.F.). Nur die Abtreibung ohne den Willen der Schwangeren sowie die gewerbsmäßig vorgenommene Abtreibung blieben als Verbrechen mit Zuchthausstrafe bedroht (§ 218 Abs. 2, 4 n.F.).
[1122] *Tucholsky*, GW, Bd. 7, S. 76 f.

Frau Grimkasch hats von Frollein Klüber,
die wohnt Jeorjen jejenüber,
wer richtich kieken kann, der sieht.
Frau Grimkasch sacht noch uffn Flure:
,Na, wissen Se, die olle Hure ...!'
denn jehn se alle nach Moabit.
Morjens halb zehn, zweiter Stock.
(...)

Der Richter schreibt det in die Biecher.
Der Staatsanwalt mit seinen Riecher ...
Meineidsverfahren! Alle Mann.
Frau Grimkasch. Lottchen mit de Prüjel,
der janze linke Seitenflüjel –
die treten alle nochmah an.
Acht Jahre Zuchthaus. (...)"[1123]

Aus ihrem Rechtsgefühl heraus empfanden viele Geschworene (und wohl auch manche Berufsrichter) die hohe Strafdrohung als unangemessen. Ihnen ging es wie Tucholsky, der berichtete, er habe einmal im Zuchthaus einen vierundvierzigjährigen Bauern gesehen, „der saß da wegen Meineids, dieses von den Richtern erfundenen Verbrechens. Der Mann hatte – angeblich – einen Meineid geschworen, als es um seinen Grund und Boden ging. Man male sich das aus, und man überlege, welcher Bauer da nicht falsch geschworen hätte ..."[1124]. Wo die Schuld im moralischen Sinne gering schien, fiel es den Laienrichtern schwer, die Frage nach der Schuld im Rechtssinne zu bejahen. Anders als die Berufsrichter neigten sie in Konfliktfällen dazu, sich über die Gesetzesbindung (Art. 102 WRV, § 1 GVG) hinwegzusetzen. Vor Erlass der „*Lex Emminger*" war es daher nicht selten vorgekommen, dass die Geschworenen zugunsten des Angeklagten bewusst contra legem entschieden[1125]. Kern spricht gar von „unverhältnismäßig vielen Freisprechungen, besonders bei Meineid"[1126]. Während eine Entscheidung zum Nachteil des Ange-

[1123] *Tucholsky*, GW, Bd. 7, S. 76 f.
[1124] „Ein Schädling der Kriminalistik II", *Tucholsky*, GW, Bd. 6, S. 185, 189.
[1125] Vgl. *Hadding*, Schwurgerichte, S. 95 ff.; *Kern*, Geschichte, S. 118; vgl. auch *Sling*, Richter und Gerichtete, S. 260.
[1126] *Kern*, a.a.O., S. 118.

klagten u. U. noch geändert werden konnte[1127], war das Gericht an einen Freispruch gebunden. Sling konnte deshalb feststellen, es habe ein Delikt gegeben, „in dem das alte Schwurgericht praktisch als Gnadeninstanz wirkte: den Meineid“[1128]. Man könne die vielen freisprechenden Urteile in Meineidssachen von juristischen und ethischen Gesichtspunkten aus noch so hart schelten, eines hätten sie bewiesen: „das Volk war mit der Strafgesetzgebung nicht einverstanden“[1129]:

> „Daß das Zuchthaus auch dem droht, dem vielleicht der Eid gar nicht hätte abgenommen werden dürfen, oder dem, der in Gewissensnot, um der Geliebten zu helfen, zwangsläufig meineidig wurde, das begriff das Volk nicht und will es noch heute nicht begreifen“[1130].

Bei bestimmten Delikten, namentlich Meineid und Abtreibung, war die Anklageerhebung für die Staatsanwaltschaft infolgedessen mit einem Risiko behaftet – die Erfolgsaussichten waren gering oder doch zumindest schwer einzuschätzen. Für die Kritiker der Emminger-Verordnung war es ein weiterer Beweis für die Beeinflussung der Geschworenen durch die Berufsrichter, dass die Zahl der Meineidsverfahren ab 1924 deutlich anstieg[1131].

Die veränderte Rechtsprechung schien überdies zu belegen, dass mit dem alten Schwurgericht ein wichtiges Korrektiv weggebrochen war. Bei aller Klage über eine verfehlte Auswahlpraxis hatten die „Volksrichter“ aus Sicht der Schwurgerichtsbefürworter doch stets ein notwendiges Gegengewicht zur Rechtsprechung durch die Berufsjuristen gebildet. Tucholsky hielt die „maßlose Überschätzung des Fachmanns“ für den „Fluch unsrer Verwaltung und des deutschen öffentlichen Lebens überhaupt“[1132]. Niemals dürfe vergessen werden, „daß fast alle Besserungen und Reformen in Gesetz und Strafvollzug den Richtern und den Gefängnisfachleuten von außen her abgerungen worden sind“[1133]. Entspre-

---

[1127] Die Berufsrichter konnten die Sache ggf. durch Beschluss an das Schwurgericht der nächsten Sitzungsperiode verweisen (§ 317 RStPO 1877).

[1128] Zitiert nach: *Hadding*, Schwurgerichte, S. 96.

[1129] Zitiert nach: *Hadding*, a.a.O.

[1130] Zitiert nach: *Hadding*, a.a.O.

[1131] Vgl. nur *Sling*, Richter und Gerichtete, S. 281.

[1132] „Ein Schädling der Kriminalistik II“, *Tucholsky*, GW, Bd. 6, S. 185, 189.

[1133] *Tucholsky*, GW, Bd. 6, S. 185, 189 f.

chend hielt er es für verfehlt, das Rechtsgefühl des Volkes aus der Urteilsfindung ausschalten zu wollen. Es sei ein „deutscher Aberglaube (...) zu glauben, es gebe überhaupt irgend etwas auf der Welt, in das sich das menschliche Gefühl, hundertmal verjagt, tausendmal wiederkommend, nicht einschleiche.“[1134]

> „,Es ist ein Irrtum', hat neulich in Stettin ein Unabsetzbarer im Talar gepredigt, ‚zu glauben, die Geschworenengerichte hätten nach dem Gefühl zu urteilen – sie haben lediglich nach dem Gesetz zu urteilen.' So sehen diese Urteile auch aus, seit die Unabsetzbaren die Laien beeinflussen – denn ein Urteil ‚lediglich nach dem Gesetz' gibt es nicht und kann es nicht geben.“[1135]

Dass es ein Urteil „lediglich nach dem Gesetz“ nicht geben kann, galt aus Tucholskys Sicht nicht nur für den Schuldspruch der Geschworenen, sondern ebenso für Entscheidungen der Berufsrichter:

> „Es ist ja nicht wahr, daß die Reichsgerichtsräte lediglich dem kodifizierten Recht zur Wirkung verhelfen, die Voraussetzungen oben in den Justizapparat werfen und unten auf das Resultat warten: denn es gibt kein Strafverfahren, wo nicht an einem bestimmten Punkt das Gefühl mitspricht, die Erziehung, die Klassengesinnung“[1136].

Die bei den alten Schwurgerichten grundsätzlich bestehende Möglichkeit einer Entscheidung contra legem erschien Tucholsky vor diesem Hintergrund als Gegengewicht und als Einfallstor einer Menschlichkeit, die er in der berufsrichterlichen Rechtsprechung vermisste.

Die Juristenausbildung an den Universitäten und während der Referendarzeit berücksichtigte aus Tucholskys Sicht zu wenig die neueren Erkenntnisse der Kriminologie und Psychologie und war kaum geeignet, bei den Juristen ein Verständnis für die Nöte und Verwicklungen des Lebens zu wecken. Einem verbreiteten Richtertypus, den „man in hundert und aber hundert Gerichtsstuben“ amtieren hören könne, attestierte er in kaum zu überbietender Schärfe eine „Mischung von subalternem Geist, von Überheblichkeit, von dummen und sachlich verkehrten Mo-

---

[1134] „Das ‚Menschliche'“, *Tucholsky*, GW, Bd. 6, S. 138, 139.
[1135] *Tucholsky*, GW, Bd. 6, S. 138, 139.
[1136] „Deutsche Richter“, *Tucholsky*, GW, Bd. 5, S. 201, 212.

ralanschauungen, von Einsichtslosigkeit in wirtschaftliche Zusammenhänge, von vermuffter Seelenkunde, die keine ist“[1137].

> „...gibts das oder gibts das nicht? Das gibts. Und solange die Gruppe der Richter nicht gegen diesen Typus demonstriert, und sei es auch nur in einer ernsthaften Opposition, solange sich ‚die' Richterschaft in falsch verstandenem Kollegialitätsgefühl immer gegen den ‚Laien' auf die Seite des so überschätzten Fachmannes stellt –: solange nenne ich einen deutschen Richter einen deutschen Richter.“[1138]

Die behauptete mangelnde Opposition innerhalb der Richterschaft rechtfertigte aus Tucholskys Sicht die scharfen und (bewusst) ungerechten Kollektivurteile, mit denen er die Berufrichterschaft in zahlreichen Beiträgen überzog[1139]. Die „Unabsetzbaren“ hätten sich „so etwas wie das Modell eines braven Untertanen zurechtgemacht“. Man könne im Halbschlaf aufzählen, „was vor einem Gericht als belastend und was als gute Nummer vermerkt wird“, wenn dort das Vorleben aufgerollt werde[1140]. Hier werde oft zu schematisch vorgegangen, so dass aus „Anomalien, die jeder Richter, jeder Staatsanwalt, jeder Geschworene, jeder Schöffe im Keim bei sich fühlen könnte, wenn er nur ehrlich sein wollte“, Indizien für die Tatbegehung würden[1141].

[1137] „Der Richter“, *Tucholsky*, GW, Bd. 8, S. 180, 181.

[1138] *Tucholsky*, GW, Bd. 8, S. 180, 181.

[1139] Vgl. „Deutsche Richter“, *Tucholsky*, GW, Bd. 5, S. 201, 203: „Kollektivurteile sind immer ungerecht, und sie sollen und dürfen ungerecht sein. Denn wir haben das Recht, bei einer Gesellschaftskritik den niedersten Typus einer Gruppe als deren Vertreter anzusehen, den, den die Gruppe grade noch duldet, den sie nicht ausstößt, den sie also im Gruppengeist bejahend umfaßt. Also ist der bestechliche Richter niemals als Typus des deutschen Richters zu nennen; sollte jemals ein solcher Fall vorkommen, so darf er dem deutschen Richterstand nicht aufs Konto geschrieben werden, weil der einen bestechlichen Justizbeamten ohne Gnade ausschlösse“.

[1140] „Zuzutrauen“, *Tucholsky*, GW, Bd. 9, S. 245, 246. Vgl. auch *Tucholsky*, GW, Bd. 7, S. 188: „Im großen ganzen kümmern sich die Behörden nicht um dein Privatleben, solange du nicht ‚straffällig' wirst. Im Augenblick aber, wo du in den Verdacht gerätst, etwas ausgefressen zu haben, werden Fibelvorstellungen kleiner und mittlerer Beamter wirksam, und das, was du so still vor dich hingelebt hast, wird plötzlich ein Indizium!“.

[1141] Vgl. „Ich bin ein Mörder“, *Tucholsky*, GW, Bd. 6, S. 297, 298.

> „Da spielen sich alle ein Leben vor, das sie nicht haben; eine Moral, die sie nicht besitzen; eine Reinheit, deren kein Mensch fähig ist. Kinder in Sonntagsanzügen begreifen auf einmal nicht, wie es Schmutzflecke auf der Welt geben kann."[1142]

Den Berufsrichtern unterstellte er „verbohrte Seelenkunde"[1143] und eine „Fibelpsychologie", die über Seelen richte, deren Struktur sie nicht kenne[1144]. Psychoanalyse und Sexualforschung aller Grade könnten „hundertmal hohle Tempelsäulen umgestoßen haben" – dies gelte nur außerhalb der Gerichtsgebäude[1145].

> „Man klappe die Hirnschale eines mittlern Staatsanwalts auf, die irgendeines kleinen Landgerichtsdirektors, und man wird darin Anschauungen über Seelenkunde finden, die museal sind. Nein: die nie gut gewesen sind. Man muß wissen, was darüber an Universitäten gelehrt wird, und in welche Kollegs Juristen zu gehen pflegen, und man weiß genug."[1146]

Zwar erwartete Tucholsky von den Laienrichtern keineswegs ein Mehr an psychologischer Fachkenntnis als von den ausgebildeten Juristen. Seine Enttäuschung über die Rechtsprechung war jedoch so groß, dass er sich von der Intuition der Geschworenen in menschlich verwickelten Fällen mehr materielle Gerechtigkeit versprach, als von der Rechtsanwendung der Berufsrichter. Wie der bereits zitierte „*Weltbühne*"-Beitrag „*Muff*"[1147] belegt, war ihm dabei bewusst, dass auch Laienrichter bisweilen zu übertriebener Härte neigen konnten und überkommene „Fibelvorstellungen stumpf und dumm durchs Leben" schleppen[1148]. Auch die Problematik der größeren emotionalen Beeinflussbarkeit der Geschworenen – die nicht selten von den Anwälten ausgenutzt wurde – war Tucholsky bekannt. Noch nach Erlass der „*Lex Emminger*" äußerte er sich angewidert

---

1142 *Tucholsky*, GW, Bd. 6, S. 297, 298.
1143 „Zuzutrauen", *Tucholsky*, GW, Bd. 9, S. 245, 246.
1144 „Der Mann, der ein Kind ertränkt", *Tucholsky*, GW, Bd. 6, S. 291, 295. Tucholsky hielt die mangelnde psychologische Bildung von Richtern vor dem Hintergrund seiner Erfahrungen mit der französischen Justiz für ein verbreitetes Phänomen, das sich „in allen Ländern alle Tage" begebe.
1145 „Deutsche Richter", *Tucholsky*, GW, Bd. 5, S. 201, 205.
1146 „Die Herren Belohner", *Tucholsky*, GW, Bd. 9, S. 166, 167.
1147 *Tucholsky*, GW, Bd. 5, S. 182 f.
1148 *Tucholsky*, GW, Bd. 5, S. 182.

über „die Spekulation auf fatale Kino-Instinkte der Geschworenen“ und die „bewährte Technik mancher Anwälte, auf den Ermordeten so viel ungünstige Aussagen zu häufen, wie möglich – das aber nicht zu tun, wenn es sich nur um einen Mordversuch handelt“[1149]. Die Laienrichter beschwor er vor diesem Hintergrund eindringlich:

> „Möchte doch jeder Schöffe und jeder Geschworene diesen eingeprügelten Respekt vor den Juristen zu Hause lassen und sich an die eigne Nase packen, bevor er an die Beurteilung eines fremden Vorlebens geht. Es ist beinah umgekehrt als die richterliche Vulgärpsychologie lehrt: die sogenannten einfachen Menschen sind gewöhnlich viel verwickelter und die sogenannten verwickelten Fälle sind viel einfacher als es der Staatsanwalt wahr haben will.“[1150]

Dabei ging es Tucholsky nicht bloß um eine Rückkehr zum alten System als vielmehr darum, die Justiz im umfassenden Sinn zu demokratisieren und zu modernisieren. Ein wesentlicher Schritt war aus Sicht Tucholskys die Wiedereinführung der echten Schwurgerichte. An einen Automatismus glaubte er indes nicht. So verband er seine vorsichtig optimistische Prognose mit einer Mahnung:

> „Wenn wir uns in Deutschland erst wieder die Geschworenengerichte erkämpft haben werden, die wir zur Zeit nicht haben; wenn die Deutschen wieder, unbeeinflußt von den Juristen, urteilen dürfen, eine Freiheit, die ihnen offenbar gar nicht zu fehlen scheint –: dann mögen sie um der Humanität willen eines nicht vergessen. Was heute vor den Strafgerichten an Moral vorgebracht wird, um einen Angeklagten zu entschuldigen und zu beschuldigen, ist eine Komödie, die mit den Erkenntnissen der Tiefenpsychologie wenig zu tun hat und mit der wahren Beschaffenheit der menschlichen Seele noch weniger.“[1151]

[1149] „Der Mann, der ein Kind ertränkt“, *Tucholsky*, GW, Bd. 6, S. 291, 295. Schon 1913 hatte Tucholsky über die Gerichtszeichnungen Daumiers geschrieben: „Ein Blatt aber verläßt uns nicht mehr. Der Advokat umarmt das angeklagte Täubchen, auf daß die staunenden Geschworenen sehen sollen, welch ein reiner Prachtmensch das sei. Und während er ihn küßt, daß die Brille gerührt von der bewegten Nase rutscht, zieht der andre ganz leise, ganz vorsichtig dem Verteidiger der Unschuld die Börse aus der Tasche – und die grauen Habichtsaugen sind in träumende Weiten gerichtet.“, „Das Barreau“, *Tucholsky*, GW, Bd. 1, S. 123, 124.

[1150] „Zuzutrauen“, *Tucholsky*, GW, Bd. 9, S. 245, 246.

[1151] „Der Mann, der ein Kind ertränkt“, *Tucholsky*, GW, Bd. 6, S. 291, 294.

Tucholskys Kritik an der „Fibelpsychologie" der Berufsrichter war überaus ätzend und ließ in ihrer Pauschalität wenig Raum für eine differenzierte Betrachtung[1152]. In ihren Grundzügen stimmt sie jedoch mit Forderungen nach einer besseren psychologischen Ausbildung der Juristen überein, die Ernst Fuchs schon früh erhoben hatte. Es spricht viel dafür, dass Tucholskys Sicht nicht nur durch Gerichtsbesuche, sondern ebenso durch die Lektüre der Schriften von Ernst Fuchs mitgeprägt war. Schon 1908 hatte Fuchs dem Psychologen W. Stern darin zugestimmt, dass

> „von den heutigen Vertretern der Justiz (...) die überwältigende Mehrheit überhaupt noch gar nicht (ahne), daß es eine wissenschaftliche Betrachtungsweise des Seelenlebens gebe, die irgendwie Beziehung zu ihrer praktischen Betätigung gewinnen, ja möglicherweise in manchen Hinsichten auf sie umgestaltend wirken könne."[1153]

Ein „*wahrer*, psychologisch und soziologisch geschulter Jurist" sei dem Geschworenen zweifelsohne überlegen[1154]. Demgegenüber sei die „jetzige Überlegenheit der Juristen (...) zum weitaus größten Teil nur eine formalistische, eingebildete und scheinbare."[1155] Einen Vorzug des Geschworenen sah Fuchs darin, dass dieser „mindestens die Menschen nicht so schablonenhaft" beurteile, er sehe mehr auf die Persönlichkeit und übe in Rechtsdingen „nicht Konstruktion, sondern freie Jurisprudenz."[1156] Mit noch größerem Nachdruck äußerte Fuchs seine Forderung nach einer „juristischen Psychologie" 1927 in der „*Weltbühne*":

> „Wie gradezu kopernikanisch würden die juristischen Geister umgewälzt, wenn unsern Juristenfakultäten endlich die Augen darüber aufgingen, daß alles, buchstäblich alles, was sie seither in Forschung und Lehre pflegten, zunächst hinter die juristische Psychologie zurückzutreten habe. Dem innern Rang nach ist gegenüber der Seelenkunde alles andre von durchaus untergeordneter Bedeutung. Es gibt in der Rechtspflege verhältnismäßig nur wenige wirklich verwickelte Fälle, und diese wenigen werden sich noch gewaltig vermindern, sobald der Spuk der lächerlichen „rechtlichen", dogmatischen „Kontroversen" ver-

---

[1152] Vgl. *Kuhn*, Vertrauenskrise, S. 180: „Tucholskys Richterbild war ungerecht, weil zu sehr verallgemeinernd. Siegfried Jacobsohn hat ihm das zu Recht vorgeworfen".
[1153] *Fuchs*, Recht und Wahrheit, S. 122.
[1154] *Fuchs*, a.a.O., S. 211, Hervorhebung im Original.
[1155] *Fuchs*, a.a.O., S. 211.
[1156] *Fuchs*, a.a.O., S. 211.

scheucht und die mittelalterliche Begriffsjurisprudenz entthront ist. Die Schaffung und Würdigung der Beweise dagegen, die tatsächlichen Streitfragen, sind in jedem strittigen Zivil- und Straffall verwickelt, „interessant“ und eigenartig.“[1157]

Die Veröffentlichung des Beitrags dürfte – wie bereits erwähnt[1158] – auf Tucholsky zurückgehen, der zu dieser Zeit als Nachfolger Jacobsohns Herausgeber der „*Weltbühne*“ war[1159]. Tucholsky teilte Fuchs' Anliegen, hatte jedoch anders als dieser nur wenig Hoffnung auf Veränderungen in der Justiz.

f) Rechtsprechung contra legem und die Freirechtsbewegung

Die (neu erwachte) Sympathie vieler Schwurgerichtskritiker für die grundsätzliche Möglichkeit einer contra legem-Entscheidung ist vor allem deshalb bemerkenswert, weil sich in ihr ein erstaunlicher Perspektivenwechsel vollzog. Die Weimarer Laienrichter waren vor allem Gegenstand der Justizkritik geworden, weil man ihnen vorwarf, aus politischer Voreingenommenheit milde Urteile gegen „Rechts“ und scharfe Urteile gegen „Links“ gefällt zu haben. Dabei ging es im Kern um nichts anderes als den Vorwurf einer Entscheidung contra legem. Tucholsky war dieser Umstand durchaus bewusst. Dies belegen die letzten Zeilen seines Gedichts „*Geschworene*“, in denen er sich in geradezu versöhnlichem Ton an die Laienrichter wandte[1160]:

> „Du warst manches liebe Mal
> gar zu weich und sentimental ...
>   Doch nie so schlimm wie die Gesichter
>   blutiger Richter, blutiger Richter.“[1161]

[1157] *Fuchs*, „Die Weltbühne“ vom 25.5.1927, I, 825, 827.
[1158] S.o., S. 100.
[1159] Nach dem Tod Jacobsohns im Dezember 1926 übernahm Tucholsky bis Mai 1927 die Herausgabe der „Weltbühne“.
[1160] Vgl. *Hammerschmidt*, Literarische Justizkritik, S. 114.
[1161] *Tucholsky*, GW, Bd. 5, S. 165.

Tucholskys Plädoyer für eine am Gerechtigkeitsgefühl orientierte Rechtsprechung scheint zu seiner im Studium geweckten Begeisterung für die Freirechtsschule zu passen. Der Freirechtsbewegung um Kantorowicz, Ehrlich und Fuchs war früh der Vorwurf gemacht worden, sie rede – zumindest in Einzelfällen – einer Rechtsprechung contra legem das Wort. Teilweise war man sogar überzeugt, man habe es bei den Freirechtlern mit „notorischen Gesetzesbrechern“ zu tun, die „jeden Schein der Rechtssicherheit zugunsten eines ‚Gerechtigkeitswahns' zu zerstören bereit sind.“[1162] 1911 sah sich Kantorowicz genötigt, den Vorwürfen gegen die Freirechtsbewegung in einem in der „*Deutschen Richterzeitung*“ publizierten Aufsatz mit dem Titel „*Die Contra-legem-Fabel*“ entgegenzutreten[1163]. Darin wandte er sich gegen die Behauptung, dass die Freirechtler „eine Art rechtsphilosophischen Anarchismus predigen“[1164].

Es war nicht nur die Bezeichnung „Freirecht“, die zu der Unterstellung führte, es solle „frei vom Recht“ judiziert werden[1165]. Tatsächlich fanden sich in zahlreichen freirechtlichen Schriften Formulierungen, die zumindest den Verdacht nahe legen konnten, die Freirechtsbewegung trete für eine Rechtsprechung contra legem ein[1166]. Fuchs etwa, der sich für die Einführung eines Richterkönigtums[1167] nach dem Vorbild der römischen Prätoren ausgesprochen hatte, schrieb in der Einleitung zu „*Die Gemeinschädlichkeit der konstruktiven Jurisprudenz*“:

> „Und in der Tat ist die neue Methode [das Freirecht] von jeher die natürliche Denkweise aller nicht von der romanistischen Scholastik befangenen gewesen. Im römischen Recht der klassischen Zeit war sie in der allerschärfsten Ausprägung in lebendiger Übung. Man ließ dort das alte, starre, harte Zivilrecht ruhig bestehen, der Prätor kümmerte sich aber keinen Deut um das Gesetz, wenn es mit dem Leben nicht harmonierte. (...) Er machte es also anders als jener nach Bädecker reisende Engländer, der nicht den Bädecker, sondern die Gegend für falsch erklärte, als beide nicht miteinander stimmten. Die Prätoren waren juristische Freidenker.“[1168]

[1162] *Riebschläger*, Die Freirechtsbewegung, S. 103 f.
[1163] *Kantorowicz*, DRiZ 1911, Sp. 258 ff.
[1164] *Kantorowicz*, a.a.O., Sp. 258, 259.
[1165] Vgl. *Riebschläger*, a.a.O., S. 103.
[1166] *Riebschläger*, a.a.O., S. 104.
[1167] *Fuchs*, Recht und Wahrheit, S. 164 sowie: *ders.*, Schreibjustiz und Richterkönigtum.
[1168] *Fuchs*, a.a.O., S. 1.

Zwar bezogen sich solche Äußerung primär auf das Zivilrecht. Insbesondere Fuchs drängte jedoch auf eine Gesamtreform des Rechts, die auch das Strafrecht einbeziehen sollte. Dabei ging es Fuchs jedoch – wie er mehrfach betonte – nie darum, die Gesetzesbindung des Richters in Frage zu stellen:

> „Nicht aber will sie [die freie Rechtsfindung] dem Richter gestatten, sich aus seiner besonderen persönlichen Weltanschauung heraus an verfassungsmäßig erlassene Gesetze nicht zu kehren. Das wäre Rechtsbeugung. Will ein Richter ein gegen sein Gewissen gehendes Gesetz nicht anwenden, so muß er auf sein Amt verzichten und mag außerhalb des Richteramts den Kampf auf Abschaffung oder Abänderung des Gesetzes führen.“[1169]

Zur Vermeidung offensichtlich ungerechter Strafurteile schwebte Fuchs eine Änderung des Strafgesetzbuchs vor. In seinem 1927 veröffentlichten Entwurf eines „*Gesetzes zur Förderung einer volkstümlichen Rechtspflege*“[1170] schlug er die Einfügung dreier Paragraphen in das RStGB vor. Nach § 1 c des Entwurfs sollte es künftig in Ergänzung zu § 20 RStGB generalklauseartig heißen: „Gereicht eine Tat nach den eigenartigen Umständen des Falles dem Täter nicht zum schuldhaften Vorwurf, so ist sie auch dann nicht strafbar, wenn ein besonderer gesetzlicher Strafausschließungsgrund nicht gegeben ist.“[1171]

Dennoch äußerte Fuchs mehrfach Verständnis für das in Juristenkreisen allgemein bekannte Phänomen eines Freispruchs contra legem durch die Schwurgerichte alten Typs. Er hielt es für das „Ergebnis aller nicht Zunftblinden“, „daß es zwar manche als Juristen beunruhigte, aber als Menschen *befriedigte*, wenn die alten Schwurgerichte als reine Volksgerichte in Fällen freisprachen, in denen die Juristen zu einer Verurteilung gekommen wären“[1172]. Schon 1908 hatte Fuchs die Auffassung geäußert, „jedes Eintreten für das Schwurgericht [sei] bewußt oder unbewußt nichts als ein Verdikt gegen unsere Pandektologie.“[1173] Geschworene hätten nicht

[1169] *Fuchs*, Was will die Freirechtsschule?, S. 37.
[1170] *Fuchs*, Entwurf eines Gesetzes zur Förderung einer volkstümlichen Rechtspflege nebst Begründung, in: Gerechtigkeitswissenschaft, S. 207 ff.
[1171] *Fuchs*, a.a.O., S. 208.
[1172] *Fuchs*, a.a.O., S. 219, Hervorhebung im Original.
[1173] *Fuchs*, Recht und Wahrheit, S. 205.

> „Jemanden wegen Diebstahls bestraft, der eine abgestempelte Briefmarke von einer an ihn gerichteten Postpaketadresse losgelöst und in das Album seines Sohnes geklebt hat. Oder ein Dienstmädchen, das ein Stückchen Stearinkerze sich angeeignet hat, um Nachts einen Brief zu schreiben. Oder zwölfjährige Knaben, die von einem Kohlenwagen eine Handvoll Kohlen wegnahmen. (...) Dagegen sprachen sie wiederholt eine in höchste Not und Verzweiflung geratene, vom Vater ihres Kindes verlassene und in’s Elend gestoßene Kindsmörderin frei. (...) Ob der seelische Zustand dieser Täterinnen nach allem, was auf sie einstürmte, noch eine Zurechnung als menschlich gerecht erscheinen ließe, hätten Juristen allerdings schwerlich verneint. Sie treiben eben auch auf dem Gebiet des Strafrechts Pandektologie.“[1174]

Anders als Tucholsky sah Fuchs die Lösung des Problems jedoch nicht im Festhalten am Schwurgericht, sondern in der Einführung großer Schöffengerichte. Die „schwierigste aller Künste, das Beurteilen und Richten von Menschen“[1175], allein durch Laien ausführen zu lassen, hielt Fuchs für fragwürdig[1176].

> „Dagegen tun sie [die Laienrichter] vortreffliche Dienste als gemeinsame volle Mitarbeiter mit dem gelernten und geübten Menschenkenner, dem wahren und echten Juristen, den sie immer in warmer Verbindung mit dem Volksempfinden halten.“[1177]

Fuchs hielt es deshalb für die „entscheidende Probe auf die Lehrtätigkeit unserer Rechtsprofessoren, ob sie Juristen schulen, die nach langjähriger praktischer Tätigkeit (...) geeignet sind, mit Laien zusammen Wahrheit und Recht zu finden.“[1178] Bis dahin müsse das Schwurgericht als „ständiges Menetekel gegen die gelehrte Pandektologie“ aufrechterhalten werden.[1179] Die Einführung der neuen „Schwurgerichte“ durch die „*Lex Emminger*“ hielt Fuchs nur dann für einen Fortschritt und für haltbar, „wenn die in ihm tätigen Juristen zugleich Volk werden, wenn also ihre

[1174] *Fuchs*, a.a.O., S. 206 f.
[1175] *Fuchs*, a.a.O., S. 210.
[1176] Vgl. *Fuchs*, a.a.O., S. 207 ff.
[1177] *Fuchs*, a.a.O., S. 210.
[1178] *Fuchs*, a.a.O., S. 210.
[1179] *Fuchs*, a.a.O., S. 212.

Theorie aus Scholastik zur wahren Wissenschaft vermenschlicht wird."[1180]

g) Forderungen nach Laienrichterschulungen

Im Verlaufe der zweiten Hälfte der 20er Jahre zeichnete sich zunehmend ab, dass es keine Rückkehr zum alten Schwurgericht geben würde. Wie Tucholsky gemutmaßt hatte, fehlte den Deutschen die „Freiheit" des alten Schwurgerichts nicht sonderlich[1181]. Anders als die Presse und Teile der juristischen Fachwelt nahm die Bevölkerung die Abschaffung der echten Schwurgerichte mit einer gewissen Gleichmut hin. Das echte Schwurgericht besaß in Deutschland „weder die zähe Lebenskraft unbefragter Tradition des englischen Schwurgerichts noch die Schubkraft des revolutionären Pathos, die dem französischen Schwurgericht zugute gekommen war"[1182]. Ohnehin scheint das Pflichtamt des Laienrichters in der Bevölkerung wenig beliebt gewesen zu sein: Teilweise klagten Berufsrichter sogar öffentlich über ein mangelndes Interesse der Schöffen und Geschworenen[1183].

Auch im Reichstag war die Rückkehr zum alten Schwurgericht mangels entsprechender Mehrheiten kein ernsthaftes Thema mehr. Allenfalls unmittelbar nach Erlass der „*Lex Emminger*" hätte die Chance einer solchen Gesetzesänderung bestanden[1184]. Trotz dieser Entwicklung gab es immer wieder Initiativen, die auf eine Wiedereinführung des echten Schwurgerichts drangen. Die KPD, die schon unmittelbar nach Erlass der „*Lex Emminger*" einen Abänderungsantrag in den Reichstag eingebracht hatte, stellte im Januar 1928 erneut einen entsprechenden Antrag[1185]. Gleichzeitig verstärkte sich der Ruf nach Schulungen und Bro-

---

1180 *Fuchs*, Entwurf eines Gesetzes zur Förderung einer volkstümlichen Rechtspflege nebst Begründung, in: Gerechtigkeitswissenschaft, S. 220.

1181 „Der Mann, der ein Kind ertränkt", *Tucholsky*, GW, Bd. 6, S. 291, 294.

1182 *Vormbaum*, Lex Emminger, S. 146.

1183 Aufsehen erregte 1927 der Fall eines Schöffen, der sich durch einen Bekannten hatte „vertreten" lassen, *Schöningh*, Kontrolliert die Justiz, S. 250. Siehe auch: *Sling*, Richter und Gerichtete, S. 308.

1184 Vgl. *Vormbaum*, a.a.O., S. 130.

1185 Darin hieß es u.a.: „Die sogenannten Schwurgerichte der Emminger-Verordnung sind zu beseitigen. An ihrer Stelle sind die Schwurgerichte in der Form wieschüren für Schöffen und Geschworene. Dahinter stand der Gedanke einer Stärkung der Laienrichter gegenüber den Berufsrichtern, der in auffälliger Weise mit der auch von Tucholsky erhobenen Forderung nach Abschaffung der richterlichen Unabsetzbarkeit (Art. 104 WRV) korrespondierte[1186].

Schon 1926 war im „*Verlag Rote Hilfe Deutschlands*“ ein Ratgeber für Laienrichter erschienen. Autor war der Leiter der juristischen Zentralstelle der KPD-Reichstagsfraktion Felix Halle, der für die „Rote Hilfe Deutschlands“ (RHD) als Rechtsexperte tätig war. 1924 gegründet, hatte es sich die RHD zum Ziel gesetzt den Opfern der Weimarer „Klassenjustiz“ zu helfen. Als Solidaritätsorganisation unterstützte sie politische Gefangene und deren Familien. Halles Broschüre „Der Proletarier als Schöffe und Geschworener“[1187] war bewusst klassenkämpferisch formuliert. Sie sollte dem „proletarischen Laienrichter“[1188] nicht nur „die allerwichtigsten Kenntnisse über die Bedeutung der Laiengerichtsbarkeit“[1189] vermitteln, sondern ihn ebenso befähigen, seine „gesetzlichen Verpflichtungen (...) im bürgerlichen Staat auszuführen, ohne gegen die Interessen seiner Klasse zu verstoßen.“[1190] Auch Tucholsky engagierte sich für die RHD, die er für „ein gutes und notwendiges Gegengewicht zur herrschenden Verwaltungspraxis“[1191] hielt. Im Mai 1927 wurde er in den Vorstand der Organisation gewählt. Allerdings betonte er immer wieder

---

derherzustellen, daß die Geschworenen selbständig entscheiden.“, Verhandlungen des Reichstages, Bd. 421, Nr. 3886.

[1186] „Eine deutsche Justizreform ohne die gesetzliche Aufhebung der heute überhaupt erst vorhandenen Unabsetzbarkeit der Richter ist undenkbar.“, „Deutsche Richter“, *Tucholsky*, GW, Bd. 5, S. 201, 202. Zur Debatte um die Unabsetzbarkeit vgl. *Kuhn*, Vertrauenskrise, S. 178 ff.

[1187] *Halle*, Der Proletarier als Schöffe und Geschworener. Ein Führer für Arbeiter, Angestellte, Kleinbauern und die Frauen des werktätigen Volkes, Berlin 1926.

[1188] Vgl. Einleitung.

[1189] *Halle*, a.a.O., S. 3.

[1190] *Halle*, a.a.O., S. 3. „Der Proletarier muß sich während seiner Richtertätigkeit der Lage seiner Klasse im kapitalistischen Staat bewußt bleiben und sich stets als Mitglied der wirtschaftlich ausgebeuteten und politisch unterdrückten Klasse fühlen. Die Berufsrichter, der Staatsanwalt und die Laienrichter aus der besitzenden Klasse sind die politischen Gegner des revolutionären Proletariats, dessen Aufstieg die Bourgeoisie verhindern will.“, *Halle*, a.a.O., S. 41.

[1191] Antwort auf eine Rundfrage der RHD, *Tucholsky*, GA, Bd. 9, Nr. 61, S. 342.

den überparteilichen Charakter der RHD und wollte seine Tätigkeit nicht als politisch im engeren Sinne verstanden wissen[1192].

Im folgenden Jahr veröffentlichte die „Deutsche Liga für Menschenrechte“, deren Vorstand Tucholsky ebenfalls angehörte, ihre berühmte Denkschrift „*Acht Jahre Politische Justiz*“[1193]. Die namentlich nicht genannten Verfasser waren Emil Julius Gumbel, Kurt Großmann und Robert M. W. Kempner[1194]. Am Ende der fast 300 Seiten umfassenden Darstellung befand sich eine Auflistung von 14 „praktischen Maßnahmen“ zur Reform der Justiz[1195]. Unter Ziffer drei der Auflistung hieß es, „die seinerzeit ‚aus Ersparnisgründen' abgeschafften Schwurgerichte, eine alte demokratische Einrichtung, um die Jahrhunderte gekämpft wurde“, müssten „sofort und bedingungslos wiedereingeführt werden.“[1196] In Ziffer 13 forderte die Liga die „Aufklärung der nichtjuristischen Richter, der sogenannten ‚Laienrichter', während des Zusammenwirkens mit den Juristen.“[1197]

> „Schon das Wort Laienrichter ist falsch. Es handelt sich um Personen, die eben nicht als ‚Laien', sondern als erfahrene Menschen mit juristisch noch unverbildetem gesunden Menschenverstande das dem Volksempfinden entsprechende Recht finden sollen. Notwendig ist die gründlichste Aufklärung und Unterrichtung dieser nichtgelehrten Richter, die in vornehmer Weise erfolgen muß. Hier handelt es sich um eine der bedeutungsvollsten und schwierigsten Aufgaben des gelehrten Juristen. Die Aufklärung darf nicht in einer Weise erfolgen, daß der ‚Laie' sich zurückgesetzt und abgestoßen fühlt, wie das oft genug der Fall ist (...). Neben der Sachlichkeit kommt es auf einen freundlichen Ton an, so daß der Laie die Überzeugung gewinnt, daß er als gleichwertiges Mitglied des Gerichts beachtet und behandelt wird; keineswegs ist das heute immer der Fall.“[1198]

Schon kurz nach ihrem Erscheinen wies Tucholsky in der „*Weltbühne*“-Rubrik „*Antworten*“ auf die Denkschrift hin. Es handele sich um ein

---

1192 Zu Tucholskys Engagement für die RHD: *Links*, in: KT und die Justiz, S. 79, 82 ff.

1193 *Deutsche Liga für Menschenrechte e.V.* (Hg.), Acht Jahre politische Justiz. Das Zuchthaus – die politische Waffe, Berlin 1927.

1194 *Kuhn*, Vertrauenskrise, S. 181.

1195 *Deutsche Liga für Menschenrechte e.V.* (Hg.), a.a.O., S. 277 ff.

1196 *Deutsche Liga für Menschenrechte e.V.* (Hg.), a.a.O., S. 277.

1197 *Deutsche Liga für Menschenrechte e.V.* (Hg.), a.a.O., S. 281.

1198 *Deutsche Liga für Menschenrechte e.V.* (Hg.), a.a.O., S. 281.

Buch, „das auf den Geburtstagstisch jedes deutschen Staatsbürgers gehört, damit er sieht, wie der Staats aussieht, wenn ers noch nicht weiß. Das ist eine Revue der Justizfälle, die uns seit Jahren beschäftigen, dokumentarisch belegt und mit zahlreichen Pressekommentaren versehen."[1199] Im Oktober 1927 rezensierte er die Denkschrift in der „*Weltbühne*". Den praktischen Forderungen dieses „ausgezeichneten Buches, bei dessen Lektüre einem ein Schauer nach dem andern über den Rücken herunterjagt"[1200], schloss er sich an. Sie stellten „das Minimum" dar: „Wiederherstellung der Schwurgerichte. (Es gibt bekanntlich heute keine.) (...) Ordnungsmäßige Aufklärung der Laienrichter vor und in der Hauptverhandlung."[1201]

> „Es werden sich noch viele Menschen die Fäuste in Arrestzellen wundhämmern, bis auch nur eine dieser Forderungen, und vor allem die letzte, durchgesetzt sein wird."[1202]

Tucholskys überaus scharfe Kritik war insoweit ungerecht, als die Marschner-Affäre über die Parteigrenzen hinweg den Blick für die Notwendigkeit einer Schulung von Schöffen und Geschworenen geschärft hatte. Über deren Umfang herrschte allerdings nach wie vor Streit. Man könne doch nicht noch Examen für Schöffen einrichten, lautete einer der Einwände[1203]. Der für seine „milde, immer ein wenig gütige Art" (Tucholsky[1204]) bekannte Sling fragte in seinem Prozessbericht „Nicht Fall Marschner – Fall Schwurgericht"[1205] versöhnlich, ob es „zwischen Ex-

---

1199 *Tucholsky*, GA, Bd. 9, A 23, S. 750. Zur Rubrik „Antworten" siehe den Hinweis in Fn. 1098.

1200 „Acht Jahre politischer Justiz", *Tucholsky*, GW, Bd. 5, S. 336, 337.

1201 *Tucholsky*, GW, Bd. 5, S. 336, 337.

1202 *Tucholsky*, GW, Bd. 5, S. 336, 337.

1203 Vgl. *Sling*, Richter und Gerichtete, S. 305.

1204 „Sling, der Gerichtsberichterstatter der Vossischen Zeitung, ist am Anfang eines guten Weges. Bezeichnend scheint mir, daß schon seine milde, immer ein wenig gütige Art auf den Widerstand der beamteten Richter stößt, obgleich dieser ausgezeichnete Publizist von seiner Hauptwaffe keinen Gebrauch macht: nämlich den Namen des Richters zu nennen, der sich in Zeugenvernehmung, Behandlung des Angeklagten, Führung der Verhandlung und im Urteil selbst etwas hat zuschulden kommen lassen.", „Deutsche Richter", *Tucholsky*, GA Bd. 9, Nr. 59, S. 335, 336.

1205 *Sling*, Richter und Gerichtete, S. 302 ff.

amen und dem Nichts vielleicht nicht doch einen gangbaren Mittelweg" gebe[1206]:

> „Man legt den Geschworenen ein Stück Papier und einen Bleistift hin. Man setzt bei ihnen also die Fähigkeit zum Schreiben voraus. Ist es zu bezweifeln, daß sie lesen können? Kann man ihnen nicht noch einen – gedruckten – Zettel hinlegen, auf dem sie in wenigen markanten Sätzen über ihre Hauptpflichten und -rechte unterrichtet werden?"[1207]

h) „Merkblatt für Geschworene"

Nach den Ereignissen des Jahres 1927 konnte sich auch die Politik solchen Forderungen nicht länger verschließen. Nur wenige Wochen nach Ende des Marschner-Prozesses veröffentlichte das preußische Justizministerium unter Justizminister Dr. Schmidt (Zentrum)[1208] ein Merkblatt für Schöffen und Geschworene[1209]. Auf Anregung von Ministerialdirektor Dr. Falck (DDP) wurde wenig später in Moabit die erste Justizpressestelle an einem preußischen Gericht eingerichtet[1210]. Das Merkblatt musste künftig jedem Laienrichter zusammen mit seiner Berufung zugestellt werden. Es enthielt eine Zusammenstellung der Rechte und Pflichten der Schöffen und Geschworenen. In der ministerialen Weisung, die dem Merkblatt vorangestellt war, hieß es, ein vertrauensvolles, „von gegenseitiger Achtung getragenes Zusammenwirken zwischen den Berufsrichtern und den Schöffen oder Geschworenen" sei Voraussetzung für eine gesunde Strafrechtspflege. Es sei die Pflicht der Berufsrichter, den Laienrichtern „die Ausübung ihres Amtes nach Kräften zu erleichtern"[1211]:

> „Die Führung der Verhandlung muß ihrem Verständnis angepaßt werden. Nicht ohne weiteres verständliche Förmlichkeiten und Fachausdrücke sind ihnen zu erklären. In der Beratung wird es das Bestreben der Berufsrichter sein,

---

[1206] *Sling*, a.a.O., S. 305.
[1207] *Sling*, a.a.O., S. 305.
[1208] Tucholsky schrieb über Schmidt, diesem gehe „der Ruf eines anständigen Menschen vorauf", *Tucholsky*, GW, Bd. 5, S. 193, 197.
[1209] Preußisches Archiv, 1927, I. Band, S. 173 ff.
[1210] *Kuhn*, Vertrauenskrise, S. 147; GA, Bd. 9, Komm. Nr. 52, S. 881, 883; siehe auch *Kempner*, in: Sling, Richter und Gerichtete, S. 302.
[1211] Preußisches Archiv, 1927, I. Band, S. 173.

> bei den mitwirkenden Laienrichtern das Gefühl der eigenen Mitverantwortlichkeit am Ausfall der Entscheidung zu stärken, für Aufklärung von Mißverständnissen und Zweifeln zu sorgen und die Rechtssätze, deren Anwendung in Frage steht, ihrem Verständnis näherzubringen. Dabei ist den Schöffen und Geschworenen, um sie zu einer möglichst selbständigen Urteilsbildung zu veranlassen, Gelegenheit zu erschöpfender Aussprache zu geben."[1212]

Das Ministerium wies ausdrücklich darauf hin, dass die Abstimmung von der Beratung deutlich zu scheiden sei. Das Stimmenverhältnis sei bei jeder einzelnen Abstimmung ausdrücklich festzustellen. Bei den Entscheidungen, die das Gericht treffe, ohne sich zur Beratung zurückzuziehen, dürfe nicht der Eindruck entstehen, als ob die Schöffen oder Geschworenen bei der Beschlussfassung übergangen würden[1213].

Tucholsky scheint das Merkblatt des preußischen Justizministeriums zunächst nicht zur Kenntnis genommen zu haben. Darauf deutet zumindest die scharfe Formulierung hin, es würden sich noch viele Menschen die Fäuste in Arrestzellen wundhämmern, bis die Forderung nach ordnungsgemäßer Aufklärung der Laienrichter durchgesetzt sein werde[1214]. Möglicherweise gingen ihm die Bemühungen des Ministeriums auch nicht weit genug. Die Bestellung von „Justiz-Pressechefs" an den preußischen Gerichten jedenfalls bezeichnete er als einen „lustige[n] Gedanke[n]"[1215]:

> „Wir haben von der offiziellen Pressekonferenz reichlich genug und wissen, was dort im Kriege und nach dem Kriege zusammengelogen worden ist; es ist ein bemerkenswerter deutscher Aberglaube, eine Sache damit zu entschuldigen, daß man ihren technischen Hergang erklärt."[1216]

[1212] Preußisches Archiv, a.a.O.

[1213] Preußisches Archiv, a.a.O.

[1214] „Acht Jahre politischer Justiz", *Tucholsky*, GW, Bd. 5, S. 336, 337.

[1215] „Deutsche Richter", *Tucholsky*, GW, Bd. 5, S. 201, 202. Vgl. auch *Tucholsky*, GW, Bd. 4, S. 375, 378: „Denn leiten wollen sie alle. (...) Aber niemand hat solche Gier, für einen Herrn gehalten zu werden, wie der Knecht. Hierhin gehört auch der ‚Pressechef', wie überhaupt die Vorliebe für das Wort ‚Chef', welche Vorliebe wohl aus dem Kriege stammt. Sie überladen sich mit Titeln, und unter einem ‚Direktor des Nachrichtenamts' tuts keiner".

[1216] *Tucholsky*, GW, Bd. 5, S. 201, 202. Vgl. auch *Tucholsky*, DT, S. 210, 211: „Der Reporter und der Journalist, die von Berufs wegen die Augen aufzumachen hätten, um das Leben so abzuschildern wie es ist, und dazu ihre Bemerkungen zu machen, telefonieren heute die zuständige Pressestelle an und bekommen von ihr – also von

Tucholsky griff die Forderung nach ordnungsgemäßer Aufklärung der Laienrichter wenig später selbst auf. Im Rahmen seiner Unterstützung der RHD verfasste er sein berühmt gewordenes „*Merkblatt für Geschworene*“[1217]. Versehen mit der Aufforderung „Nachdruck erbeten“ erschien der Text, der sich noch heute in Informationsmaterialien für Schöffen findet[1218], im August 1929 in der „*Weltbühne*“. Ob Tucholsky den Titel in bewusster Anlehnung an die Veröffentlichung des preußischen Justizministeriums wählte, ist unklar.

Anders als das offizielle Merkblatt, das sich weitgehend auf die Darstellung der gesetzlichen Vorschriften beschränkte, verstand sich das „*Merkblatt für Geschworene*“ als Anregung zum Nachdenken. Tucholsky ging es darum, die Schöffen und Geschworenen in zweifacher Hinsicht zu sensibilisieren. Nachdrücklich warnte er vor jeder Form spießbürgerlicher Selbstüberhebung und -gerechtigkeit dem Angeklagten gegenüber. Den Leser des Merkblatts mahnte Tucholsky, er solle nicht glauben, er sei als Geschworener der liebe Gott: „Daß du neben dem Richter sitzt und der Angeklagte vor euch steht, ist Zufall – es könnte ebensogut umgekehrt sein.“[1219] Wenn man Geschworener sei, solle man sich darüber Rechenschaft geben, dass jeder Mensch von Äußerlichkeiten gefangen genommen werde: „Ein Angeklagter mit brandroten Haaren, der beim Sprechen sabbert, ist keine angenehme Erscheinung; laß ihn das nicht entgelten.“[1220] Der Angeklagte sei nicht der Erste und Einzige seiner Art. Als Geschworener möge man nicht aus den Wolken fallen, dass jemand etwas Schändliches begangen habe, auch wenn man einen solchen Fall in der Bekanntschaft noch nicht erlebt habe.[1221]

Zugleich ermutigte Tucholsky zu einem selbstbewussten Auftreten den Juristen gegenüber. Den Adressaten des Merkblatts mahnte er, sich selbstständig über seine Aufgabe zu informieren: „Wenn du Geschwore-

---

interessierter Seite – fix und fertig einen Salat vorgesetzt, der den Leser so unterrichtet, wie es die Macht, die hinter der Pressestelle steht, haben will. Also falsch unterrichtet“.

1217 *Tucholsky*, GW, Bd. 7, S. 158 ff. Vgl. *Hepp*, in: KT und die Justiz, S. 31, 41.

1218 So etwa: *Lieber*, „Laß dir vom Richter nicht imponieren ...“, Informationen zum Strafrecht – nicht nur für Schöffen, S. 6 f.

1219 *Tucholsky*, GW, Bd. 7, S. 158.

1220 *Tucholsky*, GW, Bd. 7, S. 158.

1221 *Tucholsky*, GW, Bd. 7, S. 158.

ner bist, vergewissere dich vor der Sitzung über die Rechte die du hast: Fragerechte an den Zeugen und so fort."[1222] In seiner Artikelserie *„Deutsche Richter"* hatte Tucholsky zwei Jahre zuvor geschrieben, der Berufsrichter wisse nichts von der Wirkung der Strafen, die er verhänge. Er bestreite, dass es mehr als dreißig Strafrichter in Berlin gebe, „die überhaupt begreifen, welch Unterschied zwischen den drei und vier Jahren Zuchthaus ist, die sie täglich verhängen."[1223] Entsprechend forderte er die Laienrichter auf, „mit allen Mitteln" zu versuchen ein Gefängnis oder ein Zuchthaus zu besichtigen[1224]:

> „Gib dir genau Rechenschaft, wie die Strafe aussieht, die du verhängst – versuche, mit ehemaligen Strafgefangenen zu sprechen, und lies: Max Hölz, Karl Plättner und sonstige Gefängnis- und Zuchthauserinnerungen. Dann erst sage deinen Spruch."[1225]

Besonderes Augenmerk legte Tucholsky auf die Gefahr einer möglichen Beeinflussung der Geschworenen durch die Berufsrichter im neuen Schwurgericht:

> „Nun sitzt ihr also mit den Berufsrichtern zusammen im Beratungszimmer. Sieh im Richter zweierlei: den Mann, der in der Maschinerie der juristischen Logik mehr Erfahrung hat als du – und den Fehlenden aus Routine. Der Richter kennt die Schliche und das Bild der Verbrechen besser als du – das ist sein Vorteil; er ist abgestumpft und meist in den engen Anschauungen seiner kleinen Beamtenkaste gefangen – das ist sein Nachteil."[1226]

Der Geschworene sei dazu da, diesen Nachteil zu korrigieren. Er solle sich vom Richter nicht imponieren lassen[1227].

> „Ihr habt für diesen Tag genau die gleichen Rechte; er ist nicht dein Vorgesetzter; denke dir den Talar und die runde Mütze weg, er ist ein Mensch wie du. Laß dir von ihm nicht dumm kommen. Gib deiner Meinung auch dann Ausdruck, wenn der Richter mit Gesetzesstellen und Reichsgerichtsentscheidungen zu be-

---

1222 *Tucholsky*, GW, Bd. 7, S. 158, 159.
1223 *Tucholsky*, GW, Bd. 5, S. 201, 206.
1224 *Tucholsky*, GW, Bd. 7, S. 158.
1225 *Tucholsky*, GW, Bd. 7, S. 158.
1226 *Tucholsky*, GW, Bd. 7, S. 158, 159.
1227 *Tucholsky*, GW, Bd. 7, S. 158, 159.

weisen versucht, daß du unrecht hast – die Entscheidungen des Reichsgerichts taugen nicht viel. Du bist nicht verpflichtet, dich nach ihnen zu richten. Versuche, deine Kollegen in deinem Sinne zu beeinflussen, das ist dein Recht. Sprich knapp, klar und sage, was du willst – langweile die Geschworenen und die Richter während der Beratung nicht mit langen Reden.“[1228]

Tucholsky schloss sein Merkblatt mit der Aufforderung „Hab Erbarmen. Das Leben ist schwer genug.“[1229] Über die Hoffnung, die er mit dem Merkblatt und ähnlichen Beiträgen verband, äußerte sich Tucholsky 1930 auf eine Rundfrage in der„ *Vossischen Zeitung*“[1230] so:

„Aber das Allerschönste ist, daß es winzig kleine Wirkungen gibt, die sich erst summieren müssen, um überhaupt erkennbar zu sein: die die Schwankenden stützen, die Mutlosen wieder mutig machen, fremdes Leben in der Berufswahl und in der Berufsausübung maßgebend beeinflussen. Lob ...? Ja, das ist ganz hübsch. Aber wenn ich erführe, daß sich ein Richter vor der Urteilsfällung an eine Zeile von mir erinnert und diese Erinnerung dem Angeklagten zugutekommt –: dann hat die Arbeit einen Sinn gehabt.“[1231]

Dem Theaterkritiker und Publizisten Herbert Ihering, der ihm in einer Rezension von „*Deutschland, Deutschland über alles*“ vorwarf, er schreibe „immer wieder dieselben [justizkritischen] Aufsätze“, hielt Tucholsky entgegen:

„Lieber Herr Ihering, waren Sie in den letzten Monaten einmal auf einem deutschen Gericht oder in einer deutschen Strafanstalt? Das sollten Sie nicht versäumen. Ich habe mir im letzten Jahr vieles in Deutschland angesehen, worüber ich nirgends referiert habe; und was mich erschreckt hat, das ist die Fortdauer einer wilhelminischen Gesinnung, die zwar die Zierrate des Gardehelms abgelegt hat, aber in karger neuer Sachlichkeit brutal und kalt Schweinereien verüben läßt, schlimmer als unter dem Seligen, wo durch eine gewisse Bordeaux- oder Biergemütlichkeit manches gemildert wurde. (...) Immer, wenn ich schreibe, denke ich an das Leid der Anonymen, an den Proletarier, den Angestellten, den

---

[1228] *Tucholsky*, GW, Bd. 7, S. 158, 159.

[1229] *Tucholsky*, GW, Bd. 7, S. 158, 160.

[1230] Die Rundfrage der „Vossischen Zeitung“ bezog sich darauf, welches Echo die Lebensarbeit der angefragten Autoren „bei der großen Menge, bei dem berühmten ‚Mann auf der Straße‘ und bei seiner Ehefrau“ gefunden habe, GA, Bd. 13, Komm. Nr. 88, S. 663.

[1231] *Tucholsky*, GW, Bd. 8, S. 155, 156.

Arbeiter, an ein Leid, von dem ich durch Stichproben weiß. Das wissen Sie auch – Sie müssen das wissen, und ich will lieber den Vorwurf auf mir sitzen lassen, künstlerisch nicht befriedigt oder aus Empörung über das Ziel hinausgeschossen zu haben, als ein Indolenter zu sein. Und glauben Sie mir –: wenn ich immer dasselbe schreibe, tue ich das bewußt. Es ist vielleicht langweilig, Jahr um Jahr Salvarsankuren zu machen; Kamillentee wäre vielleicht abwechslungsreicher – aber man muß das wohl."[1232]

III. Zusammenfassung: Zustimmung und Kritik – Tucholskys Position zur Laienbeteiligung am Strafprozess

In ihrer Untersuchung „*Kontrolliert die Justiz*" meint Schöningh, die Justizkritik der republikanischen Presse habe sich „zwar in erster Linie gegen die Berufsjuristen, in der zweiten Hälfte der Zwanziger Jahre aber auch gegen die Tätigkeit von Schöffen und Geschworenen" gerichtet, die für zahlreiche Fehlsprüche zumindest mitverantwortlich gewesen seien[1233]. Diese Feststellung trifft für die Justizkritik Tucholskys nur eingeschränkt zu. Seine Kritik an den Laienrichtern entzündete sich bereits an den politischen Gerichtsverfahren der frühen 20er Jahre. Die 1922 entstandenen Gerichtsreportagen über den Prozess wegen des Harden-Attentats, darunter der Artikel „*Die Zwölf auf der Bank*"[1234], zählen zu den schärfsten Angriffen auf die Laienrichter der Weimarer Republik. Aus diesen Angriffen jedoch auf eine „Abneigung gegen die Geschworenengerichte der Weimarer Justiz" zu schließen[1235], wird der differenzierten Position Tucholskys zur Laienbeteiligung nicht gerecht. Tucholskys Laienrichter-Kritik verband sich von Anfang an mit einer grundsätzlich positiven Einstellung zur Laienbeteiligung im Strafprozess. Vor allem in der zweiten Hälfte der 20er Jahre war Tucholsky ein dezidierter Befürworter der Laienbeteiligung und insbesondere auch der Schwurgerichte. Auffällig ist in diesem Zusammenhang die Nähe Tucholskys zu Positionen des Freirechtlers Ernst Fuchs. Trotz einiger Unterschiede in Inhalt und Form der Argumentation ist die bis in die Studienzeit zurückrei-

---

1232 Brief vom 18.10.1929, in: *Tucholsky*, BA, S. 222 f.
1233 *Schöningh*. Kontrolliert die Justiz, S. 248.
1234 *Tucholsky*, DT, S. 324 ff.
1235 So *Weck*, NJW 1993, 1436, 1439.

chende Prägung Tucholskys durch die Freirechtsbewegung unverkennbar.

Tucholskys Kritik war zuallererst Systemkritik. Sie galt zunächst der Justiz, die von den Ereignissen der Jahre 1918/19 nahezu unberührt geblieben war. Sie galt darüber hinaus einer Form der Laienbeteiligung, die den neuen Verhältnissen nicht ausreichend Rechnung trug. Erst in zweiter Linie war Tucholskys Kritik Teil seiner Auseinandersetzung mit dem obrigkeitsstaatlichen Denken weiter Bevölkerungskreise, dessen Wurzeln er in der Gesellschaftsordnung des Kaiserreichs ausmachte. Trotz unbestreitbar scharfer Kritik am „Wilhelminischen Habitus"[1236] traute er den Laienrichtern grundsätzlich eher als den Berufsrichtern zu, ein positives Verhältnis zu den geänderten gesellschaftlichen und politischen Verhältnissen zu gewinnen. Vor diesem Hintergrund steht Tucholskys Laienrichter-Kritik von Anfang an in einer gewissen Spannung: Sie verbindet Kritik an der „Über-Unterordnungsmentalität"[1237] vieler Laienrichter und der bestehenden Form der Laienbeteiligung mit der Verteidigung der ursprünglichen Idee vom „Volksgericht".

Gerhard Kraiker zufolge war der „große Richtungskampf" für Tucholsky bis Mitte der 20er Jahre in erster Linie einer um die Geistesverfassung der Deutschen, ab 1925 sei hingegen stärker die Bekämpfung der illegitimen Macht in Staat, Wirtschaft und Kultur in den Vordergrund getreten[1238]. Tatsächlich spitzte sich Tucholskys Kritik an der Justiz und der Berufsrichterschaft in der zweiten Hälfte der 20er Jahre immer mehr zu. Einer radikalen Enttäuschung entsprach eine ebenso radikale Kritik bis hin zur Forderung nach einer Revolution:

> „Administrative Evolution ist ein Schlagwort für Ängstliche. (...) Es gibt, um eine Bürokratie zu säubern, nur eines. Jenes eine Wort, das ich nicht hierhersetzen möchte, weil es für die Herrschenden seinen Schauer verloren hat. Dieses Wort bedeutet: Umwälzung, Generalreinigung. Aufräumung. Lüftung."[1239]

[1236] Zum Begriff vgl. *Kraiker*, in: Die Weltbühne, Zur Tradition und Kontinuität demokratischer Publizistik, S. 65, 68.
[1237] Vgl. *Kraiker*, a.a.O., S. 65, 69.
[1238] *Kraiker*, a.a.O., S. 65, 68.
[1239] „Deutsche Richter", *Tucholsky*, GW, Bd. 5, S. 201, 212.

In auffälligem Gegensatz dazu steht die geradezu versöhnliche Haltung, die Tucholsky den Weimarer Laienrichtern gegenüber einnahm. Davon, dass Tucholsky in der zweiten Hälfte der 20er Jahre die Hoffnung auf eine Veränderung der Geistesverfassung der Deutschen verlor[1240], kann im Hinblick auf die Laienbeteiligung nicht ohne weiteres die Rede sein. Unter dem Eindruck der „*Lex Emminger*“ kam es in der zweiten Hälfte der 20er Jahre vielmehr zu einer Schwerpunktverlagerung. Hatte die Kritik an den Laienrichtern in den frühen 20er Jahren einen breiten Raum eingenommen, so trat nun zunehmend der Gedanke einer Stärkung der Laienrichter gegenüber den Berufsrichtern in den Vordergrund. Die Laienbeteiligung im Strafprozess schien ihm als Korrektiv der berufsrichterlichen Rechtsprechung mehr denn je erforderlich. Deutlicher als in den Jahren zuvor sprach er sich nun für eine umfangreiche Laienbeteiligung und für eine Rückkehr zum alten Schwurgericht aus. Bemerkenswert ist diese Schwerpunktverlagerung vor allem deshalb, weil sich in ihr ein Perspektivenwechsel vollzog: War die „weiche“ und „sentimentale“[1241] Rechtsprechung der Geschworenen noch in der ersten Hälfte der 20er Jahre Gegenstand heftiger Kritik gewesen, so wurde die Möglichkeit einer am Rechtsgefühl orientierten contra legem-Entscheidung nun zu einem Argument für das „alte“ Schwurgericht.

[1240] Vgl. *Kraiker*, in: Kurt Tucholsky, Das literarische und publizistische Werk, S. 277, 282.

[1241] Vgl. Tucholskys Gedicht „Geschworene“, *Tucholsky*, GW, Bd. 5, S. 165.

Anhang

I. Übersicht der juristischen Vorlesungen Tucholskys

WS 1909/10 Berlin	**Veranstaltung**	**Dozent**
1.	Deutsche Rechtsgeschichte	Brunner
2.	Einführung in die Rechtswissenschaft	Seckel
3.	System des römischen Privatrechts	Seckel
4.	Geschichte des römischen Rechts	Kipp
5.	Gerichtliche Medizin	Strassmann
6.	Einführung in die Nationalökonomie	Eberstadt

SoSe 1910 Genf	**Veranstaltung**	**Dozent**
1.	Médecine légal	Mégevand
2.	Deutsches Bürgerliches Recht, Allgemeiner Teil	Meumann
3.	Recht der Schuldverhältnisse	Claparède
4.	Sachenrecht	Meumann
5.	Lecture analytique	Bouvier
6.	Meurs & institutions	Seitz
7.	Diction	Thudichum

WS 1910/11 Berlin	**Veranstaltung**	**Dozent**
1.	Übungen im BGB	Neubecker
2.	Handelsrecht	Wolff
3.	Familienrecht	Seckel
4.	Erbrecht	Kipp
5.	Strafrecht	v. Liszt
6.	Allgemeine und theoretische Nationalökonomie	Wagner

SoSe 1911 Berlin	Veranstaltung	Dozent
1.	Grundzüge des deutschen Privatrechts	Brunner
2.	Wechselrecht	Brunner
3.	Grundzüge der Politik und der allgemeinen Staatslehre	Bornhak
4.	Strafrechtspraktikum	v. Liszt
5.	Reichszivilprozeßrecht I	Kohler
6.	Spezielle und praktische Nationalökonomie	Wagner
7.	Die Lage der arbeitenden Klassen	v. Schmoller
8.	Deutsches Preußisches Verwaltungsrecht	v. Martitz
9.	Das Recht der Reichsverwaltung	v. Martitz

WS 1911/12 Berlin	Veranstaltung	Dozent
1.	Die Rechtsentwicklung in Preußen	Bornhak
2.	Übungen im BGB	Dickel
3.	Internationales Privatrecht	Kaufmann
4.	Strafprozeßrecht	v. Liszt
5.	Reichszivilprozeßrecht II	Kohler

SoSe 1912 Berlin	Veranstaltung	Dozent
1.	Kirchenrecht	Anschütz
2.	Völkerrecht	v. Liszt
3.	Konsularrecht	Kaufmann
4.	Strafrechtspraktikum	v. Liszt
5.	Zivilprozessuale das BGB mitumfassende Übungen	Hellwig
6.	Staats- und verwaltungsrechtliche Übungen	Anschütz

II. Dokumente zum juristischen Werdegang Tucholskys

Dok. 1	Anmeldeschein zum Abgangszeugnis, 3.3.1910 Friedrich-Wilhelms-Universität zu Berlin HUB, UA, Rektor und Senat, Tucholsky, AZ 14./15.3.1910
Dok. 2 - 4	Abgangszeugnis vom 14.3.1910 Friedrich-Wilhelms-Universität zu Berlin HUB, UA, Rektor und Senat, Tucholsky, AZ 14./15.3.1910
Dok. 5	Matrikel 1909 (Ausschnitt) Friedrich-Wilhelms-Universität zu Berlin HUB, UA, Rektor und Senat, Matrikel, Nr. 5743/99, 7.10.1909
Dok. 6	Verzeichnis der Studenten der Juristischen Fakultät der Universität Genf Université de Genève, Liste des autorités, professeurs, étudiants et auditeurs, semestre d'été 1910 (Avril-Juillet), S. 47
Dok. 7	Vorlesungsplan der Juristischen Fakultät der Universität Genf Université de Genève, Programme des cours du semestre d' été 1910, S. 37
Dok. 8	Gesuch um Zulassung zur Promotion vom 2.8.1913 (Ausschnitt) Friedrich-Schiller-Universität Jena, UA, Bestand K, Nr. 298, Bl. 2
Dok. 9	Lebenslauf als Anlage zum Promotionsgesuch vom 2.8.1913 Friedrich-Schiller-Universität Jena, UA, Bestand K, Nr. 298, Bl. 4
Dok. 10	Gutachten Prof. Heinrich Lehmann vom 18.1.1914 (Ausschnitt) Friedrich-Schiller-Universität Jena, UA, Bestand K, Nr. 298, Bl. 8
Dok. 11	Quittung über die Einzahlung der Promotionsgebühren Friedrich-Schiller-Universität Jena, UA, Bestand K, Nr. 298, Bl. 11
Dok. 12	Protokoll über die mündliche Doktorprüfung Friedrich-Schiller-Universität Jena, UA, Bestand K, Nr. 298, Bl. 19
Dok. 13	Dissertation, Titelblatt Friedrich-Schiller-Universität Jena, UA, Bestand K, Nr. 298, Bl. 22

Dok. 14	Promotionsurkunde Friedrich-Schiller-Universität Jena, UA, Bestand K, Nr. 298, Bl. 21
Dok. 15 - 18	Leihscheine über juristische Literatur DLA Marbach, Handschriftenabteilung Bestand A: Tucholsky 86.2037-38, Verschiedenes: Konvolut 44 Leihscheine der Königlichen Bibliothek zu Berlin (mit Anmerkungen von ihm)
Dok. 19	Runderlass des Reichs- und Preußischen Ministers für Wissenschaft, Erziehung und Volksbildung vom 11.2.1938 (Abschrift)

Dok. 1

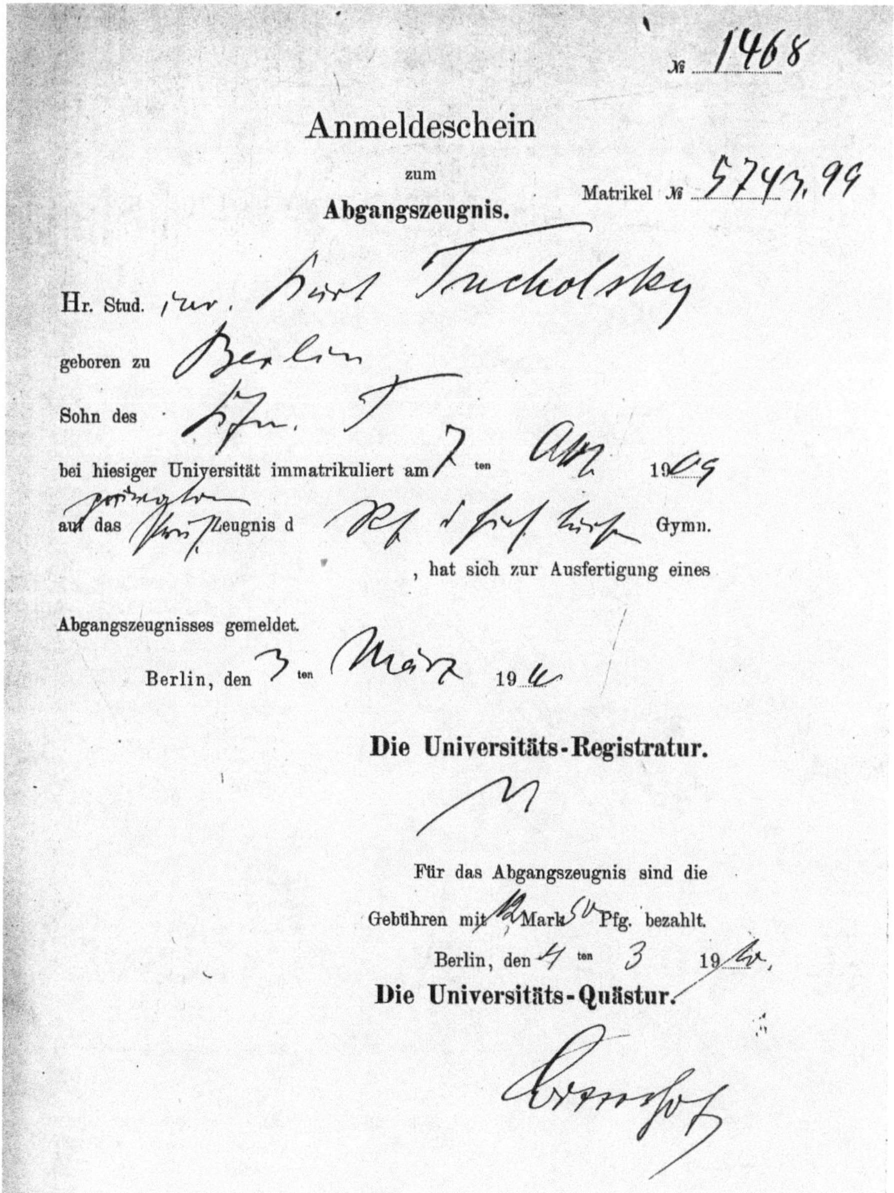
№ 1468

Anmeldeschein
zum
Abgangszeugnis.

Matrikel № 5743.99

Hr. Stud. jur. Kurt Tucholsky

geboren zu Berlin

Sohn des Kfm. †

bei hiesiger Universität immatrikuliert am 7ten Apr 1909

auf das Reife Zeugnis d [illegible] Gymn.

, hat sich zur Ausfertigung eines Abgangszeugnisses gemeldet.

Berlin, den 3ten März 1914

Die Universitäts-Registratur.

Für das Abgangszeugnis sind die Gebühren mit 12 Mark 50 Pfg. bezahlt.

Berlin, den 4ten 3 1914.

Die Universitäts-Quästur.

Dok. 2

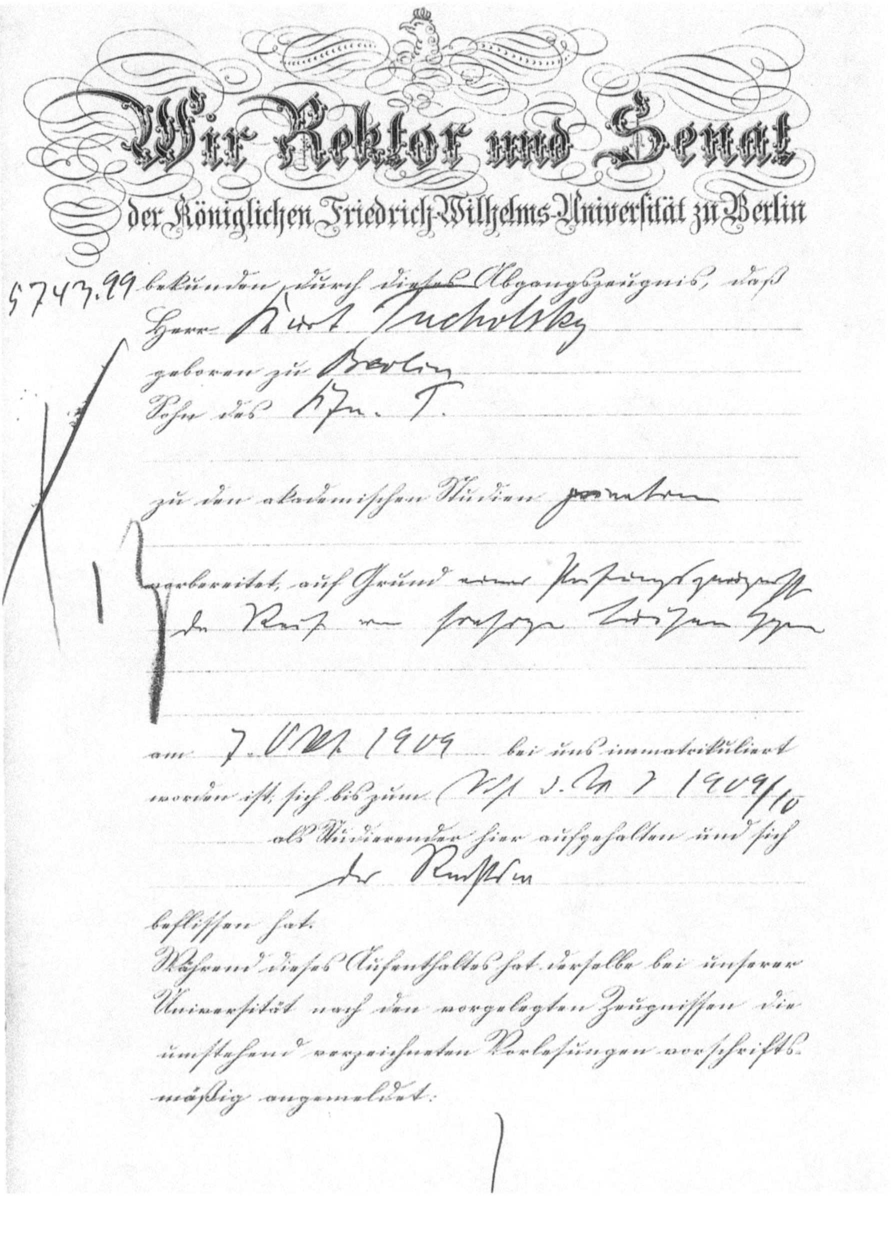
Wir Rektor und Senat
der Königlichen Friedrich-Wilhelms-Universität zu Berlin
5743.99 beurkunden durch dieses Abgangszeugnis, daß
Herr Kurt Tucholsky
geboren zu Berlin
Sohn des Kfm. T.
zu den akademischen Studien [illegible]
vorbereitet, auf Grund eines [illegible]
[illegible]
am 7. Okt 1909 bei uns immatrikuliert
worden ist, sich bis zum Schluss d. Sem. 1909/10
als Studierender hier aufgehalten und sich
der Rechte
beflissen hat.
Während dieses Aufenthaltes hat derselbe bei unserer
Universität nach den vorgelegten Zeugnissen die
umstehend verzeichneten Vorlesungen vorschriftsmäßig
angemeldet.

Dok. 3

W.S. 1909/10

1. Deutsche Rechtsgesch. Prof Brunner
2. Einführung in die Rechtswissenschaft. Seckel
3. System des röm. Privatrechts
4. Gesch. des röm. Rechts " Kipp.
5. Gerichtl. Medizin " Strassmann
6. Einführung in die Nationalökon. Dr Eberstadt

6/X 10. M

Dok. 4

Hinsichtlich seines Verhaltens auf der hiesigen Universität ist Nachteiliges nicht zu bemerken.

Zu Urkund dessen ist dieses Zeugnis unter dem Insiegel der Universität ausgefertigt, und von dem zeitigen Rektor, dem Richter, auch von den gegenwärtigen Dekanen der Juristischen und Philosophischen Fakultät eigenhändig unterzeichnet worden.

Berlin, den 14ten März 19[illegible]

[illegible] [illegible] [illegible] [illegible]

Dok. 5

Nr.	[Namen] der Studierenden	Vaterländische Provinz	[Stu]dium	[Stand] der Eltern	[Woher] sie gekommen sind	Abgang
741	Wilhelm Kupfer	Berlin, Brdbg.	jur.	Maschinist		rite abg. 13. 3. [illegible]
742	Hans Hirsch	Berlin Brdg.	phil	Pfarrer		
743	Kurt Tucholsky	Berlin Brdg	iur.	Kaufmann †		rite abg. 14. 3. 10.
744	Alois Jokel	Snovidky Mähren Austria		Maschinist	Prag	" " 9. 3. 10.

Dok. 6

— 47 —

NOM ET PRÉNOM	Date d'immatriculat.	PAYS D'ORIGINE	ADRESSE A GENÈVE
Simoff, Alexandre	E 07	Bulgarie	Rue Gourgas, 10
Sivrieff, Krestu	E 07	Bulgarie (Haskovo)	Rue de Carouge, 95
*Slonim-Taft, Anna	E 08	Russie (Tachkent)	Boul. du Pont-d'Arve, 9
de Solms Braunfels, Ernst	E 10	Allemagne (Darmstadt)	Boul. des Tranchées, 32
Sommer, Joseph	E 10	Allemagne (Hambourg)	Rue St-Léger, 8
Spassof, Dimitre	H 09	Bulgarie (Sofia)	Rue Dubois-Melly, 6
Staneff, Pierre	H 09	Bulgarie (Lovetch)	St-Victor, 24 (Carouge)
Stefanescu, Démètre	H 09	Roumanie (Craiova)	Route de Chêne, 84
Steinbruck, Walther	H 09	Allemagne (Heidelberg)	Route de Ferney, 10
Sternberg, Erich-Walter	E 10	Allemagne (Berlin)	Quai des Eaux-Vives, [illegible]
Stoïtcheff, Dobri	H 07	Bulgarie (Tchirpan)	Cours de Rive, 12
Stoïtcheff, Dimitro	E 10	Bulgarie	Rue de la Violette
Stomoniakoff, Ivan	E 10	Bulgarie (Tirnovo)	Rue Prévost-Martin, 35
Straftis, Alexandre	H 07	Egypte (Alexandrie)	Florissant, 5
Stremovsky, Isaac	H 08	Russie (Novomoskovska)	Boul. du Pont-d'Arve, 7
Stribeck, Kurt	E 10	Allemagne (Essen s/R.)	Quai des Bergues, 7
Tauchimovitch, Mathieu	H 09	Russie (Streleusk)	Boul. Georges-Favon, 6
Tantcheff, Dimitro	H 07	Bulgarie	Rue du Conseil-Général
Tchechmedjieff, W.-Christo	E 10	Bulgarie (Pechtera)	Rue des Maraîchers, 61
Tchonos, Ivan	H 07	Bulgarie (Viddin)	Rue Ami-Lullin, 1
Ter-Avetikoff, Georges	H 09	Russie (Caucase)	Rue de Carouge, 87
Teutsch, Auguste	E 10	Allemagne (Landau)	Rue de l'Université, 5
Tevsaïn, Victor	E 08	Russie (Caucase)	Boul. Pont-d'Arve, 9
Titze, Gerhard	E 10	Allemagne (Köslin)	Rue de Saussure, 6
Tivtcheff, Pierre	E 10	Bulgarie (Stara-Zagora)	Rue du Stand, 35
Todoroff, Vassil	H 09	Bulgarie	Cours de Rive, 19
Toteff, Christo	E 10	Bulgarie (Gabrovo)	Boul. Carl-Vogt, 49
von Treskow, Otto	E 10	Allemagne (Posen)	Rue du Rhône, 79
Triest, Werner	E 10	Allemagne (Breslau)	Florissant, 5
Tucholsky, Kurt	E 10	Allemagne (Berlin)	Florissant, 5
Uhlentsch, Friedrich	E 10	Allemagne (Weimar)	Ch. M.-Servet, « Les Iris »
Vacavtchief, Bogomil	H 07	Bulgarie (Varna)	Rue Lissignol, 8
Van Husen, Paul	E 10	Allemagne (Münster)	Boul. Georges-Favon, 29
Vapordjieff, Pierre	H 07	Bulgarie (Lom)	Rue Gourgas, 10
Vekilsky, Georges	H 09	Bulgarie	Bd du Pont-d'Arve, 47
Vettiner, Charles	H 09	Genève	Rue de Hesse, 6
Virol, Maurice	H 08	France (Loulans-les-Forges)	Rue du Commerce, 7
Vladoff, Wladimir	E 10	Bulgarie	Pl. de la Synagogue, 2
Vordieck, August	E 10	Allemagne (Dortmund)	Rue de Carouge, 7
Vuagnat, Eugène	H 08	Genève	Meinier
Vuagnat, Hubert	H 08	Genève	Bd Pont-d'Arve, 10-12
*Vuille, Rachel	H 08	Neuchâtel (Vaumarcus)	Boul. Georges-Favon, 16
Wackmann, Jacques	E 07	Russie (Kichineff)	Boul. Pont-d'Arve, 19
Wedel, Wolfgang	E 10	Allemagne (Gräfenthal)	Chemin Dumas, 13

Dok. 7

FACULTÉ DE DROIT

M.J. = Morgue judiciaire

Heures	Lundi	Salle	Mardi	Salle	Mercredi	Salle	Jeudi	Salle	Vendredi	Salle	Samedi	Salle
7	E. Borel	49					H. de Claparède	49			E. Borel	49
	L. Rehfous	48	P. Moriaud	48			P. Moriaud	48	L. Rehfous	48	L. Rehfous	48
8			E. Borel	49	E. Borel	49	H. de Claparède	49	H. de Claparède	49	H. de Claparède	49
	A. Gautier	48	A. Gautier	48	A. Gautier	48	A. Gautier	48	A. Gautier	48	A. Martin	48
	E. Borel	17	P. Moriaud	17	P. Moriaud	17	P. Moriaud	17	P. Moriaud	17	E. Borel	17
	A. Baumgarten	44	A. Baumgarten	44	A. Baumgarten	44	A. Baumgarten	44	A. Baumgarten	44	A. Baumgarten	44
9			P. Moriaud	49	P. Moriaud	49	P. Moriaud	49	P. Moriaud	49	H. de Claparède	49
	A. Martin	48	A. Martin	48	A. Martin	48	A. Martin	48	A. Martin	48	A. Martin	48
	G. Meumann	17	G. Meumann	17	G. Meumann	17	G. Meumann	17			E. Borel	17
			J. Partsch	44	J. Partsch	44	H. de Claparède	44	J. Partsch	44	A. Baumgarten	44
10					P. Moriaud	47			E. Milhaud	30	E. Milhaud	30
	L. Mégevand	M.J.	L. Rehfous	48			A. Martin	48	P. Moriaud	48	L. Rehfous	48
			J. Partsch	49	J. Partsch	49	J. Partsch	49	J. Partsch	49		
	G. Meumann	17	G. Meumann	17	G. Meumann	17	G. Meumann	17	H. de Claparède	17	H. de Claparède	17
	L. Rehfous	44							L. Rehfous	44		
11							Ch. Borgeaud	49	Ch. Borgeaud	49		
	F. Gentet	48	F. Gentet	48	F. Gentet	48			E. Milhaud	46	E. Milhaud	46
	G. Meumann	17	G. Meumann	17	G. Meumann	17	G. Meumann	17	H. de Claparède	17	H. de Claparède	17
							A. Caleb	48	L. Rehfous	48	A. Caleb	48
2	P. Moriaud	49-50	2½ G. Meumann	49	P. Moriaud	49-50			P. Moriaud	49-50		
	H. de Claparède	48					H. de Claparède	48				
3	H. de Claparède	48	G. Meumann	49			H. de Claparède	48				
4	J. Partsch	30							F. le Rabours	48		
	M. Haissly	48			M. Haissly	48						
5	L. Rehfous	48	L. Rehfous	48	L. Rehfous	48						
	J. Partsch	30			M. Fahmy	49						
6			E. Milhaud	30	E. Milhaud	46						

Dok. 8

H.K.: Man sollte bestimmungsgemäß dafür erklären, ob das Reifezeugnis als nicht bestanden bezeichnet würde und eventuell eine Bescheinigung darüber einziehen
Erledigt sich durch die Bemerkung auf dem Berliner Abgangszeugnis v. 10/8 1912

Berlin W.50. Nachodstr.12.
den 2. August 1913.

Herrn Kollegen Hedemann mit der Bitte um gefällige Begutachtung.
Jena 2./8. 1913
Rauch
d. Z. Dekan

Die Hohe Juristische Fakultät der Universität J e n a bitte ich ergebenst um Zulassung zur Promotion und um Bestimmung eines Termins zur Ablegung der mündlichen Prüfung. Wenn angängig, würde ich bitten, diesen Termin in den November dieses Jahres zu legen.

In der Anlage reiche ich gleichzeitig ein:

Eine Darstellung meines Lebenslaufes.

Das Reifezeugnis von Königl Luisengymnasium zu Berlin.

Die erforderlichen Bescheinigungen über meine Universitätsstudium.

Ein polizeiliches Führungszeugnis.

Die Quittung des Aktuariats der Fakultät über Zahlung der Promotionsgebühr.

Die bisher noch nicht gedruckte wissenschaftliche Abhandlung: "Die Vormerkung aus §1179 und ihre Wirkungen."

An den Herrn Dekan der Juristischen Fakultät der Universität J e n a.

Dok. 9

L e b e n s l a u f.

Ich wurde am 9. Januar 1890 zu Berlin geboren als Sohn des verstorbenen Kaufmanns A l e x T u c h o l s k y und seiner Ehefrau D o r i s geb. T u c h o l s k i.
Ich besuchte das Französische Gymnasium zu Berlin und bestand am 21. September 1909 die Reifeprüfung am Königl Luisengymnasium zu Berlin als Externer.-
Ich studierte die Rechte in Berlin und Genf.
In den sechs Semestern habe ich unter andern gehört bei den Herren Professoren
K o h l e r B r u n n e r K i p p
v. L i s z t H e l l w i g S c h m o l l e r v. M a r t i t z B o r n h a k
A n s c h ü t z W o l f f K i p p
S e c k e l

Dok. 10

Herr Curt Tucholsky aus Berlin bewirbt sich um die Doktorwürde unserer Fakultät mit einer Arbeit über:

Die Vormerkung aus § 1179 und ihre Wirkungen.

Das ist ein sehr schwieriges, aber auch viel behandeltes Thema, zu dem zuletzt Voss anregende und scharfsinnige Beiträge geliefert hat. Der Verfasser stellt die Lehren von der Vormerkung kurz in nicht immer einfacher und einwandfreier Sprache dar. Die Referate über die Literaturmeinungen entbehren zum Teil der Klarheit. Die Disposition ist nicht überall glücklich; z.B. dürften „die Formulierung der Eintragung" erst nach Klarstellung des Wesens und der Wirksamkeit der Vormerkung nach allen Seiten ~~erfolgen~~ zur Darstellung kommen. Vor allem aber fehlt der Arbeit die fördernde und eigene Note. Ein Anlauf findet sich insoweit vor, als der Verfasser sich mit Voss auseinanderzusetzen versucht. Aber

Dok. 11

Quittung.

350 Mark

Promotionsgebühren

von Herrn cand. iur. Kurt Tucholsky – Berlin

erhalten zu haben, bescheinigt

Jena, den 8. 6. 14

Aktuariat der juristischen Fakultät.
Engelmann

Universitätsarchiv Jena
Bestand K Nr. 298

11

Dok. 12

Juristische Fakultät.

Protokoll

über die mündliche Doktorprüfung

des Herrn cand. jur. Tucholsky aus Berlin

d. 19 Novbr 1914 5 Uhr.

Anwesend die nachbenannten Mitglieder der Fakultät

Es prüften:

Herr Kollege Lehmann in röm. u. bürgerl. Recht.

der unterzeichnete Dekan in Strafrecht, Strafprozeß u. Kirchenrecht

Herr Kollege Rauch in Handelsrecht u. sonstigem Privatrecht

Herr Kollege Rosenthal in Staatsrecht u. sonstigen Rechtsgebieten und Verwaltungsrecht.

Hierauf beschloß die Fakultät den Kandidaten cum laude zu promovieren.

Das Ergebnis wurde dem Kandidaten mitgeteilt und ihm seine Abhandlung und die von ihm eingereichten Original-Zeugnisse zurückgegeben.

Die Druckgenehmigung wurde noch nicht erteilt.

JENA, den 19 November 1914.

[illegible]

d. Z. Dekan.

Die Druckg[illegible]
Jena, den [illegible]
der Dekan
[illegible]

Dok. 13

Die Vormerkung aus § 1179 BGB. und ihre Wirkungen.

Inaugural-Dissertation

zur Erlangung der Doktorwürde
der Hohen Rechts- und Staatswissenschaftlichen Fakultät
der Großherzoglich und Herzoglich Sächsischen Gesamt-Universität Jena

vorgelegt von

Kurt Tucholsky
aus Berlin.

Druck von Robert Noske, Borna-Leipzig
Großbetrieb für Dissertationsdruck
1915.

Dok. 14

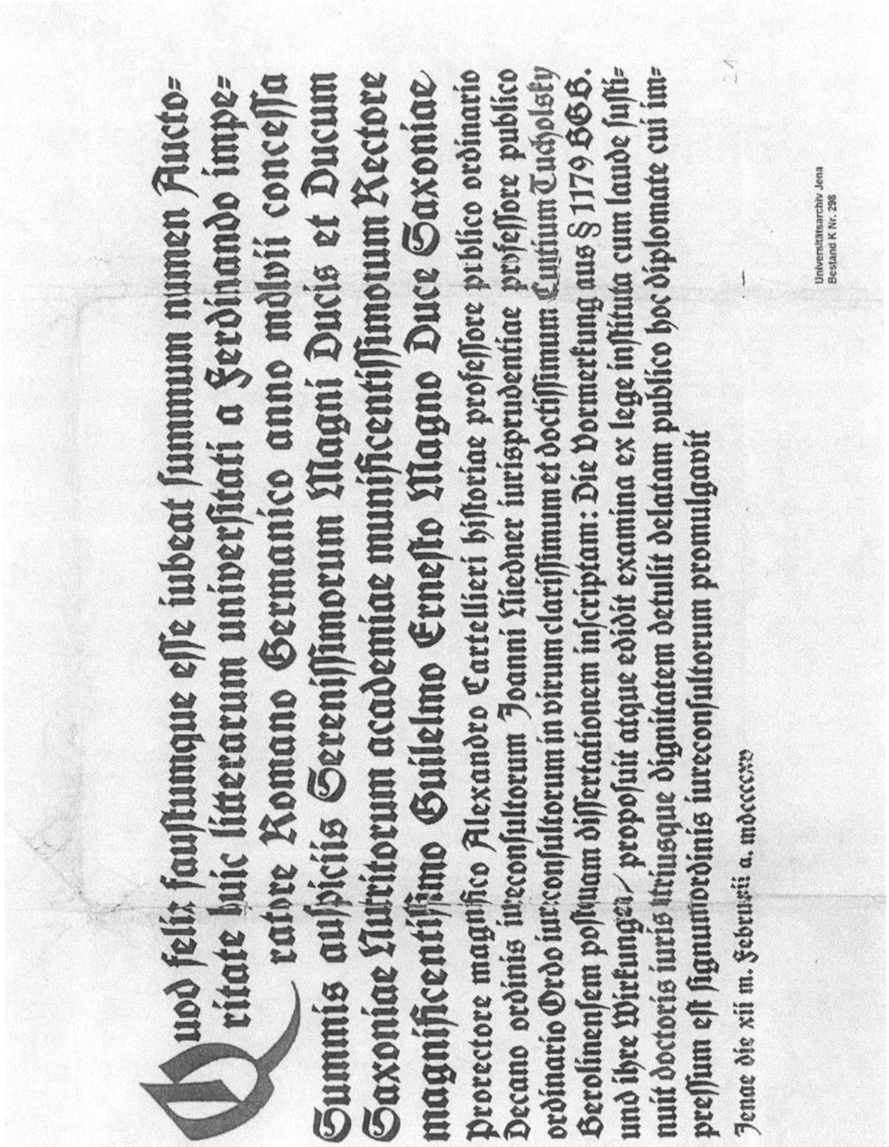

Quod felix faustumque esse iubeat summum numen Auctoritate huic litterarum universitati a Ferdinando imperatore Romano Germanico anno mdlvii concessa Summis auspiciis Serenissimorum Magni Ducis et Ducum Saxoniae Nutritorum academiae munificentissimorum Rectore magnificentissimo Guilelmo Ernesto Magno Duce Saxoniae Prorectore magnifico Alexandro Cartellieri historiae professore publico ordinario Decano ordinis iureconsultorum Joanni Niedner iurisprudentiae professore publico ordinario Ordo iureconsultorum in virum clarissimum et doctissimum Curtium Tucholsky Berolinensem postquam dissertationem inscriptam: Die Vormerkung aus § 1179 BGB. und ihre Wirkungen proposuit atque edidit examina ex lege instituta cum laude sustinuit doctoris iuris utriusque dignitatem detulit delatam publico hoc diplomate cui impressum est signum ordinis iureconsultorum promulgavit

Jenae die xii m. Februarii a. mdcccccxv

Universitätsarchiv Jena
Bestand K Nr. 298

Dok. 15

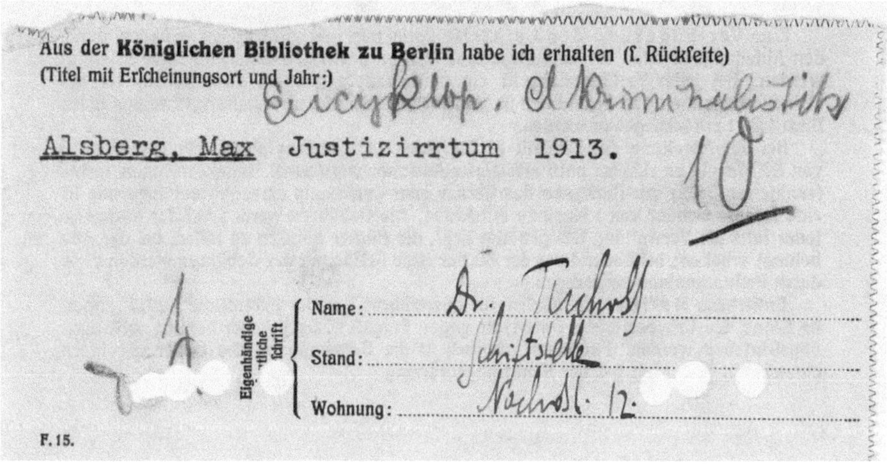
Aus der **Königlichen Bibliothek zu Berlin** habe ich erhalten (ſ. Rückſeite)
(Titel mit Erſcheinungsort und Jahr:)
Encyklop. d. Kriminalistik
Alsberg, Max Justizirrtum 1913.
10
Eigenhändige ...tliche ...ſchrift
Name: Dr. Tucholsky
Stand: Schriftsteller
Wohnung: Nachodstr. 12.
F. 15.

Dok. 16

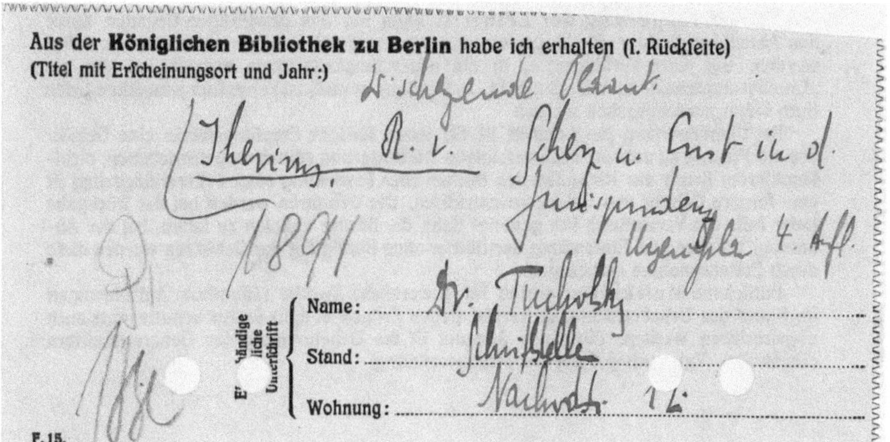
Aus der **Königlichen Bibliothek zu Berlin** habe ich erhalten (ſ. Rückſeite)
(Titel mit Erſcheinungsort und Jahr:)
Jhering, R. v. Scherz u. Ernst in d. Jurisprudenz
1891
4. Aufl.
Ei... ...liche Unterſchrift
Name: Dr. Tucholsky
Stand: Schriftsteller
Wohnung: Nachodstr. 12.
F. 15.

Dok. 17

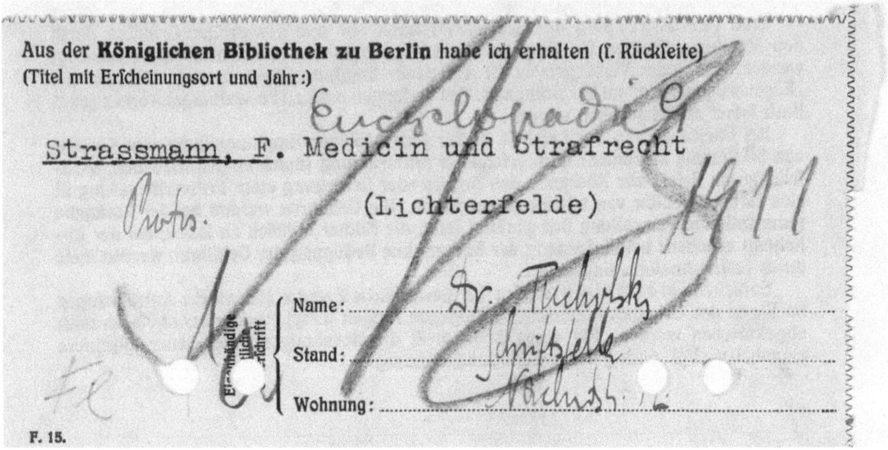
Aus der **Königlichen Bibliothek zu Berlin** habe ich erhalten (f. Rückseite)
(Titel mit Erscheinungsort und Jahr:)
Encyclopädie
Strassmann, F. Medicin und Strafrecht
(Lichterfelde)
1911
Name: Dr. Tucholsky
Stand: Schriftstelle
Wohnung: Nachodstr. 12
Eigenhändige deutliche Schrift
F. 15.

Dok. 18

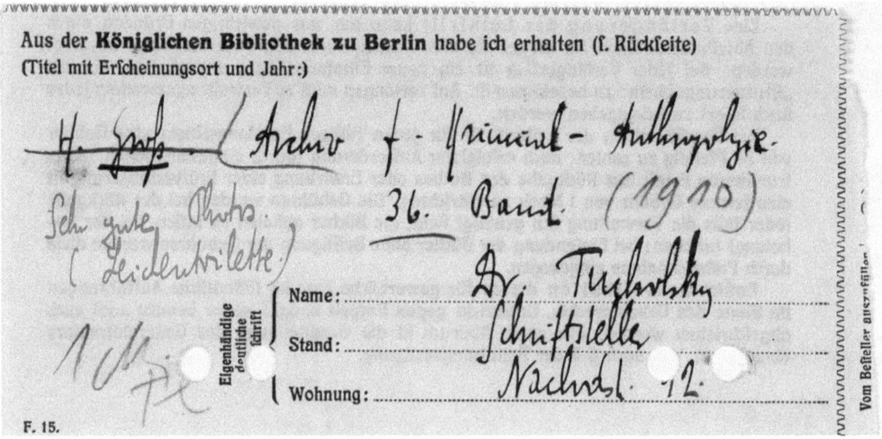
Aus der **Königlichen Bibliothek zu Berlin** habe ich erhalten (f. Rückseite)
(Titel mit Erscheinungsort und Jahr:)
~~H. Gross~~ (Archiv f. Criminal-Anthropologie.
36. Band (1910)
Sehr gute Photos
(Leichentoilette)
Name: Dr. Tucholsky
Stand: Schriftstelle
Wohnung: Nachodstr. 12
Eigenhändige deutliche Schrift
Vom Besteller auszufüllen!
F. 15.

Dok. 19

Runderlaß des Reichs- und Preußischen Ministers für Wissenschaft, Erziehung und Volksbildung

W F 264

Berlin, den 11. Februar 1938

Entziehung der Doktorwürde von Ausgebürgerten,

Auf Grund des § 2 des Gesetzes über den Widerruf von Einbürgerungen und die Aberkennung der deutschen Staatsangehörigkeit vom 14. Juli 1933 – RGBl. I S. 480 – sind folgende frühere Reichsangehörige, die Inhaber eines deutschen akademischen Grades sind, der deutschen Staatsangehörigkeit für verlustig erklärt worden, weil sie durch ein Verhalten, das gegen die Pflicht zur Treue gegen Reich und Volk verstößt, die deutschen Belange geschädigt haben. Lt. Bekanntmachung im Deutschen Reichsanzeiger und Preuß. Staatsanzeiger:

a) Vom 25. August 1933, Nr. 198

1. Dr. A p f e l, Alfred, geb. 12.3.1882
2. Dr. B r e i t s c h e i d, Rudolf, geb. 2.11.1874
3. Dr. F o e r s t e r, Friedrich Wilhelm, geb. 2.6.1869
4. Dr. K e r r, Alfred, geb. 25.12.1867
5. Dr. T u c h o l s k i, Kurt, geb. 9.1.1890
6. Dr. W e r t h a u e r, Johann, geb. 20.1.1866

b) (...)

Die Hochschulen, an denen die Vorbenannten den Doktorgrad erworben haben, sowie die nähere Bezeichnung des Grades sind hier leider nicht bekannt.

Unter Bezugnahme auf Ziffer 11 meines Runderlasses vom 16. Dezember 1936 – W I a 1910 (RMinAmtsblDtschWiss. 1937 Heft 1 S. 8) ersuche ich festzustellen, wer von den Genannten an der dortigen Hochschule promoviert hat und wegen der Entziehung des akademischen Grades das Erforderliche zu veranlassen. Die Entziehung ist mir anzuzeigen. Fehlanzeige ist nicht erforderlich.

Im Auftrage
gez. W a c k e r

[vollständig abgedruckt bei: *H.G. Lehmann*, Ausbürgerung im Exil, S. 27 f., Dokument Nr. 5]

III. Fundstellen-Synopse: Tucholsky-Texte mit Rechts- und Justizbezug

GW: Gesammelte Werke in 10 Bänden, hrsgg. von Mary Gerold-Tucholsky u. Fritz J. Raddatz, mit Ergänzungsbänden Deutsches Tempo (DT) und Republik wider Willen (RwW)

GA: Gesamtausgabe Texte und Briefe, hrsgg. von Antje Bonitz u.a.; noch nicht erschienene Bände sind mit *** gekennzeichnet

JS: Justitia schwooft!, hrsgg. von Richard v. Soldenhoff

PJ: Politische Justiz, zusammengestellt von Martin Swarzenski

Titel	**Erstveröffentlichung**[1]	**GW**	**GA**	**JS**	**PJ**
	Ort, Jahr	Bd., S.	Bd., Nr.	S.	S.
Acht Jahre politischer Justiz	Die Weltbühne 1927	5, 336	9, 134	187	---
8 Uhr abends – Licht aus!	Die Weltbühne 1929	7, 269	11, 171	311	71
Aha!	Freiheit 1920	DT, 260	4, 210	---	---
Altes Volkslied	Die Weltbühne 1926	4, 547	8, 191	143	---
Amnestie-! Amnestie-!	Die Weltbühne 1927	5, 317	9, 127	185	114
An den Botschafter (Sacco und Vanzetti)	Die Weltbühne 1927	5, 200 DT, 560	9, 57	159	---

[1] Nähere Hinweise zur Erstveröffentlichung (Pseudonym, Ausgabe, Seite etc.) sind jeweils den bibliographischen Angaben in GW, GA und JS zu entnehmen.

Titel	Erstveröffentlichung	GW	GA	JS	PJ
An die Republikaner	Die Weltbühne 1930	8, 346	13, 195	---	---
An Ernst Toller	Die Weltbühne 1924	3, 443	6, 113	102	---
An meinen Sohn	Die Weltbühne 1926	4, 500	8, 151	---	---
Auch eine Urteilsbegründung	Die Weltbühne 1931	9, 204	14, 54	333	---
Auf dem Nachttisch: Dreiser, Theodore, „Eine amerikanische Tragödie“	Die Weltbühne 1928	6, 124 (127)	10, 65	---	---
Auf dem Nachttisch: Rode, Walther, „Justiz“	Die Weltbühne 1929	7, 95 (96)	11, 71	---	---
Auf dem Nachttisch: Alexander, Franz/Staub, Hugo, „Der Verbrecher und seine Richter“	Die Weltbühne 1929	7, 95 (98)	11, 71	---	---
Auf dem Nachttisch: Hölz, Max, „Vom ‚Weißen Kreuz' zur Roten Fahne“	Die Weltbühne 1929	7, 95 (99)	11, 71	---	---
Auf dem Nachttisch: Plättner, Karl, „Eros im Zuchthaus“	Die Weltbühne 1929	7, 211 (212)	11, 141	---	---

Titel	**Erstver-öffentlichung**	**GW**	**GA**	**JS**	**PJ**
Auf dem Nachttisch: Gumbel, Emil Julius u.a., „Verräter verfallen der Feme“	Die Weltbühne 1930	8, 46 (49)	13, 20	---	---
Auf dem Nachttisch: Liebermann, Matwey, „Im Namen der Sowjets“	Die Weltbühne 1931	9, 195 (197)	14, 52	---	---
Auf dem Nachttisch: v. Koerber, Lenka, „Menschen im Zuchthaus“	Die Weltbühne 1931	9, 195 (198)	14, 52	---	---
Auf dem Nachttisch: Ottwalt, Ernst, „Denn sie wissen, was sie tun“	Die Weltbühne 1932	10, 24 (26)	***	---	---
Awrumele Schabbesdeckel und Prinz Eitel-Friedrich von Hohenzollern	Welt am Montag 1921	3, 31	5, 31	55	---
Begnadigung	Die Weltbühne 1926	4, 483	8, 141	129	113
Berliner Gefängnisse	Freiheit 1920	DT, 204	4, 156	---	---
Blutrache in Leipzig	Die Weltbühne 1929	RwW, 383	11, 108	---	---
Brief an den Staatsanwalt	Die Weltbühne 1922	3, 162	5, 135	82	38
Dada-Prozeß	Die Weltbühne 1921	3, 26	5, 27	50	---

Titel	**Erstveröffentlichung**	**GW**	**GA**	**JS**	**PJ**
Das A-B-C des Angeklagten	Die Weltbühne 1929	7, 20	11, 7	265	50
Das Barreau	Die Schaubühne 1913	1, 123	1, 197	16	10
Das Buch von der deutschen Schande	Die Weltbühne 1921	3, 44	5, 48	60	85
Das Gesetz	Arbeiter-Illustrierte-Zeitung 1929	7, 199	11, 134	298	119
Das neue Gefangenen-Museum	Arbeiter-Illustrierte-Zeitung 1928	6, 160	10, 89	209	77
Das Paradigma	Der Zeitsparer 1914	1, 148	1, 172	---	---
Das Recht in Goethes Faust	Die Schaubühne 1913	1, 102	1, 143	13	---
Das schwarze Kreuz auf grünem Grunde	Die Weltbühne 1931	9, 184	14, 47	328	---
Der § 45	Die Weltbühne 1929	7, 71	11, 59	277	---
Der Fall Mischewski contra Pimbusch	Berliner Illustrirte Zeitung 1928	6, 257	10, 147	225	---
Der Fall Röttcher	Die Weltbühne 1927	5, 391	9, 161	192	---
Der Gerichtsdiener	Vorwärts 1913	1, 122	1, 192	15	49
Der liebe Gott in Kassel	Die Weltbühne 1926	4, 540	8, 186	140	---
Der Mann, der ein Kind ertränkt	Voss 1928	6, 291	10, 173	243	---

Titel	**Erstveröffentlichung**	**GW**	**GA**	**JS**	**PJ**
Der Meineid	Die Weltbühne 1929	7, 76	11, 61	278	---
Der Mörder und der Staat	ebenda, Stuttgart 1928	6, 68	10, 95	203	---
Der Rechtsstaat	Die Weltbühne 1927	5, 253	9, 89	174	---
Der Richter	Die Weltbühne 1930	8, 180	13, 108	322	28
Der Staatsanwalt mit dem Zeigefinger	Freiheit 1920	DT, 226	4, 194	---	---
Der sympathische Mörder	Die Weltbühne 1928	6, 143	10, 83	208	---
Der Venuswagen	Die Weltbühne 1921	3, 77	5, 74	66	---
Der Verdachtsfreispruch	Die Weltbühne 1931	9, 238	14, 78	342	65
Der verengte Gesichtskreis	Die Weltbühne 1929	7, 147	12, S. 118	280	117
Der Zensor geht um!	Die Weltbühne 1920	2, 444	4, 241	44	---
Deutsche Richter	Die Weltbühne 1927	5, 201	12, S. 156	160	16
Deutsche Richter von 1940	Arbeiter-Illustrierte-Zeitung 1929	7, 295	12, S. 19	271	29
Deutsche Richtergeneration 1940	Die Weltbühne 1921	3, 30	5, 29	54	15
Die Anstalt	Die Weltbühne 1929	7, 258	11, 163	302	---

Titel	Erstveröffentlichung	GW	GA	JS	PJ
Die Beamtenpest	Die Weltbühne 1928	6, 271	10, 162; 166; 188	228	---
Die Begründung	Die Weltbühne 1929	7, 52	11, 42	273	45
Die Gefangenen	Die Weltbühne 1931	9, 179	14, 44	327	69
Die Geldstrafe	Die Weltbühne 1929	7, 51	11, 39	272	---
Die genialen Syphilitiker	Die Weltbühne 1927	5, 148	9, 13	---	---
Die Geschichte eines Witzes	Die Weltbühne 1928	6, 73	10, 30	---	---
Die großen Familien	Die Weltbühne 1928	6, 82	10, 35	205	---
Die Heinrich und der Zivilist	Die Weltbühne 1927	5, 412	9, 172	198	---
Die Herren Beisitzer	Die Weltbühne 1925	4, 56	7, 41	107	57
Die Herren Belohner	Die Weltbühne 1931	9, 166	14, 39	325	55
Die Inszenierung der Republik	Voss 1925	4, 91	7, 60	---	---
Die lebendigen Toten	Die Weltbühne 1919	2, 95	3, 76	24	93
Die Leibesfrucht	Arbeiter-Illustrierte-Zeitung 1928	6, 8	10, 84	---	---
Die Leibesfrucht spricht	General-Anzeiger für Dortmund 1930	9, 331	13, 10	346	---
Die leider nicht absetzbaren Richter	Die Weltbühne 1928	DT, 601	10, 54	---	---

Titel	Erstveröffentlichung	GW	GA	JS	PJ
Die Marburger	Berliner Volkszeitung 1920	2, 365	4, 131	---	---
Die Mordkommission	Freiheit 1920	2, 338	4, 101	---	---
Die Objektiven	Die Weltbühne 1921	3, 19	5, 18	49	9
Die Sicherungsverwahrung	Die Weltbühne 1928	6, 326	10, 199	248	---
Die Tabelle	Welt am Montag 1922	3, 137	5, 120	78	---
Die Unzüchtigen	Die Weltbühne 1922	3, 283	5, 238	86	41
Die zufällige Republik	Die Weltbühne 1922	3, 219	5, 183	---	---
Die Zwölf auf der Bank	Welt am Montag 1922	DT, 324	5, 260	---	---
Duo Dreistimmig	Die Weltbühne 1925	4, 291	7, 202	---	---
Ein Aufruf	Die Weltbühne 1920	2, 406	4, 180	37	---
Ein sauberer Vogel	Berliner Volkszeitung 1919	2, 100	3, 79	29	---
Ein Schädling der Kriminalistik	Die Weltbühne 1928	6, 180	10, 100; 102	210	---
Ein Wort	Die Weltbühne 1930	8, 144	13, 82	321	12
Eine leere Zelle	Die Weltbühne 1929	7, 39	11, 24	269	70
Erinnerung	Die Weltbühne 1925	4, 141	7, 93	---	109
Erpressung	Die Schaubühne 1914	1, 240	2, 90	17	62

Titel	**Erstveröffentlichung**	**GW**	**GA**	**JS**	**PJ**
Eveline, die Blume der Prärie	Die Weltbühne 1926	4, 501	8, 155	133	---
Flaggenfriede	Die Weltbühne 1927	5, 366	9, 150	---	---
Fort mit dem Schundgesetz	Die Weltbühne 1926	4, 533	8, 177	138	---
Frage und Antwort	Die Weltbühne 1927	5, 178	9, 38	152	---
Französisches Militärgericht in Paris	Die Weltbühne 1925	4, 253	7, 177	119	---
Für Carl v. Ossietzky	Die Weltbühne 1932	10,75	***	348	106
Für Joseph Matthes	Die Weltbühne 1929	7, 160	11, 99	286	---
Gebet für die Gefangenen	Die Weltbühne 1924	3, 531	6, 178	103	---
Gegen die Arbeiter? Allemal-!	Welt am Montag 1921	3, 92	5, 87	73	---
Geschworene	Die Weltbühne 1927	5, 165	9, 27	151	57
Gib ihm Saures – er kann sich nicht wehren!	Welt am Montag 1921	3, 86	5, 81	69	---
Gut Mord!	Die Weltbühne 1926	8, 51	8, 51	125	---
Guten Morgen – dies ist ihre Zeitung	Die Weltbühne 1928	6, 353	10, 226	---	---
Haben Sie schon mal...?	Die Weltbühne 1926	4, 476	8, 134	128	108
Handelsteil	Die Weltbühne 1929	7, 219	11, 143	301	---

Titel	Erstveröffentlichung	GW	GA	JS	PJ
Herr Maurras vor Gericht	Die Weltbühne 1925	4, 215	7, 153	114	---
Hexenprozesse in alter und neuer Zeit	Freiheit 1920	2, 412	4, 188	141	---
Hinrichtung	Vorwärts 1912	1, 45	1, 22	11	---
Ia	Die Weltbühne 1929	7, 208	11, 138	299	---
Ich bin ein Mörder	Die Weltbühne 1928	6, 297	10, 176	247	63
Illustrierte Welt	Die Weltbühne 1927	5, 426	9, 180	199	---
Im Gefängnis begreift man	Die Weltbühne 1931	9, 322	14, 139	345	---
Im Saal	Berliner Volkszeitung 1919	10, 180	3, 217	31	---
In der Zelle	Die Weltbühne 1921	3, 43	5, 47	58	---
Indizien	Die Weltbühne 1929	7, 188	11, 122	296	---
Jagow vorm Reichsgericht	Die Weltbühne 1921	3, 101	5, 89	76	---
Jakubowski	Die Weltbühne 1928	6, 268	10, 155	227	---
Juristen	Zeit im Bild 1914	---	2, 12	---	---
Juristentag in Wien	Vorwärts 1912	---	1, 66	---	---
Justitia	Berliner Tageblatt 1919	RwW, 87	3, 6	---	---
Justitia mit dem Rotstift	Freiheit 1920	---	4, 234	---	---

Titel	**Erstveröffentlichung**	**GW**	**GA**	**JS**	**PJ**
Justitia schwoft!	Freie Welt 1920	7, 288	4, 157	7	83
Kähne	Die Weltbühne 1922	3, 140	5, 121	81	---
Künstlers Widerhall	Vossische Zeitung 1930	8, 155	13, 88	---	---
Kuppelei	Freiheit 1920	2, 409	4, 182	39	43
Lorbeeren der herrschenden Klasse (Für Max Hölz)	Der Knüppel 1926	4, 466	8, 115	127	---
Meditation	Die Weltbühne 1924	3, 482	6, 142	---	---
Merkblatt für Geschworene	Die Weltbühne 1929	7, 158	11, 96	284	58
Mieter und Vermieter	Voss 1929	7, 248	11, 159	---	---
Mit einem Zuchthäusler?	Die Weltbühne 1928	6, 205	10, 115	221	78
Muff	Die Weltbühne 1927	5, 182	9, 40	153	61
Na also-!	Die Weltbühne 1932	10, 30	***	347	---
Nächtliche Unterhaltung	Die Weltbühne 1926	4, 426	8, 86	126	30
Nr. 1	Die Weltbühne 1929	7, 179	11, 117	290	---
Old Bäumerhand, der Schrecken der Demokratie	Die Weltbühne 1926	4, 556	8, 206	144	---

Titel	Erstveröffentlichung	GW	GA	JS	PJ
Ordnung muß sein!	Berliner Tageblatt 1919	2, 122	3, 108	30	118
§ 297 / Unzucht zwischen Männern [Ein Beitrag zur Strafgesetzreform. Die Meinung der Kulturträger]	ebenda, Berlin 1929	7, 17	11, 25	263	---
Preußische Justiz	Vorwärts 1911	---	1, 5	---	---
Prolet vor Gericht	Die Weltbühne 1925	4, 132	7, 87	109	---
Prozeß Harden	Die Weltbühne 1922	3, 296	5, 261	89	97
Prozeß Marloh	Die Weltbühne 1919	2, 223	3, 232	33	---
Rechenaufgaben	Die Weltbühne 1926	4, 487	8, 145	130	---
Rechtliche Bedenken	Kunstwart 1914	---	2, 9	---	---
Referendarexamen	Pan 1912	---	1, 57	---	---
Richter	Freiheit 1920	DT, 177	4, 107	---	---
Schaufenstermoral	Die Weltbühne 1922	3, 169	5, 138	85	---
Schaumlöffelei	Freiheit 1920	2, 395	4, 172	---	---
Schmiede und Schmiedegesellen	Die Weltbühne 1929	DT, 698	11, 103	---	---
7,7	Die Weltbühne 1927	5, 300	9, 114	179	---
Spartakus in Moabit	Die Weltbühne 1919	2, 50	3, 20	23	---

Titel	Erstveröffentlichung	GW	GA	JS	PJ
Standesdünkel und Zeitung	Die Weltbühne 1926	4, 375	8, 52	---	---
Start	Die Weltbühne 1927	5, 434	9, 173	---	---
Stimmen in der Nacht	Die Weltbühne 1924	3, 394	6, 80	101	---
Strafgericht?	Die Weltbühne 1919	2, 142	3, 135	---	---
Streikjustiz	Dresdner Volkszeitung 1912	1, 46	1, 33	12	---
Trauriges Lied, auf einem Kamm geblasen	Die Weltbühne 1930	8, 193	13, 118	---	---
Über den sogenannten „Landesverrat“	Das Andere Deutschland 1926	4, 492	8, 150	131	---
Unart der Richter	Die Weltbühne 1927	5, 385	9, 157	190	---
Und immer wieder Max Hölz!	Die Weltbühne 1927	5, 357	9, 143	189	---
Unerledigte Konten	Die Weltbühne 1929	7, 207	11, 137	---	---
Verfassungstag	Freiheit 1922	3, 259	5, 215	---	---
Vierzehn Käfige und einer	Die Weltbühne 1925	4, 23	7, 19	104	---
Von den Kränzen, der Abtreibung und dem Sakrament der Ehe	Die Weltbühne 1931	9, 130	14, 19	---	---
Vorher!	Die Schaubühne 1917	1, 272	2, 125	19	---
Wahnsinn Europa	Die Weltbühne 1928	6, 343	10, 219	252	---

Titel	**Erstveröffentlichung**	**GW**	**GA**	**JS**	**PJ**
Warum	Die Weltbühne 1930	8, 26	13, 9	---	---
Warum stehen	Die Weltbühne 1927	5, 223	9, 70	173	54
Was ist die Rote Hilfe – und wie stehen Sie zu ihr?	Der rote Helfer 1927	---	9, 61	---	---
Was soll er denn einmal werden?	Die Weltbühne 1928	6, 169	10, 94	---	---
Was wäre, wenn...	Die Weltbühne 1922	3, 201	5, 170	180	---
Was würden Sie tun, wenn Sie die Macht hätten?	Die Literarische Welt 1928	6, 301	10, 182	---	---
Wie benehme ich mich als Mörder?	Die Weltbühne 1928	6, 68	10, 26	203	---
Wiederaufnahme	Die Weltbühne 1929	7, 155	12, S. 83	281	66
Wiedersehen mit der Justiz	Die Weltbühne 1927	5, 193	9, 48	154	33
Wir Zuchthäusler	Die Weltbühne 1931	9, 220	14, 66	335	---
Zu einigen dieser Prozesse	Die Weltbühne 1922	3, 290	5, 255	88	11
Zuzutrauen	Die Weltbühne 1931	9, 245	14, 83	343	37

„Antworten“ mit Rechts- und Justizbezug, „Die Weltbühne“ Januar bis September 1927, nach: GA, Bd. 9, S. 704 ff.[2]

Titel	GA
	Bd., Nr.
Angeklagter	9, A 2
Arthur K., Franfurt a. Main	9, A 11
Arthur Seehof	9, A4
Carl Mertens	9, A 8
Central-Verein deutscher Staatsjuden bürgerlichen Glaubens	9, A 28
Frau Hölz	9, A4
Gerichtsdiener	9, A 9
Geschworner	9, A8
Häftling der Stadtvogtei	9, A 16; A 18; A 19
Hein Herbers	9, A 5
Intellektueller	9, A 8
Kirchenchrist	9, A 19

[2] In der Rubrik „Antworten“ reagierte der Herausgeber der „Weltbühne“ (bis 1926: Siegfried Jacobsohn) auf zumeist fiktive Leserzuschriften. Verfasst wurden die ungezeichneten „Antworten“ überwiegend von Tucholsky oder von diesem und Jacobsohn gemeinsam. Nach dem Tod Jacobsohns im Dezember 1926 übernahm Tucholsky bis Mai 1927 die Herausgabe der „Weltbühne“. Insbesondere die „Antworten“ aus der ersten Jahreshälfte 1927 sind mit großer Sicherheit Tucholsky selbst zuzuordnen. Eingehend: GA, Bd. 9, S. 1060 ff.

Titel	GA
Louis Cahnbley, Altona	9, A 20
Max Hölz	9, A 9; A 10; A 11; A 12; A 14; A 17
Mißmutiger	9, A 23
Mörder	9, A 11
Obmann der politischen Gefangnen in Kottbus	9, A 2
Photograph	9, A 9
Rechtsanwalt	9, A 1
Richter	9, A 9
Rotes Kreuz	9, A 21
Schöffe	9, A 3
Skatspieler	9, A 15
Stuttgart	9, A 17
Vorbestrafter	9, A 8
Wohlhabende Frau	9, A 5
Zeuge	9, A 2
Zeuge	9, A 8

Literaturverzeichnis

A., Dr. phil.: Erlebnisse und Eindrücke eines Schöffen, in: Schwurgerichte und Schöffengerichte, Beiträge zu ihrer Kenntnis und Beurteilung, Bd. II, Heft 3, hrsgg. von W. Mittermaier und M. Liepmann, Heidelberg 1910, S. 265

Ackermann, Irmgard: Vorwort, in: Kurt Tucholsky, Sieben Beiträge zu Werk und Wirkung, hrsgg. von Irmgard Ackermann, München 1981 (zit.: Sieben Beiträge)

– mit Dieter *Heß* und Karin *Lindner*: Zur Forschungssituation, in: Kurt Tucholsky, Sieben Beiträge zu Werk und Wirkung, hrsgg. von Irmgard Ackermann, München 1981, S. 7 (zit.: Sieben Beiträge)

Alsberg, Max: Justizirrtum und Wiederaufnahme, Berlin 1913

Anschütz, Gerhard: Der Ersatzanspruch aus Vermögensbeschädigung durch rechtmäßige Handhabung der Staatsgewalt, VerwArch 1897, 1

Antworten [des Schaubühne-Herausgebers]: K. St. in Helsingborg, Die Schaubühne, Ausgabe vom 25.9.1913, 929

Balk, Norman: Die Friedrich-Wilhelms-Universität zu Berlin, Mit einer Darstellung des Berliner Bildungswesens bis 1810, Berlin 1926

Baumgärtel, Fritz: „Lerne lachen, ohne zu weinen", Dr. jur. Kurt Tucholsky, MDR 1977, 552

Bemmann, Helga: Kurt Tucholsky, Ein Lebensbild, Berlin 1990 (zit.: Lebensbild)

Benz, Ulrike: Zur Rolle der Laienrichter im Strafprozeß, eine Untersuchung über das Schöffenamt auf verfahrenspsychologischer und gerichtsorganisatorischer Grundlage mit einem rechtsgeschichtlichen und rechtsvergleichenden Überblick, Lübeck 1982 (zit.: Laienrichter)

Bergmann, Joachim: Die Schaubühne, Die Weltbühne, 1905-1933, Bibliographie und Register mit Annotationen, Teil 1, München u.a. 1991

Berliner Adreßbuch 1913 , Unter Benutzung amtlicher Quellen, Berlin 1913

Berliner Adreßbuch 1914 , Unter Benutzung amtlicher Quellen, Berlin 1914

Blecher, Jens/ *Wiemers*, Gerald: „... durch sein Verhalten des Tragens einer deutschen akademischen Würde unwürdig ...", Akademische Graduierungen und deren nachträglicher Entzug an der Universität Leipzig zwischen 1900 und 1935, in: Figuren und Strukturen, Historische Essays für Hartmut Zwahr zum 65. Geburtstag, hrsgg. von Manfred Hettling, Uwe Schirmer und Susanne Schölz, München 2002, S. 679 (zit.: FS Zwahr)

Bommarius, Christian: Dr. jur. Kurt Tucholsky geht zur Bank, BRAK-Magazin 01/2007, 14

Bonitz, Antje/ *Wirtz*, Thomas: Kurt Tucholsky, Ein Verzeichnis seiner Schriften, Bd. 1-3, Marbach 1991

Bonitz, Antje/ *Otto*, Viktor: Zur Artikelserie „Die Justiz" und ihrem Verfasser, „Kommissar Piesecke" löst den Fall Hugo Grotius, Tucholsky-Blätter, 1996, Nr. 16, 25 ff.

– und Bernhard *Tempel*: Kurt Tucholsky und die Reformpädagogik, Sieben neu entdeckte Texte, PR 2000, 635

Boockmann, Hartmut: Wissen und Widerstand, Geschichte der deutschen Universität, Berlin 1999

Böttges, Walter: Die Laienbeteiligung an der Strafrechtspflege, Ihre Geschichte und heutige Bedeutung, Diss. jur., Bonn 1979 (zit.: Laienbeteiligung)

Breitbach, Michael: Das Amt des Universitätsrichters an der Universität Giessen im 19. und 20. Jahrhundert, Zugleich ein Beitrag zu den Doktorentziehungsverfahren zwischen 1933 und 1945, Archiv für hessische Geschichte 2001, 267

Brod, Max: Streitbares Leben, Frankfurt a.M. 1979

Chronik der Königlichen Friedrich-Wilhelms-Universität zu Berlin
Für das Rechnungsjahr 1901, Jahrgang XV., Halle a.S. 1902
Für das Rechnungsjahr 1903, Jahrgang XVII., Halle a.S. 1904
Für das Rechnungsjahr 1908, Jahrgang XXII., Halle a.S. 1909
Für das Rechnungsjahr 1909, Jahrgang XXIII., Halle a.S. 1910
Für das Rechnungsjahr 1910, Jahrgang XXIV., Halle a.S. 1911
(zit.: Chronik der FWU, Jahr)

Daude, [Paul] (Hg.): Die Königl. Friedrich-Wilhelms-Universität zu Berlin, Systematische Zusammenstellung der für dieselbe bestehenden gesetzlichen, statutarischen und reglementarischen Bestimmungen, Berlin 1887 (zit.: Bestimmungen der FWU)

Dekan und Professoren der Juristischen Fakultät der Friedrich-Wilhelms-Universität zu Berlin: Zur Reform des juristischen Studiums, DJZ 1920, Sp. 473

Depping, André: Das BGB als Durchgangspunkt, Privatrechtsmethode und Privatrechtsleitbilder bei Heinrich Lehmann (1876-1963), Tübingen 2002

Deutsche Freie Studentenschaft: Aufruf an die Studierenden der Rechts- und Staatswissenschaften auf den preussischen Universitäten, 1910

Deutsche Liga für Menschenrechte (Hg.): Acht Jahre politische Justiz, Das Zuchthaus – die politische Waffe, Eine Denkschrift der Deutschen Liga für Menschenrechte e.V., Berlin 1927

Deutscher Universitätskalender: I. Teil: Die Universitäten im Deutschen Reich, II. Teil: Die Universitäten im benachbarten Auslande,
Wintersemester 1909/10,
76. Ausgabe, Leipzig 1909
Sommersemester 1910,
77. Ausgabe, Leipzig 1910
(zit.: Deutscher Universitätskalender, Ausgabe, Jahr)

Die Vorschriften über die Ausbildung der Juristen in Preußen, mit Anmerkungen, unter Benutzung amtlicher Quellen, und einem Anhang, enthaltend das Gesetz über die Befähigung zum höheren Verwaltungsdienst vom 10. August 1906 nebst Ausführungsanweisung, 4. Auflage, Berlin 1908 (zit.: Vorschriften über die Ausbildung)

Ebert, Ina: Schwur- oder Schöffengerichte, Der Streit um die Ausgestaltung der Laienbeteiligung im Strafprozeß im Umfeld der Reichsjustizgesetze, Jura 1996, 242

– Die Normierung der juristischen Staatsexamina und des juristischen Vorbereitungsdienstes in Preußen (1849-1934), Berlin 1995, zugl. Diss. jur., Berlin, Freie Univ. 1994 (zit.: Staatsexamina)

Enneccerus, [Ludwig]: Rechtsstudium und Prüfungswesen in Preußen, DJZ 1911, Sp. 44

Epstein, Max: Sommer-Theater, Die Schaubühne, Ausgabe vom 11.9.1913, 863

Fabian, Eginhard: Die lange Geburt einer Wissenschaftsmetropole 1789-1870, in: Wissenschaft in Berlin, Von den Anfängen bis zum Neubeginn nach 1945, von Hubert Laitko u.a., Berlin 1987, S. 96

Fakultäts-Statuten der Großherzoglich und Herzoglich Sächs. Gesamt-Universität Jena, in Geltung vom 15. April 1902 ab, Jena 1902 (zit.: Fakultäts-Statuten)

Firnkes, Manfred: „Restauration" und „Vormärz", Reaktionäre Fürstenmacht und liberale Bürgeropposition 1815-1848, in: Deutsche Geschichte, Bd. 9, hrsgg. von Heinrich Pleticha, Gütersloh 1993, S. 17

Freisler, Roland: Rationale Staatsverfassung des Liberalismus – völkische Lebensordnung des Nationalsozialismus, in: Festschrift für Heinrich Lehmann zum sechzigsten Geburtstag, 20. Juli 1936, hrsgg. von der Kölner Rechtswissenschaftlichen Fakultät, Berlin 1936, S. 43 ff. (zit.: FS Lehmann)

Friedmann, Fritz : Hau ist kein verstockter Mörder!, Kritische Studie, Berlin 1907

Fromme, Friedrich Karl: Dank an Kurt Tucholsky, Eine Erwiderung zu Wrobel, ZRP 1985, 313, ZRP 1986, 60

– Duplik auf Wrobel, ZRP 1986, 182, ZRP 1986, 183

Fuchs, Ernst: Der Methodenstreit und die Kontroverse über die Formvorschrift des § 15 Abs. 4 GmbHG, JW 1912, 267

– Die Freirechtsbewegung, Die Weltbühne, Ausgabe vom 24.5.1927, I, 825

– Die Gemeinschädlichkeit der konstruktiven Jurisprudenz, Karlsruhe 1909 (zit.: Gemeinschädlichkeit)

– Gerechtigkeitswissenschaft, Ausgewählte Schriften zur Freirechtslehre, hrsgg. von Albert S. Foulkes, Karlsruhe 1965

– Gesammelte Schriften über Freirecht und Rechtsreform, hrsgg. von Albert S. Foulkes, Bd. 1, Aalen 1970 (zit.: Gesammelte Schriften)

– Recht und Wahrheit in unserer heutigen Justiz, Berlin 1908 (zit.: Recht und Wahrheit)

– Schreibjustiz und Richterkönigtum, Ein Mahnruf zur Schul- und Justizreform, Leipzig 1907

– Was will die Freirechtsschule?, Rudolstadt 1929

Fuchs, Eugen: Grundbuchrecht, Bd. 1, Materielles Grundbuchrecht, Berlin 1902

Gängel, Andreas/ *Schaumburg*, Michael: „Justitia, Trauerweib, du hast geschlafen ...“, Kurt Tucholsky gewidmet, Neue Justiz 1990, 19

Girnus, Wolfgang: Zwischen Reichsgründung und Jahrhundertwende 1870-1900, in: Wissenschaft in Berlin, Von den Anfängen bis zum Neubeginn nach 1945, von Hubert Laitko u.a., Berlin 1987, S. 174

Gladen, Paulgerhard: Gaudeamus igitur, Die studentischen Verbindungen einst und jetzt, 2. Auflage, München 1988

Göbell: Vorschlag zur Bekämpfung des Einpaukereiunwesens auf der Universität, JW 1912, 677

Goder-Stark, Petra: Das Kurt-Tucholsky-Archiv, Ein Bericht, Marbach 1978

Grenville, Bryan P., unter Mitarbeit von Gerhard Kraus: Kurt Tucholsky, München 1983

Großfeld, Bernhard: Sprache, Recht, Demokratie, in: Annäherungen an das Thema „Recht und Literatur“, hrsgg. von Hermann Weber, Baden-Baden 2002, S. 38

Großmann, Stefan: Die Mordverschwörung gegen Harden, Bilder vom Attentatsprozeß, 8-Uhr-Abendblatt (Berlin) vom 12.12.1922, 2

Grotius, Hugo [d.i. Ferdinand Nübell]: Die Justiz XIII., Die juristische Fakultät, Die Weltbühne, Ausgabe vom 31.3.1921, Heft 13, 356

Gumbel, Emil Julius: Zwei Jahre Mord, Berlin 1921

– Vier Jahre politischer Mord, Berlin-Fichtenau 1922

– (Hg.): Denkschrift des Reichsjustizministers zu „Vier Jahre politischer Mord“, Berlin 1924 (zit.: Denkschrift)

Gusy, Christoph: Weimar – die wehrlose Republik?, Verfassungsschutzrecht und Verfassungsschutz in der Weimarer Republik, Tübingen 1991 (zit.: Weimar)

Häberle, Peter: Das Grundgesetz der Literaten, Baden-Baden 1983

Hadding, Günther: Schwurgerichte in Deutschland, Kassel 1974 (zit.: Schwurgerichte)

Haehling von Lanzenauer, Reiner: Das Strafverfahren gegen den Rechtsanwalt Karl Hau, Zeitschrift für die Geschichte des Oberrheins, 153. Bd., 2005, 545

Halle, Felix: Der Proletarier als Schöffe und Geschworener, Ein Führer für Arbeiter, Angestellte, Kleinbauern und die Frauen des werktätigen Volkes, Berlin 1926

Hammerschmidt, Jörg: Literarische Justizkritik in der Weimarer Republik, Göttingen 2002, zugl. Diss. jur., Kiel 2002 (zit.: Literarische Justizkritik)

Hannover, Heinrich/ *Hannover-Drück*, Elisabeth: Politische Justiz 1918-1933, Bornheim-Merten 1987 (zit.: Politische Justiz)

Harden, Maximilian: Augustalia, Die Zukunft, XXX. Jahrg., Nr. 46, 12. August 1922, 81

Hattenhauer, Hans: Deutsche Nationalsymbole, Zeichen und Bedeutung, München 1984

– Geschichte des Beamtentums, Handbuch des Öffentlichen Dienstes, Bd. 1, Köln u.a. 1980

– Grundbegriffe des Bürgerlichen Rechts, 2. Auflage, München 2000

– Juristenausbildung – Geschichte und Probleme, JuS 1989, 513

– Zur Lage der Justiz in der Weimarer Republik, in: Weimar – Selbstpreisgabe einer Republik, Eine Bilanz heute, hrsgg. von Karl Dietrich Erdmann und Hagen Schulze, Düsseldorf 1984, S. 169

Hau, Carl: Das Todesurteil, Die Geschichte meines Prozesses, Berlin 1925

Heinrichs, Helmut u.a. (Hg.): Deutsche Juristen jüdischer Herkunft, München 1993

Helfritsch, Wolfgang: „Justitia geht schwoofen...“, Berlinische Monatsschrift, 12/1997, 91

Hepp, Michael: Kurt Tucholsky, Biographische Annäherungen, Reinbek 1993 (zit.: Annäherungen)

– Kurt Tucholsky, Rowohlts Monographien, Reinbek 1998

– Kurt Tucholsky: „die Sache mit dem Geld“, in: Kurt Tucholsky, „Liebe Winternuuna, liebes Hasenfritzli“, hrsgg. von Gustav Huonker, Zürich 1990, S. 34 (zit.: Liebe Winternuuna)

– (Hg.): Die Ausbürgerung deutscher Staatsangehöriger 1933-45 nach den im Reichsanzeiger veröffentlichten Listen, Bd. 1, Listen in chronologischer Reihenfolge, München u.a. 1985

– (Hg.): Kurt Tucholsky und die Justiz, Tagungsband der Kurt Tucholsky-Gesellschaft, Oldenburg 1998 (zit.: KT und die Justiz)

– (Hg.): „Sieh da: Justitia!“, Dr. iur. Kurt Tucholsky – der unerhörte Kritiker, Begleitheft zur Tagung der Kurt Tucholsky-Gesellschaft, Berlin 1997

– und Viktor *Otto* (Hg.): „Soldaten sind Mörder“, Dokumentation einer Debatte, Berlin 1996

– ... wo die Geistigen dieses Landes so häufig und die politischen Mörder so selten stehen: Auf der Anklagebank, Angeklagter Dr. iur. Kurt Tucholsky, in: Kurt Tucholsky und die Justiz, Tagungsband der Kurt Tucholsky-Gesellschaft, hrsgg. von Michael Hepp, Oldenburg 1998, S. 31 (zit.: KT und die Justiz)

Herrmann, Rudolf: Die Schöffen in den Strafgerichten des kapitalistischen Deutschland, Berlin 1957

Heydrich, Harald: Tucholskys Doktorarbeit, Die Weltbühne, Ausgabe vom 16.12.1980, Heft 51/52, 1643

Heymann, Ernst: Hundert Jahre Berliner Juristenfakultät, DJZ 1910, Sp. 1103

Hirsch, Hans Christoph: Die Notwendigkeit und die Gefahren des juristischen Privatunterrichts in den Repetitorien, Berlin 1912 (zit.: Notwendigkeit)

– Die Notwendigkeit und die Gefahren des juristischen Privatunterrichts, JW 1912, 122

Höcherl, Robert: Dr. jur. Franz Kafka (1883-1924), NJW 1995, 829

Hoeniger, Franz: Berliner Gerichte, Berlin [1906]

Hoffmann, Volker (Hg.): Ausgewählte Werke des „Simplicissimus"-Dichters Hans Erich Blaich, Dr. Owlglass, Mit sämtlichen Briefen an Kurt Tucholsky, Kirchheim/Teck 1981 (zit.: Hans Erich Blaich, Ausgewählte Werke)

Hueck, Ingo J.: Der Staatsgerichtshof zum Schutze der Republik, Tübingen 1996 (zit.: Staatsgerichtshof)

Huhn, Dieter: Von Kreuzberg nach Pergamon und andere Spaziergänge in Berlin, 2. Auflage, München 1999

Jahresbericht des Königl. Luisen-Gymnasiums zu Berlin für das Schuljahr 1909/10, von Direktor Dr. Friedrich Paetzolt, Berlin 1910 (zit.: Jahresbericht des Königl. Luisen-Gymnasiums)

Jescheck, Hans-Heinrich: Die juristische Ausbildung in Preußen und im Reich, Berlin 1939 (zit.: Die juristische Ausbildung)

– und Thomas *Weigend*: Lehrbuch des Strafrechts, Allgemeiner Teil, 5. Auflage, Berlin 1996

von Jhering, Rudolf: Scherz und Ernst in der Jurisprudenz, Darmstadt 1964

Kafka, Franz: Tagebücher, hrsgg. von Hans-Gerd Koch, Michael Müller und Malcolm Pasley, Frankfurt a.M. 1990

Kantorowicz, Hermann U.: Die Contra-legem-Fabel, DRiZ 1911, Sp. 258

Kästner, Erich: Bei Durchsicht meiner Bücher, Gedichte, München 1989

Kastner, Klaus: Literatur und Recht – eine unendliche Geschichte, NJW 2003, 609

Kater, Michael H.: Studentenschaft und Rechtsradikalismus in Deutschland 1918-1933, Hamburg 1975 (zit.: Studentenschaft)

Kegel, Gerhard (Hg.): Heinrich Lehmann, Ein großer Jurist des Rheinlands, Jugend und Beruf, Seine Lebenserinnerungen, Köln 1976 (zit.: Lebenserinnerungen)

Keller, Hugo Hans: Die Rechtsbelehrung der Geschworenen, Diss. jur., Leipzig 1919 (zit.: Rechtsbelehrung)

Kempner, Robert M.W.: Ankläger einer Epoche, Lebenserinnerungen, in Zusammenarbeit mit Jörg Friedrich, Frankfurt a.M./Berlin/Wien 1983

Kern, Eduard: Geschichte des Gerichtsverfassungsrechts, München/Berlin 1954 (zit.: Geschichte)

Kilian, Michael: Literatur und Jurisprudenz – Anmerkungen zum Berufsbild des Juristen, DRiZ 1985, 18

Kinder, Sabine/ *Presser*, Ellen: „Ich habe den Eindruck hier zu stören", Kurt Tucholsky zum 100. Geburtstag, Ausstellungskatalog, München 1990

King, William John: Kurt Tucholsky als politischer Publizist, Eine politische Biographie, Frankfurt am Main/Bern 1983 (zit.: KT als politischer Publizist)

Kirchhof, Paul: Albert Hensel (1895-1933), Ein Kämpfer für ein rechtsstaatlich geordnetes Steuerrecht, in: Deutsche Juristen jüdischer Herkunft, hrsgg. von Helmut Heinrichs u.a., München 1993

Kittner, Michael: Arbeitskampf, Geschichte, Recht, Gegenwart, München 2005

Kleinheyer, Gerd/ *Schröder*, Jan(Hg.): Deutsche und Europäische Juristen aus neun Jahrhunderten, 4. Auflage, Heidelberg 1996 (zit.: Deutsche und Europäische Juristen)

Kleinschmidt, Karl: Kurt Tucholsky, Sein Leben in Bildern, Leipzig 1961

Klemmer, Klemens/ *Wassermann*, Rudolf/ *Wessel*, Thomas Michael: Deutsche Gerichtsgebäude, Von der Dorflinde über den Justizpalast zum Haus des Rechts, München 1993

Kolbeck, Thomas: Juristenschwemmen, Untersuchungen über den juristischen Arbeitsmarkt im 19. und 20. Jahrhundert, Frankfurt a.M. u.a. 1978

Kraiker, Gerhard: „Vertikaler Journalismus", Kurt Tucholskys politische Publizistik der Jahre 1911-1933, in: Kurt Tucholsky, Das literarische und publizistische Werk, hrsgg. von Sabina Becker und Ute Maack, Darmstadt 2002, S. 277

– Kurt Tucholsky als politischer Publizist der Weltbühne, in: Die Weltbühne, Zur Tradition und Kontinuität demokratischer Publizistik, Dokumentation der Tagung „Wieder gilt: Der Feind steht rechts!", St. Ingbert 2003, S. 65

Kuhn, Robert: Die Vertrauenskrise der Justiz (1926-1928), Der Kampf um die ‚Republikanisierung' der Rechtspflege in der Weimarer Republik, Köln 1983 (zit.: Vertrauenskrise)

Kulemann: Numerus clausus, DJZ 1910, Sp. 118

Kullik, Jens: Der Entziehungsgrund Unwürdigkeit bei akademischen Graden und öffentlichen Ehrungen, Göttingen 1996, zugl. Diss. jur., Kiel 1996 (zit.: Entziehungsgrund)

Lang, Dieter: Staat, Recht und Justiz im Kommentar der Zeitschrift „Die Weltbühne“, Frankfurt a.M. u.a. 1996, zugl. Diss. jur., Frankfurt a.M. 1995

Leeb, Johannes: Dreierlei, DRiZ 1921, Sp. 129

Lehmann, Hans Georg: Acht und Ächtung politischer Gegner im Dritten Reich, Die Ausbürgerung deutscher Emigranten 1933-45, in: Die Ausbürgerung deutscher Staatsangehöriger 1933-45 nach den im Reichsanzeiger veröffentlichten Listen, Bd. 1, Listen in chronologischer Reihenfolge, hrsgg. von Michael Hepp, München u.a. 1985, S. IX

– Nationalsozialistische und akademische Ausbürgerung im Exil, Warum Rudolf Breitscheid der Doktortitel aberkannt wurde, Marburger Universitätsreden Bd. 10, hrsgg. vom Präsidenten der Phillipps-Universität Marburg, Marburg 1985 (zit.: Ausbürgerung im Exil)

Lehmann, Heinrich: Blindentestament, JW 1914, 1057

– Der Prozeßvergleich, München 1911

Lemberg, Margret: „... eines deutschen akademischen Grades unwürdig“, Die Entziehung des Doktortitels an der Philipps-Universität Marburg 1933-1945, Marburg 2002

Lenz, Max: Geschichte der Königlichen Friedrich-Wilhelms-Universität zu Berlin, 2. Bd., 2. Hälfte, Halle a.d.S. 1918, 3. Bd., Halle a.d.S. 1910 (zit.: Geschichte der FWU)

Leonhardt, Rainer/ *Schurich*, Frank-Rainer: Die Kriminalistik an der Berliner Universität, Heidelberg 1994

Lieber, Hasso: „Lass dir vom Richter nicht imponieren ...“, Informationen zum Strafrecht – nicht nur für Schöffen, Dortmund 1986

Liebmann, Otto (Hg.): Die juristische Fakultät der Universität Berlin von ihrer Gründung bis zur Gegenwart in Wort u. Bild, in Urkunden u. Briefen, Festgabe der Deutschen Juristen-Zeitung zur Jahrhundertfeier der Friedrich-Wilhelms-Universität zu Berlin, Berlin 1910 (zit.: Festgabe zur Jahrhundertfeier)

Links, Roland: Zwischen den Stühlen ein runder Tisch?, Tucholskys juristisches Engagement im Kontext politischer Organisationen, in: Kurt Tucholsky und die Justiz, Tagungsband der Kurt Tucholsky-Gesellschaft, hrsgg. von Michael Hepp, Oldenburg 1998, S. 79 (zit.: KT und die Justiz)

von Liszt, Franz: Der Zweckgedanke im Strafrecht, ZStW 1883, 1

– Der Zweckgedanke im Strafrecht (1882/83), Mit einer Einführung von Michael Köhler, Baden-Baden 2002

Lombardi Vallauri, Luigi: Geschichte des Freirechts, Frankfurt a.M. 1971

Löschburg, Winfried: Kurt Tucholskys Jugend- und Studienjahre in Berlin (1890-1915), Berliner Heimat, 2/1960, 78

Löwe, [Ewald]/ *Rosenberg*, Werner: Die Strafprozeßordnung für das Deutsche Reich, nebst dem Gerichtsverfassungsgesetz, Kommentar,
13. Auflage, Berlin 1913
15. Auflage, Berlin/Leipzig 1922
17. Auflage, Berlin/Leipzig 1927

Lueg, Stefan: Die Entstehung und Entwicklung des juristischen Privatunterrichts in den Repetitorien, Frankfurt a.M. u.a. 1994, zugl. Diss. jur., Berlin, Freie Univ. 1993 (zit.: Privatunterricht in Repetitorien)

Madrasch-Groschopp, Ursula: Die Weltbühne, Portrait einer Zeitschrift, Augsburg 1999

Mann, Heinrich: Der Untertan, 10. Auflage, Frankfurt a.M. 2001

Martin, Wolfgang: Juristische Repetitorien und staatliches Ausbildungsmonopol in der Bundesrepublik Deutschland, Berlin 1993, zugl. Diss. jur., Tübingen 1991 (zit.: Juristische Repetitorien)

Maurer, Heinz Wolfgang: Die Einstellung der Sozialisten zu den grundsätzlichen Fragen der Strafgerichtsverfassungs- und der Strafverfahrensreform, Diss. jur., Freiburg 1931 (zit.: Die Einstellung der Sozialisten)

Meyer, Jochen, in Zusammenarbeit mit Antje Bonitz: „Entlaufene Bürger“, Kurt Tucholsky und die Seinen, Eine Ausstellung des Deutschen Literaturarchivs im Schiller-Nationalmuseum Marbach am Neckar, Marbacher Kataloge 45, Marbach am Neckar 1990

Moritz, Werner: Die Aberkennung des Doktortitels an der Universität Heidelberg während der NS-Zeit, in: Zwischen Wissenschaft und Politik, Studien zur deutschen Universitätsgeschichte, Festschrift für Eike Wolgast zum 65. Geburtstag, hrsgg. von Armin Kohnle und Frank Engehausen, Stuttgart 2001, S. 540 (zit.: FS Wolgast)

Müller, Johannes: Die juristischen Prüfungen im Deutschen Reich seit 1900, Berlin 1932 (zit.: Die juristischen Prüfungen)

Neumann, Helga/ *Neumann*, Manfred: Maximilian Harden (1861-1927), Ein unerschrockener deutsch-jüdischer Kritiker und Publizist, Würzburg 2003 (zit.: Maximilian Harden)

Nipperdey, Thomas: Preußen und die Universität, in: Preußen, Seine Wirkung auf die deutsche Geschichte, Vorlesungen, von Karl Dietrich Erdmann u.a., Stuttgart 1985, S. 65

Nussbaum, Brigitte: Zweieiige Zwillinge, Jurist untersucht Gemeinsamkeiten von Recht und Literatur, muz – Münsters Universitäts-Zeitung, Ausgabe 04/2000 vom 05.07.2000

Petersen, Klaus: Literatur und Justiz in der Weimarer Republik, Stuttgart 1988 (zit.: Literatur und Justiz)

– Zensur in der Weimarer Republik, Stuttgart/Weimar 1995

Pieroth, Bodo: Das juristische Studium im literarischen Zeugnis, Jura 1990, 111

Pollack, Walter: Denkschrift betreffend die Gründung eines Internationalen Verbandes zur Unterstützung der gelehrten Arbeit, Beiheft zum Archiv für Rechts- und Wirtschaftsphilosophie, Berlin/Leipzig 1908

– Der systematische Aufbau und die Technik der Wundbussenbestimmung im Edictus Rothari, Berlin/Leipzig 1913, zugl. Diss. jur., Berlin 1913

– Juristisches Repetitorium, Erfahrungen und Vorschläge, Archiv für Rechts- und Wirtschaftsphilosophie 1911, 42

– Perspektive und Symbol in Philosophie und Rechtswissenschaft, Berlin/Leipzig 1912

– Über die philosophischen Grundlagen der wissenschaftlichen Forschung, als Beitrag zu einer Methodenpolitik, Berlin 1907

Prescher, Hans: Kurt Tucholsky, Berlin 1959

Radbruch, Gustav: Ernst Fuchs †, Nachruf, Die Justiz, Bd. IV (1928/29), 403

Raddatz, Fritz J.: Tucholsky, Ein Pseudonym, Reinbek 1993

– Tucholsky, Eine Bildbiographie, München 1961

Rasehorn, Theo: Dank an Kurt Tucholsky (zu Fromme, ZRP 1986, 60), ZRP 1986, 158

Rennig, Christoph: Die Entscheidungsfindung durch Schöffen und Berufsrichter in rechtlicher und psychologischer Sicht, Marburg 1993 (zit.: Entscheidungsfindung)

Riebschläger, Klaus: Die Freirechtsbewegung, Zur Entwicklung einer soziologischen Rechtsschule, Diss. jur., Berlin 1967

Roedig, Christian: Die Arbeiterbewegung als Emanzipationsbewegung der sozialen Unterschichten, in: Deutsche Geschichte, Bd. 10, hrsgg. von Heinrich Pleticha, Gütersloh 1993, S. 89

Rottka, Eckart: Dr. iur. Kurt Tucholsky – der unerhörte Justiz-Kritiker, in: Kurt Tucholsky und die Justiz, Tagungsband der Kurt Tucholsky-Gesellschaft, hrsgg. von Michael Hepp, Oldenburg 1998, S. 121 (zit.: KT und die Justiz)

Roxin, Claus: Strafrecht, Allgemeiner Teil, Bd. I, 3. Auflage, München 1997

Rüping, Hinrich: Funktionen der Laienrichter im Strafverfahren, JR 1976, 269

– Grundriß der Strafrechtsgeschichte, 2. Auflage, München 1991

Ruppel, Wilhelm: Über die Berufswahl der Abiturienten Preussens in den Jahren 1875-1899, Fulda 1904, zugl. Diss. phil., Göttingen 1904 (zit.: Berufswahl)

Salfellner, Harald: Franz Kafka und Prag, 5. Auflage, 2002

Schiemann, Anja: Der Jurist und Schriftsteller Kurt Tucholsky – Eine biographische Annäherung unter Berücksichtigung seiner Bindung zu Kabarett, Revue und Chanson, in: Literatur, Recht und Musik, Tagung im Nordkolleg Rendsburg vom 16. bis 18. September 2005, hrsgg. von Hermann Weber, Berlin 2007, S. 89

Schmidt, Eberhard: Einführung in die Geschichte der deutschen Strafrechtspflege, 3. Auflage, Göttingen 1965 (zit.: Einführung)

Schmidt, Erich: Jahrhundertfeier der Königlichen Friedrich-Wilhelms-Universität zu Berlin, Bericht im Auftrag des Akademischen Senats, Berlin 1911 (zit.: Jahrhundertfeier)

Schneller, Anne: Kurt Tucholsky und die Justiz, NJW 1998, 1375

Schönigh, Claudia: „Kontrolliert die Justiz", Die Vertrauenskrise der Weimarer Justiz im Spiegel der Gerichtsreportagen von Weltbühne, Tagebuch und Vossischer Zeitung, München 2000

Schröder, Otto: Die juristische Doktorwürde bzw. der Doktorgrad in den Staatswissenschaften an den Universitäten Deutschlands, Halle a.S. 1908

Schubert, Werner: Die deutsche Gerichtsverfassung (1869-1877), Entstehung und Quellen, Frankfurt a.M. 1981 (zit.: Die deutsche Gerichtsverfassung)

– u.a. (Hg.): Quellen zur Reform des Straf- und Strafprozeßrechts, I. Abteilung, Weimarer Republik (1918-1932), Bd. 4, Von dem Entwurf eines Gesetzes über den Rechtsgang in Strafsachen (1919/1920) bis zu der Verordnung über Gerichtsverfassung und Strafrechtspflege (lex Emminger) vom 4.1.1924, Berlin/New York 1999

Schulz, Klaus-Peter: Kurt Tucholsky, mit Selbstzeugnissen und Bilddokumenten, Rowohlts Monographien, Hamburg 1959

– Wer war Tucholsky?, Stuttgart 1996

Schulze, Friedrich/ *Ssymank*, Paul: Das deutsche Studententum von den ältesten Zeiten bis zur Gegenwart 1931, 4. Auflage, München 1932

Schupp, Volker: Zur Aberkennung akademischer Grade an der Universität Freiburg, Freiburger Universitätsblätter, Heft 86, Dez. 1984, 9

Schwabe, Klaus: Der Weg der Republik vom Kapp-Putsch 1920 bis zum Scheitern des Kabinetts Müller 1930, in: Die Weimarer Republik 1918-1933, hrsgg. von Karl Dietrich Bracher, Manfred Funke und Hans-Adolf Jacobsen, Düsseldorf 1987, S. 95 (zit.: Die Weimarer Republik)

Schwarz, Hanns-Albrecht: Leo Arons (1860-1919), Leben und Werk, in: Schriften der Johannes-Sassenbach-Gesellschaft e.V. (Hg.), Heft 2, Vortragsreihe zur Geschichte der deutschen Gewerkschaftsbewegung, Berlin 2000, S. 14

Schweitzer, Ernst Emil: Die Lotterie der Schwurgerichte, Die Weltbühne, Ausgabe vom 12.4.1923, 413

Sellert, Wolfgang/ *Rüping*, Hinrich: Studien- und Quellenbuch zur Geschichte der deutschen Strafrechtspflege, Bd. 2, Von der Aufklärung bis zur doppelten Staatsgründung, Aalen 1994

Sendler, Horst: Kann man Liberalität übertreiben?, ZRP 1994, 343

Sling [d.i. Paul Schlesinger]: Richter und Gerichtete, München 1969

Söhn, Stefan: „Diese illiberalste Wissenschaft“, Heinrich Heine und die Juristerei, NJW 1998, 1358

von Soldenhoff, Richard (Hg.): Kurt Tucholsky, 1890 - 1935, Ein Lebensbild, Weinheim/Basel 1994 (zit.: Ein Lebensbild)

Sozialistische Dokumente: Das Görlitzer Programm, Schriftenreihe Demokratie und Sozialismus, Heft 8, Offenbach a.M. 1947

Sprenger, Bernd: Das Geld der Deutschen, Geldgeschichte Deutschlands von den Anfängen bis zur Gegenwart, 3. Auflage, Paderborn u.a. 2002

Steinmetz, Max u.a. (Hg.): Geschichte der Universität Jena, 1548/58-1958, Bd. I, Darstellung, Jena 1958

Sternthal, Barbara: Juristen als Schriftsteller, Porträts dichtender Rechtsgelehrter, Wien 2006

Stolleis, Michael (Hg.): Juristen, Ein biographisches Lexikon, München 2001

Stöber, Kurt: Löschungs„vormerkung“ und Grundschulderlösanspruch, WM 2006, 607

Stoltenberg, Annemarie: Der Studentenulk, Eine Beigabe, zu: Tucholsky, Kurt: Der Zeitsparer, Grotesken von Ignaz Wrobel, Faksimile der Originalausgabe von 1914, Hamburg 1986

Trapp, Wolfgang: Kleines Handbuch der Münzkunde und des Geldwesens in Deutschland, Köln 2005 (zit.: Handbuch der Münzkunde)

Tucholsky, Kurt: Ausgewählte Briefe 1913-1935, hrsgg. von Mary Gerold-Tucholsky und Fritz J. Raddatz, Reinbek 1962 (zit.: AB)

– Briefe, Auswahl 1913 bis 1935, hrsgg. von Roland Links, Berlin 1983 (zit.: Tucholsky, BA)

– Gesamtausgabe, Texte und Briefe, hrsgg. von Antje Bonitz u.a., Reinbek 1997 ff. (zit.: GA)

– Gesammelte Werke, Bd. 1-3, hrsgg. von. Mary Gerold-Tucholsky und Fritz J. Raddatz, Reinbek 1960-61

– Gesammelte Werke in 10 Bänden, hrsgg. von. Mary Gerold-Tucholsky und Fritz J. Raddatz, Reinbek 1975 (zit.: GW)

– Deutsches Tempo, Ergänzungsband 1 der Gesammelten Werke, hrsgg. von Mary Gerold-Tucholsky und Fritz J. Raddatz, Reinbek 1985 (zit.: DT)

– Republik wider Willen, Ergänzungsband 2 der Gesammelten Werke, hrsgg. von Fritz J. Raddatz, Reinbek 1989 (zit.: RwW)

– Justitia schwooft!, Schriften zum deutschen Justizalltag, hrsgg. von Richard von Soldenhoff, 3. Auflage, Frankfurt a.M./Wien 1990

– Politische Justiz, zusammengestellt von Martin Swarzenski, Reinbek 1970

– Unser ungelebtes Leben, Briefe an Mary, hrsgg. von Fritz J. Raddatz, Reinbek 1982 (zit.: UuL)

Tucholsky, Mary/ *Lambart*, Friedrich (Hg.): Kurt Tucholsky und Deutschlands Marsch ins Dritte Reich, Berlin 1983

Ullstein, Heinz: Spielplatz meines Lebens, München 1961

Université de Genève: Liste des autorités, professeurs, étudiants et auditeurs, Semestre d' été 1910 (Avril – Juillet), Genève 1910

– Programme des cours du semestre d' été 1910, Genève 1910

Vindex [d.i. Martin Friedländer]: Börsentheater – Theaterbörse, Die Schaubühne, Ausgabe vom 13. März 1913, Nr. 11, 299

Vogt, Annette: Berliner Wissenschaft im Abgesang des Wilhelminischen Reiches 1900-1917, in: Wissenschaft in Berlin, Von den Anfängen bis zum Neubeginn nach 1945, von Hubert Laitko u.a., Berlin 1987, S. 304

vom Bruch, Rüdiger: Geheimräte und Mandarine, Zur politischen Kultur der Berliner Universität im späten Kaiserreich, in: Schriften der Johannes-Sassenbach-Gesellschaft e.V. (Hg.), Heft 2, Vortragsreihe zur Geschichte der deutschen Gewerkschaftsbewegung, Berlin 2000, S. 3

Vormbaum, Thomas: Die Lex Emminger vom 4. Januar 1924, Vorgeschichte, Inhalt und Auswirkungen, Berlin 1988 (zit.: Lex Emminger)

Vorschriften für die Studierenden der Königlichen Friedrich-Wilhelms-Universität zu Berlin, Berlin 1909 (zit.: Vorschriften für die Studierenden)

Walberer, Ulrich (Hg.): 10. Mai 1933, Bücherverbrennung in Deutschland und die Folgen, Frankfurt a.M. 1983 (zit.: Bücherverbrennung)

Wambach, Lovis Maxim: Grenzgänger zwischen Jurisprudenz und Literatur, Baden-Baden 2000 (zit.: Grenzgänger)

– Die Dichterjuristen des Expressionismus, Baden-Baden 2002 (zit.: Dichterjuristen)

Weber, Hermann (Hg.): Dichter als Juristen, Recht, Literatur und Kunst in der Neuen Juristischen Wochenschrift (6), Berlin 2004

– (Hg.): Juristen als Dichter, Recht, Literatur und Kunst in der Neuen Juristischen Wochenschrift (2), Baden-Baden 2002

Weck, Bernhard: „Doch kann kein Mensch den anderen bestrafen, er kann ihn nur quälen", Strafrecht, Strafjustiz und „politische Justiz" in Tucholskys Werk, in: Kurt Tucholsky und die Justiz, Tagungsband der Kurt Tucholsky-Gesellschaft, hrsgg. von Michael Hepp, Oldenburg 1998, S. 57 (zit.: KT und die Justiz)

– Kurt Tucholsky und der Prozeß wegen des Attentats auf den Publizisten Maximilian Harden, NJW 1993, 1436

– Wider den „Dreimännerskat der Justitia", Bemerkungen zur Justizkritik Kurt Tucholskys, in: Kurt Tucholsky und die Justiz, Tagungsband der Kurt Tucholsky-Gesellschaft, hrsgg. von Michael Hepp, Oldenburg 1998, S. 137 (zit.: KT und die Justiz)

– Wider den „Dreimännerskat der Justitia", Bemerkungen zur Biographie und Justizkritik Kurt Tucholskys, in: Dichter, Denker und der Staat, Essays zu einer Beziehung ganz eigener Art, hrsgg. von Michael Kilian, Tübingen 1993, S. 157

Weiß, Hermann (Hg.): Biographisches Lexikon zum Dritten Reich, Frankfurt a.M. 2002

Weller, B. Uwe: Maximilian Harden und die „Zukunft", Bremen 1970 (zit.: Maximilian Harden)

Wernicke, Kurt: Ein Jahrzehnt Berliner Gymnasial- und Gymnasiastenprobleme (1899-1909), in: Tucholskys Berlin, Tagungsband der Kurt Tucholsky-Gesellschaft, hrsgg. von Eckart Rottka und Natalie Rottka, St. Ingbert 2004, S. 59

Wesel, Uwe: Aufklärungen über Recht, Frankfurt am Main 1981

Wohlhaupter, Eugen: Dichterjuristen, hrsgg. von H.G. Seifert, Bd. 1, Tübingen 1953

Wrobel, Hans: Tucholsky und die Justiz. Ein Überblick, in: Kurt Tucholsky und die Justiz, Tagungsband der Kurt Tucholsky-Gesellschaft, hrsgg. von Michael Hepp, Oldenburg 1998, S. 9 (zit.: KT und die Justiz)

– Dank an Kurt Tucholsky, ZRP 1985, 313

– Replik auf Fromme, ZRP 1986, 60, ZRP 1986, 182

Zitelmann, Ernst: Was nottut, DJZ 1909, Sp. 505

Zwerenz, Gerhard: Kurt Tucholsky, Biographie eines guten Deutschen, München 1979 (zit.: Biographie)

Bildnachweis

1. Kurt Tucholsky (S. 5)
   DLA Marbach

2. Kurt Tucholsky (S. 34)
   DLA Marbach

3. Franz v. Liszt (S. 63)
   aus: *v. Liszt*, Franz: Lehrbuch des Deutschen Strafrechts, 25. Auflage, Berlin/Leipzig 1927

4. Ernst Fuchs (S. 97)
   aus: *Fuchs*, Ernst: Gerechtigkeitswissenschaft, Ausgewählte Schriften zur Freirechtslehre, hrsgg. von Albert S. Foulkes, Karlsruhe 1965

5. Heinrich Lehmann (S. 127)
   aus: *Kegel*, Gerhard (Hg.): Heinrich Lehmann, Ein großer Jurist des Rheinlands, Jugend und Beruf, Seine Lebenserinnerungen, Köln 1976

Trotz intensiver Recherche konnten die Rechteinhaber nicht in allen Fällen ermittelt werden. Betroffene mögen sich bitte über den Verlag mit dem Autor in Verbindung setzen.

RECHTSHISTORISCHE REIHE

Band 1 Studien zu den germanischen Volksrechten. Gedächtnisschrift für Wilhelm Ebel. Vorträge gehalten auf dem Fest-Symposion anläßlich des 70. Geburtstages von Wilhelm Ebel am 16. Juni 1978 in Göttingen. Götz Landwehr (Hrsg.) 1982.

Band 2 Hans Poeschel: Die Statuten der Banken, Sparkassen und Kreditgenossenschaften in Hamburg und Altona von 1710 bis 1889. 1978.

Band 3 Thomas Kolbeck: Juristenschwemmen, Untersuchungen über den juristischen Arbeitsmarkt im 19. und 20. Jahrhundert. 1978.

Band 4 Norbert Hempel: Richterleitbilder in der Weimarer Republik. 1978.

Band 5 Rolf Stratmann: Die Scheinbußen im mittelalterlichen Recht. 1978.

Band 6 Martin C. Lockert: Die niedersächsischen Stadtrechte zwischen Aller und Weser. Vorkommen und Verflechtungen. Eine Bestandsaufnahme. 1979.

Band 7 Joachim Rückert/Wolfgang Friedrich: Betriebliche Arbeiterausschüsse in Deutschland, Großbritannien und Frankreich im späten 19. und frühen 20. Jahrhundert. Eine vergleichende Studie zur Entwicklung des kollektiven Arbeitsrechts. 1979.

Band 8 Peter Bender: Die Rezeption des römischen Rechts im Urteil der deutschen Rechtswissenschaft. 1979.

Band 9 Friedrich Karl Alsdorf: Untersuchungen zur Rechtsgestalt und Teilung deutscher Ganerbenburgen. 1980.

Band 10 Dietmar Willoweit/Winfried Schich (Hrsg.): Studien zur Geschichte des sächsisch-magdeburgischen Rechts in Deutschland und Polen (Sammelband). 1980.

Band 11 Brigitte Hempel: Der Entwurf einer Polizeiordnung für das Herzogtum Sachsen-Lauenburg aus dem Jahre 1591. 1980.

Band 12 Klaus-Detlev Godau-Schüttke: Rechtsverwalter des Reiches. Staatssekretär Dr. Curt Joël. 1981.

Band 13 Rainer Polley: Anton Friedrich Justus Thibaut (AD 1772-1840) in seinen Selbstzeugnissen und Briefen. Teil 1: Abhandlung. Teil 2: Briefwechsel. Teil 3: Register zum Briefwechsel. 1982.

Band 14 Michael Wettengel: Der Streit um die Vogtei Kelkheim 1275-1276. Ein kanonischer Prozeß.1981.

Band 15 Otto Wilhelm Krause: Naturrechtler des sechzehnten Jahrhunderts. Ihre Bedeutung für die Entwicklung eines natürlichen Privatrechts. 1982.

Band 16 Helga Spindler: Von der Genossenschaft zur Betriebsgemeinschaft. Kritische Darstellung der Sozialrechtslehre Otto von Gierkes. 1982.

Band 17 Holger Otte: Gustav Radbruchs Kieler Jahre 1919-1926. 1982.

Band 18 Rüdiger Teuner: Die fuldische Ritterschaft 1510-1656. 1982.

Band 19 Gerhard Dilcher/Rudolf Hoke/Gian Savino Pene Vidari/Hans Winterberg (Hrsg.): Grundrechte im 19. Jahrhundert. 1982.

Band 20 Karl-Hans Schloßstein: Die westfälischen Fabrikengerichtsdeputationen - Vorbilder, Werdegang und Scheitern. 1982.

Band 21 Birger Schulz: Der Republikanische Richterbund (1921-1933). 1982.

Band 22 Engelbert Krause: Die gegenseitigen Unterhaltsansprüche zwischen Eltern und Kindern in der deutschen Privatrechtsgeschichte. 1982.

Band 23 Meent W. Francksen: Staatsrat und Gesetzgebung im Großherzogtum Berg (1806-1813). 1982.

Band 24 Gerd von Sonnleithner: Bearbeitung des Handelsrechts durch Ignaz von Sonnleithner in seinem "Leitfaden über das österreichische Handels- und Wechselrecht". 1982.

Band 25 Rudolf Palme: Rechts-, Wirtschafts- und Sozialgeschichte der inneralpinen Salzwerke bis zu deren Monopolisierung. 1983.

Band 26 Helen Bosshard: Pestalozzis Staats- und Rechtsverständnis und seine Stellung in der Aufklärung. 1983.

Band 27 Jens Jessen: Die Selbstzeugnisse der deutschen Juristen. Erinnerungen, Tagebücher und Briefe. Eine Bibliographie. 1983.

Band 28 Günter Martin Jensen: Das Domanium Waldeck. Die rechtliche Zuordnung eines Fürstenvermögens. 1984.

Band 29 Johann Heinrich Kumpf: Petitionsrecht und öffentliche Meinung im Entstehungsprozeß der Paulskirchenverfassung 1848/49. 1983.

Band 30 Sabine Frey: Rechtsschutz der Juden gegen Ausweisungen im 16. Jahrhundert. 1983.

Band 31 Dietrich Joswig: Die germanische Grundstücksübertragung. 1984.

Band 32 Andreas Baryli: Konzessionssystem contra Gewerbefreiheit. Zur Diskussion der österreichischen Gewerberechtsreform 1835 bis 1860. 1984.

Band 33 Gerhard Oberkofler: Studien zur Geschichte der österreichischen Rechtswissenschaft. 1984.

Band 34 Rudolf Lauda: Kaufmännische Gewohnheit und Burgrecht bei Notker dem Deutschen. Zum Verhältnis von literarischer Tradition und zeitgenössischer Realität in der frühmittelalterlichen Rhetorik. 1984.

Band 35 Jens Jensen: Die Ehescheidung des Bischofs Hans von Lübeck von Prinzessin Julia Felicitas von Württemberg-Weiltingen AD 1648-1653. Ein Beitrag zum protestantischen Ehescheidungsrecht im Zeitalter des beginnenden Absolutismus. 1984.

Band 36 Horst Schröder: Friedrich Karl von Savigny. Geschichte und Rechtsdenken beim Übergang vom Feudalismus zum Kapitalismus in Deutschland. 1984.

Band 37 Andreas Hatzung: Dogmengeschichtliche Grundlagen und Entstehung des zivilrechtlichen Notstands. 1984.

Band 38 Matthias Klasen: Das Billwerder Landrecht. Landrecht und Landgericht in den Hamburger Elbmarschen. 1985.

Band 39 Rainer Jamin: Aufbau, Tätigkeit und Verfahren der Auseinandersetzungsbehörden bei der Durchführung der preußischen Agrarreformen. 1985.

Band 40 Henry Winter: Teilschuld, Gesamtschuld und unechte Gesamtschuld. Zur Konzeption der §§ 420 ff. BGB - Ein Beitrag zur Entstehungsgeschichte des BGB. 1985.

Band 41 Hermann Eichler: Verfassungsbewegung in Amerika und Europa. 1985.

Band 42 Dagmar Bandemer: Heinrich Albert Zachariae. Rechtsdenken zwischen Restauration und Reformation. 1985.

Band 43 Eva-Christine Frentz: Das Hamburgische Admiralitätsgericht (1623-1811). Prozeß und Rechtsprechung. 1985.

Band 44 Karl Lillig: Rechtsetzung im Herzogtum Pfalz-Zweibrücken während des 18. Jahrhunderts. Ein Beitrag zur Geschichte der territorialen Rechtsbildung. 1985.

Band 45 Walter Weber: Die Entwicklung der Sparkassen zu selbständigen Anstalten des öffentlichen Rechts. Ein Beitrag zur Entwicklung des Anstaltsbegriffs im 19. Jahrhundert. 1985.

Band 46 Bärbel Baum: Der Stabreim im Recht. Vorkommen und Bedeutung des Stabreims in Antike und Mittelalter. 1986.

Band 47 Hans Popp: Die nationalsozialistische Sicht einiger Institute des Zivilprozeß- und Gerichtsverfassungsrechts. 1986.

Band 48 John Karl-Heinz Montag: Die Lehrdarstellung des Handelsrechts von Georg Friedrich von Martens bis Meno Pöhls. Die Wissenschaft des Handelsrechts im ersten Drittel des 19. Jahrhunderts. 1986.

Band 49 Volker D. Anhäusser: Das internationale Obligationenrecht in der höchstrichterlichen Rechtsprechung des 19. Jahrhunderts. 1986.

Band 50 Udo Beer: Die Juden, das Recht und die Republik. Verbandswesen und Rechtsschutz 1919-1933. 1986.

Band 51 Herbert Grziwotz: Der moderne Verfassungsbegriff und die "Römische Verfassung" in der deutschen Forschung des 19. und 20. Jahrhunderts. 1986.

Band 52 Ralf Conradi: Karl Friedrich Eichhorn als Staatsrechtslehrer. Seine Göttinger Vorlesung über "Das Staatsrecht der deutschen Bundesstaaten" nach einer Kollegmitschrift aus dem Wintersemester 1821/22. 1987.

Band 53 Dieter Dannreuther: Der Zivilprozeß als Gegenstand der Rechtspolitik im Deutschen Reich 1871-1945. Ein Beitrag zur Geschichte des Zivilprozeßrechts in Deutschland. 1987.

Band 54 Stephan Felix Pauly: Organisation, Geschichte und Praxis der Gesetzesauslegung des (Königlich) Preußischen Oberverwaltungsgerichtes 1875-1933. 1987.

Band 55 Rüdiger Schulz: Die Entstehung des Seerechts des Allgemeinen Deutschen Handelsgesetzbuches unter besonderer Berücksichtigung der Bestimmungen über die Reederei, den Schiffer und die Schiffsmannschaft. 1987.

Band 56 Reinhold Reis: Deutsches Privatrecht in den Weistümern der Zenten Schriesheim und Kirchheim. 1987.

Band 57 Jürgen Christoph: Die politischen Reichsamnestien 1918-1933. 1987.

Band 58 Gerhard Oberkofler/Eduard Rabofsky: Hans Kelsen im Kriegseinsatz der k.u.k.-Wehrmacht. Eine kritische Würdigung seiner militärtheoretischen Angebote. 1988.

Band 59 Arne Wulff: Staatssekretär Prof. Dr. Dr. h.c. Franz Schlegelberger. 1876-1970. 1991.

Band 60 Gerhard Köbler (Hrsg.): Wege europäischer Rechtsgeschichte. Karl Kroeschell zum 60. Geburtstag. 1987.

Band 61 Rüdiger Hütte: Der Gemeinschaftsgedanke in den Erbrechtsreformen des Dritten Reichs. 1988.

Band 62 Markus Göldner: Politische Symbole der europäischen Integration. Fahne, Hymne, Hauptstadt, Paß, Briefmarke, Auszeichnungen. 1988.

Band 63 Wolfgang Króner: Freiheitsstrafe und Strafvollzug in den Herzogtümern Schleswig, Holstein und Lauenburg von 1700 bis 1864. 1988.

Band 64 Werner Gaile: Die Norder Theelacht. 1988.

Band 65 Karl v. Kempis: Andreas Gaill (1526-1587). Zum Leben und Werk eines Juristen der frühen Neuzeit. 1988.

Band 66 Wolf-Rüdiger Osburg: Die Verwaltung Hamburgs in der Franzosenzeit. 1811-1814. 1988.

Band 67 Christian Schudnagies: Hans Frank. Aufstieg und Fall des NS-Juristen und Generalgouverneurs. 1988.

Band 68 Otmar Jung: Senatspräsident Freymuth. Richter, Sozialdemokrat und Pazifist in der Weimarer Republik. Eine politische Biographie. 1989.

Band 69 Joachim Lohner: Das landeshauptmannschaftliche Gericht in Oberösterreich zu Beginn der Neuzeit. Eine Darstellung des oberösterreichischen Prozeßrechts am obersten Territorialgericht des Landes anhand der oberösterreichischen Landtafel.1989.

Band 70 Bernd Klemann: Rudolf von Jhering und die Historische Rechtsschule. 1989.

Band 71 Adalbert Langer: Männer um die österreichische Zivilprozeßordnung 1895. Zusammenspiel / Soziales Ziel. 1990.

Band 72 Robert-Dieter Klee: Die Landessuperintendentur Lauenburg. Ursprung und Entwicklung sowie Ende der Sonderstellung des Kirchenkreises Herzogtum Lauenburg durch die nordelbische Kirchenvereinigung. 1989.

Band 73 Heinrich Herrmann: Die Gehöferschaften im Bezirk Trier. 1989.

Band 74 Wilhelm Brauneder, Franz Baltzarek (Hrsg.): Modell einer neuen Wirtschaftsordnung. Wirtschaftsverwaltung in Österreich 1914-1918. 1991.

Band 75 Thomas Dreyer: Die "Assecuranz- und Haverey-Ordnung" der Freien und Hansestadt Hamburg von 1731. 1990.

Band 76 Bernhard Sendler: Die Rechtssprache in den süddeutschen Stadtrechtsreformationen. 1990.

Band 77 Brigitte Lehmann: Ehevereinbarungen im 19. und 20. Jahrhundert. 1990.

Band 78 Michael Sunnus: Der NS-Rechtswahrerbund (1928-1945). Zur Geschichte der nationalsozialistischen Juristenorganisation. 1990.

Band 79 Stefan Schulz: Die historische Entwicklung des Rechts an Bienen. (§§ 961-964 BGB). 1990.

Band 80 Gerhard Lingelbach, Heiner Lück (Hrsg.): Deutsches Recht zwischen Sachsenspiegel und Aufklärung. Rolf Lieberwirth zum 70. Geburtstag dargebracht von Schülern, Freunden und Kollegen, herausgegeben von Gerhard Lingelbach und Heiner Lück. 1991.

Band 81 Manfred Krohn: Die deutsche Justiz im Urteil der Nationalsozialisten 1920-1933. 1991.

Band 82 Angelika Kühn: Privilegierung nationaler Minderheiten im Wahlrecht der Bundesrepublik Deutschland und Schleswig-Holsteins. 1991.

Band 83 Georg Brun: Leben und Werk des Rechtshistorikers Heinrich Mitteis unter besonderer Berücksichtigung seines Verhältnisses zum Nationalsozialismus. 1991.

Band 84 Wolfgang Simon: Claudius Freiherr von Schwerin. Rechtshistoriker während dreier Epochen deutscher Geschichte. 1991.

Band 85 Friedrich-Carl Wachs: Das Verordnungswerk des Reichsdemobilmachungsamtes. Stabilisierender Faktor zu Beginn der Weimarer Republik. 1991.

Band 86 Jens-Uwe Petersen: Die Vorgeschichte und die Entstehung des Mieterschutzgesetzes von 1923 nebst der Anordnung für das Verfahren vor dem Mieteinigungsamt und der Beschwerdestelle. 1991.

Band 87 Ulrike Haibach: Familienrecht in der Rechtssprache. Die historische Entwicklung zentraler Ausdrücke des geltenden Familienrechts. 1991.

Band 88 Joern Christian Nissen: Die Beratungen des Seeversicherungsausschusses der Akademie für Deutsches Recht zu einem neuen Seeversicherungsgesetz (1934-1939). Ein Beitrag zur Entwicklung der allgemeinen Lehren des Seeversicherungsrechts unter besonderer Berücksichtigung des Handelsgesetzbuchs und der Allgemeinen Deutschen Seeversicherungs-Bedingungen 1919. 1991.

Band 89 Diethard Bühler: Die Entstehung der allgemeinen Vertragsschluß-Vorschriften im Allgemeinen Deutschen Handelsgesetzbuch (ADHGB) von 1861. Ein Beitrag zur Kodifikationsgeschichte des Privatrechts im 19. Jahrhundert. 1991.

Band 90 Gerhard Oberkofler: Die Vertreter des Römischen Rechts mit deutscher Unterrichtssprache an der Karls-Universität in Prag. Vom Vormärz bis 1945. 1991.

Band 91 Ulrich Andermann: Ritterliche Gewalt und bürgerliche Selbstbehauptung. Untersuchungen zur Kriminalisierung und Bekämpfung des spätmittelalterlichen Raubrittertums am Beispiel norddeutscher Hansestädte. 1991.

Band 92 Heinz Marcus Hanke: Luftkrieg und Zivilbevölkerung. Der kriegsvölkerrechtliche Schutz der Zivilbevölkerung gegen Luftbombardements von den Anfängen bis zum Ausbruch des Zweiten Weltkrieges. 1991.

Band 93 Kirsten Kraglund: Familien- und Erbrecht. Materielles Recht und Methoden der Rechtsanwendung in der Rechtsprechung des Oberappellationsgerichts der vier Freien Städte Deutschlands zu Lübeck. 1991.

Band 94 Reinhard Lorenz: Die politische und rechtliche Stellung des Proletariats in Preußen in der Zeit zwischen den Reformen und der Revolution 1848/49. 1991.

Band 95 Eric Hilgendorf: Die Entwicklungsgeschichte der parlamentarischen Redefreiheit in Deutschland. 1991.

Band 96 Hans J. Reiter: Die Handelsgesellschaft Villeroy & Boch von der Gründung 1836 bis zum Jahr 1878. 1992.

Band 97 Martin Johannes Heller: Reform der deutschen Rechtssprache im 18. Jahrhundert. 1992.

Band 98 Michael Kotulla: Die Tragweite der Grundrechte der revidierten preußischen Verfassung vom 31.01.1850. 1992.

Band 99 Michael Siefener: Hexerei im Spiegel der Rechtstheorie. Das crimen magiae in der Literatur von 1574 bis 1608. 1992.

Band 100 Andreas Ebert-Weidenfeller: Hamburgisches Kaufmannsrecht im 17. und 18. Jahrhundert. Die Rechtsprechung des Rates und des Reichskammergerichtes. 1992.

Band 101 Enno Bommel: Die Entstehung der Verwirkungslehre in der Krise des Positivismus. 1992.

Band 102 Ralph Steppacher: Die Berücksichtigung der bäuerlichen Postulate bei der Entstehung des ZGB und der Revision des OR. Ein Beitrag zur schweizerischen Kodifikationsgeschichte (1893-1912). 1992.

Band 103 Martin Fleckenstein: Die Todesstrafe im Werk Carl Joseph Anton Mittermaiers (1787-1867). Zur Entwicklungsgeschichte eines Werkbereichs und seiner Bedeutung für Theorie- und Methodenbildung. 1992.

Band 104 Jörn Eckert: Der Kampf um die Familienfideikommisse in Deutschland. Studien zum Absterben eines Rechtsinstitutes. 1992.

Band 105 Jörg Grotkopp: Beamtentum und Staatsformwechsel. Die Auswirkungen der Staatsformwechsel von 1918, 1933 und 1945 auf das Beamtenrecht und die personelle Zusammensetzung der deutschen Beamtenschaft. 1992.

Band 106 Andreas Rohde: Die Garantiehaftung des Vermieters und ihr Verhältnis zum Unmöglichkeitsrecht in dogmengeschichtlicher und modernrechtlicher Sicht. 1992.

Band 107 Tjark Siefke Kunstreich: Gesamtvertretung. Eine historisch-systematische Darstellung. 1992.

Band 108 Jürgen Krüger: Blindheit und Königtum. Die Blindheit des Königs Georg V. von Hannover als verfassungsrechtliches Problem. 1992.

Band 109 Wolfgang Putschek: Ständische Verfassung und autoritäre Verfassungspraxis in Österreich 1933-1938 mit Dokumentenanhang. Verfassung und Verfassungswirklichkeit. Mit einem Anhang: Denkschriften von Rechtsanwalt Dr. Erich Führer 1936/37. 1993.

Band 110 Klaus Hofmann: Die Verdrängung der Juden aus öffentlichem Dienst und selbständigen Berufen in Regensburg 1933-1939. 1993.

Band 111 Franz Kilger: Die Entwicklung des Telegraphenrechts im 19. Jahrhundert mit besonderer Berücksichtigung der technischen Entwicklung. Telegraphenrecht im 19. Jahrhundert. 1993.

Band 112 Wilhelm Brauneder (Hrsg.): Heiliges Römisches Reich und moderne Staatlichkeit. 1993.

Band 113 Thomas Heinrich: Das preußische Nichtehelichenrecht: Von der Aufklärung zur Reaktion. 1993.

Band 114 Gerald Kohl: Jagd und Revolution. Das Jagdrecht in den Jahren 1848 und 1849. 1993.

Band 115 Christian Schudnagies: Der Kriegs- oder Belagerungszustand im Deutschen Reich während des Ersten Weltkrieges. Eine Studie zur Entwicklung und Handhabung des deutschen Ausnahmezustandsrechts bis 1918. 1994.

Band 116 Elisabeth Bellmann: Die Internationale Kriminalistische Vereinigung (1889-1933). 1994.

Band 117 Julia Pfannkuch: Volksrichterausbildung in Sachsen 1945-1950. 1993.

Band 118 Jörg Offen: Von der Verwaltungsgemeinschaft des BGB von 1896 zur Zugewinngemeinschaft des Gleichberechtigungsgesetzes von 1957. 1994.

Band 119 Dorothee Kohlhas-Müller: Untersuchungen zur Rechtsstellung Theoderichs des Großen. 1995.

Band 120 Monika Rose: Das Gerichtswesen des Herzogtums Pfalz-Zweibrücken im 18. Jahrhundert. Ein Beitrag zur territorialen Gerichtsbarkeit im Alten Reich. 1994.

Band 121 Jörn Eckert / Hans Hattenhauer (Hrsg.): Bibel und Recht. Rechtshistorisches Kolloquium 9. - 13. Juni 1992 an der Christian-Albrechts-Universität zu Kiel. 1994.

Band 122 Robert Martin Mizia: Der Rechtsbegriff der Autonomie und die Begründung des Privatfürstenrechts in der deutschen Rechtswissenschaft des 19. Jahrhunderts. 1995.

Band 123 Walther Graf von Plettenberg: Das Fortleben des Liber Iudiciorum in Asturien/León (8.-13. Jh.). 1994.

Band 124 Wolfgang Schulz: Das deutsche Börsengesetz. Die Entstehungsgeschichte und wirtschaftlichen Auswirkungen des Börsengesetzes von 1896. 1994.

Band 125 Frank Hagemann: Der Untersuchungsausschuß Freiheitlicher Juristen. 1949-1969. 1994.

Band 126 Andreas Rethmeier: "Nürnberger Rassegesetze" und Entrechtung der Juden im Zivilrecht. 1995.

Band 127 Edith Grether: Die Poesie der Throne. Die Juristen in der Fruchtbringenden Gesellschaft. 1995.

Band 128 Anna Bartels-Ishikawa: Der Lippische Thronfolgestreit. Eine Studie zu verfassungsrechtlichen Problemen des Deutschen Kaiserreiches im Spiegel der zeitgenössischen Staats. 1995.

Band 129 Jörg Schmidt: Otto Koellreutter 1883-1972. Sein Leben, sein Werk, seine Zeit. 1995.

Band 130 Christian Hattenhauer: Wahl und Krönung Franz II. AD 1792. Das Heilige Reich krönt seinen letzten Kaiser - Das Tagebuch des Reichsquartiermeisters Hieronymus Gottfried von Müller und Anlagen. 1995.

Band 131 Jutta v. der Decken: Das Seearbeitsrecht im Hamburger Stadtrecht von 1301 bis 1603. 1995.

Band 132 Detlev Schmidt: Die Reform des Rechts der Handelsvertreter von 1953. 1995.

Band 133 Gabi Roßdeutscher: Privatautonomie im Scheidungsrecht. Scheidungsbezogene Vereinbarungen in den letzten 200 Jahren. 1995.

Band 134 Harald Kahlenberg: Leben und Werk des Rechtshistorikers Walther Merk. Ein Beispiel für das Verhältnis von Rechtsgeschichte und Nationalsozialismus. 1995.

Band 135 Michael Steitz: Adelbert Düringer am Reichsgericht (1902-1915). Seine aktienrechtlichen Entscheidungen und sein Einfluß auf das Aktienrecht in Deutschland. 1995.

Band 136 Christian Becker: Beata Justorum Translatio. Juristen in schleswig-holsteinischen Leichenpredigten. 1996.

Band 137 Christoph Seiler: Vom Allgemeinen Landrecht zum Bürgerlichen Gesetzbuch. Dargestellt am Beispiel der höchstrichterlichen Judikatur zum kaufrechtlichen Sachmängelgewährleistungsrecht. 1996.

Band 138 Bernd Mayer: Die Vertrauensmännerausschüsse auf den preußischen Steinkohlegruben an der Saar. Entstehung und Wirken. Eine rechtshistorische Untersuchung. 1996.

Band 139 Rochus Scholl: Juden und Judenrecht im Herzogtum Pfalz-Zweibrücken. Ein Beitrag zur Rechtsgeschichte eines deutschen Kleinstaates am Ende des alten Reiches. 1996.

Band 140 Meike Bursch: Judentaufe und frühneuzeitliches Strafrecht. Die Verfahren gegen Christian Treu aus Weener/Ostfriesland 1720-1728. 1996.

Band 141 Markus Hillenbrand: Fürstliche Eheverträge. Gottorfer Hausrecht 1544-1773. 1996.

Band 142 Ulf Häder: Das gemeinschaftliche Oberappellationsgericht thüringischer Staaten in Jena. Ein Beitrag zur Geschichte des Gerichtswesens im 19. Jahrhundert. 1996.

Band 143 Andreas Bauer: Das Gnadenbitten in der Strafrechtspflege des 15. und 16. Jahrhunderts. Dargestellt unter besonderer Berücksichtigung von Quellen der Vorarlberger Gerichtsbezirke Feldkirch und des Hinteren Bregenzerwaldes. 1996.

Band 144 Christian Wirth: Der Jurist Johann Andreas Georg Friedrich Rebmann zwischen Revolution und Restauration. 1996.

Band 145 Stefanie Müller: Die Rechtsprechung des Hanseatischen Oberlandesgerichts zum persönlichen Eherecht in Hamburgischen Gerichtsfällen von 1879-1900. 1996.

Band 146 Jean-Nicolas Morisset: Der Frachtvertrag in der *Ordonnance de la marine* von 1681. 1996.

Band 147 Dirk Lentfer: Die Glogauer Landesprivilegien des Andreas Gryphius von 1653. 1996.

Band 148 Wencke Mull: Die Haftung für Einsturzschäden nach den §§ 836-838 BGB in der Rechtsprechung des Reichsgerichts. 1996.

Band 149 Renate Zelger: Teufelsverträge. Märchen, Sage, Schwank, Legende im Spiegel der Rechtsgeschichte. 1996.

Band 150 Guido Kraß: Das Arrestverfahren in Frankfurt am Main im Spätmittelalter. 1996.

Band 151 F. Benedict Heyn: Die Entwicklung des Eisenbahnfrachtrechts von den Anfängen bis zur Einführung des Allgemeinen Deutschen Handelsgesetzbuches (ADHGB). 1996.

Band 152 Thomas Lang: Die Staats- und Verfassungslehre Carl Salomo Zachariaes. 1996.

Band 153 Michael Hebeis: Karl Anton von Martini (1726-1800). Leben und Werk. 1996.

Band 154 Gerald Hubert: Die Diskussion um die rechtliche Natur der Bizone in den Jahren 1947-1949. 1996.

Band 155 Christof Horn: Die Rechtsprechung des Reichsgerichts in Ehescheidungssachen der Jahre 1900 bis 1905. 1996.

Band 156 Hermann Nehlsen / Georg Brun (Hrsg.): Münchener rechtshistorische Studien zum Nationalsozialismus. 1996.

Band 157 Jan Otto Clemens Kehrberg: Die Entwicklung des Elektrizitätsrechts in Deutschland. Der Weg zum Energiewirtschaftsgesetz von 1935. 1997.

Band 158 Johannes Tradt: Der Religionsprozeß gegen den Zopfschulzen (1791-1799). Ein Beitrag zur protestantischen Lehrpflicht und Lehrzucht in Brandenburg-Preußen gegen Ende des 18. Jahrhunderts. 1997.

Band 159 Dietmar Olsen: Das kaufrechtliche Sachmängelgewährleistungsrecht des Code civil in der Rechtsprechung deutscher Gerichte im 19. Jahrhundert. Ein Beitrag zur Ablösung der Partikularrechte durch das BGB. 1997.

Band 160 Ulrich Bernhardt: Die Deutsche Akademie für Staats- und Rechtswissenschaft „Walter Ulbricht" 1948-1971. 1997.

Band 161 Claudia Susan Hoppe: Die Bürgschaft im Rechtsleben Hamburgs von 1600 bis 1900. 1997.

Band 162 Franz-Rudolf Ecker: Die Entwicklung des Bergrechts im Saarbrücker Steinkohlenrevier bis zum Ende des 18. Jahrhunderts. Ein Vergleich mit dem älteren deutschen Bergrecht. 1997.

Band 163 Anne Katrin Rückert: Politik und Privatrecht in der „konservativen Revolution". 1997.

Band 164 Gisbert Laube: Der Reichskunstwart. Geschichte einer Kulturbehörde 1919-1933. 1997.

Band 165 Nicolas Lührig: Die Diskussion über die Reform der Juristenausbildung von 1945 bis 1995. 1997.

Band 166 Regula Gerber Jenni: Die Emanzipation der mehrjährigen Frauenzimmer. Frauen im bernischen Privatrecht des 19. Jahrhunderts. 1997.

Band 167 Mischa A. Färber: Das gemeinschaftliche Testament in der höchstrichterlichen Rechtsprechung zum Allgemeinen Preußischen Landrecht und zum BGB. Ein Beitrag zur Ablösung der Partikularrechte durch das BGB. 1997.

Band 168 Catherine Antoinette Gasser: Philipp Lotmar 1850-1922. Professor der Universität Bern. Sein Engagement für das Schweizerische Arbeitsrecht. 1997.

Band 169 Lars Immisch: Der sozialistische Richter in der DDR und seine Unabhängigkeit. Der Versuch eines Rechtsvergleiches zum Unabhängigkeitsbegriff in der bundesdeutschen Rechtsordnung. 1997.

Band 170 Jessica Jacobi: Besitzschutz vor dem Reichskammergericht. Die friedenssichernde Funktion der Besitzschutzklagen am Reichskammergericht im 16. Jahrhundert, dargestellt anhand von Kameralisten. 1998.

Band 171 Ewald Hügemann: Die Geschichte des öffentlichen und privaten Mietpreisrechts vom Ersten Weltkrieg bis zum Gesetz zur Regelung der Miethöhe von 1974. 1998.

Band 172 Lutz Rentzow: Die Entstehungs- und Wirkungsgeschichte der Vernewerten Landesordnung für das Königreich Böhmen von 1627. 1998.

Band 173 Sabine Stürmer: Mühlenrecht im Herzogtum Pfalz-Zweibrücken während des 18. Jahrhunderts. Ein Beitrag zum Wirtschaftsrecht eines deutschen Kleinstaates im Alten Reich. 1998.

Band 174 Mario Bogisch: *Nemo testis in re sua*. Das Problem der Zeugnisfähigkeit bei der Anwendung der deutschen Zivilprozeßordnung von 1877. 1998.

Band 175 Rainer Oßwald: Pactane sunt servanda? Freiwilligkeit, Zwang und Unverbindlichkeitserklärungen im islamischen Vertragsrecht malikitischer Schule. 1998.

Band 176 Bettina Kern: Der preußische BGB-Entwurf von 1842. 1998.

Band 177 Inken Fuhrmann: Die Diskussion über die Einführung der fakultativen Zivilehe in Deutschland und Österreich seit Mitte des 19. Jahrhunderts. 1998.

Band 178 Annette Rieck: Der Heilige Ivo von Hélory (1247-1303). Advocatus pauperum und Patron der Juristen. 1998.

Band 179 Frank Bottenberg: Die Hamburgische Strafprozeßordnung von 1869. 1998.

Band 180 Matthias Krauß: Das kursächsische Postrecht von seinen Anfängen bis zum Ende des Alten Reichs. 1998.

Band 181 Torsten Schmidt: Die Entmündigung von den Anfängen des BGB bis zu ihrer Ablösung durch das Institut der Betreuung. 1998.

Band 182 Christian Nunn: Rudolf Müller-Erzbach. 1874-1959. Von der realen Methode über die Interessenjurisprudenz zum kausalen Rechtsdenken (Leben und Werk). 1998.

Band 183 Christian Ortloff: Das staatskirchenrechtliche System Wilhelm Traugott Krugs. Glaubens- und Gewissensfreiheit – eine Forderung der Vernunft. 1998.

Band 184 Christian Hattenhauer: Schuldenregulierung nach dem Westfälischen Frieden. Der sog. § *de indaganda* und seine Umsetzung im Jüngsten Reichsabschied (AD 1648 und 1654). 1998.

Band 185 Werner Schubert: Preußen im Vormärz. Die Verhandlungen der Provinziallandtage von Brandenburg, Pommern, Posen, Sachsen und Schlesien sowie – im Anhang – von Ostpreußen, Westfalen und der Rheinprovinz (1841-1845). 1998.

Band 186 Silvia Schumacher: Das Rechtsverhältnis zwischen Eltern und Kindern in der Privatrechtsgeschichte. 1999.

Band 187 Kai Sommer: Die Strafbarkeit der Homosexualität von der Kaiserzeit bis zum Nationalsozialismus. Eine Analyse der Straftatbestände im Strafgesetzbuch und in den Reformentwürfen (1871-1945). 1998.

Band 188 Jan Erik Backhaus: Volksrichterkarrieren in der DDR. 1999.

Band 189 Ralf Ruhnau: Die Fürstlich Thurn und Taxissche Privatgerichtsbarkeit in Regensburg. Ein Kuriosum der deutschen Rechtsgeschichte. 1999.

Band 190 Antonio Grilli: Die französische Justizorganisation am linken Rheinufer 1797-1803. 1999.

Band 191 Stephanie Kammerloher-Lis: Die Entstehung des Gesetzes über die religiöse Kindererziehung vom 15. Juli 1921. 1999.

Band 192 Jan Telp: Ausmerzung und Verrat. Zur Diskussion um Strafzwecke und Verbrechensbegriffe im Dritten Reich. 1999.

Band 193 Kurt von Pannwitz: Die Entstehung der Allgemeinen Deutschen Wechselordnung. Ein Beitrag zur Geschichte der Vereinheitlichung des deutschen Zivilrechts im 19. Jahrhundert. 1999.

Band 194 Sylvia Busch: Die Entstehung der Allgemeinen Gerichtsordnung für die Preussischen Staaten von 1793/95. Ein Beitrag zur Geschichte der Kodifikationsbewegung und der Reform des Zivilprozesses in Preußen im 18. Jahrhundert. 1999.

Band 195 Dirk Bieresborn: Klage und Klageerwiderung im deutschen und englischen Zivilprozeß. Eine rechtshistorische und rechtsvergleichende Untersuchung unter besonderer Berücksichtigung der Beeinflussung durch das römisch-kanonische Verfahren. 1999.

Band 196 Andreas Thier / Guido Pfeifer / Philipp Grzimek (Hrsg.): Kontinuitäten und Zäsuren in der Europäischen Rechtsgeschichte. Europäisches Forum Junger Rechtshistorikerinnen und Rechtshistoriker München 22.-24. Juli 1998. 1999.

Band 197 Franz Smola: Die Fürstlich Liechtenstein'sche Kunstsammlung. Rechtsfragen zur Verbringung der Sammlung von Wien nach Vaduz in den Jahren 1944/45. 1999.

Band 198 Frank Martin Krauss: Das geteilte Eigentum im 19. und 20. Jahrhundert. Eine Untersuchung zum Fortbestand des Teilungsgedankens. 1999.

Band 199 Matthias Frey: Die spanische Aktiengesellschaft im 18. Jahrhundert und unter dem Código de Comercio von 1829. 1999.

Band 200 Alexandra Gilde: Die Stellung der Frau im Reichsstrafgesetzbuch von 1870/71 und in den Reformentwürfen bis 1919 im Urteil der bürgerlichen Frauenbewegung. Eine Analyse ausgewählter Straftatbestände. 1999.

Band 201 Malte Dießelhorst / Arne Duncker: Hans Kohlhase. Die Geschichte einer Fehde in Sachsen und Brandenburg zur Zeit der Reformation. 1999.

Band 202 Jörg Hillmann: Territorialrechtliche Auseinandersetzungen der Herzöge von Sachsen-Lauenburg vor dem Reichskammergericht im 16. Jahrhundert. 1999.

Band 203 Carsten Engler: Die Kommanditgesellschaft (KG) und die stille Gesellschaft im Allgemeinen Deutschen Handelsgesetzbuch (ADHGB) von 1861. 1999.

Band 204 Vesta Hoffmann-Steudner: Die Rechtsprechung des Reichsgerichts zu dem Scheidungsgrund des § 49 EheG (EheG 1938) in den Jahren 1938-1945. 1999.

Band 205 Michaela Thiele: Die Auflösung von Arbeitsverhältnissen aufgrund Anfechtung und außerordentlicher Kündigung nach der Rechtsprechung des Reichsarbeitsgerichts (1927-1945). 2000.

Band 206 Peter Landau / Hermann Nehlsen / Mathias Schmoeckel (Hrsg.): Karl von Amira zum Gedächtnis. 1999.

Band 207 Marcus Flinder: Die Entstehungsgeschichte des Zivilgesetzbuches der DDR. 1999.

Band 208 Boris Franz Leo Bromm: Die Entstehungsgeschichte des Berufs des Handelsvertreters. Unter besonderer Berücksichtigung der Sozialgesetzgebung in den Jahren von 1871-1933. 2000.

Band 209 Winfried C. J. Eberstein: Das Tierschutzrecht in Deutschland bis zum Erlaß des Reichs-Tierschutzgesetzes vom 24. November 1933. Unter Berücksichtigung der Entwicklung in England. 1999.

Band 210 Patrick Deller: Der „nach dem Vertrage" vorausgesetzte Gebrauch (§ 459 Absatz 1 Satz 1 BGB). Eine kaufrechtliche Untersuchung unter Berücksichtigung rechtshistorischer wie rechtsvergleichender Grundlagen. 2000.

Band 211 Eckard Freiherr von Bodenhausen: Haftung des Geschäftsherrn für Verrichtungsgehilfen im Straßen- und Schienenverkehr. Eine Analyse der Entscheidungen des Reichsgerichts zu § 831 BGB (1900-1945). 2000.

Band 212 Birte Gast: Der Allgemeine Teil und das Schuldrecht des Bürgerlichen Gesetzbuchs im Urteil von Raymond Saleilles (1855-1912). 2000.

Band 213 Hansjörg Michael Huber: Koloniale Selbstverwaltung in Deutsch-Südwestafrika. Entstehung, Kodifizierung und Umsetzung. 2000.

Band 214 Ulf Björner: Die Verfassungsgerichtsbarkeit im Norddeutschen Bund und Deutschen Reich (1867-1918). Eine rechtshistorische Untersuchung über Gerichtsbarkeit im Spannungsfeld von Politik und Recht innerhalb der von Bismarck geschaffenen deutschen Bundesstaaten. 2000.

Band 215 Mathias Freiherr von Rosenberg: Friedrich Carl von Savigny (1779-1861) im Urteil seiner Zeit. 2000.

Band 216 Reinhard Binder-Krieglstein: Österreichisches Adelsrecht 1868-1918/19. Von der Ausgestaltung des Adelsrechts der cisleithanischen Reichshälfte bis zum Adelsaufhebungsgesetz der Republik unter besonderer Berücksichtigung des adeligen Namensrechts. 2000.

Band 217 Claudia-Regine Nerius: Johannes Lehmann-Hohenberg (1851-1925). Eine Studie zur völkischen Rechts- und Justizkritik im Deutschen Kaiserreich. 2000.

Band 218 Ludger Meuten: Die Erbfolgeordnung des Sachsenspiegels und des Magdeburger Rechts. Ein Beitrag zur Geschichte des sächsisch-magdeburgischen Rechts. 2000.

Band 219 Christoph Alexander von Wilcken: Die Reformbestrebungen zum Genossenschaftsgesetz in der Frühzeit der Bundesrepublik. Die Beratungen der Sachverständigenkommission zur Überprüfung des Genossenschaftsrechts 1954 bis 1958 und der Referentenentwurf von 1962. 2000.

Band 220 Verein Junger RechtshistorikerInnen Zürich (Hrsg.): ¿Rechtsgeschichte(n)? ¿Histoire(s) du droit? ¿Storia/storie del diritto? ¿Legal Histori(es)? Europäisches Forum Junger Rechtshistorikerinnen und Rechtshistoriker Zürich 28.-30. Mai 1999. 2000.

Band 221 Hans Christian Schüler: Die Entstehungsgeschichte der Bundesnotarordnung vom 24. Februar 1961. 2000.

Band 222 Nils-Eberhard Schramm: Die Vereinigung demokratischer Juristen (1949-1999). 2000.

Band 223 Silke Anke Torp: Das Rechtsverhältnis zwischen den Eltern und ihren Kindern. Dienstleistungspflicht, Aussteuer und Ausstattung. Eine Analyse der Rechtsprechung des Reichsgerichts und des Reichsarbeitsgerichts zu den Vorschriften der §§ 1616 bis 1625 des Bürgerlichen Gesetzbuches in der Zeit von 1900 bis 1945. 2000.

Band 224 Martin Jürgen Maaß: Die Geschichte des Eigentumsvorbehalts, insbesondere im 18. und 19. Jahrhundert. 2000.

Band 225 Stefanie Langer: Rechtswissenschaftliche Itinerarien. Lebenswege namhafter europäischer Juristen vom 11. bis zum 18. Jahrhundert. 2000.

Band 226 Ulrich Schmitz: Der Unterhaltsanspruch des nichtehelichen Kindes gegen seinen Erzeuger. Die rechtsgeschichtliche und dogmatische Entwicklung im deutschen Recht. 2000.

Band 227 Sebastian Günther: Friedrich Carl von Savigny als Grundherr. 2000.

Band 228 Henning Ibs: Hermann J. Held (1890-1963). Ein Kieler Gelehrtenleben in den Fängen der Zeitläufe. 2000.

Band 229 Matthias Rücker: Wirtschaftswerbung unter dem Nationalsozialismus. Rechtliche Ausgestaltung der Werbung und Tätigkeit des Werberats der deutschen Wirtschaft. 2000.

Band 230 Hendrik Sandmann: Die Entwicklung von Begriff und Inhalt des Wirtschaftchsrechts durch die Rechtswissenschaft in der Weimarer Republik. 2000.

Band 231 Sibylle Müller: Gibt es Menschenrechte bei Samuel Pufendorf? 2000.

Band 232 Karin Olechowski-Hrdlicka: Die gemeinsamen Angelegenheiten der Österreichisch-Ungarischen Monarchie. Vorgeschichte – Ausgleich 1867 – Staatsrechtliche Kontroversen. 2001.

Band 233 Johannes Mierau: Die juristischen Abschluß- und Diplomprüfungen in der SBZ/DDR. Ein Einblick in die Juristenausbildung im Sozialismus. 2001.

Band 234 Jörg Wolff (Hrsg.): Stillstand, Erneuerung und Kontinuität. Einsprüche zur Preußenforschung. 2001.

Band 235 Friedo Schröder: Die anwaltliche Tätigkeit während der nationalsozialistischen Herrschaft. Eine Analyse der anwaltlichen Argumentation in Zivilprozessen anhand der vorhandenen Prozeßakten der Landgerichte Frankenthal, Wiesbaden, Limburg und Frankfurt und der Handakten der *jüdischen Konsulenten* des OLG-Bezirks Frankfurt. 2001.

Band 236 Der Code pénal des Königreichs Westphalen von 1813 mit dem Code pénal von 1810 im Original und in deutscher Übersetzung. Herausgegeben und mit einer Einleitung versehen von Werner Schubert. 2001.

Band 237 Klaus Richter: Deutsches Kolonialrecht in Ostafrika 1885-1891. 2001.

Band 238 Kai von Lewinski: Deutschrechtliche Systembildung im 19. Jahrhundert. 2001.

Band 239 Alexander Herzog: Sittenwidrige Rechtsgeschäfte in der höchstrichterlichen Rechtsprechung aus den Jahren 1948-1965. 2001.

Band 240 Claudia Rönnau: Die Beratungen des Wasserrechtsausschusses der Akademie für Deutsches Recht zu einem Reichswassergesetz (1934-1941). Ein Beitrag zur Dogmatik der Begriffe *Gemeingebrauch* und *Sondergebrauch* in der Zeit des Nationalsozialismus. 2001.

Band 241 Momme Rohlack: Kriegsgesellschaften (1914-1918). Arten, Rechtsformen und Funktionen in der Kriegswirtschaft des Ersten Weltkrieges. 2001.

Band 242 Rolf Geyer: Der Gedanke des Verbraucherschutzes im Reichsrecht des Kaiserreichs und der Weimarer Republik (1871-1933). Eine Studie zur Geschichte des Verbraucherrechts in Deutschland. 2001.

Band 243 Felix Lorenz Benjamin Lehmann: Der Rote Adlerorden. Entstehung und rechtliche Grundlagen (1705-1918). 2002.

Band 244 Marc Ludwig: Der Pfändungsschutz für Lohneinkommen. Die Entstehungs- und Entwicklungsgeschichte der Vorschriften zum Schutz vor Lohnpfändung in Deutschland. 2001.

Band 245 Alexander Wachter: Dorfschule zwischen Pastor und Schulmeister. Zur Säkularisierung des niederhessischen Schulwesens im 19. Jahrhundert. 2001.

Band 246 Richard Scholz: Analyse der Entstehungsbedingungen der reichsgerichtlichen Aufwertungsrechtsprechung. Untersuchung unter besonderer Berücksichtigung der konservativen Geldpolitik der Reichsbank und der Inflationspolitik der Reichsregierung. 2001.

Band 247 Judith Laeverenz: Märchen und Recht. Eine Darstellung verschiedener Ansätze zur Erfassung des rechtlichen Gehalts der Märchen. 2001.

Band 248 Christina Schenk: Bestrebungen zur einheitlichen Regelung des Strafvollzugs in Deutschland von 1870 bis 1923. 2001.

Band 249 Nils Werner: Die Prozesse gegen die Landvolkbewegung in Schleswig-Holstein 1929/32. Ein Beitrag zur Justizkritik in der späten Weimarer Republik. 2001.

Band 250 Wolfgang Walter: Das Duell in Bayern. Ein Beitrag zur bayerischen Strafrechtsgeschichte. 2002.

Band 251 Jörn Eckert / Kjell Å. Modéer (Hrsg.): Geschichte und Perspektiven des Rechts im Ostseeraum. Erster Rechtshistorikertag im Ostseeraum 8.–12. März 2000. 2001.

Band 252 Jan Könighaus: Die Inauguration der Christian-Albrechts-Universität zu Kiel 1665. Symbolgehalt und rechtliche Bedeutung des Universitätszeremoniells. 2002.

Band 253 Andreas Görgen: Rechtssprache in der Frühen Neuzeit. Eine vergleichende Untersuchung der Fremdwortverwendung in Gesetzen des 16. und 17. Jahrhunderts. 2002.

Band 254 Ralf Schäfer: Die Rechtsstellung der Haigerlocher Juden im Fürstentum Hohenzollern-Sigmaringen von 1634-1850. Eine rechtsgeschichtliche Untersuchung. 2002.

Band 255 Regine Schmalhorst: Die Tierhalterhaftung im BGB von 1896. Die Entstehung und Änderung des § 833 BGB sowie eine Analyse der Rechtsprechung des Reichsgerichts bis 1908. 2002.

Band 256 Thomas Hense: Konrad Beyerle. Sein Wirken für Wissenschaft und Politik in Kaiserreich und Weimarer Republik. 2002.

Band 257 Christian Mahlmann: Die Strafrechtswissenschaft der DDR. Klassenkampftheorie und Verbrechenslehre. 2002.

Band 258 Henning Kahmann: Die Bankiers von Jacquier & Securius 1933–1945. Eine rechtshistorische Fallstudie zur "Arisierung" eines Berliner Bankhauses. Mit einem Geleitwort von John Kornblum. 2002.

Band 259 Volker Friedrich Drecktrah: Die Gerichtsbarkeit in den Herzogtümern Bremen und Verden und in der preußischen Landdrostei Stade von 1715 bis 1879. 2002.

Band 260 Andreas Klass: Standes- oder Leistungselite? Eine Untersuchung der Karrieren der Wetzlarer Anwälte des Reichskammergerichts (1693-1806). 2002.

Band 261 Wolfgang Eder: Das italienische Tribunale Speciale per la Difesa dello Stato und der deutsche Volksgerichtshof. Ein Vergleich zwischen zwei politischen Gerichtshöfen. 2002.

Band 262 Albrecht Cordes / Bernd Kannowski (Hrsg.): Rechtsbegriffe im Mittelalter. 2002.

Band 263 Thomas Hildebrandt: Die Brandenburgischen Provinziallandtage von 1841, 1843, und 1845 anhand ausgewählter Verhandlungsgegenstände. 2002.

Band 264 Jan Finzel: Georg Adam Struve (1619-1692) als Zivilrechtler. 2003.

Band 265 Björn Carsten Frenzel: Das Selbstverständis der Justiz nach 1945. Analyse der Rolle der Justiz unter Berücksichtigung der Reden zur *Wiedereröffnung* der Bundes- und Oberlandesgerichte. 2003.

Band 266 Nils Reichhelm: Die marxistisch-leninistische Staats- und Rechtstheorie Karl Polaks. 2003.

Band 267 Raik Schneider: Altrechtliche Personenzusammenschlüsse. Ihre Entwicklung unter besonderer Berücksichtigung des Rechts des Großherzogtums Sachsen-Weimar-Eisenach sowie der Herzogtümer Sachsen-Meiningen und Sachsen-Gotha. 2003.

Band 268 Anke Meier: Die Geschichte des deutschen Konkursrechts, insbesondere die Entstehung der Reichskonkursordnung von 1877. 2003.

Band 269 Stefan Jens Jordan: Leben und Werk des Tübinger Rechtsprofessors Wilhelm Gottlieb Tafinger 1760-1813. 2003.

Band 270 Stefanie Hubig: Die historische Entwicklung des § 23 ZPO. Zum Ursprung und Fortleben des Vermögensgerichtsstandes im deutschen Prozeßrecht des 19. Jahrhunderts. 2003.

Band 271 Michael G. Perband: Der Grundsatz der freien Beweiswürdigung im Zivilprozeß (§ 286 ZPO) in der Rechtsprechung des Reichsgerichts. 2003.

Band 272 Mathias Bouveret: Die Stellung des Staatsoberhauptes in der parlamentarischen Diskussion und Staatsrechtslehre von 1848 bis 1918. 2003.

Band 273 Barbara Széchényi: Rechtliche Grundlagen bayerischer Zensur im 19. Jahrhundert. 2003.

Band 274 Sylvia Scharfenberg: Die Entstehungsgeschichte des Beurkundungsgesetzes vom 28. August 1969. 2003.

Band 275 Urte Nesemann: Die schwedische Familiengesetzgebung von 1734 bis zu den Reformgesetzen von 1915 bis 1920 und deren Einfluss auf die Gesetzgebungsprojekte der Weimarer Republik. Unter besonderer Berücksichtigung der Rechtsstellung der Frau und des unehelichen Kindes. 2003.

Band 276 Alexandra Brück: Die Polizeiordnung Herzog Christians von Braunschweig-Lüneburg vom 6. Oktober 1618. 2003.

Band 277 Torsten Landwehr: Das Kommissionsgeschäft in Rechtswissenschaft, Gesetzgebung und Rechtspraxis vom 16. bis zum Ende des 18. Jahrhunderts. 2003.

Band 278 Tassilo Wilhelm Maria Englert: Deutsche und italienische Zivilrechtsgesetzgebung von 1933–1945. Parallelen in der Rechtsetzung und gegenseitige Beeinflussung unter besonderer Berücksichtigung des Familien- und Erbrechts. 2003.

Band 279 Tobias Prang: Der Schutz der Versicherungsnehmer bei der Auslegung von Versicherungsbedingungen durch das Reichsgericht. 2003.

Band 280 Thorsten Lieb: Privileg und Verwaltungsakt. Handlungsformen der öffentlichen Gewalt im 18. und 19. Jahrhundert. 2004.

Band 281 Michael Rühling: Das Ladenschlussgesetz vom 28. November 1956. Vorgeschichte, Entstehung des Gesetzes und weitere Entwicklung. 2004.

Band 282 Kathrin Nawotki: Die schleswigsche Deichstavengerechtigkeit. Vom 17. Jahrundert bis in die Gegenwart. Eine gewohnheitsrechtliche Superfizies an nordfriesischen Deichgrundstücken und ihre Entwicklung. 2004.

Band 283 Erik Nils Voigt: Die Gesetzgebungsgeschichte der militärischen Ehrenstrafen und der Offizierehrengerichtsbarkeit im preußischen und deutschen Heer von 1806 bis 1918. 2004.

Band 284 Dorothea Riedi Hunold: Die Einführung der allgemeinen Wechselfähigkeit in der Schweiz in der zweiten Hälfte des 19. Jahrhunderts. Unter besonderer Berücksichtigung der politischen, wirtschaftlichen und sozialen Verhältnisse. 2004.

Band 285 Thomas Gergen: Pratique juridique de la paix et trêve de Dieu à partir du concile de Charroux (989–1250). Juristische Praxis der Pax und Treuga Dei ausgehend vom Konzil von Charroux (989–1250). 2004.

Band 286 Kathrin Bethkenhagen: Die Entwicklung des Luftrechts bis zum Luftverkehrsgesetz von 1922. 2004.

Band 287 Heiko Lüpkes: Die Verbrechen der Diener des Staats im Allgemeinen Landrecht für die Preußischen Staaten von 1794 und ihre Entwicklung zu den Vergehen und Verbrechen im Amte im Strafgesetzbuch für die Preußischen Staaten von 1851. 2004.

Band 288 Mirco Peter Hirsch: Von der Erbbescheinigung des Preußischen Rechts zum Erbschein des Bürgerlichen Gesetzbuchs. 2004.

Band 289 Bettina Günther: Die Behandlung der Sittlichkeitsdelikte in den Policeyordnungen und der Spruchpraxis der Reichsstädte Frankfurt am Main und Nürnberg im 15. bis 17. Jahrhundert. 2004.

Band 290 Seunghyeon Seong: Der Begriff der *nicht gehörigen Erfüllung* aus dogmengeschichtlicher und rechtsvergleichender Sicht. 2004.

Band 291 Steffen-Werner Meyer: Bemühungen um ein Reichsgesetz gegen den Büchernachdruck. Anläßlich der Wahlkapitulation Leopolds II. aus dem Jahre 1790. 2004.

Band 292 Ulrich Löffler: Instrumentalisierte Vergangenheit? Die nationalsozialistische Vergangenheit als Argumentationsfigur in der Rechtsprechung des Bundesverfassungsgerichts. 2004.

Band 293 Norbert Koch: Die Entwicklung des deutschen privaten Immissionsschutzrechts seit Beginn der Industrialisierung. Unter besonderer Berücksichtigung des Einflusses der höchstrichterlichen Rechtsprechung. 2004.

Band 294 Julius Ludwig Pfeiffer: Das Tierschutzgesetz vom 24. Juli 1972. Die Geschichte des deutschen Tierschutzrechts von 1950 bis 1972. 2004.

Band 295 Bert-Hagen Strodthoff: Die richterliche Frage- und Erörterungspflicht im deutschen Zivilprozeß in historischer Perspektive. 2004.

Band 296 Tim Kannewurf: Die Höfeordnung vom 24. April 1947. Entstehungsgeschichte und Einordnung in die Entwicklung des Anerbenrechts. 2004.

Band 297 Steffi Heine: Die Methodendiskussion nach Inkrafttreten des Bürgerlichen Gesetzbuches und die Gründung des Vereins *Recht und Wirtschaft.* 2004.

Band 298 Anne Marlene Simon-Holtorf: Geschichte des Familienwahlrechts in Frankreich (1871 bis 1945). 2004.

Band 299 Jürgen Busch: Das Germanenbild der deutschen Rechtsgeschichte. Zwischen Wissenschaft und Ideologie. Mit einem Vorwort von Herwig Wolfram. 2004.

Band 300 Jan Kohlmann: Der Marsch zu den Gräbern von Karl und Rosa. Geschichte eines Gedenktages. 2004.

Band 301 Christian Rainer Schlicht: Die kumulative Schuldübernahme in der Rechtsprechung des Reichsgerichts und in der zeitgenössischen Literatur. 2004.

Band 302 Hans Peter Glöckner: Positive Vertragsverletzung. Die Geburt eines Rechtsinstituts. 2006.

Band 303 João Manuel Azevedo Alexandrino Fernandes: Die Theorie der Interpretation des Gesetzes bei Francisco Suárez. 2005.

Band 304 René Funk: Die Wahlprüfung der volksgewählten Abgeordneten der Volksvertretungen im Frühkonstitutionalismus. Eine Untersuchung der Wahlprüfung in den Kammern der Abgeordneten des Großherzogtums Baden, des Königreichs Württemberg und des Großherzogtums Hessen. 2005.

Band 305 Carolin O'Sullivan. Die Ahndung von Rechtsbrüchen der Seeleute im mittelalterlichen hamburgischen und hansischen Seerecht (1301–1482). 2005.

Band 306 Martin Jürgens: Staat und Reich bei Ernst Rudolf Huber. Sein Leben und Werk bis 1945 aus rechtsgeschichtlicher Sicht. 2005.

Band 307 Florian G. Dürselen: Franz Beyerle (1885–1977). Leben, Ära und Werk eines Rechtshistorikers. 2005.

Band 308 Kai Bandilla: Urheberrecht im Kaiserreich. Der Weg zum Gesetz betreffend das Urheberrecht an Werken der Literatur und Tonkunst vom 19. Juni 1901. 2005.

Band 309 Stefan Mieth: Die Entwicklung des Denkmalrechts in Preußen 1701–1947. 2005.

Band 310 Catharina Lodemann: Die Geschichte des französischen *acte de gouvernement*. 2005.

Band 311 Christina Wicke: Kodifikationsbestrebungen und Wissenschaft in Hessen-Darmstadt im vorkonstitutionellen Zeitalter. Zu der Beteiligung der Gießener Rechtsprofessoren an den Gesetzgebungsarbeiten in Hessen-Darmstadt in der Zeit zwischen 1769 und 1820. 2005.

Band 312 Christiane Chlosta: Nur dem Gesetz unterworfen? Eine rechtsgeschichtliche Untersuchung zu Idee und Wirklichkeit richterlicher Gesetzestreue unter besonderer Berücksichtigung der Aufwertungsrechtsprechung und des richterlichen Prüfungsrechts. 2005.

Band 313 Kathrin Dirr: Hoheitsrechtliche Streitigkeiten zwischen den Kölner Erzbischöfen und der Stadt Köln auf Grundlage reichskammergerichtlicher Verfahren des 16. und 17. Jahrhunderts. 2005.

Band 314 Michael Racky: Die Diskussion über Gewaltenteilung und Gewaltentrennung im Vormärz. 2005.

Band 315 Petra Thiemrodt: Die Entstehung des Staatshaftungsgesetzes der DDR. Eine Untersuchung auf der Grundlage von Materialien der DDR-Gesetzgebungsorgane mit zeitgeschichtlichen Bezügen. 2005.

Band 316 Julius F. Reiter: Entstehung und staatsrechtliche Theorie der italienischen *Carta del Lavoro*. 2005.

Band 317 André Book: Die Justizreform in der Frühzeit der Bundesrepublik. Die Beratungen der Kommission zur Vorbereitung einer Reform der Zivilgerichtsbarkeit in den Jahren 1955 bis 1961. 2005.

Band 318 Frank Zentz: Das amerikanische Strafverfahren als Element der Besatzungspolitik in Deutschland. Erziehung zur Demokratie durch den *Court of Appeals* 1948–1955. 2005.

Band 319 Friederike Quaisser: Mietrecht im 19. Jahrhundert. Ein Vergleich der mietrechtlichen Konzeptionen im Allgemeinen Landrecht für die Preußischen Staaten von 1794 und dem gemeinen Recht. 2005.

Band 320 Stefan Burghard: Professor Dr. Wilhelm Kahl – Leben zwischen Wissenschaft und Politik. 2005.

Band 321 Günter Baranowski: Die *Russkaja Pravda* – ein mittelalterliches Rechtsdenkmal. 2005.

Band 322 Christina Schneider: Die SS und „das Recht". Eine Untersuchung anhand ausgewählter Beispiele. 2005.

Band 323 Werner Schubert (Hrsg.): Zivilprozessreform in der Weimarer Zeit. Quellen zur Emminger-Zivilprozessverordnung vom 13.2.1924 und zu den Arbeiten der Zivilprozesskommission des Reichsjustizministeriums (1922–1930). Eingeleitet und herausgegeben von Werner Schubert. 2005.

Band 324 Felix Gaul: Der Jurist Rudolf Isay (1886–1956). Ein verantwortungsbewusster Vermittler im Spannungsfeld zwischen dynamischer Rechtsschöpfung, ökonomischem Wandel und technischem Fortschritt. 2005.

Band 325 Konstanze Braun: Dr. Otto Georg Thierack (1889–1946). 2005.

Band 326 Eckart Klein / Stefan Chr. Saar / Carola Schulze (Hrsg.): Zwischen Rechtsstaat und Diktatur. Deutsche Juristen im 20. Jahrhundert. 2006.

Band 327 Stefan Botor: Das *Berliner Sühneverfahren* – Die letzte Phase der Entnazifizierung. 2006.

Band 328 Andreas Köhler: Die Sorgerechtsregelungen bei Ehescheidung seit 1945. Scheidungsstrafe und verordnete Gemeinsamkeit. 2006

Band 329 Lars Düwel: Die Nichtigkeit und Anfechtbarkeit der Ehe in der Rechtsprechung des Reichsgerichts zwischen 1900 und 1945. 2006.

Band 330 Katalin Polgar: Das Oberappellationsgericht der vier freien Städte Deutschlands (1820–1879) und seine Richterpersönlichkeiten. 2007.

Band 331 Julia Schweitzer: Schiffer und Schiffsmann in den Rôles d'Oléron und im Llibre del Consolat de Mar. Ein Vergleich zweier mittelalterlicher Seerechtsquellen. 2007.

Band 332 Diana-Catharina Kurtz: Das Institut der Adoption im preußischen Allgemeinen Landrecht und im französischen Code civil zwischen Rezeption römisch-rechtlicher Prinzipien und verändertem Familienverständnis. 2006.

Band 333 Dino Joakim Duderstadt: Spiel, Wette und Differenzgeschäft (§§ 762–764 BGB) in der Rechtsprechung des Reichsgerichts und in der zeitgenössischen Literatur. 2007.

Band 334 Ronald Hoffmann: Die Domänenfrage in Thüringen. Über die vermögensrechtlichen Auseinandersetzungen mit den ehemaligen Landesherren in Thüringen nach dem Ersten Weltkrieg. 2006.

Band 335 Joachim Windmüller: *Ohne Zwang kann der Humanismus nicht existieren...* – „Asoziale" in der DDR. 2006.

Band 336 Sven Christian Gläser: Die Mediatisierung der Grafschaft Wertheim. Der juristische Kampf eines kleinen Reichsstandes gegen den Verlust der Landesherrschaft und seine Folgen. 2006.

Band 337 Benjamin Schleyer: Friedrich Wilhelm Bornemann (1798–1864). Eine Juristenkarriere im Preußen des 19. Jahrhunderts. 2006.

Band 338 Die Reform des Ehescheidungsrechts von 1976. Quellen zum Ersten Gesetz vom 14.6.1976 zur Reform des Ehe- und Familienrechts (Parlamentarische Ausschussprotokolle – Anglikanische Denkschrift von 1966 zur Scheidungsrechtsreform – Schlussabstimmung 1969 in der Eherechtskommission des Bundesministeriums der Justiz). Eingeleitet und herausgegeben von Werner Schubert. 2006.

Band 339 Andreas Feld: Das Bayerische Gesetz zum Schutz des Eigentums an Erzeugnissen der Literatur und Kunst gegen Nachdruck vom 15.04.1840. Vorgeschichte und Zustandekommen. 2007.

Band 340 Bernd Wörner: Adelbert Düringers Einfluß als Richter am Reichsgericht in Leipzig auf dem Gebiet des Personengesellschaftsrechts. 2007.

Band 341 Jan Jelle Kähler: Französisches Zivilrecht und französische Justizverfassung in den Hansestädten Hamburg, Lübeck und Bremen (1806–1815). 2007.

Band 342 Jörn Eckert / Pia Letto-Vanamo / Kjell Å. Modéer (Hrsg.): Juristen im Ostseeraum. Dritter Rechtshistorikertag im Ostseeraum 20.–22. Mai 2004. 2007.

Band 343 Ferdinand von Weyhe: A.E. Wassermann. Eine rechtshistorische Fallstudie zur „Arisierung" zweier Privatbanken. 2007.

Band 344 Martin Klaus Römermann: Kündigungen und Kündigungsschutz im Franquismus. 2007.

Band 345 Thomas Hoffmann: Der Landrechtsentwurf David Hilchens von 1599. Ein livländisches Rechtszeugnis polnischer Herrschaft. 2007.

Band 346 Ingo Ullmann: Die rechtliche Behandlung holsteinischer Leibeigener um die Mitte des 18. Jahrhunderts. Dargestellt unter besonderer Berücksichtigung der Schmoeler Leibeigenschaftsprozesse von 1738 bis 1743 sowie von 1767 bis 1777. 2007.

Band 347 Petra Fischer-Langosch: Die Entstehungsgeschichte des Familiengesetzbuches der DDR von 1965. 2007.

Band 348 Lasse O. Johannsen: Die rechtliche Behandlung ausreisewilliger Staatsbürger in der DDR. 2007.

Band 349 Ralf Schlottau: Deutsche Kolonialrechtspflege. Strafrecht und Strafmacht in den deutschen Schutzgebieten 1884 bis 1914. 2007.

Band 350 Hartwig Brandt / Ewald Grothe (Hrsg.): Rheinbündischer Konstitutionalismus. 2007.

Band 351 Nora Lutze: Der Verwandtenunterhalt nach den §§ 1601 bis 1603 und §§ 1610 bis 1612 BGB in der Rechtsprechung des Reichsgerichts. Unter Berücksichtigung der Entstehung des BGB. 2007.

Band 352 Frank Thiäner: Das Verhältnis von Aufsichtsrat und Abschlussprüfern in der rechtshistorischen Entwicklung bis 1937. 2007.

Band 353 Britta Heymann: Ernst Melsheimer (1897–1960). Eine juristische Karriere in verschiedenen staatlichen Systemen. Mitarbeiter im Preußischen Justizministerium in der Weimarer Republik, im Justizministerium Preußens und des Reiches sowie Richter am Kammergericht in der NS-Zeit und Erster Generalstaatsanwalt der Deutschen Demokratischen Republik. 2007.

Band 354 Susanne Adlberger: Wilhelm Kisch – Leben und Wirken (1874–1952). Von der Kaiser-Wilhelms-Universität Straßburg bis zur nationalsozialistischen Akademie für Deutsches Recht. 2007.

Band 355 Moritz Waibel: Josef Berchtold (1833–1894). Ein Leben gegen den Ultramontanismus. 2007.

Band 356 Aline Levin: Erinnerung? Verantwortung? Zukunft? Die Beweggründe für die gemeinsame Entschädigung durch den deutschen Staat und die deutsche Industrie für historisches Unrecht. 2007.

Band 357 Ferdinand Krause: Die hergebrachten Grundsätze des Berufsbeamtentums. Eine rechtshistorische Analyse. 2008.

Band 358 André Tiebel: Die Entstehung der Schutztruppengesetze für die deutschen Schutzgebiete Deutsch-Ostafrika, Deutsch-Südwestafrika und Kamerun (1884–1898). 2008.

Band 359 Holger Ruff: Sittenwidrige Rechtsgeschäfte in der späten Kaiserzeit. Die Entwicklung der reichsgerichtlichen Rechtsprechung zu § 138 BGB von 1900 bis 1914. 2007.

Band 360 Frank Rohrer: Strafjustiz im Dritten Reich und in der SBZ/DDR. Die personelle und organisatorische Neuordnung des Justizapparates in den totalitären Diktaturen (1933–1955) mit ihren Auswirkungen auf die Rechtsprechung zum politischen Strafrecht. 2007.

Band 361 Hans-Georg Knothe / Marc Liebmann (Hrsg.): Gerichtskultur im Ostseeraum. Vierter Rechtshistorikertag im Ostseeraum. 18.–20. Mai 2006 in Greifswald. 2007.

Band 362 Christina Meß: Das Vertragsrecht bei Adam Smith. 2008.

Band 363 Quellen zur dänischen Rechts- und Verfassungsgeschichte (12.–20. Jahrhundert). Herausgegeben von Ditlev Tamm, Werner Schubert und Jens Ulf Jørgensen. 2008.

Band 364 Günter Baranowski: Die Gerichtsurkunde von Pskov. 2008.

Band 365 Mark Spengler: Die Entstehung des Scheckgesetzes vom 11. März 1908. 2008.

Band 366 Ivan Biliarsky / Radu G. Păun (eds./éds.): The Biblical Models of Power and Law. Les modèles bibliques du pouvoir et du droit. Papers of the International Conference, Bucharest, New Europe College 2005. Actes du colloque international, Bucarest, New Europe College 2005. 2008.

Band 367 Thomas A. Roth: Ausgestaltungen der Rechtsfähigkeit im 19. und 20. Jahrhundert. Zur Rechtspersönlichkeit natürlicher Personen in den bedeutenden deutschen Zivilrechtsordnungen. 2008.

Band 368 Björn Alexander Rautenberg: Der Fiskal am Reichskammergericht. Überblick und exemplarische Untersuchungen vorwiegend zum 16. Jahrhundert. 2008.

Band 369 Thorsten Miederhoff: *Man erspare es mir, mein Juristenherz auszuschütten*. Dr. iur. Kurt Tucholsky (1890–1935). Sein juristischer Werdegang und seine Auseinandersetzung mit der Weimarer Strafrechtsreformdebatte am Beispiel der Rechtsprechung durch Laienrichter. 2008.

www.peterlang.de

Reimer Voß

Johannes Popitz (1884–1945)

Jurist, Politiker, Staatsdenker unter drei Reichen – Mann des Widerstands

Frankfurt am Main, Berlin, Bern, Bruxelles, New York, Oxford, Wien, 2006.
370 S., 7 Abb.
ISBN 978-3-631-55099-1 · br. € 56.50*

Johannes Popitz hat als Beamter und quasi allmächtiger Staatssekretär im Reichsschatzamt beziehungsweise Reichsfinanzministerium in der Weimarer Republik die Steuergesetze maßgebend konzipiert, die bis heute die Struktur der Steuergesetze bestimmen. Als preußischer Finanzminister wirkte er auch im Dritten Reich an der Ausgestaltung der nationalsozialistischen Steuergesetzgebung mit. Popitz war darüber hinaus auch Wissenschaftler und Hochschullehrer und gehörte zu den Steuerjuristen, die das Steuerrecht als eigenständiges Rechtsgebiet der Rechtswissenschaften begründet haben. Als Teilnehmer der Sitzungen des Reichskabinetts unter Hitler hatte er, wie erstmals in diesem Buch nachgewiesen wird, einen wesentlichen Anteil an der nationalsozialistischen Gesetzgebung, mit der demokratische und rechtsstaatliche Grundsätze ausgelöscht wurden. Popitz war nicht nur der Vater der Umsatzsteuer, sondern gehörte mit Göring zu den Vätern der geheimen Staatspolizei. Ab 1938 schloss er sich dem Widerstand an. Er wurde nach dem Attentat des Grafen Stauffenberg auf Hitler zum Tode verurteilt und im Februar 1945 hingerichtet.

Aus dem Inhalt: Popitz' Lebenslauf und beruflicher Werdegang vom Regierungsassesor über den Staatssekretär zum Minister in den drei Reichen · Schöpfer wesentlicher Steuerreform- und Finanzausgleichsgesetze in der Weimarer Republik und im Dritten Reich · Mitgestalter nationalsozialistischer Gesetzgebung zur Beseitigung der Demokratie und des Rechtsstaats · Hinrichtung als Widerstandskämpfer im Februar 1945

Printed by
CPI books GmbH, Leck

Kolibri 360 GmbH
Ferdinand-Jühlke-Straße 7
99095 Erfurt, Deutschland
produktsicherheit@kolibri360.de